李自成大传

晁中辰 著

辽宁人民出版社

目录

李自成大传

李自成大传

开头的话

在中国，闯王李自成的名字可谓家喻户晓。明末政治腐败、民不聊生，农民起义风起云涌。在众多的农民起义军中，李自成脱颖而出，成为最强大的一支，并最终攻入北京，推翻了延祚近300年的明王朝。但是，李自成的大顺政权并未建立起稳定的统治。他只控制北京40天，在清兵入关后仓皇撤离，从此一蹶不振，很快走上失败的道路。在历史上，这是罕见的山崩地坼的一幕，也是后人在街头巷尾经常议论的热门话题。

以前，人们对李自成的评价可谓有霄壤之别。褒之者，称他为反封建统治的伟大领袖，人民利益的真正代表者，高大无比的英雄；贬之者，骂他为"贼"、"流寇"、十恶不赦的乱民逆子。实际上，这两种评价既不公允，也不客观，有的是出于某种政治需要而故意歪曲。这本书力求通过对李自成一生的客观描述，既不隐恶，也不扬善，将一个真实的李自成奉献到广大读者面前。读者从中可以看出，李自成生活在怎么样的历史时代，历史怎么样造就了李自成，李自成又怎么样影响了历史。

第一章　李自成的家世和青少年生活

李自成（1606—1645）是陕西米脂县人，出生在一个普通农民家庭。他的父亲希望他好好读书，日后能光宗耀祖。但他却对读书不感兴趣，而热衷于练习武功，这使他有了一个强健的体魄。由于生计艰难，他为大户人家放过羊，当过锻工，后来当了驿卒。这段当驿卒的经历对他影响很大，使他接触了各阶层的人，增长了许多见识。

第一节　家世和名号

李自成的父祖辈一直务农，平时生活尚能勉强过得去，但算不上富裕。他的父亲怀着望子成龙的心情，为他起了个"鸿基"的美名，大概是希望他能为李家创下一个鸿大的基业。除了这个名字以外，李自成还使用过不少其他的名号。

一、陕北农家子弟

万历三十四年（1606）八月二十一日，李自成诞生在陕西米脂县李继迁寨[①]。这里东距县城约200里，是个荒僻的小山村，只有几十户人家，住的都是土舍或窑洞。这里又叫李继迁宅，是西夏国的建立者李继迁的诞生地，后来就以李继迁的名字做了村名。李继迁的孙子元昊还正式称帝，定国号为"大夏"，长时间与北宋争战。李自成就自称是李继迁的后人。看来李自成还真有点帝王血统。到了李自成这一代已过600多年，整个李继迁寨已败落得不像样子。李自成家也已相当贫寒。

李自成的曾祖父名李世甫，祖父名李海，父亲的名字叫李守忠，又名李印、李务。祖孙几代都是单传。李守忠为了改变这种人丁不兴旺的状况，很想多生个儿子。李自成本来还有个哥哥，叫李鸿名。李鸿名的母亲早死，李守忠又娶石氏为继室。石氏只比李自成的哥哥大十几岁，到李家后多年未育。李守忠很着急，遂偕同石氏一起到华山进香，祈求神灵赐给他们一个儿子。据《明史》和一些野史笔记记载，神灵在梦中告诉李守忠，将以破军星转生为他的儿子。后来，石氏果然生了李自成。据记载，李自成出生时颇有异象。在李自成出生那天，他的父亲梦见一个壮士骑着马突然闯入他家，"长啸数声，周绕其室"，醒来时李自成即降生。他的母亲也做了个梦，梦见一骑马人入他家，所

---

① 本书中的月日仍使用农历，不注公历。李继迁寨今已改属横山县。

以就给李自成起了个"闯儿"的乳名。[①]一个月后，李自成的嫂子也生了个儿子，名字叫李过。李过后来诨名"一只虎"，后又改名李锦，成为李自成纵横天下的得力帮手。50多岁的李守忠接连添子、添孙，自然十分高兴。他给孙子李过起了个乳名叫"双喜"，就是取的双喜临门的意思。李过出生后只三个月，他的父亲李鸿名就得病死去。又过了几年，他年轻的母亲也改嫁了。这样，李自成虽曾有过一个哥哥，但对李家来说还是形同单传。

李自成祖上几代人都以务农为生。李守忠也是个勤劳朴实的农民，没有其他收入，全靠几亩黄土地来养活一家人。陕北一带干旱少雨，土地瘠薄，是出了名的穷地方。这就注定了李自成小时候要经受艰苦生活的磨炼。所以有的史书上说，李自成"少孤贫"[②]。他小时候除了帮着父母干些农活外，还给大户人家放过羊，当过酒佣，还学过打铁。不难想象，小时的李自成必然不时受到大户人家的欺凌。

但是，李自成一家也不属于农村中最贫穷的。这从几件事上可以看出来。他的父亲李守忠死了前妻后，又娶了至少比自己小十几岁的石氏为继室，并领着石氏不远千里到华山进香祈子。这不是赤贫如洗的农民所能做到的。据《虎口余生记》记载，李自成家自有墓地。当他的祖父李海死时，先挖墓三穴，填两穴，用一穴，以黑碗点墓中灯。这在山区应是个中等之家。当李自成长到七八岁的时候，李守忠又送他和李过一起到私塾读书。两个人不喜欢读书，却喜欢耍枪弄棍，李守忠还专门请了个武术师来自己家中教他们。由此可以看出，李自成的家庭虽算不上富室，但也不是农村中最穷困的，在正常年景尚可勉强度日。

二、名号种种

李自成最初的名字叫鸿基，长大后，决心要"自成自立"，遂自行改名叫李自成，号鸿基。据《明史》记载，李自成颧骨高，"鸱目曷鼻，声如豺"[③]。

---

① 计六奇：《明季北略》卷二十三《李自成生》。
②《陕西通志》卷三十一《李自成传》。
③《明史》卷三○九《李自成传》。

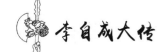

按照中国老百姓的通常说法，嗓音尖细如豺的人性情往往凶狠。李自成身材高大，力气过人，使他具备了成为一代枭雄的体力条件。由于他的名气越来越大，人们便注意起他到底有过多少名号。据有关史籍记载，除了"自成"和"鸿基"两个名号外，他至少还有过以下一些名号。

（一）黄娃子

据明末清初费密《荒书》记载："自成产时，其父梦一黄衣人入其土窑，故名黄娃子。"根据陕北的风俗，老百姓习称小孩子为"娃"。"黄娃子"这个小名显然与当地风俗相合。

（二）黄来儿

据明末清初查继佐《罪惟录·李自成传》记载，李守忠"祷于华山，神示之梦曰：'吾令破军星子汝。'晚举自成，小名黄来儿。"另外，清初吴伟业《绥寇纪略》也有大致相同的记载。有的书记作"皇来儿"。明末清初尤侗还以《皇来儿》为题写了一首诗，以记述李自成一生的事迹。据明末边大绶《虎口余生记》记载，陕西总督汪乔年在挖掘李自成祖墓后的报告中说："李自成幼曾为僧，俗名黄来僧，为姬氏牧羊奴。"至于李自成是否"曾为僧"，今已难详考。但从各种材料看来，李自成小时不曾真正出家为僧，他的父亲也不肯让他出家为僧。根据过去农村的习俗，父母担心孩子难以养大成人，就让孩子到寺庙挂个名。李自成"幼曾为僧"，可能就属于这种情况，因而就又有了一个"黄来僧"的乳名。

（三）枣儿

据清初吴伟业《鹿樵纪闻》卷下《闯献发难》条载："李自成初名鸿基，小字黄来儿，又字枣儿。"可见李自成小时还曾使用过"枣儿"这个小名。

（四）硙生

清人冯甦《见闻随笔》载，李自成"小字硙生"。康熙年间和光绪年间《米脂县志》都有这种记载。所谓"小字"，就是小名，也习称"乳名"。在过去，农村的小孩子常常有几个小名。从李自成这些小名的情况来看，正合于中国农村的习惯。

（五）李自晟

李自成进入北京后曾改名"李自晟"，至于李自成在起事造反过程中使用的"闯将""闯王"诸名号，就更是一般人所熟知的了。

第二节　习文和练武

李自成先是在私塾就读，但学而无成，却对练武特别感兴趣，于是便专心练起武来。这在某种程度上决定了后来的人生道路。

一、习文无成

当李自成长到8岁的时候，李守忠就把他和李过送到私塾去上学。李守忠辛辛苦苦地抚养着两个孩子，生计已相当艰难，但他还是要勒紧腰带，尽可能地供孩子上学。在封建时代农家的孩子要想出人头地，似乎只有读书这一条途径。"朝为田舍郎，暮登天子堂"的荣耀虽然像幻影一样，一般人可望而不可即，但它还是像磁石一样吸引着试图改变命运的人们。在李守忠看来，孩子们如果书念得好，可以堂堂正正地为李家创下一个鸿大的基业，即使不能金榜题名，至少也可以认几个字，是个读书人，可以在乡下不受人家的欺侮。令李守忠老汉伤心的是，李自成和李过叔侄二人似乎都不是读书的材料。他们二人很少能安安稳稳坐下来读书，不仅在学校喜欢与人打架斗殴，而且一有机会就跑到校外，与其他孩子们摔跤斗勇。逃学是他们二人的家常便饭。私塾老师不时打他们一顿板子，李守忠气极了，时而也关起门来揍他们一通。

不管李自成叔侄二人如何调皮捣蛋，总算在私塾里待了5年。当李自成13岁的时候，他的母亲死去了，父亲也已60多岁，家境更加困难。他和李过一天天长大，更不听约束，李守忠更管不住他们。他们和几个年龄差不多的朋友经常一起在外玩耍，还不时到酒馆里喝几杯。其中有个孩子叫刘国龙，与李自成同岁，相处得最投机。陕北地处三边，许多老百姓是养马户，为军队提供战马。这使得李自成自小就善于骑马奔驰。他和刘国龙等人经常到野外骑马奔逐，煞是开心，比在私塾里读四书五经快活多了。这时候，李自成的学业更加

荒废得不成样子，对读书也越来越不感兴趣。但李自成毕竟读了几年书，粗通文墨，成为他纵横天下的重要资本。据记载，在雨过云收后，他的老师出上联："雨过月明，顷刻顿分境界。"李自成奉命对下联："烟迷雾起，须臾难辨江山。"李自成还曾写过一首《咏螃蟹诗》：

> 一身甲胄肆横行，满腹元黄未易评。
>
> 惯向秋畦私窃谷，偏于夜月暗偷营。
>
> 双螯恰似钢叉举，八股浑如宝剑擎。
>
> 只怕钓蟹人设饵，捉将沸釜送残生。[1]

从这首诗中可以看出，虽然文采不足，有几分粗豪，但毕竟还算合韵。与那些目不识丁的草莽英雄比起来，李自成算是高了一筹。有一天，李自成与李过、刘国龙三人一起喝酒，慨然说道："吾辈须习武艺，成大事，读书何用！"[2]从此以后，他们就偷偷地求师练起武来。

二、练武热心

同伴中有人想走读书科举的路，受到李自成的嘲笑。李自成认为，世道太黑暗，社会上贿赂公行，要想金榜题名，不仅要文章写得好，而且要拿很多钱行贿。对普通穷家子弟来说，那只能是在梦中可以想一想的事。他凭着自己身强力壮，决心凭武艺横行天下，那要比读书科举来得痛快。

有一天，李自成杀了一只鸡，作为牲礼，和刘国龙、李过一起到关帝庙，仿照桃园三结义的故事，三人要结为朋友，准备一起到外边闯天下。按照李自成的提议，三人要比一比力气。在神座前有一座铁炉子，重73斤。李自成上前一手举起，绕殿走了一周，遂放回原处。刘国龙紧了紧腰带，也上前用一只手去举，铁炉纹丝未动，用两手一起去举，才勉强举起，只走了五步就不得不

---

① 计六奇：《明季北略》卷二三《李自成生》。
② 计六奇：《明季北略》卷五《李自成起》。

把铁炉放下。最后轮到李过，他用一只手奋力一举，也未举起。他也像刘国龙那样，用两手举起，走了十五步就不得不停下来。李自成再次上前，用一只手举起，又绕殿一周，放回原处。一个道士看到这种情景很吃惊，对李自成说："你父亲一生行善，所以才生了你，要你继承家业。"李自成口出大言："大丈夫当横行天下，自成自立。若株守父业，岂男子乎！前三岁，曾梦伟将军呼予李自成，今即改名自成，号鸿基。"① 从此以后就使用起李自成这个名字。他们三个人同岁，看到李自成的力量这么大，刘国龙和李过都甘拜下风。以后在一起干什么事，都以李自成为头领。

李守忠听说他们三人常在一起喝酒玩耍，惹是生非，很是生气，便把李自成和李过两个人训斥一通，并打算延请个严厉的老师来管束他们。李自成不愿意受那种管束，便一个人偷偷地跑到延安学武去了。他听说延安有个姓罗的武术教头，过去是军队中的将领，武艺高强，就拜他为师，和其他徒弟一起练习武艺。不要看李自成在私塾经常逃学，但练起武来却特别有兴趣。他每天和一帮小兄弟奔逐骑射，玩刀弄棍，十分高兴。

李自成在延安练了四个月，颇有长进，便寄信给李过和刘国龙，要他们一起来练武。李守忠正为不知道李自成的下落而着急，从李过那里见到李自成的信，这才知道他在延安学武。正月十六日是个出远门的吉利日子，李守忠遂动身去延安找李自成。李自成当时正练单刀，刚入门径，不想随父亲回家。罗教头看到他父亲辛辛苦苦地来找，也一再劝李自成回去。李自成拗不过，不得不随父亲回了老家。但他觉得在家是虚度岁月，还是一直想着去练武。他甚至想和刘国龙、李过一起偷跑。李守忠看这样也不行，三个月后便把罗教头从延安请到自己家中，专门教他们三人练武。李自成自然十分高兴，练得更加起劲，进步很快。这使他有了一副强健的筋骨，为他以后横行天下提供了资本。

陕北是军事重地，历代王朝都在这里驻有重兵。这里的民风也特别强悍。对于李自成来说，这段练武的经历十分重要，在某种程度上决定了他一生的道路。中国武术不仅讲究强身健体，而且特别重视武德。一般来说，自己会武

---

① 计六奇：《明季北略》卷五《李自成起》。

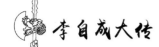

术，但不得轻易伤人，而且要扶危济贫除暴安良。同时，李自成也学到了为人处世的一些准则，例如不贪财，不好淫，要大度容人等。这为他以后成为领袖人物提供了重要条件。

第三节　艰苦谋生

李自成的青少年时代说不上幸福。他很小就分担起谋生的责任，可谓艰苦备尝，还不时受到大户人家的凌辱。这使他自小就对大户人家充满仇视。

一、艰苦备尝

在明代，米脂县属延安府绥德州。李自成的老家在延安以北约 400 里处。这里地处陕北，是历史上出名的苦寒地区，不仅干旱少雨，土地瘠薄，而且庄稼的生长期也短。这就注定了产量低，再加上大片土地被官府占为军屯地，较好的地块又多被大户人家所占有，普通农民的穷困就可想而知了。

当地老百姓还有个忧患，即流经当地的无定河经常改道，常给老百姓造成难以想象的灾祸。老百姓之所以称之为无定河，就是因为它经常改道的缘故。久而久之，这条河原来称作"圁水"的名字反而被人遗忘了。这里还是著名的古战场，著名的诗句"可怜无定河边骨，犹是春闺梦里人"，就是描写当年在这里征战的情景。这种环境使普通老百姓都生活在困苦之中，李自成自然也不能例外。

为了谋生，李自成为当地富户姬家和艾家放过羊。后来，李自成还先后当过酒佣、锻工、雇工。李自成 20 岁的时候，他父亲去世了，养家糊口的重担自然就落在了他身上，什么苦活、累活都得去干。他 18 岁时和李过都娶了妻子。他是叔父，又年长李过一点，自然就得格外地多操心，多干活。有的书记载李自成的这种经历道："丧父，为酒佣，日沉醉，主者遣之去。学锻，又不成。为人耕田，常枕耒而卧，不事事。"[1] 由于史籍记载简略，对李自成这段经

①《延绥镇志》卷五，康熙年间版。

历的详情难以考据。从这些简略的记载也可以看出，李自成从事过许多营生，但干得都不怎么好，他似乎也不想干好，心里总想干点能让人看得起的事。命运往往捉弄人，尽管他身强力壮，还是免不了受大户人家的羞辱。

艾氏是当地的大户，也是颇有势力的乡绅。他大门外有石坊，李自成中午时竟躺在上面睡起觉来，袒胸露乳，颇不文雅。艾乡绅出来送客人，见到李自成在石坊上睡觉，十分生气，把李自成狠狠地骂了一通。李自成气不过，第二天便故意在艾家大门口撒尿，结果被人发现了。几个庄丁把李自成抓到艾家院内，一顿棍棒，打得皮开肉绽，随后又把他系在一根柱子上大半天，饥渴难熬。这时，艾家的小儿子出来了，手里拿着馅饼，津津有味地吃着。这时的李自成也顾不上男子汉的尊严了，可怜巴巴地向这个孩子讨剩下的半块馅饼吃。这个孩子边骂边说："我宁肯喂狗，也决不给你吃！"随后把饼扔在地下，接着用脚在上边踩了几下，扬长而去。[1] 李自成受到这等羞辱，恨得咬牙切齿。

据记载，李自成在为姬家放羊时，因饥饿难忍，竟偷杀了主人一只羊，和几个小伙伴饱餐了一顿。主人发觉了此事，便将李自成暴打一顿，"鞭之见血"。大概李自成也觉得是自己做了错事，所以他当了闯王以后，并未因这事报复姬家。李自成的这种做法颇受当地老百姓称颂。

二、当驿卒

陕北地处三边军事要地，有许多驿站。李自成21岁时，应募到银川驿当驿卒。银川本作"闇川"，因为"闇"与"银"同音，而"闇"字生僻，人们便习作银川。银川驿就在米脂县内，离李自成的村庄约200里。驿卒的任务是传递公文，护送过往官员和重要宾客，运送重要物资。这是一种苦差事，一有公务，不管刮风下雨，都必须准时出发，稍出点差错都要受到严惩。驿卒的工钱却很低，一天不过工银3分。当时粮价很贵，这么点工钱一般只能养活本人，根本无法养家糊口。这种生活在经济上虽没有太大收获，却使李自成开了眼界，接触了官府的许多事，增长了不少见识，使他对明王朝的腐败有了深切的

---

① 费密：《荒书》。

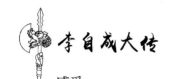

感受。

李自成当驿卒也不顺利，不断地出事故。也不知是什么原因，他骑的驿马接连死了好几匹。骑死驿马是要赔偿的，这对连生计都很困难的李自成来说，可不是一件轻松的事。这事还未了结，李自成又弄丢了一件要他投递的公文。好在李自成"能得众"，不少人为他说好话，打掩护，总算保住了饭碗。

由于当驿卒的收入不足以养家，李自成不得不时而举债。在那穷乡僻壤，向人借贷钱粮并不容易，尤其是在歉收的年头，借贷就更加困难。艾家是当地的大户，只有他家有钱粮可借。李自成虽然很痛恨艾家，甚至暗暗发誓要报复艾家，但还是不得不硬着头皮到艾家去借贷。李自成借了钱，却不能按时偿还。艾家发了怒唆使邑令把李自成鞭打了一顿，并给李自成戴上大枷，让他在烈日下站在大街上示众。李自成和艾家真可谓一对冤家。艾家出了个艾万年，后官至副总兵，是一个镇压李自成起义军很出名的武将。

真是一波未平，一波又起，李自成在外边不断出事，自己家中又出了一桩人命案子。原来，李守忠担心李自成在外边惹是生非，便想早点为他娶上媳妇。亲戚朋友介绍了几个姑娘，李自成都嫌人家不漂亮，不愿意，并表示要找个漂亮的妻子。李过不大苛求，所以结婚反而比李自成早了半年。在 18 岁那年，李自成娶韩金儿为妻。人倒挺漂亮，就是不大守妇道。她 14 岁的时候嫁给西安的一个老乡绅为妾，因与外人私通被赶出了家门。继而又给延安的一个监生当小妾，不久又被抛弃，这时又嫁给了李自成。因李自成经常出差在外，这使得韩金儿这个尤物常感寂寞。当地的恶棍盖虎儿乘虚而入，与韩金儿勾搭成奸。时间一长，李自成渐有觉察。有一次，李自成在黎明时突然赶到家，盖虎儿尚奸宿未去。但盖虎儿也是个彪形大汉，蒙着头夺路而逃。李自成当即将韩金儿杀死。他觉得自己杀奸妇有理，也没打算立即逃跑，被几个街坊邻居扭送到县衙。审理他这个案子的正是他的同乡艾同知，似乎真有点冤家路窄。艾同知断道："汝妻不良，杀之固当。但捉奸须双，今止杀妻，于律不合。"遂当庭笞二十下，关到狱中。[1] 李自成要李过四处借钱，上下行贿，但都没有起作

---

[1] 计六奇：《明季北略》卷五《李自成起》。

用。李自成自知不免，便买通狱卒，在李过的帮助下越狱而逃。他们在半夜里杀死艾同知这个仇人，一起往甘肃逃去。

他们二人先逃到绥德，那里有李自成往日的朋友，一个姓钟的武生。主人得知他们二人的情况后，便把他们安置在一个僻静的窑洞中歇宿。当夜幕降临后，纷纷扬扬地下起大雪来。窑洞里空荡荡的，显得格外寒冷，手脚几乎都要冻僵了。李自成实在熬不过，就想找点木柴，生火取暖。附近没有什么木柴可找，他们便来到一座文庙中。那里供着许多牌位，都是木板做成的。二人趁庙中无人，便把这些牌位收起，抱到窑洞中当作劈柴烧了起来。这事第二天就露了马脚。这些古代圣贤的牌位居然被他们二人烤了火，真是大逆不道。二人遂被众人扭送到官府，被关押起来。这次总算没受到太严厉的处治，只是将二人戴上大枷，在街上游街示众后就释放了。李自成叔侄二人这时 23 岁，在当地是没法待了，正值年轻力壮的时候，他们决心要到外边去闯天下。

第二章　揭竿而起，协同反明

在明朝末年的陕北一带，天灾人祸接连不断，老百姓的生活极其艰难，几乎已到了绝路。与其坐以待毙，不如揭竿而起，或许能闯出一条生路。许多人就是抱着侥幸心理铤而走险，投身到起事造反的行列。在那造反烽火遍地燃烧的时候，李自成毅然脱离了官军，转而造反，不久便自将一军，在陕西和山西一带转战，队伍也一天天壮大起来。

第一节 动乱年代，苦难生活

明后期政治腐败加剧了天灾的危害。被裁撤的驿卒和哗变的士兵成了农民军的骨干。崇祯初年的陕北到处燃起了造反的烽火，就是在这种历史条件下发生了李自成大起义。

一、明朝后期政治腐败

中国历史上发生过许多次农民大起义，其最主要的原因都在于当时政治的腐败。明末之所以发生了李自成大起义，主要也是自万历以后政治日益腐败的结果。

在万历年间，只有初期张居正当国时治理得比较好。张居正进行多方面的改革，尤其是推行"一条鞭法"，使财政收入大为增加，国势有所增强。张居正死后，明廷的腐败倾向加剧。这种腐败主要表现在三个方面：一是皇帝不理政事；二是用宦官充任矿监、税使，对全国进行史无前例的大搜刮；三是党争日趋激烈。

万历皇帝在位40余年，居然有20余年不上朝理事。在诸事都需皇帝宸断的封建时代，皇帝整日宴居深宫，不见朝臣，必然上下解体，政事荒废。万历皇帝宠爱郑贵妃，就像唐玄宗宠爱杨贵妃一样，整日在宫中宴饮，过着深居简出、醉生梦死的生活。大臣一而再、再而三地请他上朝，他则谎称有病，加以拒绝。他在宫中却是"每餐必饮，每饮必醉，每醉必怒。左右一言稍违，辄毙杖下，外庭无不知者"[1]。臣下的章奏他不予处理，有些大臣看事不可为，便上一封辞官的奏疏，不管准否即挂冠而去。各衙署缺了许多官，他也不予增补，反而认为少一个官就可以少开支一份俸禄。新考取的进士得不到委任，犯人也得不到及时审理，甚至监狱里边都长满了青草。这种怠政之风蔓延开来，上下仿效，使得明政权这台国家机器处于半停顿状态。各级官员更是趁机贪赃枉

---

①《明史》卷二四三《冯从吾传》。

法，中饱私囊。

万历皇帝还是个贪婪成性的金银狂。为了满足自己穷奢极欲的需要，他用宦官为矿监、税使，对全国进行疯狂的大搜刮，使大批工商业者和普通百姓倾家荡产。各地城镇不断发生反对矿监、税使的民变，全国骚然。

万历皇帝宠爱郑贵妃，也特别喜欢郑贵妃生的儿子朱常洵，一直想废掉皇长子朱常洛，改立朱常洵。朝中大臣围绕着拥立皇储的所谓"国本"问题明争暗斗，各植党羽，势同水火。于是，明后期的所谓"党争"问题便愈演愈烈，直至亡国。尤其是天启年间，以魏忠贤为首的宦官专权，东厂特务横行不法，气焰熏天。一些无耻官僚趋炎附势，为魏忠贤歌功颂德，到处建生祠，甚至呼魏忠贤"九千岁""九千九百岁"。他们结成阉党，残酷迫害东林党人，或贬或杀，朝政日益败坏。崇祯皇帝继位后，起初还颇想有所作为，除掉了魏忠贤，定阉党"逆案"，朝政一时有所起色。但好景不长，崇祯皇帝不久又开始重用宦官，门户之争仍在或明或暗地进行。有些忠耿大臣即使想为国尽力，在那种乌烟瘴气的纷争中也难有作为，甚至含冤而死。

辽东女真的兴起是造成明后期社会危机的另一个重要因素。女真即后来建立了清朝的满族，万历年间在努尔哈赤领导下迅速兴起，不断向明朝军队发动进攻。明军节节败退，损失惨重。到崇祯皇帝继位时，辽东大部分地区已被清军占领。辽东战局成了举朝瞩目的重大问题，消耗了明王朝大量的人力和物力。清军还不时破关而入，南下掳掠，弄得全国一片惊慌，崇祯皇帝不得不号召全国"勤王"。崇祯二年（1629）年底清兵内犯，李自成就曾经作为勤王兵由甘肃入卫。为了对付辽东事变，明廷不得不增兵增饷，这就更加重了老百姓的负担。明后期老百姓的苦难已经够深重的了，他们已忍无可忍，到处发生武装反抗。各种加派无异于火上浇油，使国家的元气大伤。这正如杨鹤向崇祯皇帝奏言的那样，"加派频仍"，使"小民元气伤"；由于连年战争，明军屡屡失败，"封疆之元气伤"；朋党相互构陷，迫害善类，"士大夫之元气伤"。明王朝就像一个"重病初起"的病人一样，应减少加派，以培养元气。崇祯皇帝和朝中大臣都认为杨鹤说的有理，但加派还是照征不误。为了镇压烽火四起的农民暴动，明廷除加派"辽饷"外，又加派了"剿饷"和"练饷"。这等于是另一轮的火上浇油。如此恶性循环，老百姓的苦难日益深重，明王朝也一天天走向土崩瓦解。

当时的官场已十分黑暗，各级官员几乎到了无官不贪的程度。官员通过行贿升官，升了官以后再更多地贪污受贿，上下皆然。在崇祯即位之初，给事中韩一良就曾向崇祯皇帝痛陈此事：

> 陛下平台召对，有文官不爱钱语，而今何处非用钱之地？何官非爱钱之人？向以钱进，安得不以钱赏？以官言之，则县官为行贿之首，给事为纳贿之尤。今言者俱咎守令不廉，然守令亦安得廉？俸薪几何？上司督取，过客有书仪、考满、朝觐之费，无虑数千金。此金非从天降，非从地出，而欲守令之廉，得乎？臣两月来，辞却书帕五百金。臣寡交尤然，余可推矣。①

这里所说的是当时官场的普遍情况。各种加派已把老百姓逼得民穷财尽，再加上各级贪官污吏巧立名目的搜刮，老百姓的苦难也就可想而知了。

二、老百姓苦难深重

明朝后期，国家的财政几乎陷入崩溃，只好一再加派，搞得民穷财尽。各级官员借加派之名中饱私囊，乘机搜刮，更加重了人民的负担。这样，全国老百姓都陷于困苦之中，而陕北尤甚。这是因为，陕北地处黄土高原，土地瘠薄，雨量稀少，农作物产量低。明末的加派是按亩征收，不考虑土地肥瘠。陕北土地比较开阔，加派的负担较其他地区尤重。加派要收银子，而陕北的工商业比东南沿海地区落后得多，用粮食换银子特别困难。这也无形中加重了当地人民的负担。陕北是边防要地，驻军特别多，老百姓负担的徭役也特别重。这里的军事首领大都是阉党成员，克扣军饷严重，有时积欠士兵的银饷竟达三年之久，因而不时激起士兵哗变。这从另一方面加剧了当地的社会矛盾。

---

① 《嵩县志》卷六，乾隆年间版。

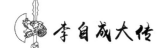

明后期水利失修，大大削弱了抗御自然灾害的能力。崇祯皇帝曾问身边的大臣："水利为何不修？"大臣回答说："修理需要钱粮。"崇祯皇帝以百姓"穷困已极"，不愿再"扰民"，便将修水利的事轻轻放下。久而久之，一遇大旱，灾情就显得特别严重。当时留下了许多有关饥荒惨状的描述，即使今天读起来，仍令人毛骨悚然，难以置信。

崇祯二年（1629），原籍陕西的官员马懋才上疏，陈述陕西饥荒的惨状。老百姓先是采食山间蓬草，继而剥食树皮，后又掘食山中的青叶石。吃青叶石的人不几天就会下坠而死。后来，小孩子一出门就没有踪影，原来是被人吃掉了。

这是一幅多么惨不忍睹的饥荒图！老百姓的日子已困苦到如此地步，明廷还要一再加派，"严为催科"，这只能把老百姓逼上造反的道路。

除了明廷向全国的加派外，各级军政衙门还有名目繁多的临时摊派。《春明梦余录》的作者孙承泽在上给崇祯皇帝的奏疏中就曾经写道："臣待罪县令时，倏奉一文，取豆米几千石，草几千束，运至某营交纳矣；倏奉一文，买健驴若干头，布袋若干条，送至某营交纳矣；倏奉一文，制铜锅若干口，买战马若干匹，送至某营交纳矣。并不言动支何项钱粮，日后作何销算，惟曰迟误则以军法从事耳。"[1]地方上的贪官污吏还乘机暗中加派，借以中饱私囊。由于这样的毛贼众多，而且贪得无厌，因而给老百姓造成的苦难就特别严重。

无休止的搜刮迫使大批农民逃亡。地方官为了征足数额，一户逃则由其他九户补足，二户逃则由其他八户补足，九户逃则由所剩下的一户补足。如此一来，就造成整村整村的农民逃散一空。他们漫无目的地从这个村逃到那个村，从这个县逃到那个县。

年轻力壮的人尚可辗转就食，老弱妇孺只能坐以待毙。人们出于求生的欲望，凡是可以充饥的东西都弄来吃，不管吃下去的后果如何。有的地方的老百姓吃观音土、青叶石，也只能维持几天的生命。有文献记载，当时豫西的老百姓甚至争食雁粪。最令人惨不忍睹的是，在北方各地到处都发生人吃人的惨

---

① 孙承泽：《春明梦余录》卷三六《本计》。

象。有人公开在集市上卖人肉，"每斤价钱六文"。有的人在家里腌人肉，以"备不时之需"。有的人饿倒在路上，很快就有人拿刀割他身上的肉吃。间或有人呵斥制止，拿刀割肉的人就说："我不食人，人将食我。"说者坦然，恬不为怪。① 一个进京参加会试的举人看到，一个妇人一边烹煮小儿，一边哭。他上前去问，这个妇女说："此吾儿，弃之且为人食，故宁自充饥耳。"这种凄惨的景象一直在这个举人的脑中时隐时现，好长时间吃不下饭去。②

吴伟业在崇祯时任翰林院编修，入清后任国子监祭酒，犹如今天国立大学的校长，他就记载了一些人吃人的具体事例：崇祯七年（1634），"永宁民苏倚哥食父母"；南阳县民郭廷玉的妻子霍氏，"以母而食女"；山西闻喜县的杨雷，"以父而食子"；张河图等十三人"杀人母子而并食"。他还记道，黄河南北"数千里白骨纵横，民父子相食"。③ 这种凄惨的图景真是催人泪下。

有关此类记载可谓俯拾皆是。正因如此，才逼使农民一次次地举行大规模造反。明末的李自成大起义也是在这种背景下发生的。

从有关的公私史乘中可以看出，当时社会上流传着许多恐怖的传说和不祥的征兆。甚至有人向崇祯皇帝上书，谓"崇"字是"山"压"宗"，不吉，应颠倒过来，把"宗"写在上面，把"山"写在下面，即可改变运气。连草木虫鸟似乎也都出现妖形。河南的草"生战斗状，有人马形"，都像"披甲执矛，驰驱纠结"。山东商人去淮南卖花豆，"及出卖，如人首然，耳目口鼻咸具"。另外，花草树木似乎都与往常长得不一样，都有妖形。各种鸟似乎也出现了异样。在崇祯六七年间，凤阳突然出现"恶鸟数万，兔头，鸡身，鼠足"，肉可食，但一触到鸟骨即死。崇祯二年（1629），北京宣武门外一民家养只白鸡，重40斤，一个孝廉看到后，说这不是鸡，而是鹜，"所见之处亡国"。④ 一种很平常的事，在崇祯时就会被说成不祥之兆。这从一个侧面表明，全国上下已对明王朝完全失去了信心，一场大的社会动乱已不可避免。

---

① 康熙《青州府志》卷二十《灾祥》。
② 乾隆《诸城县志》卷三十《列传二》。
③ 吴伟业：《绥寇纪略》卷十二。
④ 吴伟业：《绥寇纪略》卷十二。

三、被裁驿卒与勤王兵的哗变

历史上，任何一个重大事件的发生都不是偶然的，而往往是诸多因素汇合的结果。明末的农民大起义以陕西为中心，除了其他因素以外，还与当地被裁驿卒与勤王兵的哗变有关，正是这些人后来成了农民军中的骨干。

本来，设置驿站是为公务往来提供交通工具和食宿。一般官员不能私自利用驿站。这种制度在初期执行得比较严格，明后期已几乎没什么制度可言。达官贵人们往来道路，任意役使驿卒，不仅要为他们提供车马等交通工具，而且还要经常受到他们的敲诈勒索。驿站的人力物力本来有限，对大小官员无穷的需索难以应付。更有甚者，地方官暗中克扣驿站的经费，使驿卒贫困不堪，甚至连驿站的马匹都养不起。明末史籍中有许多瘦马走死道旁的记载。有的史料很具体地说到克扣驿站经费的情况："安定（今甘肃省定西市）站银五万有奇，每发不过一二千金。县令例扣四百，余始分给驿所。"[1]照此算来，驿站只能得到应得经费的百分之三四，这就难怪驿站困苦不堪了。在这种情况下，整顿驿站的呼声便越来越高。

崇祯二年（1629），崇祯皇帝按照给事中刘懋的奏请，下令大量裁减驿卒后，原来由驿站承担的一些差役转移给当地老百姓。按照崇祯皇帝的如意算盘，这样可以节省一些银两，以补充日益捉襟见肘的军饷。据《明史·魏呈润传》记载，通过裁减驿站和驿卒，明廷一年节省驿站银60万两。当时，明廷还认认真真地颁布了一些新规章，针对往日弊端采取了一些新措施，"以纾民困"。但是，由于吏治已败坏到极点，这类新规章不过是一纸空文。通过裁驿卒来补充军饷，无异于剜肉补疮。驿卒的薪俸虽然很少，但毕竟还是一种固定的生活来源。在老百姓流离失所、生活无着的情况下，驿卒的这点微薄收入也是很宝贵的。大批被裁减下来的驿卒无以为生，便纷纷加入农民造反队伍。李自成本人就是个驿卒，他的队伍中也有不少他当驿卒时的同伙。

崇祯二年（1629）十月，后金兵分三路大举内犯，接连攻陷遵化、滦州、

---

① 孙奇逢：《夏峰先生集》卷七。

永平等地，直逼北京，大肆掳掠。崇祯皇帝惊慌失措，急令各地火速勤王。后金兵的这次内犯对明王朝造成多方面的影响，最明显、最主要的有三个方面。

第一，这次内犯虽然于第二年春天撤回，但后金兵对京师附近各地大肆掳掠一通，满载而去，给当地本已很凋敝的经济又造成很大的破坏。

第二，这次内犯使辽东防务陷入危机，变得更为虚弱不堪。本来，在名将袁崇焕的治理下，辽东防务一度有所转机，并在宁远击伤了努尔哈赤，并导致了努尔哈赤的死。这次后金兵绕过山海关，由遵化、蓟县一带破边墙南下，接连攻陷许多州县。刚上任才几个月的遵化巡抚王元雅惶遽自缢，山海关总兵赵率教战死于遵化，兵部尚书王洽因失职下狱。京师戒严，全国骚动。辽东督师袁崇焕急忙率师入援。崇祯皇帝中了皇太极的反间计，轻信袁崇焕与后金暗中通谋，竟将袁崇焕下狱处死。辽东总兵官祖大寿十分害怕，急忙拉起队伍返回山海关。这样一来，辽东防务遂败坏得一发不可收拾。

第三，各地将领纷纷率兵勤王，削弱了地方上的防御力量。勤王兵不时发生哗变，有些人参加了农民起义军，为明末农民大起义的烽火增添了更多的干柴。当时，西至陕西、甘肃，南至湖广、江西，都有大批将士赴京师勤王。山西离京师较近，山西巡抚耿如杞率总兵官张鸿功以劲兵五千人最先赶到。按照军令，勤王兵到达第二天确定防地以后才能发给军饷。耿如杞率兵赶到后，兵部命守通州，第二天又调昌平，第三天又改调良乡。因防地屡变，军士三天没领到军饷。于是，饥饿的勤王兵十分气愤，遂就近抢掠，哗变而去。崇祯皇帝以耿如杞和张鸿功治军无方，将二人下狱论死。这五千劲卒一哄而散，逃回山西，其中有不少人后来参加了起义军队伍。甘肃巡抚梅之焕和总兵官杨嘉谟率兵入卫，一个叫王进才的士兵率众哗变，杀死参将孙怀忠，逃回兰州。梅之焕不得不回过头来镇压这次哗变，然后再赶赴京师。等到他五月赶赴京师时，后金兵已退回关外去了。这些哗变的士兵却有不少人成了造反农民军的主力军。"其溃卒畏捕诛，往往亡命山谷间，为群盗，贼势益张。"[1] 于是，原来镇压农民军的明廷军士，这时却变成了反抗明廷的骨干。崇祯三年（1630），李自成等

---

[1]《明史》卷二四八《梅之焕传》。

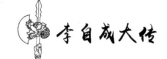

农民军由陕西进入山西，就与这些哗变的军士有密切关系。

四、遍地烽火

天灾人祸接连不断，小民百姓无以为生，只要有人登高一呼，便会应者云集。各地所谓"盗贼"叛乱的事频频发生，使明末社会日益陷入严重的动乱之中。

这种动乱自万历后期即已开始。当时，各地的白莲教徒活动十分活跃，并不时建号称王。到天启年间，动乱的规模更大，范围更加广泛。天启二年（1622），山东的白莲教徒徐鸿儒率众起义，建年号"大成兴胜"，设官建制，众至 10 余万。他们还一度切断了京杭大运河的漕运，并得到四川白莲教的响应。这次起义虽然被镇压下去，却给明王朝 200 余年的统治敲响了警钟。在天启皇帝在位的 7 年间，各地大大小小的农民起义几乎是连绵不断。如果说，万历末年和天启年间已经阴云密布并不时传来雷声的话，那么，崇祯年间就是雷鸣电闪、急风暴雨的时期了。

崇祯皇帝即位当年，在陕西澄城发生了以王二为首的农民武装起义，从而揭开了以陕西为中心的明末大起义的序幕。

崇祯皇帝即位当年是天启七年（1627），陕西一带就发生了严重的旱灾。澄城和邻近的白水县本来就地贫民穷，连年的旱灾更迫使老百姓大批逃亡，致使这里的大片土地荒芜。明朝各级官府不但不想法对老百姓进行救济，反而一再向未逃的老百姓追逼钱粮，进行敲骨吸髓式的榨取。澄城知县张斗耀就是这样一个以逼钱粮为能的地方官。这年本来是个灾年，张斗耀在秋后仍继续向饱受饥荒之苦的农民追逼。白水县农民王二率领满腔怒火的饥民冲入县衙，杀死澄城知县张斗耀，聚集山中，继续与官府对抗。饥饿的农民纷纷归附，人数越来越多。王二初举事时，他带领的数百人"皆以墨涂面"，意在使官府认不出造反的人是谁。王二也说不上有什么雄心大志，只是劫官府、抢仓库，以求一饱。他们在蒲州和韩城一带往来劫掠，并一度攻破宜君县城，将狱中的犯人全部放出，有些犯人也就加入到王二的队伍中。当时的陕西巡抚是胡廷宴，年老庸惰，特别厌恶别人向他报告农民造反的事。各县派人向他报告农民叛乱，他甚至命衙役将报讯的人痛打一顿，说这不过是一群饥饿的群氓，不久就会自散。① 农民造反的规模越来越大，胡廷宴这才惊慌起来。他自己束手无策，便说是边兵带头暴动，要延绥巡抚岳声和来处置。岳声和特别忌讳别人说"边兵为盗"的事，把责任又推给内地。两边巡抚互相推诿隐欺，使事态未能得到及时控制，致使农民起义的星星之火终于酿成燎原之势。当时承平日久，突然发生农民造反，人无固志，官府懈怠，这为农民军的初期发展提供了机会。

王二造反犹如在遍布干柴的陕西大地放了一把火，火星溅处便烈焰顿起，于是便很快呈现出烽火连天的局面。

同一年冬天，府谷县农民王嘉胤率领杨六郎、不沾泥（本名张存孟）等起事，先是抢劫富家粮食。地方官前往捕治，他们便武装反抗，遂"聚为盗"，走上了造反的道路。王嘉胤不久和王二会合，众至五六千人，活动在陕北的黄龙山一带。

在崇祯元年（1628）起事的农民军有好多支。例如，高迎祥起事于安塞，自称"闯王"；王左挂（原名王之爵）起事于宜川，与他同时并起的还有苗美、飞山虎、大红狼等；王大梁起事于汉南，自称大梁王，很快纠集起3000多人，攻克了陕西的略阳，并一度逼近汉中府的所在地南郑县。

在此后的两年间，陕西各地的农民起义军简直多得不可胜数。从明末清初的有关记载来看，当时大大小小的农民军不下一二百股，小股儿百人、上千人，大股上万人，甚至数万人。当时在山东等地也发生了多股农民起义，只是因为当地驻军较少，哗变的较少，起义规模不如陕西大。其中比较著名的有：紫金梁（王自用，又称王和尚）、神一魁、神一元、混世王（武自强）、曹操（罗汝才）、老回回（马守应）、闯塌天（刘国龙）、过天星（张天琳）、满天星（高汝砺）、蝎子块（拓养坤）、上天猴（刘九思）、独行狼（苗明阳）、点灯子（赵胜，又名赵四儿）、整齐王（张胖子）、黑煞神（张宠）、乱世王（郭应聘）、二郎神（南汝近）等等，难以详举。

也就是在这时，号称"八大王"的张献忠和号称"闯将"的李自成都拉起

---

① 谷应泰：《明史纪事本末》卷七十五《中原群盗》。

了队伍，投身到起义中来。

五、首领的诨号和"水浒传"

李自成等起义军首领人人都有诨号。李自成原称"八队闯将"，后称"闯王"。其他起义军首领的诨号更是五花八门。这是一个很引人注目的问题，也是明末农民大起义的一个特点。

首领们不用真名，而用诨号，其主要目的是为自己留条后路。一旦起义失败，他们还可以回乡当普通农民，不至于使官府分辨出谁是造反的首领。另外，首领们使用诨号也有显示自己勇武的意思。同时，起义军首领使用诨号的做法也和《水浒传》有千丝万缕的联系。

《水浒传》成书于明朝初年，很快就在社会上得到广泛流行，明中期以后几乎达到家喻户晓的地步。书中所蕴含的思想意识为广大老百姓所接受，从而成为李自成等农民大起义的精神力量。《水浒传》所描写的是北宋末年的情况，当时政治腐败，政以贿成，党争不断，各种苛捐杂税逼得老百姓难以为生。书中所说的"生辰纲""花石纲"等等，显然都是巧立名目的苛捐杂税。官逼民反，于是就出现了宋江、方腊等领导的北宋末年的农民大起义。北宋末年的情况和明朝末年的情况极为相似，李自成等仿效宋江等人揭竿造反也就在情理之中了。同时，书中颂扬了那种不畏强权、敢于造反的精神。这种精神成了中国农民反抗封建统治的宝贵财富，也是一种优良传统。李自成大起义也可视为这种传统的一个体现。

像《水浒传》上的英雄们都有诨号那样，明末农民大起义的首领们也都有自己的诨号。这类诨号大体可划分为三类：一类是完全沿袭《水浒传》上的叫法，如黑旋风、混江龙、一丈青等；第二类是对《水浒传》上的叫法略加改变，如九条龙、托塔王、飞天虎、紫金龙、混世王等；第三类则是模仿《水浒传》上的叫法，另起一个新的诨号，如不沾泥、独行狼、闯塌天、革里眼等。除此之外，也有直接用古人的真名作为诨号的，如曹操、关索、黄巢、马超等。大概明朝统治者看到了《水浒传》对农民起义的影响，所以于崇祯十五年（1642）明廷申令全国，将《水浒传》定为禁书，不准民间私印或私自收藏。

这使人们从另一个侧面看出，《水浒传》对明末农民起义的影响是何等之大。①

我们还看到，在明末农民大起义的前期，几乎每个起义首领都使用诨号。到了后期，这种现象有了明显改变，不少起义军首领开始使用真实姓名，如刘宗敏、田见秀、李定国等。这表明，随着农民起义军力量的壮大，起义首领们的自信心增强了。

第二节　揭竿而起，自将一军

崇祯三年（1630）年初，李自成以一个哗变的勤王兵起事造反。他先是投托在别人军下，不久便自将一军，号称"闯将"，与其他诸部协同作战，共同反明。在官府的围剿和招抚下，这些起义军时降时叛，明廷遂专注于大规模围剿。在与明军的周旋中，李自成的力量一天天壮大起来。

一、李自成揭竿造反

李自成和侄儿李过在绥德惹了个乱子，被戴上大枷示众。二人遂从绥德来到甘肃，投到总兵官杨肇基部下当兵。边地的小股农民起义时有发生，杨肇基总是派亲兵前去围剿。这些亲兵也和造反的农民差不多，有机会就抢劫一通。李自成的表现颇与众不同，他不抢劫，被他俘获的一些壮士也被他暗中放走，谓"东海舟头，亦有遇处"。当时各地的武将都很留心网罗勇武之人，以便为己所用。李自成身材高大，又学过武术，所以深受杨肇基的赏识，很快升为总旗，属下有 50 人。总旗虽只是个小头目，属下也不多，但对李自成来说，这也算是个施展抱负的有利条件。

当甘肃东部有警时，李自成便自告奋勇去镇压。他心里想，这些造反的"响马"中有不少英雄人物，可趁机结识几个，在这天下多事之秋必有用处。当时高如岳（即高迎祥）正率领百余人活动在陕甘边境一带，自称"闯王"，颇有英雄气概，时出劫掠。李自成在当地搜索了 3 天，连高如岳的影子也没见

---

① 参见李文治《晚明民变》附录"晚明民变与水浒传"。

着。忽然，身着白袍白巾的高如岳领着几个人来到李自成军前，并大喝道："高闯王在此，速让道！"李自成在马上对高如岳说："看你也是条好汉，为何要当强盗呢？我特奉命来捉拿你。"高如岳厉声喝道："能者来战！"遂飞骑前来。李自成迎战，打了好一大阵，二人武艺相当，分不出高低。李自成便停下来说道："自古好汉识好汉。观汝状貌，定非凡品。可下马相见，有一言相告。"二人遂下马叙礼，并到一个土山上结为兄弟，设誓"患难相扶，富贵共享"。二人依依而别，李自成用杀的其他人报功，遂升任把总。

崇祯二年（1629）年底，清兵内犯，甘肃巡抚梅之焕和总兵杨肇基率兵赴京师勤王，以王参将为先锋，李自成和他的好友刘良佳都成了王参将的部下。他们二人觉得王参将是个庸才，在他手下颇不甘心。李自成私下对刘良佳说："宁为鸡口，毋为牛后。"刘良佳说："昔郭子仪本行伍中人，后为天下大元帅。我二人有才如此，宁忧不富贵！"李自成笑了笑说："大元帅何足道！汉高祖、刘知远、我太祖皇帝，岂祖宗传下天子？亦是凭空做成事业者。杨王将（杨肇基）安识吾两人！"这些牢骚话一方面反映了李自成不甘居人下，颇想有番作为；另一方面，也反映了当时远道行军，时间急迫，带着辎重，十分辛苦。再说，到北方与清兵作战，也是件很危险的事。这段话也表明，李自成想趁机另谋出路。

李自成等勤王兵到达金县时，县令竟避而不出。王参将想见县令，好大阵子不见县令出来，有些士兵便在庭中大叫大嚷。王参将把大哗的六个士兵打了一顿板子，其中有三人是李自成的部下。李自成听到后十分愤怒，便和刘良佐一起赶到县衙，将县令捆住带出，打算去见杨总兵。出来恰好遇上王参将，二人便突然将王参将杀死。[①]这样一来，在官军中已无法存身，二人便投奔王左挂去了。

实际上，李自成杀王参将就是一次小规模的哗变。也就是从这时开始，李

---

① 计六奇：《明季北略》卷五《李自成起》。

自成就投身到造反队伍中来，时间大致在崇祯三年（1630）正月间。[1]

王左挂起事较早，是继王二之后起事的较有影响的农民军，活动在陕北怀宁河一带，很快发展到三四千人。王左挂又名王子顺、王之爵，号称"横天一字王"。李自成觉得王左挂的势力较大，便最先投到他的军中，并充当他手下的一个小头目，号称"八队闯将"。王左挂率众南下劫掠韩城，明廷总督杨鹤率兵来剿，王左挂的部下损失大半，遂逃往清涧一带。在官兵的追剿下，部下损失惨重，便接受了官军的招抚。李自成反对这样做，便愤然而去，投到不沾泥（张存孟）军中。

不沾泥也不是个成大事的人，也没什么谋略，在洪承畴的围剿下，接连失败，便主动向官军乞求招抚。为了向官军表示自己的诚意，他还杀害自己的同伙。不沾泥活动在延绥一带，时而投降官军，时而复反，后来终于被洪承畴所擒杀。李自成看他胸无大志，也不能容人，只在不沾泥手下待了两三个月，便领着李过和自己的一小队人马投靠高迎祥去了。

二、诸部协同反明

大约在崇祯三年（1630）四五月间，李自成就开始和高迎祥联合作战了。高迎祥号称"闯王"，在各支农民军中是势力较强的一支。他是陕西安塞人，也是在崇祯元年起事的。由于他较有谋略，心胸又较为开阔，大家都乐于和他联合。像号称"曹操"的罗汝才、号称"革里眼"的贺一龙、号称"争世王"的刘希尧等颇为著名的农民军首领，当时都推高迎祥为首，联合作战。李自成

---

[1] 关于李自成投身起义的时间，诸书记载不尽一致。《明史》卷二十三、《明史纪事本末》卷七十五均记李自成等人在金县哗变时间为崇祯三年正月。《明季实录塘报稿》记边大绥塘报称，李自成"自崇祯三年，西川贼卜沾泥作乱，流入贼营，不知下落"。康熙年间《米脂县志》卷一亦记载李自成起事在崇祯三年。而王左挂于崇祯三年二月受抚，李自成愤然而去，故大致可断定，李自成起事在正月间。《罪惟录》记在崇祯二年，《延安府志》卷六记为崇祯四年，均不确。

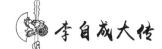

曾和高迎祥结拜为兄弟，这时自然更受到高迎祥的倚重。①

明廷对陕西各地农民纷纷起事造反颇为震惊，便选派能干的将领率重兵前往镇压。崇祯二年（1629）正月，明廷即命杨鹤为三边总督，加紧围剿各农民军。当年年底，崇祯皇帝又命洪承畴为延绥巡抚，配合杨鹤进剿。陕西连年遭旱灾，再加上官府加征捐税，老百姓已穷到极点。官府对农民军剿抚并用，有的被镇压，有的受招抚，大部分则流动到邻近的山西一带。崇祯三年（1630）年底，在陕西的各支农民军大都相继进入山西。高迎祥和李自成这时也都在山西活动。

起事较早的王嘉胤被杀后，号称"紫金梁"的王自用人马较多。各路农民军为了对付明军，便共推紫金梁为首，大家一起协同作战，结成所谓"三十六营"。像高迎祥、张献忠、罗汝才等都是三十六营的各营首领。这时的李自成虽人马不及这几营的多，但他也是三十六营的首领之一。② 各地农民军加在一起，声势已颇为浩大。"紫金梁名王自用，复纠众起兵三十六营，号二十万。"③各地农民军都有相当大的独立性，谁的势力强大、威信高，便推举谁为首领，以利于协同作战。闯王高迎祥和闯将李自成都各自统领一营，二人关系虽比较密切，但并不是从属关系。④ 各营有时单独行动，有时则联合起来对付官军。

各营的情况也千差万别，有的纪律好一些，有的纪律就比较差。他们为了补充军饷，都必然从事劫掠，尤其是各地富室成为他们劫掠的主要对象。高迎

---

①《明史·李自成传》谓李自成与高迎祥是甥舅关系。此说流传颇广，实则不确。李自成的故籍米脂与高迎祥的故籍安塞相距近300里，两家均不是大户人家，故结亲的可能性极小。李自成生母的姓氏虽诸书记载不一，但却没有一书记为高氏，故二人不可能是甥舅关系。因此取《明季北略》所记，二人为结拜兄弟。

②关于三十六营首领的名号，《绥寇纪略》卷一载："三十六营：八大王、扫地王、邢红狼、黑煞神、曹操、乱世王、撞塌天、闯将、满天星、老回回、李晋王、党家、破甲锥、八金刚、混天王、蝎子块、闯王、不沾泥、张妙手、白九儿、一阵风、七郎、大天王、九条龙、四天王、点灯子、上天猴、丫头子、齐天王、映山红、摧山虎、冲天柱、油里滑、屹烈眼等。"这里记34人，加上紫金梁，共35人。《兵燹琐记》中所记亦同。《明季北略》卷七《贼分三十六营》条记15人，其中另有混天王、显道神、乡里人、满地草四人。到底谁是，今已难以详考。但闯王高迎祥和闯将李自成各为一营，则可以肯定。

③吴伟业：《绥寇纪略》卷一。

④冯甦：《见闻随笔·李自成传》谓李自成和高迎祥是甥舅关系，李是高的部下，实误。

祥就曾经抢到5个漂亮女子，其中以邢氏的姿色最佳。高迎祥把邢氏送给李自成为妻。由此也可以看出，二人确实有着一种不同寻常的亲密关系。

各营为了壮大自己的力量，甚至强迫一些青壮年加入自己的队伍。这些农民军的基本队伍是为饥寒所迫的农民，也有少数人是被迫加入的。据记载，有的农民军抢劫一番之后，还要放上一把火，称为"放亮儿"。他们将抢来的衣粮等物要乡民送到营中。他们如果想让某人入伙，就拿着刀问他："愿从不愿从？"如这人不识相，说不愿从，他们就会说："那我就送你走！"便一刀将他杀死。如有人愿意随从，他们还要问有没有妻子，如没有，也就完了，如果有，还要问想不想，倘如说想，他们也会一刀将他杀死。凡是新抓获的人，一定要捆绑5天才放开。如某人逃跑后又被抓获，要么割去他的耳朵，要么黥其面。官兵遇到这些人，就说他们是造反的贼，抓到长官那里去请赏。这些人就往往被"斩首示众"。这样一来，即使有些人不愿加入农民军，只要被农民军抓获，也只得无可奈何地入伙。这种现象只在个别农民起义军中存在，不会是普遍现象。在那良莠不齐、鱼龙混杂的时期，个别起义军首领采用这类做法也并不奇怪。李自成在各营首领中是较有心计的一个，他的人马也壮大得特别快。他勇力过人，又有谋略，"御众严，号令一，领一军不敢仰视，以故制胜，雄于诸寇"[1]。正因如此，李自成部逐渐成为最强大的一支。

三、杨鹤主抚，旋降旋叛

这些造反的农民大都出于饥寒交迫所致，他们的主要矛头是指向地方上的贪官污吏和富家巨室，很少有人想到要推翻皇帝。相反，他们大都自认为是朝廷的子民。他们的人数看起来好像很多，但真正能冲锋陷阵的人是少数。因为他们大都是逃荒的饥民，抱着"吃大户"的想法，想在军中混碗饭吃，所以往往拖家带口。很明显，那些老弱妇女是不能上前线的。因此，这些农民军的战斗力与他们的人数并不成正比。当明廷对他们"赦罪招安"时，他们就往往接受招安，投降明廷。但生活无着时，一遇到机会便可能再次造反，使明廷伤透

---

① 计六奇：《明季北略》卷五《李自成起》。

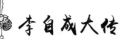

了脑筋。在明廷剿抚并用的情况下，李自成和他的同伙经历了分化、组合，再分化、再组合的过程。

面对遍地烽火般的农民造反，明廷和各级地方长官都主张剿抚并用。但是，在具体执行中是以剿为主还是以抚为主，就存在着很大的差别。崇祯三年（1630）年初，杨鹤代替武之望为陕西三边总督，总掌镇压农民造反事。当时王二、王大梁等最早起事的农民军已被镇压下去，但继起者却越来越多，大有"野火烧不尽，春风吹又生"之势。杨鹤到任后看到，陕西灾情严重，千百成群的饥民四处流荡，纷纷投入到造反的队伍中来。官军虽极力镇压，却是疲于奔命，收效甚微。杨鹤又不是一个很知兵的人，感到单依靠军事手段难以奏效。崇祯二年（1629）年底，清兵内犯，陕西的精锐部队奉命赴京师勤王，杨鹤更感到兵力不足，镇压农民军更加力不从心。于是，杨鹤便主张在剿抚并用的总原则下，采取以抚为主的方针。

在镇压李自成等农民起义军的过程中，杨鹤及其儿子杨嗣昌是非常著名的人物。杨鹤是湖南武陵（今湖南省常德市武陵区）人，曾任御史、巡按、右佥都御史和巡抚等职。天启时，魏忠贤忌恨杨鹤袒护熊廷弼，将其罢职。崇祯继位后，启用杨鹤为左副都御史。杨鹤刚复官就上疏崇祯皇帝，认为自万历以后国家元气大伤，就像一个人大病初起一样，"风邪易入"，应重在培养元气。朝臣都认为他说的切中时弊。《明史》上说他"素有清望，然不知兵"，大体合乎杨鹤的情况。大概也正是因为杨鹤的这种特点，所以他力主对起义军以抚为主。

招抚要真正收到实效，就要使这些被解散的饥民生活有着落，能够活下去。不然的话，他们受抚之后还会造反。因此，剿需钱粮，抚也需钱粮。对此，杨鹤在给崇祯皇帝在奏疏中说得很透彻：

> 盖解而散，散而复聚，犹弗散也。必实实赈济，使之糊口有资，而后谓之真解散。解散之后尚须安插，必实实给与牛种，使之归农复业，而复谓之真安插。如是，则贼有生之乐，无死之心，自必贴然就抚。抚局既定，剿局亦终。……费之于剿，金银一去不还，且斩首太多，上干和气。费之于抚，金钱去而民在。活一人即得一人性命，盗

息民安，利莫大焉。[①]

当时，朝中大臣有不少人持这种主张。崇祯皇帝也说："寇亦我赤子，宜抚之。"并拨出帑银10万两，以作为"招抚流贼"所需。这时已是崇祯四年（1631）年初，李自成、高迎祥和张献忠等大股农民军已转入山西活动，留在陕西的各支农民军大都力量较弱。杨鹤以抚为主的政策得到崇祯皇帝认可后，他便遣人持牌四出，对各支农民军广加招抚，一时颇有成效。各股农民军纷纷表示受抚，接受安置。例如黄虎、小红狼、一丈青、龙江水、掠地虎、郝小泉等，都给牌免死，安置在延绥河西一带。杨鹤最得意的收获还是招抚神一魁的成功。当时，神一魁是陕西各股农民军中势力最大的一支，众至六七万人。杨鹤为了招抚神一魁，先将神一魁的女婿招至帐下，和他"同卧起"，以示真诚无间。此法果然有效，神一魁知道后果然来降。崇祯四年（1631）四月十六日，神一魁亲自赴宁州晋见总督杨鹤。杨鹤摆出一副恩威并施的架势，先数落一番神一魁的所谓罪行，并要他起誓，保证日后不再造反，然后宣布赦免，将其部下解散，发给饥民印票，遣返回乡。一时间，留在陕西的各支农民军几乎都接受了招抚。杨鹤首先向受抚的农民军宣读谕旨，也就是崇祯皇帝的诏谕，然后让他们宣誓，保证以后不再谋反，随后给他们一些钱粮，将他们遣散回乡。

杨鹤的这种做法一开始就遭到不少人的反对，例如名将洪承畴和杜文焕都反对这样做，有时虽不敢公开反对，但对杨鹤的政策也不认真执行。洪承畴和杜文焕都主张以剿为主，认为只有使起义军畏官军之威，然后才可言抚。这时的受抚才是真受抚。洪承畴在陕北一带严加督剿，一些起义军首领感到走投无路，一时居然"招徕二十八寨"，都自愿就抚。杨鹤将神一魁的降军安置于宁塞，而在此镇守的杜文焕不相信神一魁真受抚，打算彻底将其剿灭。杨鹤则下令说："官兵妄杀一贼者，以两兵偿。"杜文焕认为神一魁是因为被自己击败才受抚，让神一魁据宁塞无异于养虎遗患。但鉴于杨鹤的严令，杜文焕也不敢再

---

① 《嵩县志》卷六，乾隆年间版。

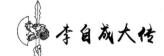

对神一魁进击。他感到在宁塞不安全，就带自己全家人离开了宁塞。不久，杜文焕就因为得罪杨鹤而被免职。

这种招抚政策只推行了四五个月，很快即陷于破产。一方面，进入山西一带的李自成等各部农民军拒绝受抚，力量一天天壮大，成为明廷的心腹大患。另一方面，由于用在招抚方面的钱粮太少，无法解决这些造反农民的生计问题，故旋降旋叛，使抚局无法长期维持。对此，有的大臣还在奏疏中为崇祯皇帝算了一笔账："……赈臣携十万金往，度一金一人，止可活十万人。而斗米七钱，亦止可活五十日耳。皇上宜敕赈臣回奏，前十万金果足乎？不则当早沛恩膏，虽内帑不宜惜也。"[1]要皇帝老子拿内帑去救济饥民，无异于虎口谋食。于是，这种杯水车薪式的救济自然无济于事。尽管杨鹤费尽心机，勉强维持了几个月的抚局，但终难持久，不免以失败告终。

招抚政策失败的根本原因在于，明廷没有从根本上解决农民军的生计问题。应该承认，杨鹤的招抚政策最初还是取得了一定效果的。当时大部分造反的农民的确是出于活路无门，只要有一线生路，他们是不愿铤而走险的。当他们被遣散回乡后，仍是衣食无着，官府的各种催征依然"猛如虎"，他们自然就会重新走上反抗的道路。

受抚较早的小红狼、一丈青、掠地虎诸部，也是"降叛不常"，有的甚至"淫掠如故"。[2]正当杨鹤艰难维持抚局的时候，点灯子、浑天猴等几支农民军又从山西返回陕西，并一举攻破金锁关，杀死了驻守都司。到了七月间，已经受抚的上天龙、马老虎、独行狼等复叛，攻掠鹿州。杨鹤不得不率兵亲去镇压，上天龙又率领部下大约二千人投降。[3]这时的抚局本来就是个到处冒烟的烂摊子，而主剿派的官员又不配合，甚至诱杀已经受抚农民军首领。例如，崇祯四年（1631）四月间，洪承畴就命贺人龙以设宴招待降人为名，"降人入谢，伏兵斩三百二十人"[4]。这就更增加了受抚农民军的疑虑。他们有的名义上虽已

---

① 吴伟业：《绥寇纪略》卷一。
② 计六奇：《明季北略》卷六《杨鹤误抚》。
③ 计六奇：《明季北略》卷七《杨鹤受降》。
④ 计六奇：《明季北略》卷七《洪承畴巡抚延绥》。

受抚，但并不解除武装，甚至不时劫掠富室，即所谓"打粮"。一遇到风吹草动，看到气候不对，便马上"剽掠如故"，继续与官军对抗。七月底，势力较大的神一魁也叛去，并占据宁塞。在官兵的围攻下，他的部下黄友才突然将他杀死，向官府邀功。没过几天，黄友才也叛去。实际上，神一魁部的复叛标志着招抚政策的彻底破产。

当时，有的大臣头脑比较清醒，认为无论是剿是抚，最根本的问题是使老百姓生计有着。例如职方郎中李继贞，他于崇祯三年（1630）十月上疏，请赈济陕北饥民："皇上以数万金钱而活数十万生灵，福泽莫大焉；活数十万生灵，而农桑复业，赋税常供，所获不止数十万金钱也，利益莫大焉。"他主张发粮，而不要发钱，这样可以"抚饥，可以赏功，而依贼之民必渐散。贼不就降，即就缚耳"。他还说道："抚非抚贼，抚我饥民之从贼者也。已从贼者虽多，尤有限，未从贼而势必从贼者无限。当此斗米四钱之日，慈父不能有其子，而能禁其束手就毙乎！……尽心赈济，贼就抚者，给以耕种，推诚安插。如此，则民之已化为贼者，将还化为民；而将化为贼者，且永不为贼。"

李继贞说得入情入理。崇祯皇帝接受了他的建议，遂命御史吴甡带 10 万两银子前往赈灾。李继贞认为 10 万两银子太少，一个饥民给一两银子，仅仅"可活十万人"。当时"斗米七钱，亦只可活五十日耳"。他请求崇祯皇帝"早沛恩膏"，拿出内帑中的一些银两来救济百姓。[1] 但崇祯皇帝惜金如命，不肯增加。杯水车薪，自然无济于事。后来的事态发展都被李继贞言中。他看到天下崩坏日甚一日，居然忧愤而死。

吴甡赈济陕西饥民有点成效，崇祯皇帝为此特命他巡按陕西。但因赈济银两太少，明廷的苛征政策没有改变，所以这种成效是有限的，也是短期的。

面对官府的剿抚两手，李自成的头脑比较清醒。他知道，无论是剿还是抚，其目的都是一样的，即都是要消灭这些造反的农民军。因此，李自成对这种招抚的政策一直不屑一顾。明末的农民军首领差不多都不同形式地受过抚，只有李自成不论顺利与否，从未受抚。正当官府对农民军剿抚无常的时候，陕

---

① 吴伟业：《绥寇纪略》卷一。

西一带的灾情仍在继续发展，官府的加征仍急如星火，大批无以为生的农民纷纷投入到造反的队伍中来。陕西造反的最多，也是官府镇压的重点。他们便渡过黄河，进入山西一带活动。李自成的势力在山西一带一天天壮大起来。

第三节　避实击虚，转战山西

为了逃避官军的追剿，在陕西起事的农民军很早就有小股陆续进入山西。由于明廷剿抚并用，有不少起义军投降了明廷。对那些坚决不受抚和受抚后复叛的起义军，洪承畴等明廷将领则严加追剿，并连连得手。崇祯三年（1630），李自成和一些大股农民军就进入山西活动。在崇祯四年（1631）至崇祯六年（1633）间，山西成为明末农民军活动的主要战场。

一、洪承畴连败农民军

在明清之际，洪承畴是个十分出名的风云人物。他有勇有谋，在镇压李自成等起义军过程中屡屡奏捷。后来奉调赴辽东，抗御清兵，亦颇负盛名。后在松锦之战中被俘，投降了清廷，以后就成了清廷的得力谋士和倚重的大将。对于李自成等起义军来说，洪承畴是一个可怕的死对头。

洪承畴（1593—1665）是福建南安人，其父祖辈累世为官，是当地的一个望族。他考中进士以后，先在刑部任职数年，天启七年（1627）时升任陕西布政使司参政。这时的陕西已动荡不安，农民起义此起彼伏，渐渐成为明末农民大起义风暴的中心。洪承畴自然就卷入了镇压起义军的战争，这为洪承畴施展自己的才能提供了广阔的舞台。

崇祯二年（1629），陕西清涧农民王左挂率众起义，进攻耀州。洪承畴身边兵少，就率领一部分官员，又联合当地一部分乡勇，将王左挂围困于云阳。后来，在一个雷雨交加的晚上，趁洪承畴不得不放松围困之机，王左挂等才突围逃出。洪承畴的才能得到初步展露，引起明廷的重视。崇祯三年（1630），洪承畴升任延绥巡抚。第二年九月杨鹤下狱，他又升为陕西三边总督。在陕西一带，洪承畴的这支军队成了明廷最为倚重的力量，当时被称为"洪兵"。洪承畴对农民军的策略是以剿为主，剿抚并用，各个击破。

王左挂是较早起义的一个，在早期的各支起义军中力量也较强。李自成最初就是投靠王左挂。当王左挂趁雷雨之夜逃出云阳后，洪承畴督军追击，在怀宁河再次将王左挂击溃，王左挂感到走投无路，又看到杨鹤等力主招抚，他就投降了明军。李自成等人因对王左挂降明不满，就自谋出路，拒不受降。崇祯三年八月间，王左挂感到洪承畴对自己多方提防，颇不自安，就在暗中谋划再度起事。洪承畴本来就不相信王左挂真心投降，这时又看到他暗中活动，就和杜文焕等一起设计，将王左挂等98人一起杀掉。

洪承畴在严加追剿起义军的同时，还派出间谍，让他们混入起义军当中，一是及时向他报告起义军的动态，二是挑拨离间，分化瓦解农民起义军。当时有许多支起义军投降了明军。洪承畴通过明察暗访，将那些暗中活动的，身强力壮的，尤其是那些可能再次造反的首领人物，共400余人一起杀掉。这对陕西一带的农民起义军是重大打击。起义军感到在陕西难以发展，就纷纷转入山西活动。

二、入山西求发展

山西和陕西只有一河之隔，农民军倏来忽往并不困难。后来，山西地方官府借口"防盗"，禁止把粮食运入陕西。农民军为了"就食"，暗中进入山西的越来越多。崇祯三年（1630）春天，老回回、八金刚、上天猴诸部都转移到了山西，高迎祥和李自成也在山西活动。杨鹤主抚的政策失败后，主剿的洪承畴代杨鹤为三边总督，加紧对陕西的农民军进行镇压。于是，在军事上受到压力的农民军便大都转移到河东的山西一带。

山西的灾情虽比陕西稍轻，但农民不堪加征之苦，也有很多破产的流民。他们纷纷加入造反的农民军，有的则拉起旗帜，自发地起事造反。山西的一个乡绅在崇祯三年时就曾经说："始之寇晋者，秦人也；今寇晋者，半晋人矣。二三月间从贼者十之一，六七月间从贼者十之三，至今多而从贼者十之五六矣……欲除晋之盗，莫先于抚晋之贫民。"[1] 很显然，这为李自成等农民在山西

---

① 《绛州志》卷四《艺文》，康熙年间版。

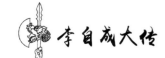

的发展提供了有利条件。

起初，在山西的各支农民军以王嘉胤的势力为最大，大家也就以他为首。崇祯三年（1630）四月间，王嘉胤率部攻占了蒲县，使明军大为震惊。崇祯四年（1631）六月初，明廷的悍将曹文诏设计杀死了王嘉胤，诸部便共推紫金梁王自用为首，继续与明军周旋。当时，各部农民军共有所谓"三十六营"，闯将李自成即是三十六营的一营首领。各营实际上都是一个独立的军事单位，他们之间只存在一种松散的联合。紫金梁可算是这种松散联合的盟主。他们主要活动在晋中以南地区，有时某部又忽而返回陕西、飘忽不定，使官军疲于奔命。有时一部农民军被镇压，其余部又用原来的绰号继续活动。李自成这时主要活动在山西汾河以西地区，时而和高迎祥联合作战，时而单独出击，还偶尔进入邻近的河南。

洪承畴在陕西围剿农民军连连得手，农民军的主力大都进入山西，他也派兵尾随而来。陕西总兵官王承恩和悍将曹文诏都来山西追剿。因后金兵退回辽东，勤王的甘肃兵在总兵官杨嘉谟的带领下，也奉命来山西协剿。另外，明廷还调河南兵往西截杀。面对数省兵力的围攻，以紫金梁为首的农民军便开始向山西北部转移。

崇祯五年（1632）秋天，李自成等农民军接连攻克了隰州（今山西省隰县）、大宁。这年年底，正当宣大总督张宗衡和总兵尤世禄紧追紫金梁不舍的时候，李自成等部却一举攻克辽州（今山西省左权县）。张、尤二人无奈，只得掉转头来增援辽州。尤世禄也是员勇将，他率领儿子尤人龙奋勇攻城，激战两天，二人都被农民军射伤。李自成虽顽强抵抗，但终因寡不敌众，便决定弃城而走。在突围时，李自成等农民军损失颇大，死 1300 余人。但这次战役有力地掩护了紫金梁等部转移。紫金梁诸部在西阳山被官军打败，损失惨重，他本人也受了重伤。在尤世禄等官军的追击下，他连战失利。正是由于李自成攻占辽州，牵制了官军，才使得紫金梁得以从容地往晋北转移。紫金梁在晋北接连打了几个胜仗，并进入榆次，其前锋逼近太原不足 50 里。

三、李自成崭露头角

李自成的势力起初比较小，有时不得不投托在别人名下。但他在众头领中比较有心计，注意笼络人才，打起仗来也知道讲究些策略，所以他的势力壮大得较快。活动在山西的所谓三十六营中，闯将李自成是独立的一营。在与官军的几次战斗中，李自成屡屡显示出特殊的才能，使他在三十六营中的地位日益提高。

崇祯五年（1632）秋天在攻克隰州、大宁的战役中，李自成已是主要的头领之一：

> 李自成、八大王、老回回、紫金梁、翻山鹞等寇掠蒲县，攻城三昼夜，不克。是夜，贼令精锐三百人袭大宁，三更城陷。八月，自大宁袭隰州，守备高逸开北门遁去。知州杨玮拒守，射伤贼甚多，中流矢坠东城下。贼住城中三日。[①]

攻克隰州、大宁是农民军在山西的重要战役，李自成在这时已崭露头角。

当年九月十四日，李自成由晋南突然攻入河南，一举占领修武县城（今河南省焦作市东）。修武知县刘凤翔仓皇出逃，被李自成捉回杀掉。李自成在修武停了3天，随即撤出。他接着率部攻破清化镇（今河南省博爱县），并连续攻打武陟、辉县、济源等县城，兵锋直指怀庆（今河南省沁阳市）。李自成这支农民军突然进入河南，使明廷十分震惊，因为这预示着农民造反的战火向中原燃烧。河南的乡绅纷纷上书，请求朝廷急派救兵。河南巡抚樊尚景急忙派兵援救怀庆，明廷又急令副总兵左良玉由昌平驰援河南。山西巡抚宋统殷也率军堵截，妄图截断李自成回山西的退路。李自成行军打仗，十分注意掌握各路官军情报。他广派侦骑，侦察各地官军动向。他看到官军四集，遂决定马上往北撤退，很快退回山西平阳（今山西省临汾市），辗转活动在汾西一带。

---

① 《隰州志》卷二十二《兵防·附历代兵氛》，康熙年间版。

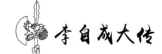

当时，明廷正集中力量围剿山西农民军，李自成以迅雷不及掩耳之势突入河南，一下子打乱了明廷的军事部署，分散了明廷的兵力，有力地配合了山西农民军主力的转移。尤其是李自成等部于年底攻克辽州之战，迫使尾追紫金梁等部的张宗衡不得不掉转方向，赶忙赴辽州援救。李自成部在辽州战役中虽损失较大，但从掩护紫金梁等部北移的全局来看，这种损失还是值得的。

从李自成这两年的战绩来看，他在诸部农民军中的地位已越来越高。崇祯五年（1632）秋天，一个御史就曾向崇祯皇帝奏言："……晋中贼首掌盘子等十六家，最枭者为闯将、紫金梁，戴金穿红，群贼效之，遂皆以红衣为号。"[1]在这里，李自成俨然已和紫金梁齐名了。但从全局来看，当时还是以紫金梁的势力为最大，诸部仍以他为盟主。

四、曹文诏督剿和紫金梁之死

洪承畴多计谋，他一面调集大军对农民军进行围剿，一面派人在农民军中潜行反间，以招抚为名，许以重赏，致使不少农民军首领纷纷投降，有的还成了帮助明廷镇压农民军的悍将。例如白广恩率部投降后，接连镇压了数支农民军，后来一直升到总兵官，崇祯皇帝最后还授予他"荡寇将军"的封号。这样，在陕西和甘肃的农民军便陆续被镇压下去，陷于沉寂。于是，明廷就集中力量镇压山西农民军。当李自成和紫金梁诸部由晋中、晋南转移到晋北后，明军的几路大军也尾随而至。其中，崇祯皇帝对临洮总兵曹文诏尤寄厚望，特命加升一级，许他节制秦、晋诸将领。他的两大部将曹变蛟和马科也分别升级，以资激励。崇祯六年（1633）三月，崇祯皇帝责令曹文诏3个月内平定起义军，曹文诏便加紧了对农民起义军的镇压。再加上河北和河南协剿的官军，使李自成、紫金梁诸部面临十分严峻的局面。

曹文诏是镇压农民起义军的一员悍将，《明史》上说他"勇毅有智略"。以前在辽东跟随名将熊廷弼和孙承宗征战中多有战功。当陕西农民起义风起云涌时，明廷调曹文诏入陕，并提升他为延绥副总兵。当时在各支农民军中王嘉胤

---

①《崇祯长编》卷二十二。

的力量最强。他就成了各支农民军的盟主，占据河曲一带。崇祯四年（1631）四月，曹文诏督军围剿，夺占了河曲，王嘉胤逃去，转至阳城一带。曹文诏穷追不舍，并设离间计，使王嘉胤的部下杀了王嘉胤，这些人就投降了曹文诏。这次胜利使明廷很高兴，立即提升曹文诏为临洮总兵官。也正因为曹文诏配合洪承畴围剿农民军连连得手，那些不愿投降的农民军纷纷进入山西活动。曹文诏也随之到山西督剿。他在稷山击溃点灯子，诱降700余人。点灯子虽逃出，但不久还是被曹文诏俘获杀掉。曹文诏连战皆捷，成为农民起义军最强悍的对手。当时流传的一句俗语说："军中有一曹，流贼闻之心胆摇。"

曹文诏在晋北一带连败农民军，并击杀了一支农民军的首领混世王，不久就使太原周围一带的农民军纷纷逃离。曹文诏督众追剿，又擒杀了滚地龙等几个农民军首领。在山西一带的各支农民军渐渐陷入困境。

在山西的各支农民军中，紫金梁的力量最强，他就成了各支农民军的盟主。在这大军压境的情况下，身为盟主的紫金梁不是团结诸部，打破围剿，反而因争夺一个女人与乱世王闹翻。乱世王藺养成派他的兄弟混天王来降。当时，各路官军锐意进剿，讳言受降，所以没接受混天王的投降，要他先杀掉紫金梁，然后再向朝廷请降。乱世王、混天王和破甲锥等合谋，打算向紫金梁发起突然袭击。紫金梁也早有提防，乱世王等部的突袭计划未能得逞，但却使农民军内部出现了严重的分裂，"贼分为三"，削弱了战斗力。从此以后，诸部农民军开始各自行动，当然他们之间也有分有合。有的小头目还偶尔杀死本部的主要首领，借以向官军请降邀功。例如，崇祯五年（1632）年底，赵和尚就杀害了他的首领霍维瑞，接着便投降了官军。[①] 这使农民军的战斗力受到削弱。

崇祯六年（1633）年初，曹文诏、左良玉、邓玘等悍将对晋北一带的农民军进行大规模围剿，斩获颇众。曹文诏仅在代州（今山西省代县）、忻州（今山西省忻州市）一带即斩农民军主力1500余人。满天星等首领战败被杀，八大王张献忠和蝎子块、扫地王等部也连遭挫折。紫金梁王自用从晋北一带败退到阳城、济源等地，被率领川兵的总兵官邓玘等所迫，连遭重创，损失惨重。

---

① 谷应泰：《明史纪事本末》卷七十五。

崇祯六年（1633）五月，他在济源的善阳山被邓玘击败，受了重伤，不久死去。作为三十六营名义上盟主的紫金梁之死，显然是农民军的重大挫折，它标志着三十六营松散的联盟宣告瓦解。正如官军的一个将领所说："惟紫金梁死，其党归闯将，无复称其号。此贼似能统领诸贼也，此贼死后，众贼各自为队，时分时合。"[1]紫金梁的余部大约有两万余人，大都归属了李自成，从而大大地扩充了李自成的力量。

五、由渑池渡河，向河南发展

面对官军的重兵围剿，李自成和高迎祥紧密配合，发挥流动作战的特长，避实击虚，主动从山西撤出，以避开官军重兵。他们二人率部辗转进入河南，活动在黄河以北地区。与此同时，其他几支农民军也由山西进入河北，巧与官军周旋。这时，闯王高迎祥和闯将李自成所率领的农民军力量较大，所以就成了官军追剿的主要目标。河南巡抚玄默督曹文诏、左良玉、邓玘等大将，在河南对高、李诸部农民军大举围剿。

崇祯六年（1633）夏秋之交，高、李二部在汲县一带与官军展开了一场大战。他们从汲县一直打到怀庆、济源一带，其兵锋颇锐。巡抚玄默调集四路官军合剿，兵力上占有明显优势。七月间，双方展开了一连串大战，农民军伤亡十分惨重。这时，留在辽州的"老营"有1万多人，主要是农民军将士的家属和伤病员，只有少量能打仗的战士。官军对他们突然发起袭击，老营的伤亡更为惨重。形势对高、李二部已十分不利，高、李遂率部转入山区。

这年八月，高迎祥和李自成打算攻打林县，继而攻打水冶。水冶是个军事要地。玄默侦知了农民军的动向，派出重兵设伏。李自成攻打林县未能得手，便把队伍转移到淇县烟霞沟一带。李自成在这里连打数仗，皆获小胜。在中秋节这天，李自成率部进攻水冶，刚到横河，就被埋伏的官军团团包围。李自成知道中了官军的埋伏，形势非常危急。他毕竟有了一定的军事经验，临危不慌，沉着指挥，边战边退。官军紧追不舍，箭如雨下，农民军死伤甚多，李自

---

① 戴笠：《怀陵流寇始终录》卷六。

成本人也中箭受伤，差一点就被官军俘获。

十一月间，李自成等十几营农民军活动在涉县、武安一带。玄默想一举把李自成等消灭在黄河以北，便调集曹文诏、左良玉诸部大举合剿。尤其是曹文诏，使一些农民军将领闻风丧胆。从双方力量的对比来看，农民军也处于明显的劣势。农民军活动的地盘越来越小，"打粮"也十分困难，时刻都有被官军彻底剿灭的危险。

为了摆脱困境，李自成和张妙手、满天飞等首领商议，决定诈降，表示愿接受招安，以争取时间，乘机渡河南下。张妙手、贺双全等12人亲往彰德（今河南省安阳市），求见京营总兵官王朴和监军太监杨进朝、卢九德，表示本来都是良民，只是因为荒旱，无以为生，才走上了造反违法的道路。王朴等人受崇祯皇帝派遣，率京营兵六千来围剿农民军，这时看到他们主动乞降，十分高兴，以为不费吹灰之力即可平定大患，便马上向朝廷奏报，同时也下令停止了对农民军的进剿。在向官军开列的受抚名单上，闯王高迎祥、闯将李自成、八大王张献忠都在其中。但李自成没到官军中去，这只是一种地地道道的诈降，是一种策略。正当明军首领庆功高兴的时候，约10万农民军悄悄地集结到黄河北岸。当时已是农历十一月底，天气特别冷，又有大风，黄河上结了厚厚的一层冰，尤其是在渑池县境内一个叫野猪鼻的地方，冰结得最厚，俨然成了天然的冰桥。在这里守卫的明将是守备袁大权，下属的兵士不多。李自成率众向袁守权突然发起攻击，将袁守权杀死。崇祯六年（1633）十一月二十四日，李自成等诸部农民军便浩浩荡荡地从冰上渡过黄河，进入河南。尚在武安、涉县一带的农民军闻知后，也迅速过河南下。于是，十几万农民起义军便陆续进入了河南，从而开辟了一个纵横驰骋的新天地。因渡河地点在渑池县境内，所以史书上称这次事件为"渑池渡"。从此以后，主要战场就由秦、晋转移到中原地区。

第三章　流动作战，巧与官军周旋

　　李自成诸部由渑池突破黄河天险后，在中原与官军周旋。在官军的追击下，李自成和高迎祥诸部由河南入湖广，再由四川返回陕西。崇祯七年（1634）年底，他们又由陕西进入河南，并于第二年初开了一个历史上著名的"荥阳大会"。他们随后突破官军包围，入安徽焚毁了凤阳皇陵，接着经湖广重返陕西。

第一节　转战中原

李自成等渡过黄河后，以迅雷不及掩耳之势攻克了渑池和伊阳县城。崇祯六年（1633）十二月二日，李自成部又一举攻占了卢氏县城。这里地处中原，是明王朝的心脏地区。农民军在这里四出活动，这是对明王朝极大的威胁。河南巡抚玄默在黄河北围剿农民军颇为得手，现在战火烧到自己的后院，不免着慌起来。他一方面督众加紧围剿，一方面火急上奏，请崇祯皇帝派兵增援。崇祯皇帝也急忙颁布诏令，凡与河南接境各省，都要整兵以待，"严防奔突"。尤其是陕西和湖广地方长官，要选调将士，扼守冲要，严加堵截。各府、州、县官，都要"鼓励乡兵，各图堵御"，如有人"疏泄误事，必不轻贷"。①洛阳是河南重镇，玄默更担心农民军由洛阳再去攻取开封，所以他急命邓玘、李卑两位将领率兵固守洛阳，以阻农民军向东发展。玄默又急命左良玉赴援永宁、卢氏等地。他自己也亲自率军进剿，务期一举消除这个心腹大患。

农民军渡过黄河后开始分开行动。一路由"曹操"罗汝才率领，南下湖广郧阳地区。郧阳是湖广行都指挥使司驻地，也是个军事要地。这里是多山地区，农民军可以在这里神出鬼没地活动。另一路由满天星、一斗谷等首领率领，共八营共10余余万人，西入武关，打算重回陕西。第三路由李自成、张献忠和高迎祥等部组成，从卢氏向东进发，攻打汝宁（今河南省汝南县）未能得手，接着便转入南阳和湖广的襄阳一带。诸部分散行动，一方面行动起来比较方便，另一方面也可以分散官军的注意力。

当时中原地区承平日久，上下皆不习战。由于自明初以来重文轻武，即所谓"能马上夺天下，不能马上治天下"，所以明朝建立后就形成了所谓"天下右文"的习尚。即使将帅家的子弟，也大都以舞文弄墨为荣。有的人参加武举考试，中试后其家人不但不以为荣，反而认为自己的孩子不争气。这种风气在中原地区尤盛，致使人们"不知弓刀为何等物，厮杀为何等事"。有的官员奉

---

① 郑天挺：《明末农民起义史料》，北京大学文科研究所编辑，开明书店1952年版。

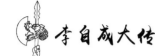

命领兵，"公然披鹤氅衣，戴逍遥巾，骑款段马，决拾而往"①。他们往往临时征集一些农民随征，都未经过训练，往往是一战即溃。例如，当李自成等攻打邓州时，守御千户王承萌仓促组织一些乡兵应战，一接战即溃不成军，他本人也被杀死。

还有一种情况特别引人注目，即河南一带的农民受到李自成等农民军的启发，也纷纷起事，反抗官府。河南虽不像陕西那么残破，但各种苛捐杂税多如牛毛，老百姓也困苦不堪。当李自成等农民军进入河南后，他们就乘机行动起来。例如在南阳，李灿就率众起义，很快发展到数千人。当时何腾蛟任南阳知县，较有胆略，他率众平定了李灿这支起义军。

尽管官军百般围剿，但农民军在河南还是得到一定的发展。这主要是因为河南连年饥荒，官府却加征不断，大批农民流离失所，四处流荡。李自成等农民军的到来，吸引这些流民大量参加。有的州县"十室九空"，官府却仍然催征不已，"旧征未完，新饷已催；额内难缓，额外复急。村无吠犬，尚敲催追之门；树有啼鹃，尽洒鞭扑之血。……触耳有风鹤之声，满目皆荒惨之色。欲使穷民之不化为盗不可得也，欲使奸民之不望贼而附不可得也"②。在这种情况下，必然会有大批流民加入到农民军中来。

明廷为了统一事权，更有效地围剿中原地区的农民军，特晋升延绥巡抚陈奇瑜为兵部右侍郎，总督陕西、山西、河南、湖广、四川五省军务。这样，陈奇瑜就可以协调五省兵力，统一部署，集中对付流动不常的各部农民军。这也从另一个侧面反映出，崇祯皇帝对农民军横行中原是何等忧心。

从李自成诸部在中原的活动来看，虽然不断有新生力量补充，但军事进展并不算很顺利。这一方面是因为，农民军在黄河北已屡遭挫折，损失很重，进入河南后，各路官军又尾随而至，对农民军的压力很大。另一方面，河南巡抚玄默也是个对付农民军的老手，他在黄河以北已与农民军多次交锋，斩获颇众。他担心农民军闯入河南心腹地区，各州县以早有防备。有的地方乡绅还自

---

① 郑廉：《豫变纪略》卷二。
② 吕维祺：《明德先生文集》卷五《中原生灵疏》。

动组织武装，协助官军防守。例如，李自成和高迎祥攻打内乡时，一些乡绅就协助知县艾毓初极力防守，使农民军连攻 10 天未能攻下，损失十分惨重，高、李二部不得不撤围他去。因此，农民军不得不主要活动在河南、湖广、四川交界处的山区中。于是，李自成和高迎祥便打算重返陕西。

第二节　重返陕西

李自成只在河南活动了两个多月，便经湖广、四川向陕西转移。他们在兴安（今陕西省安康市）车厢峡被困 40 余天，几乎全军覆没。李自成派人向陈奇瑜的亲信行贿，假意受抚，这才得以脱身。从此又开始在陕西一带转战。

一、转战湖广、四川

明代置湖广布政使司，辖地大致相当于现在的湖南、湖北两省。湖广北部与陕西、河南交界，而且多山，利于农民军与官军周旋。李自成诸部进入河南后，时而进入湖广、四川，有的由四川径直进入陕西，有的不时又返回河南。李自成在河南受到强大压力后，他便和高迎祥、张献忠等转入湖广、四川，进行流动作战。

李自成这时很注意搜罗人才。他身边除侄子李过以外，还招揽了顾君恩、高杰等。高杰是员猛将，即后来史可法在扬州抗御清兵的江北四镇首领之一。顾君恩是个谋士，颇有战略头脑，李自成的许多重大举措都征求他的意见。不少农民军首领自己没有文化，又看不起读书人，只凭自己的血气之勇，往往只能横行一时，不久就陷于失败。李自成懂得重用顾君恩这样的文人谋士，表明他比其他许多农民军首领高出一筹。经过在河南的一段转战，李自成在诸部农民军中的地位逐步提高，成为和高迎祥大体齐名的农民军首领。

郧阳府（今湖北省十堰市郧阳区）虽然是湖广行都指挥使司的驻地，但兵马很少，原额兵 500 人，合各镇兵不过 900 人。主要任务是防止流民随意进入

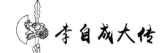

这一地区。所以有的史书上说，这里"虽名为一军，仅与道将等"①。因此，李自成等农民军在这里倏来忽往，如入无人之境，很少遇到有力的抵抗。

在崇祯七年（1634）上半年，除少部分农民军活动在河南、陕西交界地区之外，大部分转入湖广北部和四川东北部。李自成本来想从豫西走陕西，因在商州、雒南等地受阻，连战失利，便折头返回卢氏山区。这里有许多以开矿为生的流民，被官府称为"矿盗"，他们有不少人加入了李自成的队伍。他们熟悉这里的地形和崎岖的道路，便带领着农民军抄小道南下，进入湖广北部。郧阳巡抚"蒋允仪束手无策，上书请死而已"②。明廷将蒋允仪贬谪为边卒，同时加紧调兵围剿农民军。李自成并不想在这里久留，与官军打了几场小仗以后，便从容地进入四川东北部。崇祯七年二月二十一日，李自成攻占了夔州府（今重庆市奉节县）。接着，农民军又攻陷了大守、大昌、开县、新宁（今四川省开江县）等地。当李自成等攻至梁山（今重庆市梁平区）时，官军联合乡勇，从高处用乱石猛击，箭头都浸有毒汁，使农民军受到不小损失。李自成遂退回到巴州（今四川省巴中市）。这时，四川巡抚刘汉儒督兵来剿，石柱土司秦良玉也率兵赶来。李自成率部边战边退，向陕西方向转移。他在巴州又被官军打败，便移军邻近陕西的太平（今四川省万源市）。这里的官军早有防备，李自成接战不利，便又西去进攻广元。农民军在这里连攻七昼夜，官军顽强反击，李自成的部下损失颇重。这时，李自成、高迎祥、张献忠诸部又一起沿两省交界山区往东进发。由于道路不熟悉，他们竟误入兴安州（今陕西省安康市）的险地车厢峡。

二、车厢峡之困

崇祯七年（1634）夏初，李自成等被困在车厢峡一带，形势十分危急。据一些地方史志记载，车厢峡又俗称狗脊关，位于狗脊岭与万安州分界处，在兴安州城东南约50里，峡长约40里。这里四周都是高山峻岭，峻峭难攀。峡中怪石嶙峋，道路崎岖不平，住户稀少，农民军"打粮"十分困难。官军堵住峡

---

① 吴伟业：《绥寇纪略》卷二。
② 吴伟业：《绥寇纪略》卷二。

口，农民军几乎陷入插翅难飞的绝境。

这次督军追剿李自成等农民军的是陈奇瑜。在前期镇压农民起义军的过程中，他表现得颇为能干，俘杀了不少农民军首领。他起初任陕西布政使，崇祯五年（1632）时升为右金都御史，代替张福臻任延绥巡抚。他看到，老百姓之所以纷纷加入起义军，主要是由于各种苛捐杂税使得民不聊生。崇祯六年（1633）五月，他上疏崇祯皇帝，极言陕西千里饥荒的惨象，请求免去延安、庆阳两府当年的赋税，得到崇祯皇帝允准。这使当地老百姓的苦难稍有舒缓。这一年陕西一带的农民起义军活动较少，就与此有一定关系。

陈奇瑜在镇压农民起义军时毫不手软，接连擒杀截山虎、金翅鹏等多支农民军，使得陕西一带"诸渠魁略尽"，他也"威名著关陕"。他很得意，遂上疏崇祯皇帝："流寇作难，始于岁饥，而成于元凶之煽诱，致两郡三路皆盗薮。今未顿一兵，未绝一弦，擒斩头目百七十七人，及其党千有奇。头目既除，余党自散。向之斩木揭竿者，今且负锄荷耒矣。"[1]崇祯皇帝自然很高兴，对他褒奖有加，不久就提升他为兵部右侍郎，总督陕西、山西、河南、湖广、四川军务，以统一事权，专事督剿李自成等农民军。这次他将李自成等人困在车厢峡，以为大功马上就会告成。

李自成等在车厢峡被困了两个多月，真是艰苦备尝。除了官军和少数乡勇从山顶投石投火以外，又赶上连下大雨，两个多月间很少见到晴天，"弓矢俱脱，马乏刍，死者过半"。粮草缺乏，刀剑锈蚀，军士甚至接连几天都吃不上一顿饱饭，以致许多人因饥饿而死。

在这危难之际，李自成表现得比较冷静，也比较坚强。不少人情绪低沉、悲观绝望，李自成则千方百计地激励大家，以过去多次转危为安的事例作比喻，这次也一定能摆脱险境。这样勉强坚持了两个多月，形势变得越来越严峻。这时，谋士顾君恩向李自成献计伪降："吾辈万里远掠妇女辎重，何不以之饵群帅？处穷山绝坂之中，可文降，而狡焉以遁也。"[2]李自成和高迎祥、张

---

① 《明史》卷二百六十《陈奇瑜传》。
② 吴伟业：《绥寇纪略》卷二。

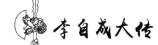

献忠等人决定采用这个计谋。他们将掠来的金银珠宝拿出来，派人到陈奇瑜营中，"遍贿左右"，再让这些人代为请降。陈奇瑜任五省总督才5个月，自以为大功唾手可得，起事六七年并横行数省的农民军马上要被他平定，心里十分得意。陈奇瑜不是像洪承畴那样知兵的人，认为农民军确已走投无路，是真降，便决定接受李自成等人的投降。陈奇瑜报告朝廷的受降名单有三万六千人[1]，其中造反的首领要予以"正法"，其余的将遣散归农。他限令李自成等农民军按时到达指定地点，听候安置，并派出安抚官一路监视。"每百人以一定抚官护之。檄所过州县，具糗粮传送。"[2] 陈奇瑜认为这是自己的一篇杰作，十分得意，认为"处分神速，凶徒数万，一朝解散，天下自此无患矣"[3]。这支农民军大都是绥德、米脂和青涧县人，陈奇瑜打算把他们分道遣返回乡，并命沿途州县供给食物，对农民军首领则要处死。农民军按指定的时间和路线秩序井然地出峡，他们在表面上与官军相处无间，暗中却在加紧准备。他们一走出车厢峡绝地，马上就像老虎挣脱了锁链一样，不再听官军节制。"一夜，众贼尽缚诸安抚官，或杀，或割耳，或杖责，或缚而掷之道旁。"他们杀掉监护官等人，接着便四处攻掠，"始纵横不可制矣"[4]。李自成出峡后连续攻破7个县城。另外，原来在陕西一带活动的农民军也纷纷前来会合，然后分兵两路，与官军周旋，使明廷大为震惊。

三、在陕西艰苦转战

陈奇瑜的招降功败垂成，自知惹下了大祸。他为了逃避罪责，就把责任往别人身上推，采用恶人先告状的手法，指责别的官员破坏了抚局。例如，他说凤翔知县李加彦杀降激变。原来，李自成等人走出车厢峡后，便迅速向西进发，很快到达凤翔，谎称奉总督之命，要安插在城内。守城官知是诈，就说奉

---

① 《馁寇纪略》卷二，《明鉴》卷十五诸书均谓受降36000人。《烈皇小识》卷四谓34000余人，《明通鉴》卷八十四谓4万余人，《怀陵流寇始终录》卷七谓17000余人。似以36000余人接近实际。

② 印鸾章：《明鉴》卷十五。

③ 吴伟业：《绥寇纪略》卷二。

④ 文秉：《烈皇小识》卷四。

上边命令，不敢开门，须沿城墙缒上城去。于是缒上城去 36 人，被李加彦立命杀掉。另外，陈奇瑜还弹劾陕西巡抚练国事，说他"阻挠逗留"，不听节度，致使招降失败。崇祯皇帝不了解实情，而且自己曾亲自批准了这次招降，对抚局失败正感气恼，便下令将李加彦和练国事逮治下狱。练国事则上疏自辩，并指责陈奇瑜轻信，误了大事："官军十余万，举数年蔓延之寇困入其中。贼以诡降得逞，一出栈道，即破凤县，杀害三镇乡官辛思齐一家一百八十口。八百连方，横尸撑挂，四十村区，化为灰烬……比过凤翔，见贼连破七邑，抚局大坏，而欲归狱于功臣劳士，以盖其愆，此何以掩三秦百万之口乎！"不久，陕西巡按傅永淳等人纷纷上疏，弹劾陈奇瑜主抚误事。经对李加彦和练国事讯问，崇祯皇帝也知道了事情本末，遂将陈奇瑜革职拿问。接着，崇祯皇帝命洪承畴代替陈奇瑜，由李乔任陕西巡抚，吴甡任山西巡抚。

李自成在车厢峡被困 70 余天，于六月下旬逃出，随后分头攻掠西安地区和甘肃西部诸府县。在明代，甘肃和青海东部都隶属于陕西。李自成诸部返回陕西后，使陕西各地到处烽火连天，各级官府十分惊慌。

七月初，李自成率部攻克陇州（今陕西省陇县），接着连续攻克邻近数县。洪承畴急忙率兵来救，李自成遂放弃陇州，移兵东进，攻占咸阳等地。这时洪承畴移兵他往，李自成遂于八月十日再次攻占陇州。明军参将贺人龙率兵赶来，李自成提前撤出。等贺人龙进城以后，李自成又突然回兵，将陇州团团包围。贺人龙也是员勇将，与农民军多次交锋，颇多战功。他也是米脂人，与李自成是同乡。李自成便命前线指挥高杰派人前去向贺人龙策反。贺人龙对此不予理会，继续在陇州坚守。使者回来后，不是先向李自成报告，而是先向高杰报告。围攻陇州两个月没有攻下，李自成心生疑虑，怀疑高杰与贺人龙有勾结，遂命高杰回老营留守，另派别部围攻陇州。

陕西是明末农民造反的主要发源地，这时李自成等主力又重回陕西，使明廷十分忧虑。按照新任陕西巡抚李乔的请求，撤边兵 2 万，措薪饷 25 万两白银，命河南兵由潼关入陕，湖广兵、山西兵分道入陕合击。这对农民军造成很大压力。这时，洪承畴也从西宁腾出手来，开始集中力量对付李自成农民军。原来，当李自成在陇州一带转战时，西宁发生了明军哗变事件，州官被杀，守

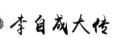

道被驱逐，镇守太监仅以身免。为此，洪承畴不得不亲自前去平乱。也就是在这时，李自成等诸部在陕西的战事不时小胜。洪承畴足智多谋，沉毅果断，历来反对招抚，主张对农民军严加剿除，一直是农民军的劲敌。他平定西宁兵变事件后，回师东向，指挥各路官军对农民军围追堵截，使李自成等在陕西很快陷入困境。

崇祯七年（1634）九月底，李自成得知洪承畴派援兵赶来，便主动从陇州解围东去。他和张献忠一起又攻破澄城，接着在郃阳等地又和官军打了几仗，损失颇重。这年冬天，有部分农民军退走湖广，李自成等大部农民军则纷纷进入河南。

第三节　转战河南下凤阳

当李自成等大部农民军纷纷进入河南后，洪承畴随后督各路官军大力围剿，他本人也亲自到河南督战。各路农民军在荥阳聚会，分头出击，粉碎了官军的包围。李自成等部接着攻入安徽，并焚毁了凤阳皇陵。

一、农民军大举入豫

崇祯七年（1634）冬季，各部农民军纷纷由陕西向河南转移。这时的农民军队伍已很庞大，有的史书记载"众五十余万"。当他们向河南进发时，的确是浩浩荡荡："……旌旗蔽空，甲光耀日，南尽南山，北尽河曲，波压云涌而至。惟闻马嘶之声，自朝至夜，连营数十里。……贼过人畜践踏，路阔五六里，不知其众之几何也！"[1] 他们进入河南境后，一部分农民军北上，进入山西平阳（今山西省临汾市）一带活动，另有一部则转入湖广的襄阳地区。时过不久，这两部农民军又都进入河南。于是，整个中原大地上便到处烽火连天。

当时，活动在河南的农民军号称十三家七十二营，他们时分时合，既有很强的独立性，又配合作战，以共同对付官军。他们大体分成三部分进行活动：

①《嵩县志》卷六，乾隆年间版。

李自成和高迎祥、过天星等部活动在渑池一带，以老回回为首的一部活动在汝州一带，以横天王、九条龙为首的一部活跃在南阳地区。

崇祯七年（1634）十一月间，农民军接连攻克陈州、灵宝、卢氏等地。十二月初，左良玉率官军在磁山一带与农民军大战数十阵，斩获颇多。贺人龙这时也从山西追到河南，也多有斩获。十二月底，农民军进攻汝州，死伤百余人，被迫撤围。崇祯八年（1635）正月间，李自成等部攻打巩县（今河南省巩义市），守城官兵不多，眼看就要攻下。城中乡绅配合官兵在城门口堆上薪柴，点火燃烧，烈焰腾腾，农民军不知何意，竟撤围而去。农民军接着攻克汜水、荥阳等地，虽有一些官员拼死抵抗，但因农民军人多势众，还是不免被攻陷。哪个城市抵抗得越激烈，李自成入城后就对城中人屠杀得越残酷。当李自成攻打郑州时，知州赵世用等婴城固守。李自成知城中预有防备，遂撤围他去。这时，"中原腹心千里之地，北至大河，南连楚界，蔓延皆贼。而官兵之在中州者，南阳陈永福，新、渑左良玉，汝州陈治邦，各止数千……贼每营数万，更番迭进，所至皆因粮宿饱……又贼介马俱有副，去来如风，一日夜踔数百里"[①]。这种局面不能不使明廷十分忧心。崇祯皇帝急命洪承畴出关入豫，督诸路官军会剿。明廷又抽调边兵 7 万余人，拨饷 90 余万两，另拨内库银 10 万两，由洪承畴统一调用。与此同时，崇祯皇帝提升山东巡抚朱大典为兵部侍郎，急速赶赴中原协剿。崇祯皇帝久居深宫，不知农民军详情，以为如此一来就可以很快将农民军平定。他限令洪承畴在半年之内，务将农民军"扫荡廓清"，有功者立颁"上赏"，延误军机者立置"重典"。在崇祯皇帝的严令催督下，明军的各路悍将齐集河南，向农民军展开了大规模围剿。在官军的巨大压力下，各部农民军开始共商突围大计。

二、共商突围大计

崇祯八年（1635）正月，农民军攻占了荥阳。这里是河南的心脏地区，也是历代兵家必争的军事要地。农民军控制这个地区引起了明廷的极大恐慌，遂

---

① 吴伟业：《绥寇纪略》卷二。

调集大军向这里集结，企图一举将农民军聚歼于此。农民军各部首领也都深感形势的严峻。他们便在荥阳共商突围大计，后人称之为"荥阳大会"。

当时，活动在河南一带的农民军有"十三家七十二营"。这十三家首领是：闯王、老回回、革里眼、左金王、曹操、改世王、射塌天、八大王、横天王、混十万、过天星、九条龙、顺天王。闯将李自成和闯王高迎祥为一家。李自成作为一营首领也参加了荥阳大会。这次会议的中心任务是，各部如何统一行动，以打破官军的大规模围剿。

老回回马守应首先提出，官军在山西的力量比较薄弱，农民军应该北渡黄河，去山西求发展。张献忠当场嘲笑老回回胆怯，气得老回回火冒三丈，二人几乎要拳脚相加。李自成将二人劝解开，激昂慷慨地说出了自己的看法：

"匹夫尤奋臂，况十万众乎！今吾兵且十倍官军，虽关、宁铁骑至，无能为也。计唯有分兵，各随所向立效，其利钝举听之天。"众皆曰："善！"乃列阊而定之：革、左南当楚师；横、混西迎秦军；曹、过分屯荥、汜间，探中牟、邓、尉，以缀开、归、河、汝之兵；献、闯专事东方。破城下邑，金帛子女惟均。老回回、九条龙为游徼，往来策应。恐西军不敌，益以射塌天、改世王，为横、混后继。[1]

会议过后，他们宰杀了一些牛马，祭天誓师，聚餐会饮。随后就按照部署分头行动。

荥阳大会是明末农民大起义中的一个很重要的事件。这次会议反映出了许多情况，就主要方面来看，至少有以下几点。

首先，从这次会议的经过来看，李自成在农民军中的地位越来越高。当诸

---

[1] 吴伟业：《绥寇纪略》卷二。关于是否召开过荥阳大会，学术界一直有争论。有的认为《绥寇纪略》所说为孤证，《明史》诸书只是沿袭此说，而《明史纪事本末》《平寇志》诸书都未载此事，因而持否定态度。从大局来看，当时农民军大举入豫后，河南巡抚玄默一再向明廷飞章告急，官军遂云集河南会剿。在此情况下，各支农民军共商突围大计是可信的，而各书所载细节不一定尽实。

部首领为行动计划争执不下的时候，李自成不仅平息了大家的争执，而且使自己的主张得到大家的赞同。这些首领大都是草莽英雄，基本上没受过什么正统教育，身上都不同程度地存在着所谓"流气"，使这些人在一起合作十分不易。在他们当中，李自成毕竟还读了几年私塾，认识几个字，所以就显得有较高的识见。

其次，从农民军的数量上看来，"十倍官军"，占有明显的优势。但农民军中有许多人拖家带口，真正能上前线打仗的就要大大减少了。即使这些能上前线的人，也没有受过正规的军事训练，而只是凭他们的血气之勇。甚至有些营只是些乌合之众，这就使他们的战斗力大打折扣。因此，尽管官军人数较少，但农民军在官军的围剿下还是显得很恐慌。

再次，农民军的行动计划不得不通过抓阄来确定，可以看出他们的联合是很松散的，并没有一个为诸部所公认的有权威的领袖。他们只是时分时合，各自都保持着很强的独立性。

最后，荥阳大会毕竟制定出了联合作战的方略，这对一直分散作战的农民军来说，终究是个明显的进步。联合起来可以提高战斗力，分散则容易被各个击破。事实也表明，荥阳大会对打破官军的围剿的确发挥了很关键的作用。

三、毁凤阳皇陵

按照荥阳大会的分工，李自成和高迎祥、张献忠合兵一处，迅速往东南方向挺进。他们接连攻破密县（今河南省新密市）、上蔡等地，很快到达汝宁府（今河南省汝南县）。他们在这里兵分两路，分头进攻凤阳。一路由高迎祥率领，由新蔡、寿州（今安徽省寿县）趋凤阳。另一路由李自成和张献忠率领，往东直取颍州（今安徽省阜阳市），由颍州再东取凤阳。正月十一日，李自成和张献忠率兵包围了颍州，知州尹梦鳌和通判赵士宽督众防守，致仕兵部尚书张鹤鸣也协力防御。李自成等在城外的一高楼上用火炮猛攻，城内守军抵挡不住，城很快被攻陷。守城的官员表现得很有气节，城陷后仍督众巷战，后受重伤，投水而死。尹梦鳌家死七人，只有一个在襁褓中的幼子未死，官印也没丢失。赵士宽在城陷后仍用金簪募勇士，誓死御敌，力竭投于河中。他的妻子自缢，两个女儿也随其母自缢而死。张鹤鸣已 85 岁，原属于魏忠贤阉党，被农民军倒悬在一棵大树上，作为靶子被乱箭射死。他的儿子张大同抱尸大哭，立即被农民军杀掉。他的弟弟张鹤胜年 82 岁，也"骂贼而死"。颍州乡绅有多人被杀，"生员死者七十七人"。[1]当张鹤鸣被吊在树上的时候，一个农民军士兵朝他身上捅了三刀，并指着他说："你还能再用皮鞭抽打我的脊背吗？"可以看出，农民军中确实有一些曾为明军士兵的人。

李自成接着赶到寿州，和高迎祥合兵一处，一起向凤阳进发。他们先挑选 300 名精明强干的军士，有的扮作商人，有的扮作车夫，预先进入凤阳。他们在凤阳卖布匹、果枣之类，分别投宿在各旅店。还有的人扮作僧人、道士，在凤阳四处游走，将凤阳的驻军情况都掌握得清清楚楚。

凤阳是明王朝的所谓"龙兴"之地，明初即定为"中都"。明太祖朱元璋的父母都葬在这里，也就是所谓凤阳皇陵。朱元璋小时的家境十分穷困，他的父母死时都是草草安葬了事。朱元璋为此一直很愧疚，称帝后便在凤阳大兴土木，不仅把他父母的陵墓修建得富丽堂皇，而且建造了一些和京师差不多的宫殿。自明初以来，这里一直有重兵驻守，设有中都留守司，辖八卫和一个千户所，驻有所谓班军、高墙军、操军和护陵新军等。这里还驻有一巡抚和镇守太监。凤阳巡抚常驻淮安，兼掌运河漕运。当农民军再次进入河南时，一些大臣就估计到可能会进入凤阳。南京兵部尚书吕维祺为此上奏，请早做防备。朝廷也没有什么大的举措，只是发了一纸敕令，要凤阳巡抚杨一鹏在要害处及早设兵防守。杨一鹏年老多病，也没采取什么切实有力的措施。

令一般人不解的是，当李自成等农民军向凤阳逼近的时候，这里的老百姓对朱明皇帝并没有特别的厚爱，而是向农民军通风报信，迫切希望农民军能早日赶来。"凤（阳）之穷民，远几百里相邀，具以册授贼：某家富厚，某处无兵。于是，贼遂拥众焚劫，震动祖陵。"[2]有的士兵还将书信丢在路上，表示要和农民起义军联合，一起来攻打凤阳。据记载，在农民起义军攻破凤阳的头两

---

[1] 吴伟业：《绥寇纪略》卷三。
[2] 孙承泽：《春明梦余录》卷三十六"本计"。

年，在凤阳突然出现"恶鸟数万"。这种鸟的头像兔子，身子像鸡，足像老鼠，长相奇异。人们不知道这种鸟叫什么名字，深感惊奇。有的人则认为是不祥之兆。尤其是这种鸟的肉很肥嫩，但一嚼它的骨头，人就会立即死去。人们就更为这种鸟的出现而增添了几分恐怖。

就在崇祯八年（1635）元宵节那天，凤阳老百姓也像全国各地的老百姓那样欢度节日的时候，农民军突然赶来，犹如自天而降。这天早晨大雾迷漫，农民军神不知鬼不觉地赶到凤阳。当地守官还蒙在鼓里，有人报信说来了农民军，竟还被打了一顿板子。突然间外边一片喧嚷声，秩序大乱，官员们才知道农民军真的来了。扫地王和太平王最先赶到，李自成和张献忠的大队人马随后源源赶来。他们越城而入，马上焚烧了皇陵享殿。凤阳留守朱国相、千户官陈弘祖等人仓促迎战，很快被农民军击溃，他们也都死于战阵。李自成放火焚烧了龙兴寺。这是朱元璋曾出家当和尚的地方，后被改名龙兴寺，朱元璋曾亲书"第一山"。驻守的官员被杀的被杀，投降的投降，守兵则绝大部分不战而降。农民军很快就完全占领了凤阳。知府颜容暄身穿囚服，藏在狱中，打算乘农民军释放囚犯之机逃出，被农民军认了出来，立即被杖杀。李自成下令毁掉所谓"凤阳高墙"，将宗室犯人也全部放出。农民军还挖掘了皇陵的墓葬，似乎是想借以挖掉"龙兴"的风水。关于皇陵被掘毁一事，地方官害怕因此加重失守罪责，则只报告享殿等被烧，未说陵墓被挖掘。

尤其引人注目的是，农民军在凤阳曾打出了"古元真龙皇帝"的旗号。数种史书和一些明廷官员的题本都曾说到此事。据有的史书记载："……自称古元真龙皇帝，盖（张）献忠也。"[1]此事大体可信，因为后来当杨嗣昌督师时，崇祯皇帝曾给他下过密谕，因张献忠"曾惊祖陵"，其他的人都可以宽宥，只有张献忠"罪在不赦"。看来，农民军首领确曾在凤阳改元称号。但这只是偶一为之，在此后的六七年间再没有看到类似旗号。当明王朝被推翻的最后一两年，李自成和张献忠才又分别打出了类似的旗号。至于"古元真龙皇帝"的用意，颇令人费解，学者们至今未得出令人满意的解释。如果说农民军要恢复元

---

[1] 屈大均：《皇明四朝成仁录·凤阳死事传》。

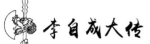

朝，显然不合常理；如果说农民军以此来为被明朝取代的元朝复仇，似乎亦无此必要。笔者以为，以下解释可能更接近实际：古人大都很迷信，当他们自己还不是所谓"真龙皇帝"的时候，就需要借古代的"真龙皇帝"以自壮。在中国古代，挖坟掘墓被认为是很坏阴德的事，更何况挖掘的是当今皇帝的祖陵，难免有些人犯思忖，担心遭受报应，于是就打出"古元真龙皇帝"的旗号，用被明朝推翻的"真龙皇帝"来弹压当今江山不稳定的皇帝。

农民军在凤阳尽情发泄对明朝皇帝的仇恨，不仅大肆焚烧宫殿建筑，而且还烧掉了陵区松树 30 余万株，大火连烧数日，"光烛百里"。有的农民军"剖孕妇，注婴儿于槊"[1]，对明宗室的一些成员大举屠戮。张献忠还抓到 12 名善于弹唱的小太监，要他们奏乐伴酒，真有点飘飘然忘乎所以了。李自成居然也向张献忠索要这种小太监。张献忠不肯，二人为此弄得老大不愉快，几乎决裂。

凤阳被攻陷的消息传到京师后，崇祯皇帝十分震惊，立即罢经筵，素服避殿，遣官告天地社稷，自己亲自到太庙中哭祭，命驸马都尉王昺等行祭慰礼。皇帝的祖陵被毁，这对崇祯皇帝来说是个很大的精神上的打击。兵部尚书张凤翼惊恐万状，立即上疏请罪。崇祯皇帝命他"戴罪视事"。凤阳巡抚杨一鹏被下狱处死，巡按凤阳御史吴振缨被逮系下狱，遣戍边地。鉴于农民军长期不得平息，崇祯皇帝于当年十月发布了颇为沉痛的"罪己诏"：

> 朕以凉德，缵成大统。不期倚用非人，边乃三入，寇则七年。师徒暴露，黎庶颠连。国帑匮绌，而征调未已；闾阎凋敝，而加派难停。中夜思惟，不胜愧愤。今调劲兵，留新饷，立护元元，务在此举。唯是行间文武吏士，劳苦饥寒，深切朕念。念其风食露宿，朕不忍安居深宫；念其饮水食粗，朕不忍独享甘脂；念其披坚冒险，朕不忍独衣文绣。择此十月三日，避居武英殿，减膳撤乐，非典礼事，惟以青衣从事。与我行间文武吏士甘苦共之，以寇平之日为止。文武官员各省

---

① 计六奇：《明季北略》卷十一《贼陷凤阳》。

惩浮厉，用回天心，以救民命。①

这篇奇文的确很能博得人们的同情，所以直到崇祯皇帝丢了江山时，人们仍然认为他是个不坏的皇帝。无怪乎有的学者称他为"汲汲邀誉的专家"了。仔细看一下这篇"罪己诏"就会发现，他并没有"罪己"，而是把责任都推在"倚用非人"上，即臣下身上。对民间凋敝和加征之苦等情事，看来他都知道，并且很清楚，但就是没拿出什么切实的解决办法。至于"减膳撤乐"之类的举动，充其量也只能换来点同情，而对挽救明王朝的危亡没有任何实际意义。

农民军在凤阳待了3天，明军就从各个方向赶来。张献忠自为一军，南下庐州（今安徽省合肥市）。李自成和高迎祥一起西走河南，继而辗转返回陕西。

---

① 计六奇：《明季北略》卷十一《贼陷凤阳》。

第四章　辗转入陕和当闯王

　　当各路官军纷纷向凤阳集结时，李自成和高迎祥像捉迷藏一样重返河南，二月间即由河南到陕西，张献忠也于三月间经湖广回到陕南。于是，农民军主力又重新会聚于陕西一带。他们在这里略城下邑，连毙明军悍将艾万年和曹文诏等数人。崇祯九年（1636），高迎祥战败被杀，李自成继承了"闯王"名号。他虽然屡受挫折，却败而不馁，顽强地与官军周旋。

第一节 从安徽入陕西

在攻破凤阳以后，李自成和高迎祥部由安徽辗转返回陕西。在崇祯八年（1635）夏天，李自成接连击杀了艾万年和曹文诏两员悍将，使明军受到重创。崇祯皇帝遂命名将卢象升总理军务，全面负责在关外督剿，而洪承畴则负责在关内督剿。

一、辗转入陕

为了尽快剿平农民军，崇祯皇帝一面严惩与凤阳失守有关的官员，一面加紧部署，调兵遣将。他急令洪承畴率陕西兵入河南夹剿，命山东巡抚朱大典接替凤阳巡抚，急趋凤阳。松潘副将秦翼明刚到河南，马上被急令由归德驰援凤阳。秦翼明是四川石柱的著名土司秦良玉之侄，也很能打仗。邓玘被调往安庆驻守，刘荣嗣被急令赴泗州，以保护朱元璋的祖陵。因为朱元璋祖籍泗州（今安徽省宿州市），他父亲这一代才因当雇工迁居凤阳。刘泽清等将领奉命守要害，保护运河漕运。崇祯皇帝还特谕马鸣世集战船和运盐船于长江南岸，以防备农民军渡江南下。原任南京兵部尚书吕维祺落职为民，以都察院右都御史范景文接任，以整饬防务。崇祯皇帝还慷慨地发帑银100余万两以充军饷，严令限期将农民军剿除。

李自成得知洪承畴率陕西兵入河南后，便决计再次返回陕西，以避实击虚。这时的官军主力由西边赶来，李自成和高迎祥便巧妙地避开官军锋芒，向西北方向的亳州进击，以迂回西进。他们经归德（今河南省商丘市）、睢州（今河南省睢县）等地火速向西进军，有的府县很快被攻下，有的防守比较坚固，李自成则不予攻打。这时，原来就留在河南一带转战的农民军也纷纷前来会合，于当年二月间便返回到陕西终南山区。

三月间，张献忠也由湖广辗转进入陕南。张献忠在凤阳与李自成分手后，便南下庐州（今安徽省合肥市）。他督众猛攻，庐州知府吴大朴婴城固守，坚守不出战。张献忠竟别出心裁，命数千妇女脱光衣服，在城下叫骂。如果哪个

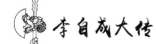

女子羞愧不前，张献忠则命士兵用长矛将她刺死。[①] 张献忠想使用这个办法羞辱庐州知府胆怯，逼他出战。但吴大朴识破了张献忠的计谋，仍然坚守不出。张献忠无奈，只得绕过庐州，急趋舒城。张献忠在舒城也遇到顽强的抵抗，损失了 1000 余人。他接着攻破麻城，由湖广北部进入陕南。

洪承畴刚进入河南，就得知凤阳被农民军攻陷。保护凤阳皇陵并不是他的专责，但他还是上疏自贬。崇祯皇帝不但没有责怪他，反而晋升他为兵部尚书，赐尚方宝剑，许便宜行事，以加重他的事权。洪承畴受此重任，颇受感动，表示"愿提兵与敌决死"，遂督诸路官军加紧进剿。正当他在中原一带摆开架势要大干一场的时候，农民军主力却已转入了陕西。崇祯八年（1635）四月间，洪承畴已得知李自成等转入陕西，便不得不领着贺人龙等将领回兵往陕西进击，同时急令曹文诏由湖广入陕南，扼守要地，以阻止农民军再次进入湖广和河南，以便将农民军集中消灭在陕西。

崇祯八年（1635）四月中旬，洪承畴在汝州向诸将部署完任务后，马上经灵宝入潼关，渡过渭水，驰赴西安。曹文诏在灵宝接受洪承畴的指示后，率军趋商州（今陕西省商洛市）和雒南（今陕西省洛南县）一带，想一举抄掉农民军的老营。五月初，李自成和老回回、张献忠诸部又一起逼向西安，试图一举攻下这个要地。但官军在这里的防守十分严密，农民军一直未能得手。西安是陕西的根本重地，洪承畴在入豫前就对这里的防务做了严密的部署。但他一听说农民军要攻打西安，还是十分担忧，所以就马不停蹄地往西安进发。李自成诸部对西安连攻不下，又得知洪承畴率大军赶来，遂从西安撤离，西去进攻凤翔，并从这里向甘肃转移。这时候，李自成和张献忠又捐弃前嫌，重新和好，共同与官军周旋。自六月以后，李自成等诸部接连取得数次大的胜利。其中，击杀艾万年和曹文诏的两仗最令洪承畴伤心。

二、擒杀艾万年

艾万年是陕西米脂县人，和李自成是同乡。他曾说"自成故与我有怨"，

---

① 吴伟业：《绥寇纪略》卷三。

可知他就是惩治过李自成的艾举人的近亲属。他和李自成营垒分明，真可谓一对冤家对头。艾万年颇有文武才，在镇压农民起义军的过程中不遗余力，多有斩获，因而升迁很快，到崇祯八年（1635）时已升至都督佥事，继为孤山副总兵，戍守平凉。他"大小数十战"，擒杀农民军首领翻山鹞、掌世王等多人，遣散农民军万余人，成为农民军的劲敌之一。

他曾上疏崇祯皇帝，献"剿抚良策"。他认为，对付农民起义军不外剿、抚二法，只是以前的"剿抚未尽合时宜"，所以收效不大。他提出，不怕农民军多，只怕农民军走。农民军在崇山峻岭中流动，官军未到，他们已先逃跑，所以难以剿灭。由艾万年的这些话可以看出，李自成长期采用流动作战的策略是有道理的。艾万年主张用坚壁清野的办法，困农民军于死地，然后或剿或抚，皆可成功。他认为农民军大都携妻带子，"无城栅，无辎重"，到处流动，以剽掠为生，倘若将老百姓都迁入城内，农民军衣食无着，不久就会自散。实际上这种想法不切实际，所以议来议去，没有实行。崇祯皇帝对他还是颇为器重，命他协助洪承畴镇压农民军。当时，官军兵力不足，筹饷也很困难，而大批求生无望的农民却纷纷投入农民军队伍，所以农民军的力量却迅速壮大。但是，洪承畴迫于6个月"灭贼"之期，还是不得不急令各路官军加紧进击。六月中旬，艾万年奉调由平凉出发，集兵三千，率副将刘成功、柳国镇等东来，以夹击农民军。李自成得知艾万年前来，特别兴奋，认为这是一个报仇的好机会，遂集中精锐，决计除掉艾万年。艾万年等刚到宁州（今甘肃省宁县），李自成就率领大队人马从东边赶来，双方遂展开了鏖战。艾万年督军力战，击杀农民军数百人。李自成已设下埋伏，在一阵厮杀之后佯败后撤。艾万年小胜之后，官军乘胜追击，忽然伏兵四起，围之数重。艾万年和柳国镇皆力竭战死，刘成功身负重伤，率部分败兵突围而去，官军"士卒死者千余人"。[①] 李自成为杀掉艾万年而十分高兴。

三、复毙曹文诏

李自成于六月十四日杀掉艾万年，两天后又于真宁（今甘肃省正宁县）湫

---

① 《明史》卷二六九《艾万年传》。

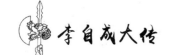

头镇击毙曹文诏，真可谓连战皆捷。

在镇压农民起义军的过程中，曹文诏几乎所向披靡，号称"万人敌"。他的从子曹变蛟也是一员悍将，勇猛敢斗，当时习称他们二人为"大小曹将军"。

曹文诏在山西、河南一带追剿农民军，多有斩获。现在李自成等农民军主力又返回了陕西，洪承畴遂急令曹文诏入关。曹文诏驰至灵宝会见洪承畴。由于大队农民军大都在商州、雒南一带活动，如果明军由潼关入陕，农民军闻讯后一定西走汉中，官军就只能被动地跟在农民军后边追，所以洪承畴命曹文诏抄山路直趋雒南、商州。如农民军逃去，曹文诏则直奔汉中，遏住农民军的逃路，以便将李自成等消灭在陕西。曹文诏跃马而去，五月初抵达商州，击溃了在这里活动的数部农民军，兵锋颇锐。他志骄意满，以为兵锋所指，农民军即可顿时溃灭。

悍将曹文诏得知艾万年战败被杀后，"瞋目大骂"，狂呼乱叫，马上向洪承畴请战。洪承畴正在为艾万年之死而伤心，这时看到曹文诏如此气壮，自然满心高兴，以赞许的口吻对他说："非将军不能灭此贼。顾吾兵已分，无可策应者，将军行，吾将由泾阳趋淳化为后劲。"曹文诏立即率领着他的从子曹变蛟等向宁州（今甘肃省宁县）进击，在真宁的湫头镇与李自成遭遇。曹变蛟率众先登，"斩首五百，追三十里"。在初接战时官军稍占优势。但官军只有3000人，而李自成的农民军却有数万，农民军占有明显的优势，虽初接战时稍有失利，但并没有大溃。曹文诏率众殿后，紧随曹变蛟向前冲来。李自成设伏兵数万，见二曹进入包围圈，一声号令，伏兵四起，将二曹围之数重，"飞矢蝟集"，官军完全陷入被动境地。李自成起初还不知道被包围的是曹文诏，忽然间一个被抓获的官兵喊道："将军救我！"农民军中有投降过来的官兵，认出了曹文诏，遂立即大喊："此曹总兵也。"李自成得知是曹文诏后，心中暗喜，决心在这里彻底消灭曹文诏，督攻更急。曹文诏"左右跳荡，手击杀数十人，转战数里"。他看到大势已去，自己无法脱身，又不愿当俘虏，遂自刎而死。其手下将领被杀者20余人，曹变蛟仅以身免。曹文诏历来以勇武敢战闻名，在与农民军的角逐中几乎是所向克捷。李自成将曹文诏击杀后，大有报仇雪恨之感，自然十分高兴。农民军士兵知这个悍将被杀，除掉了一个劲敌，都弹冠相庆。洪承畴闻知曹文诏战死后，立即放声大哭，认为这无异于砍掉自己一个膀臂。崇祯闻报后也很伤心，遂赠曹文诏太子太保、左都督，以示褒奖。李自成接连击毙艾万年和曹文诏两员大将，使他在各支农民军中的声望大为提高。

四、李自成之妻偕高杰降明

正当李自成连败官军之际，李自成的妻子邢氏却和高杰一起背叛了他，投降了明军。这对李自成来说是个不大不小的打击。

李自成之妻邢氏不仅长得漂亮，而且颇有智谋，还能骑马射箭，所以史书上说她"矫武多智"。邢氏原来被高迎祥俘获，高迎祥将邢氏送给了李自成。至于邢氏的家庭情况，今已无法详考。她跟随李自成几年以后，长了不少见识，成了李自成的得力帮手。李自成经常在外与官军作战，就将邢氏留在老营掌管钱粮等物。所谓"老营"，就是指李自成一军的总部，一些老弱家属都留在老营，军中的钱粮和夺来的金银珠宝之类也放在老营，由邢氏掌管。李自成的部下支领钱粮，都要经过邢氏之手。邢氏实际上就是李自成一军的后勤总管。

高杰也是米脂县人，和李自成是同乡，在李自成部下为将。在崇祯七年（1634）闰八月时，李自成农民军围攻陇州。总督陈奇瑜命参将贺人龙率军赴陇州救援，结果贺人龙一军也被困在陇州。贺人龙也是米脂人，和高杰相识。李自成想诱降贺人龙，因为贺人龙也是个很能打仗的人。李自成命高杰致书贺人龙，劝他投降。高杰未将劝降的情况及时向李自成回报，而且两个月未将陇州攻下，使李自成对高杰产生了疑心。前去劝降的使者回来后不是先见李自成，而是先见高杰，这使李自成对高杰的疑心更重了，于是就命别的将领前往攻城，而将高杰调往老营，以守护钱粮。

高杰身材高大，相貌奇伟，颇有男子汉气概。他在老营和邢氏打交道的机会很多。李自成长时在外，邢氏有时一两个月还见不到李自成一面。时间一久，邢氏自然感到寂寞难耐。于是，邢氏和高杰就勾搭成奸，不时偷情。这种暗中偷情的做法维持了一年，风声渐渐露了出来，李自成渐渐有所察觉。高杰和邢氏害怕事情败露，于是就于崇祯八年（1635）八月率领自己的部下投降了

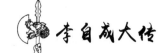

明军。从此以后，高杰就长期在贺人龙手下为将。后来，孙传庭以罪杀掉贺人龙以后，原来由贺人龙率领的这支明军就交高杰率领。高杰以后长期与李自成周旋，成为李自成的一个顽强对手。当清兵入关后，史可法督师扬州，高杰是江北四镇中最强的一支。李自成此后总想擒获高杰，但一直未能如愿。当高杰和邢氏一起投降明军时，自然带走不少李自成存放在老营的钱财。在当时那种情况下，这给李自成一军造成了相当的损失。

第二节　流动作战，时胜时败

由于李自成接连击毙明军两员大将，明廷大为震惊，遂对围剿农民军的军事部署重新做了一番调整。崇祯皇帝命卢象升为兵部侍郎，总理六省军务，主要负责关外的围剿事宜，由洪承畴主要负责关内，必要时二人可协调行动。为了分散官军的注意力，张献忠和高迎祥陆续进入河南等地活动，独有李自成留在陕甘一带流动作战，巧与官军周旋。

一、卢象升督剿

在明末镇压农民起义和抗清的过程中，卢象升是个十分著名的人物，也是崇祯皇帝所倚重的重要将领。他是江苏宜兴人，原是个文士，但颇知兵。大概是形势使然，在明末那种战争频仍的时期，一些平时习惯于吟诗作赋的人也不得不奔赴战场。卢象升就属于这类的人物。当崇祯二年（1629）年底清兵内犯时，卢象升整饬大名一带的兵备，颇著成效，号称"天雄军"。卢象升深受中国传统文化的熏陶，自幼饱读诗书，极富气节，"治行卓异"，很快升为按察使。正如《明史》上所说："象升虽文士，善射，娴将略，能治军。"

随着李自成等农民起义军的日益壮大，卢象升也卷入到镇压农民起义军的战争中来。崇祯六年（1633），在山西一带流动作战的农民军受到官军的强大压力，有几支陆续进入河北活动。卢象升率众督剿，斩获颇多。这几支农民军未能在河北站住脚，很快就转移到别处，有的又逃回山西。卢象升又督众追至山西境内，"连斩贼魁十一人，歼其党，收还男女二万"。每逢战阵，卢象升总是"身先士卒，与贼格斗，刃及鞍勿顾，失马即步战"，英勇异常。正因如此，不少农民军首领对卢象升颇为畏惧。

崇祯七年（1634），由于农民军接连攻陷湖广郧阳等六县，明廷颇为震动，崇祯皇帝遂命卢象升为右佥都御史，前往郧阳一带督剿。卢象升连战皆捷，斩杀农民军5600余人。此后，卢象升上奏明廷，请求增加郧阳驻兵，减轻当地老百姓赋税，并加固城郭，使郧阳成了军事要塞。后来，湖北北部的大片区域都一度被李自成等农民军攻占，只有郧阳一座孤城却久攻不下。这与卢象升在郧阳的精心经营有很大的关系。

到崇祯八年（1635）时，李自成农民军在陕西连败官军，击杀艾万年、曹文诏等名将，使崇祯皇帝极为忧心。五月，崇祯皇帝命卢象升为右副都御史，代替唐晖为湖广巡抚。3个月后又大大扩大了卢象升事权，命他总理江北、河南、山东、湖广、四川军务，仍兼湖广巡抚。同时，崇祯皇帝又对卢象升和洪承畴做了分工，洪承畴仍为总督，负责追剿陕西一带的农民军，卢象升则负责关外各地的追剿活动。不久，崇祯皇帝命卢象升为兵部侍郎，不再兼湖广巡抚，而是兼督陕西、山西军务，赐尚方剑，许卢象升"便宜行事"。很明显，这时卢象升的事权已在洪承畴之上。二人都富有谋略，且久经沙场，这时携手镇压李自成等农民军，所以李自成等农民军首领都感到很大的压力。

当时，官军由于数次失利，尤其是艾万年和曹文诏两员悍将相继毙命，所以士气很低落，遇有战事大都畏缩不前。卢象升经常"激以忠义"，鼓励官军英勇杀敌，以报效国家，"每慷慨洒泣"。有一次军中断饷三天，卢象升身为一军统帅，也和士兵一样三天没有吃饭，与士兵共患难，"以是得将士心，战辄有功"。卢象升又上奏崇祯皇帝道，以前之所以屡屡失利，是因为农民军已经很强大了，然后才增兵镇压。增兵就得增饷，饷银总是不足，致使官军也像贼寇一样劫掠老百姓。各地官员都有守土之责，不能一有警就向朝廷求援。他还说，有些科道言官不了解战场上的实情，"不问难易，不顾死生，专以求全责备"[1]，致使前线将领处处受掣肘，才能得不到充分展布。卢象升所言皆"切中

---

[1]《明史》卷二六一，《卢象升传》。

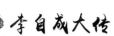

机宜"，但由于明王朝已彻底腐败，各种积弊都难以矫正，任何好的建议和措施也得不到认真贯彻和执行。

崇祯八年（1635）下半年，高迎祥和张献忠诸部进入河南活动。卢象升督军赶来，高迎祥、张献忠在偃师、确山等地屡战失利，遂转入安徽等地。到下年三月间，高迎祥等又分道转入陕西。

二、李自成转战陕甘

经过崇祯八年（1635）上半年的转战，李自成接连击杀悍将艾万年和曹文诏之后，他已成为和高迎祥、张献忠齐名的三大主力之一。闯王高迎祥和闯将李自成各拥众七八万人，且各有一支精锐的骑兵。这时的李自成已被官军视作围剿的重点。

崇祯八年（1635）下半年，农民军主力开始分头作战。高迎祥和张献忠陆续往东转移，重新打入河南。数十万农民军络绎上百里，尘土蔽天，浩浩荡荡，连悍将左良玉站在山头上也吃惊不已，未敢拦截。李自成则率领自己的部下仍在陕西转战，其主要对手是洪承畴。

李自成在甘肃连败官军后，率军东进，于八月上旬攻占咸阳，威胁西安。官军迅速向咸阳和西安一带集结，李自成遂主动放弃咸阳，未攻西安，而是往西北方向进发。这年冬季，李自成主要活动在洛川和宜川一带。满天星部原来也打算由潼关入河南，但在潼关受阻，遂折回陕西和李自成会合。另外，和李自成一起联合作战的还有老张飞、争功王等，共有十三营人马。这里邻近山西，仅有一河之隔，李自成打算在韩城东渡黄河，入山西活动，以避开洪承畴围剿的锋芒。但山西方面早有防备，扼守要害，东渡的计划未能实现，李自成便打算攻占韩城。这里的守军顽强防守，农民军连攻数日，一直未能攻下。这时，洪承畴派曹变蛟等率军来援，李自成为保存实力，遂撤往南边的山区，活动在澄城、郃阳一带。

崇祯九年（1636）二月，洪承畴督数路官军来剿。李自成等各营农民军的处境越来越困难，便向西北方向撤退。过天星在海监（今属宁夏）战败，遂投降官军，被安插在延安，但不久又复叛。正当李自成诸部农民军连连失利的时候，固原的官兵因长期缺饷发生兵变，杀死长官。洪承畴只得丢下农民军这一头，亲赴固原去平定兵变。这给了李自成以喘息之机，"势复振"，并趁机进军到榆林、绥德一带。

洪承畴平定了固原兵变后，又把主要兵力对准了李自成。李自成扬流动作战之长，在苦寒的陕北高原与官军展开了一场运动战。官军骑兵一人一马，李自成的骑兵一人两匹马，可以轮换着骑。洪承畴迫于朝廷严令，恨不能一下子将农民军消灭。但普通士兵并没有这种积极性，整年整月地东奔西跑，饷银也往往不能按时发，还说不定什么时候把脑袋都丢了，因此，这些官军，甚至一些下级军官，并不想主动与农民军交战。甚至双方接了仗，农民军还要问一问："打真仗，打活仗？"也就是真打、假打的意思。如果回答说打活仗，农民军就故意丢下一些衣甲器仗，官军则一片呐喊，用捡到的这些衣甲器仗向上司报功。正因如此，官军在那里一封捷报一封捷报地向上报功，农民军却越消灭越多。

崇祯九年（1636）五月，李自成打算由绥德渡河入山西，未能得逞。榆林总兵俞冲霄在后边紧追不舍，在安定中了埋伏，全军覆没，他本人也被俘处死。李自成率领农民军乘胜追击，一连攻克绥德、米脂数府县。李自成离开家乡已八九年时间，这时的米脂更加破败不堪。李自成命人招来米脂知县边大绶，对他说："此吾故乡也，勿虐我父老！"并留给他一些银两，要他修葺一下已毁坏的文庙。[1] 但是，边大绶并不领情，正是他在日后掘毁了李自成的祖坟。李自成在外地经常"打粮"，劫掠富室，但在米脂却严格约束部下，不许劫掠。米脂的一些青年人纷纷加入到李自成的农民军中来。

第三节　当闯王

崇祯九年（1636）三月，高迎祥等分道从河南返回陕西。与此同时，孙传庭新任陕西巡抚，他也是一个非常能干的将领。他和洪承畴密切配合，对陕西

---

[1]《明史》卷三〇九《李自成传》。

各支农民军展开大规模围剿。七月，孙传庭将闯王高迎祥俘获后杀掉，李自成随后就继承了"闯王"的称号。此后，人们就习称他为"李闯王"。高迎祥的部下也大都转归了李自成。

一、高迎祥之死

在各部农民军当中，李自成和高迎祥的关系一直比较密切，经常在一起联合作战。在紫金梁（王自用）战死以后，高迎祥就成了各部农民军的盟主。他的人马最多、势力最强，因而也就成了官军要对付的最主要的目标。总理军务的卢象升和总督洪承畴都急于尽早除掉高迎祥。

崇祯八年（1635）冬季，高迎祥和张献忠、老回回等部都陆续进入河南，转战河南、湖广和安徽交界地区。十一月底，高迎祥和张献忠与官军在龙门、白沙一带展开了一场恶战。龙门即洛阳南边的龙门关，白沙位于龙门关以南，两地相距不远。此前，张献忠在汝州的屹料镇被祖宽战败，"伏尸二十余里，斩馘千六百有奇"。张献忠十分气恼，一直想报这一箭之仇，便和高迎祥一起摆下战场，要与祖宽决一死战。祖宽原是辽东参将，这年秋天被任命为援剿总兵官，率领关宁（山海关、宁远）铁骑三千驰赴河南，连战皆捷。他们到达龙门、白沙后，一下子被高迎祥邀击为二，使官军处于不利境地。祖宽是员猛将，他亲自断后，士兵们也奋勇抵敌，自早晨一直鏖战到天黑，祖宽反而转败为胜，"复大捷，斩馘一千有奇"[1]农民军损失颇为惨重。张献忠率残部南下湖广，高迎祥和曹操（罗汝才）往东南方向撤去，攻克了光州（今河南省潢川县），接着向东进发，到达安徽滁州一带。

崇祯九年（1636）正月间，高迎祥、张献忠、闯塌天、摇地动等七营农民军齐集滁州，与官军在这里展开了一场大规模会战。滁州位于凤阳东南、长江之北，邻近南京，是江北的重要门户。明廷害怕农民造反的烽火延烧到江南，就调集大军对农民军围剿。卢象升亲率诸道兵驰援滁州，以祖宽为前锋，以火攻三营为后劲，他自己率领三百骑兵居中督战。

---

①《明史》卷二七三《祖宽传》。

自正月初六日起，高迎祥和张献忠就集中兵力猛攻滁州。数十万农民军"环山为营"，连营"百余里"，志在必得。滁州知州刘太巩和太仆寺卿李觉斯督众固守。守军人数虽不算多，但城上预先安置了许多门火炮，发挥了巨大的威力，"城头火轮巨炮相续发，訇轰毁诸山"。城下农民军密密麻麻，在大炮的轰击下纷纷倒地，死伤惨重。高迎祥和张献忠不得不命部下暂时退却。

古人迷信心理很重，高迎祥和张献忠也听信了一个术士的主意，用污秽之物对着大炮，可以使城头上的炮打不响。于是，高迎祥和张献忠遂掠来妇女数百人，将其杀死后倒埋在城下，露其阴部，想以此法压镇住城上的大炮。这些妇女可能大都取之于富家，因为农民军主要依靠穷人来壮大自己、掩护自己，对穷人没有对富人的那种仇恨。这方法实在有点太残忍了，但在古代类似的残忍事并不罕见。史书上对这件事有明确记载：他们将这数百妇女"尽断其头，孕者则刳其腹。环向堞植其趾而倒埋之，露其下私，血秽淋漓，以压诸炮。"城上也有对付的办法，"（李）觉斯立命取民间圊牏亦数百枚，如其数悬牒外向，以压胜之。燃炮皆发，贼复大创。"[1]圊牏是指厕所中用来清除污秽之物的短板，这里借以弹压对方的污秽之物。中国古代巫术中有所谓厌之术，即借用诅咒和一些污秽之物来克敌制胜。在今天看来，这种方法自然很落后愚昧，但在古代却不鲜见。

这样双方相持数日，官军援兵陆续赶来。祖宽率辽东兵赶到后，"奋击大呼"，农民军的阵地马上乱作一团，遂溃不成军，仓皇撤退。官军乘胜追击，农民军"横尺枕藉，水为不流"[2]。高迎祥诸部的精锐损失殆尽，他和张献忠等分头撤回河南。

卢象升和洪承畴对高迎祥的行踪非常注意，对他穷追不舍。给事中常自裕上疏崇祯皇帝，认为卢象升和洪承畴近来的胜利都是小胜，而最主要的任务是要消灭闯王高迎祥。他在奏疏中说："流寇数十万，最强无过闯王。彼多番、汉降丁，坚甲铁骑。洪承畴、卢象升即日报斩获，不过别营小队耳，于闯

---

① 谷应泰：《明史纪事本末》卷七十五。
② 《明史》卷二七三《祖宽传》。

（王）势曾无损也。"他建议，剿灭陕西的农民军由陕西巡抚负责，剿灭河南的农民军由河南巡抚负责，洪承畴和卢象升"督理两臣宜令专图闯王"。为了防止闯王高迎祥奔突逃逸，应责令邻近各省严加防范，"猎兽合围，则贼自无所逃。贼渠歼，而余贼自成破竹矣"[1]。由此可见，当时闯王高迎祥的声望明显地在李自成之上。正因为如此，明廷把追剿高迎祥作为最主要的目标。

高迎祥的部下原来大约有5万人，滁州之战后大约还有2万余人。滁州之战后，高迎祥在登封和裕州的七顶山一带连遭败绩，"死逃略尽"，其兵力受到很大的损失。

在卢象升的指挥和调度下，左良玉、陈永福、汤九州等悍将对高迎祥围追堵截，使高迎祥连连受挫。在河南转战一个多月，他的精锐部队损失了十之六七。崇祯九年（1636）二月间，高迎祥和闯塌天等部由河南转移到湖广的郧阳、襄阳一带。在这里待了约一个月，高迎祥便又由湖广转入陕西，活动在汉中一带。

李自成得知高迎祥回到陕西，心里很高兴，便率部南来，与高迎祥会师于商南。随后，他们一起攻打商州（今陕西省商洛市商州区），未料到遭到官军的伏击，损失颇重。闯将李自成和蝎子块、过天星诸部向北撤去，进入陕北，而高迎祥则率部向西转移。

崇祯九年（1636）七月中旬，高迎祥到达盩厔（今陕西省周至县）南约20里处的黑水峪。洪承畴和新任陕西巡抚孙传庭尾随而至，双方遂展开了一场鏖战。刚接战时，农民军还打了一个小胜仗，官军的参将李遇春被击伤，差点被俘。这时正赶上连下大雨，高迎祥率领着农民军到处转移，部下都疲惫不堪，不少人还得了病，就连高迎祥本人也疾病缠身，只能强打精神指挥战斗。这自然要影响到农民军的士气。这时，洪承畴和孙传庭又使出招降的一手，对农民军进行分化。孙传庭在附近竖起两面大旗：到白旗下的表示投降，到红旗下的表示顽抗。这一手还真的发挥了作用，不少农民军士兵偷偷地跑到白旗下，向官军投降，甚至像干公鸡、一斗谷这样的农民军首领也暗中和官军勾结，准备受抚。

---

[1] 谷应泰：《明史纪事本末》卷七十五。

接连几天的激战，农民军损失很大，处境越来越危急。一天，官军趁雨天后大雾，从四面八方向农民军阵地围来。高迎祥在下马张弓射箭时，他的坐骑竟被人偷去。高迎祥无奈，便踉踉跄跄地向一个山洞跑去，结果被官军发现俘获，时在崇祯九年（1636）七月二十日。

崇祯皇帝听说高迎祥被俘，十分振奋，立命解来京师处死。由于擒获高迎祥之功，洪承畴和孙传庭都各升一级。参加此次作战的官员都得到了不同的升赏。高迎祥之死对陕西的农民军是很大的打击，不少农民军首领纷纷向官军乞降。张妙手和蝎子块都先后受抚，他们的部下也被遣散。此后，蝎子块被孙传庭借故杀死。李自成听说高迎祥战败被杀，十分悲痛。他继承了"闯王"的名号，成为各部农民军首领，继续与官军周旋。

二、闯王李自成败而不馁

明末农民军有许多部，各部首领都有自己的绰号。当一个首领战死后，新首领往往仍袭用老首领的绰号。闯王高迎祥死后，"贼党乃共推（李）自成为闯王矣"[①]。当高迎祥被俘以后，他的部下曾为争权问题发生了一场内讧。翻山鹞拓攀高（高杰）是高迎祥的妻舅，颇有勇力，很想统领高迎祥的直属部队。与翻山鹞相争的是高迎祥的弟弟，即诨号为中斗星的高迎恩。由于李自成继为闯王，成为各营的总掌盘子，所以就由李自成做出最后决定，由高迎恩统领高迎祥的直属部队。翻山鹞争权失败，就投降了孙传庭。

李自成本来打算和高迎祥合兵一处，共抗官军，便从陕北南下。行至半路，得知高迎祥战败被俘，他也就放弃了继续南下的打算。他于崇祯九年（1636）七月攻打朝邑，接连数天未能攻下，遂引兵西去，进入陇州（今陕西省陇县）、汧阳（今陕西省千阳县）一带山区。这时各部农民军接连遭受挫折，不少农民军首领还投降了明军。洪承畴、卢象升、孙传庭等人都有勇有谋，在

[①]《明史》卷三〇九《李自成传》。关于李自成称闯王的具体时间，各书记载不一。《烈皇小识》卷四、《明史纪事本末》卷七十八，《国榷》卷九十七诸书皆谓李称闯王在崇祯十四年（1641）。有的学者则谓李自成本人并没有称过闯王。"李闯王"的名号在中国家喻户晓，称过"闯王"当无疑问。至于时间，今取《明史》所记，也是通常之说。

他们的协力围剿下，农民军的处境十分困难。高迎祥被俘后，李自成就成了官军追剿的最主要目标。在此后的一段时间，李自成尽可能避开官军主力，在官军的力量薄弱之处流动作战，巧与官军周旋。

正当官军节节胜利的时候，后金兵却突破喜峰口，大举南下，连续攻占昌平、宝坻、房山等许多州县，直逼京师。这一年，皇太极正式称帝，改国号为"清"，祭天地，受尊号，改元"崇德"，并于秋天遣兵内犯。此时的皇太极已志不在小。如果说以前他只不过希望在辽东割据的话，那么，这时他已有了彻底灭亡明朝的野心。这主要有两个原因：一个原因是，当明军忙于镇压农民起义军的时候，后金的力量在迅速壮大，并趁机征服了漠南蒙古，彻底摧垮了明王朝的北部屏障。从此以后，后金兵可以从北边畅通无阻地入塞，使明王朝处于更加危险的境地。第二个原因是，后金兵在征讨漠南蒙古时得到了元朝的传国玉玺。这使皇太极十分高兴，认为这是天命所归的象征，从而大大提高了取明朝而代之的信心，也大大提高了他对蒙古诸部的号召力。于是，他将国号改为"清"。清为水德，明为火德，按照五德终始的学说，以水灭火，即以清代明。至于原来所用"后金"的国号，因为历史上有过金朝，与南宋并存百余年，中原老百姓都知道岳飞抗金的故事，所以容易引起反感，故改国号为"清"。后金兵这次内犯使崇祯皇帝十分惊慌，他立即宣布京师戒严，并急调卢象升等入援京师。这一来就大大减轻了官军对李自成等农民军的压力。在这年下半年，李自成得以在陇州、汧阳一带的山区中休整，未遭到大规模围剿。

崇祯九年（1636）十二月，李自成率部走出山区，南下攻打阶州（今甘肃省陇南市武都区）、徽州（今甘肃省徽县），都未能得逞。于是，李自成便率部北走庆阳。

崇祯十年（1637）正月，李自成因在陕西连连受挫，便打算南下四川。当月下旬在宝鸡与官军遭遇，展开了一场大战。李自成凭仗人马上的优势，将官军击败，乘胜往东进军，到达西安附近的泾阳、三原。这时，蝎子块和过天星也率部来会，兵威一时颇盛。这引起了官军的极大注意，陕西巡抚孙传庭亲自率领曹变蛟等督兵赴救，双方一连大战七天。曹变蛟也像他的叔叔曹文诏那样，打起仗来十分勇敢，成为农民军的劲敌。这一仗他又是官军的先锋，冲锋陷阵，几乎所向披靡。李自成等诸部大败，蝎子块拓养坤脱离李自成单独行动，自行往东进发，不久就投降了孙传庭。李自成则和过天星一起西去，进入秦州（今甘肃省天水市）一带的山区，以躲避官军的围剿，并寻找机会南下四川。

第五章　连遭败绩，伺机再起

李自成于崇祯十年（1637）夏天进入四川，接连遭受失败。明廷以杨嗣昌为兵部尚书，制定了"四正六隅十面网"的围剿策略，和总理南京、河南、山西、陕西、四川、湖广六省军务的熊文灿一起对农民军剿抚并用。包括张献忠在内的农民军首领纷纷受抚，有的还成了镇压农民军的悍将。崇祯十一年（1638）十月，李自成在潼关南原被孙传庭打败，几乎全军覆没。他带领少数亲信逃到商洛山中，伺机再起。

第一节 败走四川

李自成在陕西的日子越来越不好过，洪承畴和孙传庭互相配合，对农民军接连展开大规模围剿，农民军损失惨重。孙传庭主要负责在陕西东部围剿，洪承畴主要在陕西西部进击，对李自成等部农民军造成很大的压力，像小红狼那样的农民军首领也投降了官军。东部的农民军几乎被孙传庭围剿殆尽，李自成只能在西部的山区中东躲西藏。李自成得知四川的防守比较薄弱，就寻找机会南下四川。

一、九部入川

崇祯十年（1637）春天，张献忠、罗汝才（曹操）等部活跃在湖广、安徽一带，众约20万，不时逼近长江，牵制了官军很大一部分兵力。南京兵部尚书和总兵官杨御蕃等人一面分兵固守，一面急请朝廷增兵来援。著名将领史可法这时任安池道副使，他率兵救太湖、援桐城，东奔西跑，疲于奔命。张国维调左良玉追剿张献忠等农民军。左良玉害怕入山作战，借口饷银不足，徘徊观望，甚至纵容部下四处劫掠，弄得老百姓鸡犬不宁。左军嚣悍无纪律，这在当时是出了名的。左军"扎营之处，方圆数十里，妇女悉被奸污"，地方官"概置弗问"。① 在这种情况下，张献忠诸部的力量壮大得很快，使官军把主要目光集中到他身上。四川的防务随之变得较为薄弱，这为李自成入川提供了条件。

崇祯十年（1637）五月中旬，李自成率部由秦州（今甘肃省天水市）南下，进入四川。一开始打了几次小胜仗，李自成连克四川北部的南江和通江诸县。官军很快发现了李自成的动向，便调军拦截。李自成又被迫返回陕西。在此后的四五个月中，李自成为躲避官军，主要活动在陕西和四川交界处的山区中。

经过数月的休整和补充，李自成的力量又渐渐壮大起来。崇祯十年

① 《凌忠介公奏疏》卷四《大帅纵兵肆毒疏》。

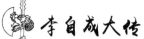

（1637）九月，李自成率领 10 余支农民军向汉中进军。从孙传庭给崇祯皇帝的奏疏中看，李自成这次出师声势颇为浩大，其人马"宽约四十里"，前后相接，络绎于途，居然"两日尚未走尽"。① 在这里，孙传庭为了夸大自己的战功，可能有意夸大了李自成的力量。但是，李自成敢于向汉中大举进军，而不是继续在山区中躲避，足见他的力量已有了相当规模的扩大。孙传庭对李自成的一举一动似乎都清清楚楚，当他得知李自成的动向后，立即命令曹变蛟赴汉中救援。曹变蛟首先悄悄地进驻汉中附近的南郑县。李自成不知道官军的援兵已经赶来，以为汉中空虚，遂于九月二十六日大举攻城。曹变蛟胸有成竹，没有马上迎击，而是等到农民军攻到城壕附近时，突然擂鼓夹击，"矢石如雨而下"。李自成农民军马上乱了阵脚，不得不慌忙撤退。既然夺取汉中的计划遭到失败，李自成就只好退向四川，史书上称"九部入川"。

所谓"九部入川"，是指入川的九部农民军而言。从有关史书相互对证，可知这九部是：李自成、过天星、混天星、满天星、原来属于六队的大天王、混天王、争管王、原属于四队的猛虎和继掌高迎祥直属余部的中斗星。可以看出，这里的九部基本上是原属于高迎祥系统的农民军。在明末农民起义军中，使用过天星诨号的有两个人，一是属于罗汝才系统的惠登相，一是属于李自成系统的张天琳。这次是张天琳这个过天星和李自成一起入川。实际上，除了这九部外，和李自成一起入川的还有许多小部农民军。

二、广元之战和成都之役

这年十月，李自成和过天星张天琳等部再次南下。他们先攻占了入川的要地宁羌州（今陕西省宁强县），随后大举入川。李自成和过天星等共九营农民军，在攻破宁羌州后即分三路南下。李自成一路由七盘关趋朝天阁，接着进攻广元县。在广元驻守的是四川总兵官侯良柱。在镇压农民起义军中，侯良柱屡有斩获。广元是由陕入川的咽喉，侯良柱要撤回各关隘的守兵，以集中兵力专守广元。四川巡抚王维章"以为非计"，反对这样做，并上疏崇祯皇帝以言其

---

① 《孙文靖公文抄》卷上《恭报官兵两战获捷疏》。

事。正当他们部署未定之时，李自成农民军已迅速包围了广元。侯良柱仓促应战，被李自成农民军斩杀于乌龙山下。李自成攻陷广元后，其他县城的官军更不堪一击，再加上王维章当时正在保宁驻守，李自成遂连续攻陷许多州县。李自成占领了梓潼后，又分兵三路，分道向成都进击。十一月初，三路农民军陆续赶到成都附近，准备攻城。

李自成这次入川进展颇为顺利，在短短一个月内"连陷三十余州县"①，并打到四川的心腹重地成都。李自成的胜利鼓舞了那些投降了官军的农民军首领。例如蝎子块拓养坤，投降孙传庭以后一直不受信任，更不用说重用了，心里一直后悔。十月间，他在华阴反叛，率领自己的部下往西而去。当时孙传庭正在潼关布防，闻报后吃惊万分，因为蝎子块倘若叛去，自己招降的功劳会立即变成罪过。因此，他急命得力将领前去追赶，很快将蝎子块俘获，解往潼关杀掉。

四川巡抚王维章面对李自成的胜利进军束手无策，只能向朝廷急请援兵。崇祯皇帝闻报后十分生气，立命将王维章革职，由傅宗龙接任四川巡抚。他又急命洪承畴率兵入川协剿。洪承畴在陕西虽连连得手，大股农民军有的转移，有的被击溃，有的首领投降，但小股农民军仍有不少，还在到处活动。因此，陕西的情况也不能说已高枕无忧。在朝廷的严令催促下，洪承畴只好率兵入川。他带领固原总兵左光先、临洮总兵曹变蛟和副将贺人龙等，将士兵万余人，兼程前进。洪承畴担心李自成由四川再返回陕西，特调延绥总兵王洪、宁夏总兵祖大弼移驻汉中、略阳、徽州、秦州一带，准备对农民军加以堵截。

洪承畴入川后，在保宁和原四川巡抚王维章计议，"调各处川兵、数有六七万"，从各个方向向李自成包围过来，只有西北方向的梓潼、剑州一带没安排川兵堵截。洪承畴的策略是，重点防御东、南两个方向，以防李自成窜入湖广。川西很荒凉，是少数民族地区，农民军在那里难以发展。如果农民军往北撤，官军前堵后追，就可能将李自成聚而歼之了。这个部署不可谓不高明，但就是未能如愿以偿。

---

① 《明史》卷二七二《曹变蛟传》。

李自成等农民军围攻成都 20 多天，未能攻下。他得知洪承畴已从陕西赶来，川兵也纷纷向成都集结，遂决定分头撤围。一路向北，经汉州、中江、潼川趋梓潼；另一路向东，经金堂、射洪趋顺庆府（今四川省南充市），打算由顺庆经夔州走湖广。但因看到东路官军甚多，农民军只好放弃东进的打算，合兵一处，进入梓潼和剑州一带的山区活动。崇祯十一年（1638）正月中旬，李自成在梓潼被曹变蛟和左光先击败，但实力并未受到很大损失。洪承畴命总兵曹变蛟和左光先进剿，但山地崎岖，道路不熟，两总兵进剿的收获不大。李自成等部农民军突破官军防线，又一次打回陕西。这次突围的时间大致在崇祯十一年（1638）正月底，李自成在四川境内转战了 3 个多月。

第二节　十面张网，剿抚并用

为了尽早把农民军镇压下去，明廷以杨嗣昌为兵部尚书，以熊文灿总理南京、河南、山西、陕西、四川、湖广军务，常驻郧阳，对农民军剿抚并用。像张献忠、罗汝才、刘国能等主要农民军首领都纷纷受抚。崇祯十一年（1638）十月，李自成在潼关南原大败，只有十八骑逃入商洛山中，以伺机再起。

一、杨嗣昌十面张网

农民造反的烽火长时间未能扑灭，而且有越烧越旺之势，清兵还不时越关内犯，这使得崇祯皇帝十分气恼。原来的兵部尚书张凤翼表现平庸，对兵事无所建树，崇祯九年（1636）秋天清兵内犯，他兵败后服毒自杀。崇祯皇帝一直想挑选一个懂兵事、有魄力的兵部尚书，所以这个重要的职务竟空缺了半年。崇祯皇帝掂量再三，决定用杨嗣昌任兵部尚书。

杨嗣昌是原任陕西巡抚杨鹤之子。杨鹤因镇压农民军不力，被罢职谪戍。崇祯皇帝只是为了要起用杨嗣昌，所以才没有将杨鹤处死。当时，崇祯皇帝命杨嗣昌为兵部右侍郎。他数陈边事，崇祯皇帝认为他很有才干。后来，因杨鹤和继母相继病故，杨嗣昌遂辞官回乡守丧。崇祯皇帝感到廷臣无堪此重任者，便降旨对杨嗣昌"夺情起复"，命进入内阁，为兵部尚书。杨嗣昌"三疏辞，不许"，遂于崇祯十年（1637）三月到京上任。

按照旧制，官员如遇父母亲去世，要回籍守制三年，以尽孝道。如守制不足三年而被皇帝起用，称之为"夺情"。当崇祯皇帝起用杨嗣昌时，杨嗣昌才为继母守制5个月。为此，一些大臣曾上疏激烈反对。例如给事中何楷就上疏弹劾杨嗣昌，指责他"忘亲"，即对继母不孝。崇祯皇帝正倾心倚用杨嗣昌，故见此疏后很生气，对何楷"切责之"。大臣们见崇祯皇帝用杨嗣昌的心意如此坚决，就不再反对。只有著名的耿直大臣黄道周仍继续反对："朝廷即乏人，岂无一定策效谋者，而必破非常之格，以奉不祥之人？"①这话说得很激烈，但崇祯皇帝未予采纳。由此可以看出，崇祯皇帝对杨嗣昌是何等倚重。

杨嗣昌出生在官宦人家，自幼读书，颇通文墨，又有一副好口才，在崇祯皇帝召对时对答如流，一副胸有成竹的样子。崇祯皇帝"益以为能，每对必移时，所奏请无不听，曰：'恨用卿晚。'嗣昌乃议大举平贼"。在如何对付李自成等农民军的战略上，杨嗣昌也的确提出了一套似乎颇有新意的方案，亦即"四正六隅十面网"的策略：陕西、河南、湖广、江北为"四正"，设四巡抚，"分剿而专防"；延绥、山西、山东、江南、江西、四川为"六隅"，设六巡抚，"分防而协剿。""四正"和"六隅"合在一起称为"十面之网"。另设"总督"、"总理"两个重臣，"随贼所向，专征讨"。原任总督洪承畴、王家桢分驻陕西、河南，而王家桢"故庸材，不足任"，杨嗣昌推荐福建巡抚熊文灿来代替他，并进一步提高了他的事权，命他总理南京、河南、山西、陕西、四川、湖广军务，驻郧阳。

杨嗣昌制定了策略，选拔了将领，但这还不够，还必须增加兵力，增加饷银。于是，杨嗣昌又议"增兵十二万，增饷二百八十万"。兵员从各地调集，这些饷银则用各种名目来搜刮老百姓。崇祯皇帝为尽快除掉李自成等农民军这个心腹大患，马上批准了杨嗣昌的请求，并传谕全国："流寇延蔓，生民涂炭。不集兵无以平寇，不增赋无以饷兵。勉从廷议，暂累吾民一年，除此腹心大患。……布告天下，使知为民去害之意。"②

---

① 计六奇：《明季北略》卷十四《何楷劾嗣昌忘亲》。
② 《明史》卷二五二《杨嗣昌传》。

看崇祯皇帝这口气，似乎他不愿意向老百姓"增赋"，只是"勉从廷议"，而且还是用来"为民去害"，这才"暂累吾民一年"，老百姓该没话说了吧。但是，当时的老百姓已十分穷困，社会经济已破败不堪，朝廷和地方官府已向老百姓加征数次，已到了民穷财尽的地步。社会财富主要集中在勋戚乡绅之家。对此，崇祯皇帝心里是很清楚的。这时又要向老百姓伸手，他不能不责怪几句这些不肯解囊的勋戚乡绅。崇祯十年（1637）四月二十七日，在刚刚任命杨嗣昌和熊文灿为"平寇"的头目之后，崇祯皇帝对大臣们说："去岁谕令勋戚之家捐助，至今抗拒，全无急切体国之心。就是直省乡绅也不捐助。及至贼来，都为他所有了。怎么这等愚！"说到这里，他为了表明自己并不是那么财迷心窍，不得不先叫一番穷："目今帑藏空虚。……前查约数若干，限二日内奏夺，如何不见奏来？"[1]

连皇帝也在那里叫穷，不肯拿内帑饷兵，这就难怪勋戚乡绅们不肯捐助了。看来，崇祯皇帝在责怪别人"怎么这等愚"之前，应该先责怪一下自己。既然有权有钱的人不肯出钱，那就只好搜刮老百姓了。老百姓雪上加霜，无法存活，便纷纷投入农民军。这种加征实际上是在为渊驱鱼。

杨嗣昌作为新任兵部尚书，面临着两大任务：镇压李自成等农民军和对付辽东的大清。在这二者之间，杨嗣昌认为"安内"为首，"攘外"为次。为此，他在给崇祯皇帝的奏疏中说：

> ……似乎安边第一，荡寇次之。微臣乃言：必安内方可攘外。何也？窃以天下大势譬之人身，京师，元首也；宣、蓟诸边，肩臂也；黄河以南，大江以北，中原之地，腹心也。人之一身，元首为重。边烽讧肩臂之外，乘之甚急；流寇祸腹心之内，中之甚深。急者诚不可缓图，而深者尤不可忽视也。诚使腹心安，脏腑无恙，则内输精血，外运肢骸，以仰戴元首而护卫风寒于肩臂之外，夫复何忧？今腹心流毒，脏腑溃痈，精血日就枯干，肢骸徒有肤革，于以戴元首而卫肩臂，

---

①《杨文弱先生集》卷四十二。按：杨嗣昌字文弱。

岂不可为慄慄危惧哉！以故，臣言必安内方可攘外，必足食然后足兵，必保民斯可荡寇。此实今日证治之切，根本之图。非敢缓言攘外也，求攘外之至急，不得不先安内耳。①

杨嗣昌的这些意见都为崇祯皇帝所采纳。在此后的几年里，明廷对辽东的大清采取了以防为主的政策，而集中力量大举围剿李自成等农民军。也正是为了实施这一计划，杨嗣昌推荐熊文灿总理六省军务。熊文灿只是个好说大话的平庸之徒，他唯一的资本是所谓平海寇有功。他平海寇的经验就是招抚。他先后曾任过广东巡抚和福建巡抚，在招抚中索取了大量的金银财宝，这使他有了向朝中权贵行贿的资本。崇祯皇帝命一个宦官以采办为名，前去考察一下熊文灿。这个宦官回朝后，极言熊文灿才大可用。杨嗣昌的一个朋友也极力推荐，熊文灿遂受命总理六省军务。②

在赴任途中，熊文灿到庐山会见往日的朋友空隐和尚。刚一见面，空隐和尚就对熊文灿说："公误矣！"意思是放下广东巡抚那样的美差，去镇压那谁也镇压不下去的李自成等农民军，这是件随时都可能掉脑袋的事。熊文灿听到后一愣，遂避开其他人，问他有何高见。空隐和尚说："公自度所将兵足制贼死命乎？"熊答不能。又问："诸将有可属大事，当一面，不烦指挥而定者乎？"熊答："未知何如也。"空隐和尚遂说道："二者既不能当贼，上特以名使公，厚责望，一不效，诛矣！"熊文灿说要用招抚的策略。空隐说李自成等"流寇"与海寇不一样，"公其慎之！"③这次会见对熊文灿上任后的举措产生了深刻的影响，熊文灿的命运也被这个和尚不幸言中。

二、农民军纷纷受抚

崇祯十年（1637）十月，经过一番紧张的部署，杨嗣昌感到大体已经就绪，遂上疏请求崇祯皇帝颁诏，号令各路将领对农民军大举围剿：

①《杨文弱先生集》卷九。
②《明史》卷二六〇《熊文灿传》。
③《明史》卷二六〇《熊文灿传》。

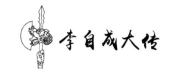

……今则网张十面，刻值千金，断断不容蹉过矣。臣计边兵到齐，整整在十二月、正月、二月为杀贼之期。除凤阳、泗水、承天祖陵所在理应防守外，确确以河南、陕西为杀贼之地。然陕西有闯（王）、过（天星）等贼大伙盘桓，未能剿绝，不当驱关东之贼与之合势也。臣之愚计，要使陕抚断商、洛，郧抚断陨、襄，楚抚断德、黄，皖抚断英、六，凤抚断颍、亳，而应抚之兵仍堵潜、太，江抚之兵急堵梅、济，东抚之兵直堵徐、宿，晋抚之兵横截陕、灵，保抚之兵飞渡延、津一带。然后总理提边兵，监臣提劲旅，豫抚提左（良玉）、陈（永福）等兵，同心并力，合剿中原，为不尽不休之势。倘闯、过大贼透出关东，则秦督提左（光先）、曹（变蛟）、祖（大弼）诸帅之兵与之俱出，下三个月苦死功夫，了十年不结之局。……断断乎可三月而平贼也。[1]

杨嗣昌的这番话真可谓杀气腾腾，部署的亦可谓甚为周密。他要用 3 个月的时间来"了"这"十年不结之局"，亦可谓信心十足。同时还可以看出，李自成这时已成为官军要围剿的最主要目标。

为了保证这次大围剿的顺利进行，崇祯皇帝按照杨嗣昌的建议，在户部专设剿饷侍郎一人，由杨嗣昌所推荐的傅淑训担任，以保证军饷之需。各地应交纳的剿饷不能按时交足额者，要以破坏"灭寇"的罪名从严惩处。为了严肃军令，按照杨嗣昌的疏请，究治了一批办事不力的将领。例如，总兵官王忠因"称病"不积极进击而被逮治；总兵官张全昌因战败投降过蝎子块，这时以"辱国"之罪被按问；总兵官左良玉也因经常不听从调遣而被革职，命戴罪自赎。在这次大围剿中，如果有哪位巡抚不用命，则立解其兵权；如总兵官不用命，则立夺其帅印；如监司、副将这一级别的将领不用命，则随时可用尚方剑将其就地处死。

在这次大围剿中，杨嗣昌坐镇朝中，熊文灿是一线最高统帅。他上任后，

---

[1]《杨文弱先生集》卷十九。

"先请左良玉所将六千人为己军，而盛募粤人及乌蛮精习火器者一二千以自护，弓刀铠仗甚整"。不久，他又以南方人不习北方的水土为由，将募来的南兵遣回，只留50人充作自己的帐下亲兵。而左良玉的兵又不好用，熊文灿便通过杨嗣昌奏请崇祯皇帝，"以冯举、苗有才之边兵五千人属之，文灿气稍振"[①]。

巡抚张国维担心农民军突破长江防线进入江南，危及南京，感到沿江防线吃紧，便奏请崇祯皇帝，划出安庆、庐州、池州、太平四府，专设一巡抚，以专门负责上游江防。崇祯皇帝遂提升史可法充任此职，下隶额兵万余人。

这是一次动员了全国力量的大围剿，来势凶猛，组织严密。这使李自成等农民军很快陷入十分困难的境地，不少农民军首领纷纷受抚，有的人还回过头来成了镇压农民军的悍将。

崇祯十年（1637）秋天，以张献忠为首的数部农民军活动在河南南阳一带。左良玉率官军来击，张献忠大败，他本人也受了伤。于是，张献忠就率领残部退到湖广的麻城、蕲州一带。闯塌天刘国能原先在这一带活动，两大部遂合兵一处，共抗官军。

熊文灿上任后，各路官军对农民军形成了强大的压力，另一方面则对农民军大举招降，到处都贴有招降告示，凡受抚者都予以妥善安置，官员如杀降人，则严惩不贷。在熊文灿内心深处，招降是他的主要手段。这一手对农民军也确实产生了很大的分化瓦解作用。刘国能和张献忠原来就有一些矛盾，张献忠的势力又比刘国能强，这时虽合兵一处，也是貌合神离，双方猜忌心都很重。尤其是刘国能，他害怕自己被张献忠暗算或被兼并，便暗中派心腹向熊文灿求降。熊文灿自然喜不自胜，遂于崇祯十一年（1638）正月受降于随州。熊文灿对刘国能慰劳备至，马上命他为守备，不久又升为副总兵官。从此以后，刘国能随官军征剿，成为农民军的一支劲敌。他和李自成、罗汝才原是结拜兄弟，他的投降使李自成痛恨不已。

熊文灿招降了刘国能，那么顺利，那么成功，这使他更增强了招抚的信心，也加快了招抚的步伐。在刘国能受抚一个月后，另两个农民军首领"马士

---

① 吴伟业：《绥寇纪略》卷六。

秀、杜应金，夜半于信阳城下降"①。熊文灿以此为资本，连连向朝廷报功。杨嗣昌提出十面网的部署，其手段主要在剿。熊文灿为一线总指挥，主要手段在抚。这实际上是对杨嗣昌策略的一种修正。由于二人私交较深，而剿和抚的目的都是一致的，即都是为了平息农民起义。对熊文灿在前线的具体做法，杨嗣昌也大都持支持的态度。熊文灿初期的招抚政策连获成功，向朝廷报功的捷报一个接着一个，杨嗣昌也将这些成功视为自己的成功，心里暗自高兴，对熊文灿在前线的具体做法自然也不过多掣肘。当然，反对一味招抚的人也大有人在，就连熊文灿的一些私交也为他这样做而担忧。例如，河南人万廷蕙是熊文灿的私人朋友，当熊文灿路经河南时，万廷蕙就对熊文灿说，农民军起事已数年，"不知有王师，必大创之，乃可招安"。如一味招抚，对他们姑息，恐怕不仅无益，甚至可能酿成更大的祸患。但熊文灿不为所动，仍力主招抚。他担心有人故意破坏抚局，甚至下令："民杀一贼者偿死。"正因如此，有的人将熊文灿的招抚政策称之为"求贼"。

张献忠看到刘国能投降了官军，还授了官，他也派人向熊文灿表示愿意受抚。但张献忠凶狠诡诈，虽有受抚的表示，仍在犹豫不定，而且带着人马又转移到襄阳一带。不久，他又率部占据了湖广的谷城。他还到处贴出告示，表示"欲释甲归农，并不伤害百姓"。官军中的宿将陈洪范过去有恩于张献忠，这时也随熊文灿来围剿农民军。张献忠派心腹献给他一些珠宝，还有一个美女，向他表示："愿率所部降，随马足自效。"陈洪范正急于立功，闻报大喜，遂马上报告了熊文灿。熊文灿自然也很高兴，马上派监军道张大经前去受降，并要他监其军。左良玉向熊文灿献计说，张献忠诡诈不足信，不如趁机将他抓获，以绝后患。熊文灿害怕这会破坏他的招抚政策，坚决不许。熊文灿心里也明白，张献忠仍怀有二心，只是因他已受抚，且其他的农民军首领也纷纷随之受抚，如突然袭击张献忠，"他寇必动"，倘不能一举将他除掉，"所失实多"，实际上就是指抚局被破坏。左良玉则认为，这是除掉张献忠的好机会，因为官军出其不意，可突然发起袭击，而张献忠粮饷缺乏，诸部观望，可一举成功，"若失

---

① 吴伟业：《绥寇纪略》卷六。

此机，悔无及矣！"但熊文灿为维护抚局，经苦苦劝说，才制止了左良玉。实际上，这的确是除掉张献忠的良机，只是熊文灿未能很好地利用这个机会。杨嗣昌也担心张献忠不是真降，便主张要张献忠去袭杀李自成，以表明受抚的真心，不然的话就趁机将张献忠剿杀，以免养虎遗患。崇祯皇帝反对这样做，认为他既然来降，就不能"一味剿杀"。熊文灿要张献忠挑选 2 万精壮士卒，由官府支付军饷，其余的人都予以遣散。张献忠说自己的部下"皆壮士，愿举军从，请十万人饷"①。熊文灿解决不了 10 万人的军饷问题，张献忠就盘踞在谷城一带，既不解除武装，也不听官府调遣。熊文灿檄调张献忠部下四千人随征，张献忠也以受抚后"安集未定"为借口，拒绝奉调。熊文灿为了维持抚局，也只得委曲求全。

张献忠于崇祯十一年（1638）四月八日正式受抚，第二年五月复叛，抚局大约维持了一年时间。为了使受抚成功，他派孙可望向陈洪范和熊文灿行贿，又派人赴京师打通关节，同时授意谷城当地的乡绅为他具结作保，说他实心受抚，终使受抚如愿以偿。但受抚后却又不解除武装，也不服调遣。如果说与受抚前有所不同的话，那就是不再与官军公开对抗罢了。

当时，转战在陕西、四川一带的农民军当中，以李自成的势力为最强；转战在河南、湖广一带的农民军当中，则以张献忠为最强。对于张献忠的受抚，有以下几个问题值得注意。

首先，张献忠确实有动摇性的一面。以前，有些人一味歌颂农民军首领，不愿或不乐意承认受抚的史实。如果实在否认不了，就轻描淡写地说成是一种策略。似乎一承认向官军投降的事实，马上就会损害农民军首领的英勇形象。很明显，这都不是实事求是的态度。张献忠的受抚是事实，谁也否认不了。在张献忠思想深处，仍保留着一些传统的封建思想的束缚。这从他在上津县为新修关帝庙所题碑文中就可以看出来：

……焚戮良民，非本心之所愿，实天意之所迫。亦知同居率土，开

---

① 吴伟业：《绥寇纪略》卷六。

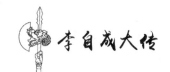

州开县，有干理法。无奈天意如此，实不我由。如黄巢往事劫数，固亦莫之为而为也。①

从碑文中可以看出，张献忠本人也承认，他的所作所为"有干理法"，只是不得已而为之。他把这说成是"天意"，就像唐朝末年的黄巢大起义是难逃的"劫数"一样。这表明，他本人也不愿意干这种"有干理法"的事。如果官府能对他妥善安置，他就可以受抚。这种思想在大部分农民军首领中具有普遍性。在明末众多农民军首领当中，真正相信自己能当上皇帝的是极少数，大部分人只是为了寻找一条生路。如官府真的能对他们妥善安置，许多人是愿意受抚的。

从张献忠受抚期间的表现来看，他也在尽力遵守明廷官场中的各种规矩。他接受了官府授予他的副将头衔，也从官府那里领到了一些粮饷。他曾亲去沔阳拜见总理六省军务的熊文灿。当巡按御史林铭球来到谷城时，张献忠向他行跪拜礼，完全合于官场礼仪。由此可以看出，张献忠希望得到明廷的谅解，希望能过上一个正常人的生活。

其次，张献忠对官府也时刻保持着警惕，生怕被暗算。当时，他没有充足的条件和机会与明廷建立起信任。相反，他知道自己与官府对抗多年，积怨甚深，难以一时消除。从官府方面来看，这些农民军首领反复无常，有的今天受抚，明天复叛，必须严加警惕。有的官员就根本不相信这是真心受抚，而是迫不得已的权宜之计。他们甚至建议，要趁机对这些受抚的农民军进行彻底剿杀，以绝后患。这类话张献忠肯定会不时听到，这就更加促使张献忠时时刻刻处于高度戒备之中。为此，他的部下既不遣散，又不接受改编，也不听从调遣。相反，张献忠盘踞谷城，各城门每天都有数十名部下巡查，名为防盗，实则是为了监视官府的一举一动。他的部下在谷城一带建房造屋，买地屯田，兵器不离身，这也为那些心存疑虑的官员提供了不是真降的口实。随着时间的推移，双方之间的猜疑自然就会越来越深。例如，湖广巡抚余应桂就曾致书熊文灿，"言献忠必反"，应及早将其除掉。这封书信竟然被张献忠的侦骑获得。张

---

① 同治《郧阳志·祠记》卷三。

献忠遂致书郧阳巡抚戴东旻，称自己真心受抚，而"抚军欲杀我"，表现出很生气的样子。戴东旻立即将此事报告熊文灿。熊文灿接着上疏崇祯皇帝，指责余应桂等人故意破坏抚局："南中人哗传献忠反，如（余）应桂等倡流言挑构，奈国事何？"余应桂也随后上疏，指责熊文灿剿抚两误。崇祯皇帝当时正倾心依靠杨嗣昌和熊文灿，特别是余应桂以前曾弹劾过杨嗣昌的父亲杨鹤，杨嗣昌自然也极力攻击余应桂，所以余应桂被罢职，遣戍边地。[①]熊文灿弹劾余应桂可谓一箭双雕。也就是说，如招抚政策获得成功，那无疑是自己的功劳；如失败，那就是因为余应桂等人从中破坏所致，自己可以摆脱罪责。

再次，张献忠的受抚对其他农民军产生了极大的冲击。像张献忠这样强大的农民军首领尚且受抚，且受到诸多优待，其他首领便陆续仿而效之，纷纷向官府投降。这在当时几乎形成了一种多米诺骨牌效应。

继张献忠受抚之后，"曹操"罗汝才的受抚影响较大。他这支农民军势力也比较强，他本人也颇有计谋。他于崇祯十一年（1638）七月受抚于房山，还与官府签订了十二款条约，明廷还授予罗汝才"游击将军"衔。继招抚张献忠后，又招抚了罗汝才九营，熊文灿自然十分高兴。他命诸将于官署盛宴款待罗汝才诸首领，"供亿甚备"，以示推诚信任。罗汝才九营被分散安插在房县和竹山县一带。罗汝才表示，自己不愿意当官，也不要官府拨给饷银，只希望当个普通百姓，在这里耕田自给。熊文灿要罗汝才解散他的部下，从中挑选一些"壮勇，从征立功"，但罗汝才却不奉命。罗汝才诸部和当地老百姓错杂而居，并不扰害百姓。他与在谷城的张献忠遥相声援，时刻保持着警惕。熊文灿为了维持抚局，也对罗汝才尽可能迁就。郧阳巡抚戴东旻预感到将有后患，便上疏崇祯皇帝，说罗汝才虽名义上受抚，但"不从解散之令，愿为百姓耕田，此目前盗铃之说耳"。他建议，趁张献忠、罗汝才等大股农民军都聚集郧阳一带的有利时机，调集各镇大军，"协同扫荡，此实万全之机也"[②]。但因杨嗣昌和熊文灿反对，崇祯皇帝未采纳戴东旻的建议。随着张献忠、罗汝才的受抚，混十万、整十万、十

---

① 《明史》卷二六〇《余应桂传》；吴伟业：《绥寇纪略》卷六。
② 计六奇：《明季北略》卷十四《罗汝才乞抚》。

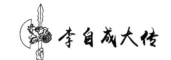

反王、托天王、小秦王、惠登相等都纷纷受抚。这样，活动在河南、湖广一带的农民军绝大多数都已受抚，只有极少数农民军未向官府投降，例如以革里眼和左金王为首的所谓"革左五营"，这时因势孤力单而陷于消沉。

这对以李自成为首的西部农民军形成了很大压力，好多支农民军首领也背着李自成投降了官军。例如，过天星、米闯将、邢家、混天星、大黄鹰等都先后受抚。不久，一直和李自成并肩战斗的薛仁贵、黑煞神、中斗星（高迎祥的弟弟高迎恩）也先后向官府投降。连李自成的一些贴身将领也偷偷地跑到官军那里束身请降。这使李自成很快陷入极为困难的境地。

从当时的大局来看，熊文灿"先抚后剿"的政策取得了一定的成功。除了李自成以外，其余的大股农民军基本上都被招抚。像刘国能、李万庆等首领，始终未再叛，并成了镇压农民军的悍将。李自成虽未受抚，但在潼关南原一战中几乎全军覆没，此后相当一段时间未见他与官军争锋。正因如此，督饷侍郎张伯鲸上疏崇祯皇帝，认为"寇渐平"，饷银太重，"清汰兵"，汰兵后自然就是汰饷。崇祯皇帝虽未应允，但可由此看出，农民起义这时的确处于低潮时期。

三、李自成南原大败

李自成在陕西受到洪承畴、孙传庭的追剿，败走四川，在四川境内艰苦转战了大约 3 个月，于崇祯十一年（1638）正月间又突围返回陕西。为了缩小目标，李自成等西部农民军分成三部，分别与官军周旋。

由大天王、混天王、六队等几支农民军为一部，由秦州、平凉、固原等地，辗转到达庆阳一带活动。当年夏天，这部农民军接连被官军打败，损失惨重。大天王在自己的两个儿子被官军俘获以后，他本人也投降了官军。六队在固原几乎被官军全部歼灭，他率领少数余部逃到陇州一带的山区中。

另一部由过天星、混天星、邢家、米闯将等数支组成，先进入宝鸡、凤翔一带，继而向东，经泾阳、三原、富平等地，进入郃阳、澄城一带。崇祯十一年（1638）夏天，过天星和混天星在澄城被官军打得大败，这部的农民军首领都先后投降了官军。

第三部是由李自成和中天星高迎恩组成的，极力向西发展。这也是官军追剿的主要目标。总督洪承畴和巡抚孙传庭都较有谋略，在镇压农民军中也特别尽力。他们二人与杨嗣昌有矛盾。害怕追剿不力会受到暗算，而且3个月"灭贼"的期限马上就到，这促使他们要极力消灭李自成。他们手下的几个总兵官如曹变蛟、左光先、贺人龙等，都是能征惯战的悍将。这使李自成的处境变得特别困难。李自成出川不久，便接连在河州、洮州大败，兵员和战马都损失了很多。李自成率领余部往西逃，进入羌中地区以补充马匹。洪承畴命曹变蛟和贺人龙深入番地追剿。"番地乏食"，农民军"打粮"十分困难。再加上番地时有瘟疫，农民军士卒得病的也很多，因而严重地削弱了战斗力。而曹变蛟又是出了名的悍将，据《明史·曹变蛟传》记载，他在番地追剿李自成十分卖力，"转战千里，身不解甲者二十七昼夜"。他连斩农民军"六千七百有奇"。再加上饥饿而死和遭病疫而死的人，李自成这支农民军减员很多，处境十分艰难。官军紧追不舍，李自成在那里活动了约一个月，便不得不回头往东。为了缩小目标，便于行动，李自成自领一队，由号称二虎的刘体纯和李过领一队，分头向东逃去。四月上旬，李自成仅率领数百士兵和家属走山间小路。当走到甘肃礼县北一个名叫马坞的地方时，左光先率领官军赶来，双方仅相距约50里。李自成人困马乏，处境极其危险。幸而左光先在马坞歇息了一天，启程后又判断错误，追到另一条路上，这才使李自成摆脱了官军的追击。洪承畴得知此事后懊悔不已，为此还上疏自责。

　　五月间，李自成和六队的祁总管合兵一处，共约3000余人，一起进入四川。洪承畴一面命马科、贺人龙等将领跟踪追击，一面命曹变蛟在西乡一带搜捕，并在一些要道部署官军，以截断李自成向西和向北流窜的道路。曹变蛟还派降人打入农民军内部，进行分化瓦解和谋杀活动。例如，争管王部下的一个小头目飞天龙即被官军策反，居然把争管王杀掉，作为向官军投诚的见面礼。

　　李自成这次入川实际上是一次败逃，入川后的形势也很险恶。他的人马不多，后有洪承畴派来的追兵，前有四川巡抚傅宗龙围堵夹剿。七月中旬，李自成在四川广元被贺人龙和马科打败。八月上旬，李自成与官军战于南江县境，因寡不敌众，战败后往北逃去。李自成在川北的山区中与官军周旋，便于隐藏。各部官军都不愿入山搜捕，因为农民军在暗处，危险大，道路崎岖，奔走

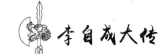

辛苦，供给也特别困难。对李自成的农民军来说，在山区活动虽说易于躲藏，但也有一些令人十分头痛的问题。首先是"打粮"十分困难，部下经常吃不饱肚子，影响了战斗力。其次是在深山老林中活动，又遇上阴雨连绵，部下生病的很多。这使战斗力受到严重削弱。

八月中旬，李自成率部返回陕西，在城固稍事休整，便向东撤去，准备取道石泉、兴安等地，进入湖广、河南。在打算渡汉水时，左光先率官军追来，李自成战败，遂放弃了继续东进的计划，退入附近的山区活动。这时，李自成的部下人员锐减，所剩不足2000人。官军前堵后追，李自成要不停地奔走，部下得不到休整和补充。尤其令李自成烦恼的是，农民军首领纷纷向官军投降，人心浮动。和他一起转战的六队首领祁总管，居然也不念旧谊，竟偷偷地带着他的600余人投降了官军。这使得李自成更感到势孤力单。李自成还看到，有的农民军首领就是被身边的人杀掉的，成了这些人投降官军的晋见礼。这使李自成不得不格外警惕，"夜则山林藏身，不敢入窝铺宿歇"[①]，以防被人暗算。这时从全国的情况来看，主要的农民军首领都已受抚，李自成身边的一些农民军首领也是战死的战死、投降的投降。一直坚持与官军对抗的，主要的也就是李自成这一支了。其余的即使没有受抚，这时也变得无声无息。李自成这时已无力与官军正面交锋，更谈不上主动进攻，只能巧与官军周旋，避开官军的重兵围剿。不管形势变得多么险恶，但李自成却始终不受抚。仅从这一点上来看，李自成就比其他首领显得有骨气，也更有识见。

李自成在陕西东南部的山区中活动了约两个月，境况十分艰难。为了摆脱这种困境，求得新的发展，李自成打算再次进入河南。不知是洪承畴得到了准确的情报，还是依靠准确的分析，对李自成的这种动向预先做了防备。崇祯十一年（1638）十月，洪承畴对孙传庭说："李自成势穷蹙，必奔潼关。公能于其地设三覆以待，俾吾蹙而致之，而一战擒也。"于是，孙传庭"乃于潼关原，依丘阜，蔽林木，每五十里而立一营"。[②]看来，官军已预先做了充分的准

---

① 《清代档案史料丛编》第六辑，洪承畴崇祯十一年九月二十五日题本。
② 吴伟业：《绥寇纪略》卷六。

备，设了三道埋伏，专等李自成前来就擒。为了尽快实现这一计划，洪承畴命曹变蛟率精锐的官军深入山区，有意将李自成赶往潼关方向。李自成不敌，只得率部向潼关方向逃去，并想从这里进入河南。

这样一来，李自成就不可避免地进入了官军的埋伏圈。官军平时的士气还可能不那么高，这时双方的力量强弱分明，官军志在必胜，因而士气分外高涨，"骁雄跳荡，无不一当百"。李自成农民军在包围圈中左冲右突，"乱相蹂藉……飞走路绝，遂无所逃。其幸免者，或弃刀与骑，迸逸汉南之山中。村坞山民又预奉督抚教令，用白梃遮险，遇辄棒杀，秦贼遂尽。……委杖如丘陵，或分隶镇将，或散归农亩。李自成妻女俱失，从七人遁走"①。这就是历史上著名的潼关南原大战。李自成的队伍基本上全军覆没，只带领少数几个亲信逃入商洛山中。

"潼关原"就是潼关南原的简称。孙传庭在奏疏中就说道："查潼关之南，有平野四十里，直抵南山之麓，为之南原。"②孙传庭是这场战役的前线总指挥，对当地的地理环境和战役经过自然熟悉，所以潼关南原之战不容否定。只是对此役经过的记载诸书有异。即使同一部书，前后对一些细节的记载也不一致。例如，《绥寇纪略》卷六中记，李自成战败后"从七人遁走"，而卷九则记道："自成尽亡其卒，从十八骑溃围走。十八骑者：刘宗敏、田见秀、谷可成、张世杰、李弥昌、任继荣、任继光、王虎、刘文魁等，窜伏崤函山中，为小盗。不复出。"这里指出名字的也只是9个人。《后鉴录》卷五中又补上了李过、李锦、高一功、张鼐、李双喜，加上前边提到的9人，共14人。《国榷》则说成十七骑。实际上，无论说成七骑、十四骑、十七骑或十八骑，都只是个约数。李自成身边有多少人，时刻都在发生变化。这些人都是李自成的亲信。这几个数字都足以告诉人们，李自成在潼关南原大战中的损失的确十分惨重。

李自成自起事以来，潼关南原大战是他最惨重的一次失败。在此后半年多的时间里，他和少数几个亲信在陕南和川鄂交界的山区中东躲西藏，未与官军发生过大型战斗。直到第二年五月张献忠于谷城复叛以后，李自成才又活跃起来。

---

① 吴伟业：《绥寇纪略》卷六。
② 《孙忠靖公全集》卷二《潼关设险合兵疏》。

第三节　息马深山，伺机再起

　　自崇祯十一年（1638）十月潼关南原大败后，李自成就和少数亲信隐藏在商洛山中。当时，各部农民军大都已受抚，而李自成尽管处境艰难，却始终不向官府投降。恰巧这时清兵内犯，逼临京师，崇祯皇帝急命洪承畴、孙传庭赴京师勤王，从而大大减轻了对李自成等农民军的压力。李自成暗中前往谷城会见张献忠，得到张献忠的一些资助，便率领部下沿川、楚边境南下，进入鱼腹山地区活动，伺机再起。

一、息马深山，拒不受抚

　　潼关南原大战刚刚结束，洪承畴和孙传庭即奉命赴京师勤王。这使李自成在十分危急的时候得到了一个喘息的机会。

　　原来，清兵于这年九月底向明王朝大举进攻，越过边墙，逼近京师。崇祯皇帝马上宣布京师戒严，下令各地督抚火速赴京师勤王。洪承畴和孙传庭不敢怠慢，马上率领左光先、曹变蛟、贺人龙等将领北上，合兵约 5 万人。洪、孙二人入援后，由郑崇俭接任三边总督，丁启睿接任陕西巡抚。这两个人无论从才能上，还是从威望上，都无法与洪、孙相比。这使李自成侥幸未被彻底剿除。

　　辽东战局是崇祯皇帝的另一块大心病。他暗中派人与清议和，又怕外廷知道了影响士气，也担心受到臣下的阻挠。但是，外廷大臣们毕竟还是听到了一些风声，弄得大家不知所措。宣大总督卢象升最先赶到京师，还受到崇祯皇帝的亲切接见。当他表示"臣主战"的态度以后，崇祯皇帝却不是大加赞赏，而是要他"宜慎重"。他本来要决心与清兵决一死战，但却处处受到杨嗣昌的掣肘。杨嗣昌甚至对他说"勿浪战"。看来，杨嗣昌更揣度到了崇祯皇帝的真实心理。

　　清兵由京师三路南下，明军各部却互相掣肘，互不为援。崇祯皇帝闻知大恼，立改杨廷麟为兵部主事，夺卢象升尚书衔，以侍郎视事。十二月中旬，卢象升英勇战死。京师流言说，卢象升酒醉高楼，失火自焚而死；还有的说他仓皇逃遁，不知所之。崇祯皇帝自以为察察为明，其官僚机器已烂到这步田地，明朝的命运自然就可想而知了。即使没有李自成等农民军造反，这个王朝也不会延续很长时间了。

洪承畴和孙传庭还未赶到京师，大学士孙承宗已在高阳战死，清兵连续攻破四十余城，到十二月已攻入山东。第二年正月，清兵攻破济南，还俘获了德王朱由枢等，三月才退回辽东。因辽东的战事紧急，洪承畴被改任蓟辽总督。这样一来，使李自成等农民军减少了一个劲敌。孙传庭被改任为保定总督，但因受到杨嗣昌的排挤，想见一下崇祯皇帝而不可得，便谎称耳聋，辞官不就。崇祯皇帝在杨嗣昌的怂恿下，下令将孙传庭逮系狱中，洪、孙"二人去，自成稍得安"①。

从各种有关的史书记载来看，在此后的大约两年时间里，李自成率领的这支农民军已经不是官府追剿的主要目标。有的官员甚至认为李自成已经死去。一直到崇祯十三年（1640）冬季，李自成率部进入河南，得到迅速发展，才又成为官军的劲敌。在此前的这两年间，官府主要对付的是张献忠、罗汝才等人。尽管当时绝大多数农民军已受抚，但李自成却始终不受抚，而是顽强坚持与官府周旋，表现得比其他农民军首领高出一筹。

李自成带领着少数亲信，先进入商洛山区。这是李自成起事以来最为困难的时期之一。他收集逃散的士兵，慢慢地积聚力量，尽量缩小目标，利用老百姓的掩护，在暗中逐步发展。在当时那种情况下，有些人对前途感到悲观，甚至发生动摇，李自成则对他们进行多方鼓励，增强他们的信心。在以后的征战中，他身边的这十几个亲信都表现得很坚定。从这一点可以看出，李自成已逐渐变成一个成熟的军事统帅。

李自成这时的力量很小，其部下大约不过 1000 人。人数虽少，但比较精干。当时主要活动于陕西、河南和湖北的交界山区。一些史书对李自成这段时间的活动几乎没什么记载。有的书中说，李自成在汉南山区"伏一年有余，不复出"。有的书则说，李自成在湖北郧阳一带"息马深山中"。这表明，李自成在这段时间的确很困难，人马不多。但他也有成功的一面，即有效地隐蔽了自

---

① 《明史》卷三〇九《李自成传》。

己，麻痹了官军，为日后再起赢得了时间和机会。

二、谷城会张献忠

在相当长的一段时间内，李自成和张献忠是两支力量最大的农民军首领。当李自成"息马深山"以后，在各支农民军中就以张献忠的力量为最大。

张献忠是陕西延安人，各种史书对其家世的记载皆不详，且多有歧异。《绥寇纪略》中说："张献忠，不知其所自起。"关于他的经历，书中记道："隶延安卫籍，固将家子。少时从军犯法，得总兵陈洪范救免，刻楠檀为（陈）洪范像事之。"根据这里的记载，张献忠也曾在明军中当过兵。至于说他是"将家子"，则不可靠。有的书说他的父亲做鞋卖，他的母亲织席卖；有的书中说他的父亲是个屠户，身份低贱，母亲死得早。大体可以断定，张献忠出身寒微，也像李自成那样曾短期当兵。由于总兵陈洪范曾经救过他，所以对陈洪范怀有旧恩。

张献忠和李自成大体同时起事，"阴谋多智"，在农民军中号称"八大王"。他自领一队，和高迎祥、李自成时分时合。崇祯四年（1631）时，他就曾受抚于三边总督洪承畴，不久复叛，和高迎祥、李自成等转战山西。后来，张献忠的力量壮大得较快，渐渐成为和李自成齐名的农民军首领。他"长身而瘦，面微黄，僄劲果决，军中号为黄虎"[1]。张献忠以阴狠残忍闻名，其中虽有封建文人故意夸大的成分，但也不全是空穴来风。与李自成相比，张献忠的性情显得比较粗鄙。有一次，当他要杀四川巡抚陈士奇时，忽然雷声大作，大雨倾盆，天气昏暗，张献忠竟对着天空诟骂："我杀人，何与天事？"并命部下用大炮朝天上轰击。[2]

张献忠性情粗俗，不喜文雅。当他称王以后，对部下的命令仍口授白话。其幕僚建议"宜少文"，但张献忠却说："武官只须白话。"他的文书大都是"委巷撩衣露丑语也，蜀人以为笑焉"。张献忠与人说话时往往自称"老子"。他到汉州时，许多老百姓"匍伏道左"来欢迎他。他很高兴，遂赏给这些百姓一人

---

① 吴伟业：《绥寇纪略》卷十。
②《明史》卷二六三《陈士奇传》。

一块元宝。当他回新都时，许多老百姓早早地来迎接他。这次他却发了怒："你们是想要老子的元宝吗？"[①]并折路旁树枝打这些人，居然当场打死了好几个。由此可以看出，张献忠是一个喜怒无常的人。在这些方面，张献忠显然不如李自成。

张献忠不喜欢奇珍异宝。当他后来攻破楚王府时，得到一支碧玉箫，长一尺九寸，堪称稀世之宝。但张献忠却不以为然，说竹箫就很好，这种用碧玉做的箫有什么好的！遂命部下将此箫打得粉碎。张献忠还经常流露出厌恶女人的情绪，认为"天下事皆妇人所坏"。不时有人向他进献漂亮女人，张献忠则往往借故将这些女人杀掉。张献忠在黄州时，放走那些老一些、丑一些的女人，特意留下长得漂亮而脚又小的女人，强迫她们去拆城。这些人平时没干过此类重活，以致许多人累倒在工地，手指磨得鲜血淋漓。城墙被拆掉后，张献忠又将这些女人杀死在城下。

张献忠之所以在谷城受抚，主要原因是在官军的压迫下处境困难。熊文灿实行"先抚后剿"政策，张献忠感到有机可乘。据《绥寇纪略》记载，张献忠部下的一个将领姓薛，韩城人，是内阁首辅薛国观的同乡，并且是薛国观侄辈中人。他"日夜说献忠，以约降取富贵"。他带着大量金银珠宝到京师活动，不仅时而出入薛国观府中，"且遍见诸权贵人"，向他们大量行贿，要他们为张献忠说好话。当时只有杨嗣昌没有接受这种贿赂，其余的关键人物基本上都接受了。外有熊文灿主抚，内有薛国观等人为他打掩护，张献忠感到"就抚也可以万全"。熊文灿更是公开向张献忠索贿，正像他在福建时向郑芝龙等人索贿一样。张献忠也尽可能满足他的求索。因此，尽管不少人说张献忠受抚是假，应及早将张献忠以武力铲除，但熊文灿一直不予采纳，反而为张献忠"请官、请饷、请关防，应之唯恐不满"。这使张献忠更加有恃无恐。

张献忠虽性情狠愎，但在谷城却不扰害百姓。他娶当地一个生员的妹妹为妻，将一个离谷城10里的驻兵处改名为太平镇，俨然以谷城为家，处处表现出和谷城老百姓同甘共苦的样子。张献忠的部下虽未解甲，但平时和谷城的老

[①] 吴伟业：《绥寇纪略》卷十。

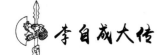

百姓错杂而居，耕田自给，和当地老百姓相处得颇为融洽。

李自成和张献忠都是陕北人，大体同时起事，时分时合。在高迎祥战死以后，李自成和张献忠就成了最出名的农民军领袖。李自成在潼关南原战败后，先逃入商洛山区躲避。当他得知张献忠在谷城受抚的情况后，就断定张献忠不是真心受抚，再加上过去长期共同作战的旧谊，所以李自成决心去谷城会见张献忠，以共谋以后的发展。

李自成由商洛山区进入汉南，而谷城也在汉水南岸。当年冬天李自成就到谷城会见了张献忠。至于李自成前去会见张献忠的目的，各种史书皆未明载。再加上他们二人是在极为隐秘的情况下会见的，外人无法知道详情。以理推之，李自成既然拒不受抚，自然就会鼓励张献忠再起，不要中了官府的圈套，而应奋起与官军对抗。即使一时达不到这个目的，李自成也希望从张献忠那里得到些资助，以便自己重整旗鼓。

尽管李自成和张献忠是在私下秘密会见的，但有的谷城人还是发现了。崇祯十一年（1638）十二月，李自成骑着一匹骡子，带领着几个亲信，从山间小道来到谷城，与张献忠相会。张献忠见李自成风尘仆仆地赶来，表现出颇为高兴的样子，设宴盛情招待。酒过数巡，张献忠拍着李自成的肩膀说："李兄何不从我降，而仆仆奔走乎？"李自成抬起头来，微笑着回答道："不可。"李自成在谷城住了几天，张献忠"资其衣马以去"①。有的书上则记得更详细，说张献忠送给李自成马、骡各 50 匹，另送一些衣甲。李自成道谢而别。

张献忠接待李自成是冒着很大风险的。这是因为，张献忠这时已受抚，还接受了官府委任的官职，而李自成则是官府费尽心机要捉拿的"贼首"。如果张献忠和官府一心，就应该趁机将李自成擒拿，交给官府。他非但没这样做，反而设宴招待，还资助李自成骡马衣甲，这岂不恰好证明他不是真心受抚吗？这件事果然被人发现，"谷（城）人皆以之尤（熊）文灿曰：'若果调度得宜，彼（指张献忠）且缚闯（指李自成）自效。取小利而失大贼，文灿之肉，其足

---

① 吴伟业：《绥寇纪略》卷十。

食乎！'"① 熊文灿从张献忠那里索贿很多，极力维护抚局。再加上朝中有杨嗣昌做他的后盾，所以熊文灿仍不为所动。

　　关于李自成离开谷城以后的行踪，各种史书记载甚少。有的书中说他又回到商洛山中，有的说他进入郧阳一带，后来进入四川，被官军"困于巴西鱼腹山中"。实际上，李自成这时的人马很少，倏来忽往，行踪诡秘，外人难以确知。大体说来，李自成这时活动在陕西、四川和湖广交界处的山区中，在慢慢地积聚力量。

---

① 吴伟业：《绥寇纪略》卷十。

第六章　挺进中原，攻占洛阳

　　崇祯十二年（1639）五月，张献忠于谷城复叛，曹操、罗汝才等部也纷起响应。这标志着一年多的抚局彻底破坏。李自成也趁机复起，经过一段时间的发展，打入河南。河南连年饥荒，哀鸿遍野，李自成的势力在这里得到了迅速的发展，很快发展到10余万众。李自成很快攻克了河南重镇洛阳，声威大振。

第一节 抚局破坏，纷乱再起

杨嗣昌制定了"十面张网"的策略后，向崇祯皇帝保证3个月"灭寇"。崇祯十一年（1638）三月，限期已过，但各地的农民军仍很活跃，杨嗣昌遂上疏自劾，说自己"奉职无状"，欲引罪，并推荐杨光忭以自代。崇祯皇帝不许，命他考察各地剿寇官员的功过。杨嗣昌与洪承畴不合，熊文灿是他本人所推荐，所以总是为熊文灿开脱，极力诋毁洪承畴，说他把农民军从陕西驱赶到外省。因此，他建议逮治洪承畴，但"因军民爱戴，请削官保、尚书，以侍郎行事"。洪的部下曹变蛟、左光先都被降五级使用，"限五月平贼，逾期并承畴逮治。"[①] 幸赖崇祯皇帝知道洪承畴是个知兵的人，才没有遭更大的祸。而受到杨嗣昌百般保护的熊文灿"实不知兵"。表面上看来，这些农民军首领一个接一个受抚，但他未看到日后的复叛。尤其是朝臣之间的相互倾轧、互不配合，更使抚局难以维持。

一、张献忠复叛

张献忠虽受抚，但对官府一直保持着很高的警惕。到崇祯十二年（1639）春天，张献忠和官府的关系已渐趋紧张。到五月间，张献忠即正式叛去，开始攻城略邑。促使张献忠下决心复叛的原因：一是官府对张献忠不放心，不少人主张趁机暗算他，逼迫他走上复叛的道路。二是张献中经过休整，羽毛渐丰，不愿一直受制于官府，而想成就一番大气候。三是清兵内犯，洪承畴、孙传庭等人北上勤王，从而大大减轻了官军对农民军的压力，张献忠感到有机可乘。

这年四月间，谷城知县阮之钿就看出张献忠有复叛的苗头，即劝张献忠不要起异心。张献忠不但不领情，反而"丑言詈骂"。阮之钿一面遣人向上密报，一面在墙壁上题写了绝命词："读尽圣贤书籍，成此浩然心性。勉哉杀身成仁，

---

① 《明史》卷二五二《杨嗣昌传》。

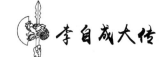

无负贤良方正。"他从此"不出视事"。①

其他的一些官员也看出张献忠有复叛之意，暗中建议朝廷早做防备。到四月底，杨嗣昌看到清兵都已退回辽东，便和熊文灿密谋，暗中调派官军向谷城周围集中，打算一举将张献忠除掉，以绝后患。为此，一些入援京师的官兵也奉调向谷城一带靠拢。这种动向张献忠自然会有觉察，于是便先发制人，再次叛去。

就张献忠自身的原因来看，他在谷城结交了一些谋士，也有一些方士。例如，谷城举人王秉真好为大言，被当地人称为"奇士"，成了张献忠的亲密幕僚，"出入军府无禁"。当地诸生徐以显向张献忠进《孙子兵法》，并帮助张献忠演练阵形，极受信任，被张献忠用为左丞相。监张献忠军的张大经身边有个"瞽者王又天，善星学"，也就是善于占卜。张献忠请他为自己占了一卦，王又天屏退别人，对他说："此贵不可言。"张献忠"辄心动"②，觉得自己命中注定要黄袍加身，这也助长了他复叛的决心。以前，学者们对这种心理上的作用注意不够，似乎这不合乎唯物的原则。实际上，古人的迷信心理很重，一旦他信上了某种所谓"天命"，就会对他一生的行为产生极为深刻的影响。另外，谷城举人王秉真和诸生徐以显这时都成了张献忠的谋士，都想借重张献忠以成就一番轰轰烈烈的事业。在中国历史上，失意文人助草莽英雄割地称雄的事屡有发生。他们的怂恿也坚定了张献忠复叛的决心。

崇祯十二年（1639）五月六日，张献忠正式举兵复叛，"刦库放囚"。谷城知县阮之钿饮鸩自杀未绝，张献忠的部下向他索印，他摇手不给，"旁两贼挥刀刃之"。陈洪范派驻谷城的两个将领，本负有监视张献忠的责任，后来却和张献忠打得火热，这时也被"胁之去"。③

张献忠虽然生性狠戾，但他在谷城住的时间比较长，为了笼络当地人心，不像在外地那样劫掠和屠戮。他这次复叛"亦不甚残杀"。他只是在墙壁上写了一些话，"自己之叛，总理（熊文灿）使然"，并在各个官员名字下面写上某

① 吴伟业：《绥寇纪略》卷六。
② 吴伟业：《绥寇纪略》卷六。
③ 吴伟业：《绥寇纪略》卷六。

月某日索取贿赂多少，其中有一人特别引人注意："襄阳道王瑞族，不受献忠钱者，此一人耳。"[1] 这对明末贪贿的官场真是绝妙的讽刺。明末吏治的腐败由此可见一斑。

张献忠复叛后，马上就西进房县。这既可以避开官军的围剿，又可以鼓励在房县的罗汝才一起举事。房县知县郝景春一面收民固守，一面火速向襄阳报告，请求援兵。五月底，张献忠攻破了房县，郝景春被杀，驻房县的罗汝才随即率众反叛。

张献忠和罗汝才是农民军中较强的两支。他们的复叛对各地受抚的农民军首领产生了很大的震动，有的跟着举事，有的惴惴不安地在观望，等待时机，有的则请求"禁讹言，分逆顺"，向官府申述自己受抚的决心。例如在均州的五营首领就一起商议何去何从，王光恩对惠登相等四人说："大丈夫当各立门户，今献忠反，吾辈亦反，是出其裤下，吾不为也。"[2] 他们五人还当场歃血定盟，并上书熊文灿，表明决不随张献忠复叛的决心。后来的实际情况表明，小秦王王光恩确实表现得很坚决，不仅没有再叛，而且协助官军镇压农民军，颇多战功。其余的四个人中，惠登相因与左良玉有旧，叛降后一直未再叛，另外三个人都陆续叛去。

张献忠的复叛就等于宣告熊文灿招抚政策破产。此事如处置不好，随时都有掉脑袋的可能。于是，他一面派人到朝中疏通关节，一面急调左良玉率兵进剿。左良玉知道房县、谷城一带山路险阻，补给困难，而张献忠和罗汝才在当地时间久，情况熟悉，自己难以取胜，所以极力借故拖延。但熊文灿一再严令进兵，否则军法从事。左良玉只得硬着头皮，冒着酷暑向房县一带进军。他让副将罗岱打先锋，自己跟在后面。他们从襄阳急行军10余天，赶到距房县约80里的罗猴山，马上被埋伏在那里的农民军包围。官军这时跑得人困马乏，突然遇伏，马上乱作一团。罗岱左冲右突，马被射死，遂弃马登山，最后矢尽被俘杀。左良玉拼死突围，大败而回，"军符印信尽失，弃军资千余万，士卒死

---

① 吴伟业：《绥寇纪略》卷十。
② 彭孙贻：《平寇志》卷三。

者万人"。为此，左良玉被降职三级。① 这是张献忠复叛后打的第一个大胜仗。

崇祯皇帝得知张献忠等人复叛后，极为震怒，连熊文灿所托的官员也不敢为他辩解。崇祯皇帝立命尽削熊文灿所领官职，戴罪自赎，并令各督抚协力进剿，限令于十二月以前成功，否则一体惩处。

李自成得知张献忠等首领复叛后，也加紧行动起来。

二、熊文灿下狱

张献忠于崇祯十二年（1639）五月复叛，七月大败左良玉于罗猴山。崇祯皇帝原指望熊文灿能彻底消除农民军这个心腹大患，所以增兵增饷，几乎动用了全国的人力和物力，结果竟是如此糟糕，其懊恼可想而知。于是，崇祯皇帝于九月下令逮系熊文灿，到下年十月将其斩首。这标志着两年多来对农民军的镇压又以失败告终。

熊文灿这次督师的指导思想是"先抚后剿"。实际上，剿和抚在本质上是一回事，都是为了要把这场大规模的农民起义镇压下去。如果这两手策略能配合运用得好，明廷或许能够达到目的。但在当时那种情况下，明廷上下已腐败不堪，朋党林立，互相拆台，更谈不上主动有效的配合。全国老百姓已对明廷完全丧失了信心，所以无论是剿还是抚，都不能奏效。

熊文灿对受抚农民军的处置与杨鹤的做法不同。杨鹤是将受抚的农民军遣返回原籍，而熊文灿则就地安插。这大概是接受了杨鹤失败的教训，同时也是接受了工科给事中刘曰俊的建议。刘曰俊曾上疏说："招安之失策，乃'回原籍'三字误之。"刘曰俊是陕西人，对以前将受抚的农民军遣回原籍的情况很熟悉。他说，对那些回原籍的农民军来说，原籍老百姓不是因为害怕而不敢与他们一起居住，就是羞于和他们为邻。他们回原籍不久就感到后悔，于是又重新投入农民军中。他在奏疏中写道："臣在里中，亲见蝎子块、面讯诸贼情状，开口便以难回原籍为辞，惟愿在军前立功。"他建议："另设一法，以贼攻

---

①《明史》卷二七三《左良玉传》。

贼，以贼招贼，推诚感格，收拾解散之为便。"①张献忠、罗汝才等受抚后，未让他们回原籍，而是安插在谷城、房县一带。这与刘曰俊的建议是一致的。在当时，这种做法也确实收到了一些成效。例如刘国能、李万庆、王光恩等人，受抚后随官军转战，不仅未再叛，而且还成了镇压农民军的悍将。但从全局来看，熊文灿终归是失败了。其关键并不是在于让受抚的农民军回原籍还是不回原籍，而在于官军有没有强大的战斗力。明朝政治的腐败自然要影响到军队。一旦军队丧失了战斗力，无论是剿是抚，是回原籍还是不回原籍，到头来都逃不掉失败的命运。

其实，熊文灿也知道这种招抚政策所蕴藏的危险，只是因为久剿无功，不得不对农民军尽力招抚。他也并不是一味主抚，而是剿抚并用，在具体策略的运用上则是"先抚后剿"。他也不敢贸然以招抚了多少农民军来邀功。例如，崇祯十二年（1639）年初，河南有"三十余万"造反的农民军求抚，"跪求安插"。熊文灿打算上疏请功，以前曾任过兵部尚书的吕维祺对他说，使那么多人"倏然归化，功高社稷矣"。但是，能够使他们"卖刀买犊，不带刃，不团聚，不焚劫乎"？熊文灿说："未能！"吕维祺又问，能保证这些人以后不再起事吗？熊文灿也说不能。吕维祺接着说，靠什么来招抚他们呢？一旦以后他们再起事，"谁实其祸？"也就是说，谁来承担这个责任呢？熊文灿立即醒悟，"遂止前疏"，不敢以此向朝廷邀功。②熊文灿也想将农民军一举剿除，只是官军没有这种力量，所以他这位前线总理大臣终究逃不掉失败的下场。

当张献忠复叛以后，抚局大坏，熊文灿感到事态严重，便急向崇祯皇帝上了一道密疏，极力为自己开脱。兵科给事中张缙彦上疏反驳道："张献忠包藏祸心，无愚智皆知之。"而熊文灿被张献忠欺骗愚弄，整日为他请饷请官级，而对张献忠的种种恶迹则巧言掩饰。有人发现了张献忠将要复叛的迹象，熊文灿则极力压制，不许上闻。今张献忠已复叛，熊文灿不是赶快调兵追捕，而是上密疏为自己开脱，指责朝中大臣"任事不力"，真可谓"恢饰不伦，欺蒙已

① 吴伟业：《绥寇纪略》卷五。
② 郑廉：《豫变纪略》卷三。

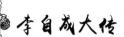

甚"。崇祯皇帝十分生气，立命"尽削文灿所领官，冠带办贼自赎"①。崇祯皇帝之所以没有立即将熊文灿逮治下狱，也是因有杨嗣昌的掩护。杨嗣昌希望熊文灿能利用这个机会立功赎罪，以改命重臣牵扯到兵饷诸事为由，建议稍宽时日。3个月后，局势更坏，崇祯皇帝遂将熊文灿逮系狱中，第二年将其处死。杨嗣昌深知自己也有责任，便主动请缨，要亲自上前线去镇压农民军。

三、李自成再起

当张献忠和罗汝才相继复叛时，李自成正潜伏在湖广西北部的郧阳山区，离张献忠、罗汝才不是很远。当时他身边的人员较少，虽始终未受抚，但在那种困境下心情一度很沮丧，整天东躲西藏，难以有较大的发展。举目四望，农民军首领大都受抚，没有公开受抚的也是他这种样子，躲藏在深山老林中，不敢贸然行动，生怕引起官军的注意。当听到张献忠和罗汝才复起后，李自成十分振奋，感到又有了希望，遂马上召集部下，准备再起。《明史》上记道："（崇祯）十二年夏，献忠反谷城。自成大喜，出收众，众复大集。"②虽说"大集"，从李自成当时的实际情况来看，人数并不多，难以独立与官军作战。因此，李自成打算和张献忠、罗汝才合兵一处，共同对抗官军。

这时，张献忠和罗汝才正率众向竹山县进击。郧阳距房山、竹山等地不远，李自成很快就赶来竹山与张、罗会合。在门户众多的明末农民军中，李、张、罗三部是比较强的三支，他们三家合兵一处，自然就大大地提高了农民军的声威。随后，他们一举攻占了竹山县城，并继续西进，向竹溪县进击。八月中旬，三部奋力合攻竹溪县城，知县李孔效率众死守。城内只有300名官兵，力量单薄，形势危急。李孔效派人向驻在白士关的左良玉求援。左良玉看到农民军兵锋正盛，那里的地形又特别复杂，为了保存实力，未敢轻动。八月十九日竹溪县城被攻破，知县李孔效被杀。

李自成和张献忠、罗汝才联合作战，但他们三人都互不从属，而是都保持

---

① 吴伟业：《绥寇纪略》卷六。
②《明史》卷三〇九《李自成传》。

着相对的独立性。当时，在三人中以李自成的兵马最少、力量最弱。二竹之战后，张献忠率领部下向西转移，沿陕西和四川的交界地区进入四川。罗汝才和李自成则向南转移，到达长江北岸的兴山一带。崇祯十二年（1639）年底，在距兴山约40里处的香油坪进行了一场规模较大的战役，史称"香油坪之役"。

当明廷得知罗汝才等六营进入兴山后，急命湖广巡抚方孔昭进剿。方孔昭命杨世恩、罗安邦分两路进击，约定于马良坪会合。二人会合后进剿，连战皆有小胜。罗汝才也是颇有谋略的农民军领袖，边战边退，将官军引入包围圈中，于羊角山下的香油坪一举将官军击溃。这次战役以罗汝才为主，李自成只是协助作战。当时李自成的力量较小，身边只有千余人。正因如此，所以许多史书未记李自成参加这次战役。从有关材料可以看出，在香油坪之役中的确有李自成参加。杨嗣昌在奏疏中写道："只因死贼多股：曹操（罗汝才）、整十万、过天星、关索、老八队、新天王，众贼数万，将官军吃水断绝……三军无水心慌"，结果被"尽皆打死"。[①] 这里的"老八队"就是指的李自成。杨嗣昌在此后不久颁给罗汝才《谕贴》，许罗汝才受抚，但是，"闻八队是闯将李自成。此人在内，决（招）安不成"。因为李自成历来反对受抚，所以杨嗣昌对李自成特别留意。这同时也表明，当时李自成和罗汝才的确在协同作战，在香油坪之役中有李自成参加。此战之后，他们便向四川转移。

当李、张、罗三部分头西进时，三边总督郑崇俭急忙率领贺人龙、汪云凤等将领扼守陕南诸要道，以阻农民军入陕。四川巡抚傅宗龙也接到命令，急忙提兵前来协剿。李自成的人马新集，又不多，连连失败，部下散亡大半。他率领余部突入四川，又遭到川兵的堵截追杀。当他进入"巴西鱼腹诸山中"时，身边只有数十人。这次出师是如此不利，对李自成的打击十分沉重。在这次复起之前，有半年多的时间看不到李自成的动静，有的人甚至认为李自成已经死去。这次复起又暴露了目标，引起官军的注意。他虽躲在深山老林中，但官军已紧紧盯上了他，将这一带紧紧包围，使李自成难以逃脱。

当时，官军的主要目标是张献忠。这不仅因为张献忠的人马较多，力量较

---

① 杨嗣昌：《杨文弱先生集》卷三十八《楚兵大挫具实上闻疏》。

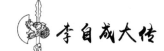

大，而且因为张献忠的复叛使得局面大坏，崇祯皇帝和杨嗣昌都想一下子将张献忠除掉。为了集中力量对付张献忠，杨嗣昌暗中派人与罗汝才联系，许其受抚。罗汝才为了自保，也表示愿意受抚。李自成发现罗汝才和官军暗中联络，担心自己受到暗算，便率领自己的部下沿长江北岸西行，躲避在"巴西鱼腹诸山中"。自崇祯十三年（1640）一月至四月间，李自成一直在这里躲避，即各种史书上常说的"鱼腹山受困"的一个很困难的时期。

这里所说的"巴西"，不是指四川西北部与甘肃临界的巴西县，而是指巴东县（今属湖北）以西，大体在今天重庆市奉节县一带。[1] 著名的白帝城就在这里，而白帝城古称鱼腹。所谓"鱼腹诸山"，是指这个地区的诸山，而不是指一座山，实际上全国各地也没有一座叫作"鱼腹"的山。

李自成连遭失败，在巴西鱼腹诸山中的处境又那么艰难，部下也人心不稳，有的则偷偷跑掉，这使李自成的心情越来越沉重。随着形势越来越恶化，李自成对前途也感到有些绝望。他手下的勇将刘宗敏这时也主张向官军投降。李自成鉴于农民军首领时降时叛的教训，张献忠等人又新叛不久，自己即使投降了官军，也绝不会有好下场。更何况他一直是官军围剿的主要目标，现在势穷而降，想得到张献忠那样的待遇都不可得，而几乎肯定要被杀掉。因此，对李自成来说，投降官军这条路是绝不能走的。他几次想自杀，都被他的侄子李过劝阻。有一天，李自成和刘宗敏一起到一座庙中，叹气道："人言我当为天子，盍卜之？不吉，断我头以降。"刘宗敏点头答应。结果却"三卜三吉"，这真使二人大喜望外。这等于告诉刘宗敏，不要看现在潦倒不堪，李自成日后肯定要当皇帝。这使二人大为振奋。刘宗敏回去以后，"杀其二妻，谓自成曰：'吾死从君矣！'军中壮士闻之，亦多杀妻子以从者。"[2]

对李自成和他部下的人来说，这次占卜简直就是一副兴奋剂，失败绝望的情绪一扫而光。刘宗敏等人杀妻子以从，表明了誓死不变的决心。大家齐心协力，扩充队伍，终于摆脱官军，于崇祯十三年（1640）四月下旬进入湖北房县

---

① 参见柳义南：《李自成纪年附考》崇祯十三年，《关于自成之困于鱼腹山问题》。
② 《明史》卷三〇九《李自成传》。

一带。张献忠一直在这一带活动，李自成便向张献忠靠近。当时张献忠屡为官军所败，力量大损。五月下旬，李自成和张献忠相会于房县南边的上龛。至于他们如何商议以后的行动计划，今已难详考。杨嗣昌急命左良玉督军进剿，信中说："现在上龛、长荒止有闯、献二贼，分之合之不过精兵千计。大将军或选骑兵一二千，亦可直前突剿。"① 可见李自成和张献忠当时的力量都损失很大。左良玉命降将刘士杰、马进忠率兵进击，在上龛附近的胡其里将李自成击败。反正李自成这时的人马不多，行动比较方便，他看到自己的目标已经暴露，便于七月间悄悄地进入陕西。他后来由陕西突入河南，力量得到迅速壮大和发展。

四、杨嗣昌督师

熊文灿是杨嗣昌推荐的，几乎竭天下之兵力和财力，力图一举"平贼"，结果却造成了这么一个烂摊子。熊文灿固然罪责难逃，杨嗣昌也难辞其咎。他和熊文灿上任初期，农民军首领纷纷受抚，一切似乎进展得颇为顺利。为此，崇祯十一年（1638）六月，杨嗣昌升任礼部尚书兼东阁大学士，入参机务，仍掌兵部事。这时张献忠和李自成等人复起的消息接踵而来，杨嗣昌身不自安，便主动上疏请罪，并表示愿亲去督师。崇祯皇帝自然很高兴，马上批准了他的请求。

这时的明王朝已大有风雨飘摇之势。清兵内犯，刚刚撤去，张献忠、李自成等部又起，这使崇祯皇帝十分烦恼。他对杨嗣昌亲去督师抱有很大的期望，除对杨嗣昌本人大量赏赐外，还明令杨嗣昌佩以"督师辅臣"银印，拨剿饷粮50万两，赐尚方宝剑，可便宜从事。杨嗣昌所提的事几乎无不应允。尤其破例的是，崇祯皇帝还亲自赐宴，亲自为杨斟酒三杯。更使杨嗣昌感激涕零的是，皇帝还亲赐御制诗一章：

> 盐梅今暂作干城，上将威严细柳营。
>
> 一扫寇氛从此靖，还期教养遂民生。

---

① 杨嗣昌：《杨文弱先生集》卷五十《与平贼左将军良玉》。

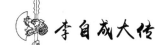

盐咸梅酸，都是调味品。这里用"盐梅"来比喻国家不可缺少之人。西汉名将周亚夫曾驻军细柳（在今陕西咸阳附近），治军严整，受到文帝的称赞。崇祯皇帝希望杨嗣昌能成为像周亚夫那样的名将。杨嗣昌接过诗章"跪诵，拜且泣"[①]。这种礼遇真可谓无以复加了。九月初，杨嗣昌谢恩出朝，大有"壮士一去不复还"之概。

杨嗣昌这次出京督师，主要打击目标是张献忠，李自成还在其次。按照崇祯皇帝的"密谕"，张献忠曾毁凤阳祖陵，必不可赦，其余的农民军首领应剿应抚，由杨嗣昌相机行事。至于说张献忠"曾惊祖陵"，那已是数年前的事，后来还是允许他受抚了。这次之所以不再许张献忠受抚，一定要把他除掉，主要是因为他带头破坏了抚局，重新燃起了遍地烽火。另外，这时在各部农民军当中，张献忠的力量也最强，李自成虽已起事，但人马很少，去向不明，影响不大，所以张献忠自然就成了打击的主要目标。

杨嗣昌九月底到达襄阳，按照崇祯皇帝的旨意，马上将熊文灿送京师，第二年处死弃市。襄阳是围剿农民军的前方基地，杨嗣昌到达后进一步加强了这里的防御。周围挖壕沟三道，上设可随时启闭的吊桥。每一城门设一副将驻守，查验文书行人。按照杨嗣昌的建议，任命左良玉为大将，挂"平贼将军"印，有指挥其他总兵官的权力。左良玉正为丢失官印而苦恼，这一来好了，有了权力更大的官印，什么问题都解决了。

左良玉本来就飞扬跋扈，经常不服调遣，拥兵自重，这时却被破格提拔，这是他始料不及的。实际上，左良玉在明军众将领中还是比较能打仗的，实力也比较强，声望也比较高。杨嗣昌虽然位高权重，但并没有亲临战阵，基本上是个文官，他需要一个左良玉这样的武将做他的助手。左良玉对这种提升可谓感激涕零，决心要大干一场，以感恩图报。

杨嗣昌还张榜通衢，悬赏捉拿张献忠，为了引人注意，上面还有他的一首《西江月》词：

---

① 《明史》卷二五二《杨嗣昌传》。

不作安安饿莩，效尤奋臂螳螂。

往来楚蜀肆猖狂，弄兵潢池无状。

云屯雨骤师集，蛇豕奔突何藏？

许尔军民绑来降，爵赏酬功上上。

榜的末尾所署的赏格是："能擒张献忠者，赏万金，爵通侯。"张献忠见到后，也针锋相对地贴出榜文，其赏格是："有获嗣昌者，赏银三钱。"[①]杨嗣昌起初对自己的榜文十分得意，当得知张献忠的榜文后大为懊恼，似乎自己的人头还不如张献忠的值钱。

张献忠得知杨嗣昌亲临督师，预感到将有一连串的恶战。为了避开官军的锋芒，他便向西撤去，转到四川和陕西交界地区。杨嗣昌命令左良玉将主力驻于兴安，另派三千偏师入蜀追剿。左良玉不服从这个命令，认为现在"兵力已薄，兵合则强，分则弱，……今当出其不意疾攻之。"杨嗣昌虽老大的不高兴，但也无可奈何，只是把左良玉的意见报告朝廷，实际上带有打了败仗也可推卸罪责的意思。

崇祯十三年（1640）二月七日，张献忠与左良玉所统官军在四川太平县（今四川省万源市）遭遇。张献忠先占据了玛瑙山，据险固守。左良玉督众猛攻，张献忠大败，"追奔四十里"，农民军死伤近4000人，张献忠部下的16个首领被杀，其妻敖氏、妾高氏等家属七口人都被官军俘获。过天星惠登相也投降了左良玉，成了其手下的得力干将。左良玉在这一仗中立了大功，被加官太子太保。

玛瑙山之战后，张献忠的精锐损失殆尽，处境十分险恶。如果左良玉乘胜紧追不舍，张献忠这支农民军很可能被彻底消灭。但是，他与杨嗣昌的不和使他放松了对张献忠的追击，甚至明追暗纵。原来，左良玉挂平贼将军印后，经常不听从杨嗣昌的节制。杨嗣昌私下许诺贺人龙，由他代左良玉为平贼将军。玛瑙山之战中左有大功，杨嗣昌要贺人龙还要等一等。贺人龙大为不满，就把这件事告诉了左良玉。这使左良玉也暗自怀恨，不再肯卖死力。张献忠余部也

---

① 李馥荣：《滟滪囊》卷一。

巧妙地利用了这种矛盾，他派亲信带着珠宝向左良玉行贿，并说："献忠在，故公见重。公所部所杀掠，而阁部（杨嗣昌）猜且夺。无献忠，则公灭不久矣。"左良玉为之"心动，纵之去"。张献忠逃向四川巴州一带。杨嗣昌命贺人龙部急追，"人龙兵噪而西归。召良玉兵合击，九檄皆不至"①。这使张献忠从容地得以逃脱。左良玉和贺人龙是杨嗣昌所依靠的两支主要力量，二人都如此互相猜忌，不服调遣，杨嗣昌就很为难了。这也为杨嗣昌这次督师埋下了祸根。

在杨嗣昌督师之初，确实一连打了几个大胜仗，颇有斩获。这时他也颇为得意，认为剿除张献忠已指日可待。但因他与左良玉、贺人龙等主要将领之间的矛盾日益激化，调度越来越不灵，致使官军无法齐心协力地围剿农民军，因而一再坐失良机。杨嗣昌命左良玉乘胜追击，左良玉却"高卧竹溪，屡檄不动"。杨嗣昌虽一再亲笔致信左良玉，晓以利害，要他万不可错过良机，左良玉却不为所动。玛瑙山之战就是他左良玉违抗杨嗣昌的命令而取胜的，更使他不把杨嗣昌的命令放在眼里。这使张献忠得到喘息之机，不久便从四川抄小道辗转回到湖广的房山一带。

崇祯十三年（1640）七月，罗汝才在被官军击败后和张献忠合兵一处。这时，杨嗣昌调各路官军向房县一带集结，张、罗遂决定再入四川。他们于九月间入川后，杨嗣昌亲自赴川督师。但是，官军却在剑州、梓潼接连大败，使杨嗣昌不得不向崇祯皇帝上疏请罪。杨嗣昌把失败的责任推在川军的"不足恃"，疏于防范，再就是陕西兵的"噪而西归"。为此，四川巡抚邵捷春被处死弃市，此职由监军道廖大亨接任。驻守陕西的三边总督郑崇俭也受牵连被革职，由丁启睿继任。实际上，这些人都是杨嗣昌督师失败的替罪羊。左良玉不服调遣，拥兵自重，杨嗣昌对他无可奈何，其他将领也有意仿效，致使官军已组织不起有力的追剿。

崇祯十三年（1640）冬季，张、罗二部采取"以走致敌"的战术，几乎是牵着官军的鼻子跑，接连攻克了四川的许多州县。他们在四川腹地转战了4个多月，全蜀震动。当时流行在农民军中的一首歌谣说："前有邵巡抚，常来团

---

① 《明史》卷二七三《左良玉传》。

转舞；后有廖参军，不战随我行；好个杨阁部，离我三天路。"① 从这歌谣可以看出，农民军处于低潮时的那种失败主义情绪已一扫而光，而代之以一种乐观胜利的情绪。在四川转战的 4 个月中，张、罗二部的力量都得到迅速壮大。于是，他们便准备打出四川，进军湖广，重新开辟自己的新天地。

第二节　李自成在河南大发展

崇祯十三年（1640）秋天，李自成从巴西鱼腹诸山中突围而出，进入陕南。当年冬季，李自成率部挺进中原，在河南得到迅速壮大，很快聚众至 10 余万。这时河南连年灾荒，官府加征剿饷外又加征练饷，更导致民不聊生。他们纷纷加入农民军，使李自成的力量得到空前的大发展。尤其是牛金星、李岩等知识分子的加入，使李自成的举措更富有策略性。

一、灾年加征，民不聊生

以前，人们一提到李自成大起义，马上就和崇祯年间的灾荒联系在一起。实际上，崇祯年间虽然有灾荒，但并不像某些史书上说的那么严重。更何况，崇祯皇帝在位 17 年，不可能年年都闹大灾荒，但饥荒却年年有，造反的农民年年增加。究其原因，主要是由于对农民无休止的搜刮所致。崇祯皇帝向农民加征辽饷、剿饷、练饷，合称"三饷"，使民穷财尽，逼迫老百姓铤而走险，揭竿而起，造反的规模越来越大。

这里有必要将崇祯皇帝加征"三饷"的大体情况概述一下。自万历初年张居正推行"一条鞭法"以来，民田一般每亩税银三分，不得另外加征。崇祯皇帝即位不久，就责户部措办边饷无术，户部侍郎王家祯为此引罪。户科给事中随后上疏，列举历代边饷情况：明中期以前，边饷大体只用 49 万余两，万历时增至 285 万余两，天启时增至 353 万余两。"今出数共五百余万，而岁入不过三百二三十万。"即按数征足，尚入不敷出，而实际上有许多"逋负"，即未

---

① 李馥荣：《滟滪囊》卷一。

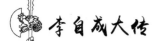

征收上来的赋税，"实计岁入仅二百万耳"①。时在崇祯元年（1628），收入和支出相差已如此之大，边饷自然不足。究其原因，则是因为边饷开支过大。这些负担归根结底还是要落到农民头上，其手段就是加征。

加征不始于崇祯时，而以崇祯时为最烈。嘉靖时因延续多年的倭寇问题，始行加征，时称"提编"。万历时因援助朝鲜抗击倭寇，明廷又对农民进行第二次加派。万历末年，因辽东兵事紧急，连续加征三次，每亩加征九厘，"凡五百二十万有奇，遂为定额"②。此项加征称之为"辽饷"。这种加征已使老百姓不胜其苦，而崇祯时的加征则把老百姓逼上了绝路。

崇祯时辽东的战事更加危急，为解决军饷问题，便又加征辽饷。崇祯三年（1630），兵部尚书梁廷栋上疏，"请于九厘外复加三厘"③。于是，在原加征辽饷520万余两的基础上，又加征了140余万两，统称之为辽饷。

崇祯十年（1637），面对李自成等农民起义军的声势日益浩大，兵部尚书杨嗣昌请增兵12万，增饷280万两。崇祯皇帝遂降旨："流寇蔓延，生民涂炭，不集兵无以平寇，不增饷无以饱兵。勉从廷议，暂累吾民一年，除此腹心大患。"④这次加征称之为"剿饷"，意即为剿除农民起义军而加征的饷银。又因这次是按赋额加征，即原赋额每两银再加3分，故也称"均输"。因原赋是按亩征收，所以这次加征和原来按亩加征没什么明显的区别。这次加征额为200万两，征收额比亩加三厘的数额还多。

加征剿饷原定为1年。但是，这次加征的饷钱很快用完，而农民起义军并没有被剿灭。崇祯皇帝想减半征收，但督饷侍郎张伯鲸请予全征。崇祯皇帝也就不管失信于民还是不失信于民了，剿饷的加征遂成定额。

崇祯十二年（1639）又开始加征练饷。因上年清兵内犯，"京师戒严"，兵部尚书杨嗣昌建议："益兵七十三万有奇"，为练兵加征练饷。崇祯皇帝因剿饷已延期，实际上已失信于民，对再加征练饷颇感为难，犹豫不决。杨嗣昌进言

---

① 谷应泰：《明史纪事本末》卷七十二。
②《明史》卷二二〇《李汝华传》。
③《明史》卷二五七《梁廷栋传》。
④《明史》卷二五二《杨嗣昌传》。

道："无伤也，加赋出于土田，土田尽归有力家。百亩征银三四钱，稍抑兼并耳。"当时崇祯皇帝正倚重杨嗣昌，其他人不敢拦阻，大学士薛国观还随声附和，大力支持。于是又加征练饷730万两。至此，除加征辽饷外，"复增剿饷、练饷，先后增赋千六百七十余万。民不聊生，更起为盗矣"①。

问题的严重性在于，这种敲骨吸髓式的加征不是一年而止，而是一开征就没有止息。辽东战事未平，李自成等农民军也日益壮大，"三饷"也随之加征不已。崇祯时曾任刑部员外郎的钱肃乐曾说过：

> 往者，辽事起而有辽饷。诏书有言，暂累吾民一年，已而为定额矣；及剿寇而有剿饷，诏书如前，已而复为定额矣；杨嗣昌请抽练九边之兵，以制房灭寇，诏书复如前，已而复为定额矣。②

杨嗣昌关于加征主要征之"有力之家"之说，颇为迷惑人。这也是促使崇祯皇帝下决心加征练饷的重要理由。实际上，稍有点历史知识和社会经验的人都知道，这只是表面现象。加征的重负主要还是由普通农民承担，"有力之家"会千方百计将负担转嫁到农民头上。

崇祯皇帝所谓"暂累吾民一年"，只不过是空话，实际上是一年一年又一年，而且加征的数额越来越大。崇祯皇帝表面上装出同情老百姓的样子，说几句体恤老百姓的话，这只是装装样子而已，而落在老百姓头上的负担却是实实在在的。这实际上是挖肉补疮、自取灭亡的政策，是在逼迫老百姓造反。对这种严重后果，当时不少大臣都向崇祯皇帝陈述过，但崇祯皇帝却执迷不悟，自以为老百姓可以任他奴役和搜刮，至多在诏书中说几句同情老百姓的话，以为这就可以消除老百姓胸中的怒气。他不知道载舟之水也可以覆舟。对此，一些有远见的大臣都感到十分痛心，言辞也颇为激切。例如，御史吴允中在崇祯八年（1635）就在奏疏中说道：

---

① 《明史》卷二五二《杨嗣昌传》。
② 董琅辑：《甬东正气集》卷一，钱肃乐《论恢复疏》。

自有辽事以来，取于民者已溢于制。且魏忠贤之搜刮，已为无所不至。至于今日，正皮肉都尽之时，不惟加派不可行，即催科亦当从缓……设民穷财尽，外敌未宁，内盗蜂起，何以处之? 莫若苏息民力，团结人心，以为长治久安之计。[①]

这还是在只加征辽饷之时，当不久"三饷"并征之时，老百姓的"皮肉"岂不更要被刮得一干二净吗? 当时老百姓困顿已极，面对各种加征，实在无力承担。加征之令下，各地方官不敢怠慢，都以催科为能。谁能将加征的饷额及时交足，谁就是能干的官员。一些较为体恤老百姓苦难的官员，不忍心百般催索，不能如期如数交足，反而获罪，甚至因此而被惩治。这正像刘宗周在重被召用后的"谢恩疏"中所说："有司以剥克为循良，而抚字之政绝; 上司以催征为考课，而黜陟之法亡。"久而久之，那些忍心残酷敲剥老百姓的酷吏就越来越多，老百姓的苦难自然越来越深。

有的较体恤民情的地方官深明此弊，上疏切谏，请稍宽征敛。例如河南府推官汤开远就上疏说："今诸臣怵于参罚之严，一切加派，带征余征，行无民矣。民穷则易于为乱。皇上宽一分在臣子，即宽一分在民生。如此，则诸臣可幸无罪。"但崇祯皇帝关心的是边事，对这类体恤民情的话一概听不进去。

此后，催征饷银就成了考核官员的重要一项。于是，那些不忍心严加催征的官员就不妙了。"户部尚书毕自严下狱，熊开元、郑友玄俱谪"，其罪名都是催饷不力。"自是考选将及，先核税粮，不问抚字，专于催科。此法制一变也。"[②]以催科作为考核官员的主要标准，真可谓"苛政猛于虎"了。

二、三分天灾，七分人祸

崇祯年间"三饷"并征，农民负担之沉重在历史上是极其少见的。实际上，

---

① 孙承泽:《春明梦余录》卷三十六。
② 谷应泰:《明史纪事本末》卷七十二。

农民所承担的还不止这些表面上的数字，因为还有许多额外苛征。这正如吏科给事中刘汉儒所言："自发难以来，征派无虚日。最苦者莫如招买豆料，给价常少，给价常迟。是名招买，而实加派也。"① 如果说这种"招买"还多少付给点报酬的话，那么，在外流动作战的将领随意向地方私派，则是分文不付的。由于崇祯时战事频繁，这类私派给老百姓造成的苦难也特别沉重。"正派"本已很多，而"私派多于正赋"，老百姓何以活命！给事中孙承泽奏道："大江以外，几无宁宇。人不归咎于天行之灾沴，而归咎于部派之繁重。"② 这真是一语破的：当时天下残破，主要不是因为天灾，而是人祸。他只是未将这种人祸归于崇祯皇帝本人而已。天下残破的最主要标志自然就是李自成等的大起义了。

正赋外有加征，明征以外还有私派，而害民者还有所谓"火耗"。它的本义是指铸钱时的损耗。明后期的正赋折银交纳时，按数交足还不够，还必须附带多交一部分，理由是以备熔铸时的损失。这在当时几乎成为通例，而这部分的伸缩性很大。如遇上个不那么贪墨的好官，火耗就少些，如遇上欲壑难填的贪官，这部分火耗就会变得很大，成为农民一项额外的沉重负担。事实上是贪官多、好官少，所以老百姓的负担就变得十分沉重了。这正如刘宗周所说："今吏治之败，无如催科火耗。"这说出了当时一个很普遍的重大弊政。

另外，明后期皇族人口急剧增加。这些人不务士、农、工、商，且享有很大特权。这些人在各地作威作福，疯狂地搜刮老百姓，也成为老百姓一项沉重的负担。至于明皇族人数，明初未有明确记载，正德时据谱牒所载为十万人。据《明实录》记载，在万历二十三年（1595）时为十五万七千人，而到万历四十年（1612）却突然超过了"六十万"。③ 从这个数字看，人口增加得似乎太快了些。崇祯时的皇族人口也没有确切记载，但从各方面的资料综合估算，总数当不下三四十万。这是一支寄生虫大军，仅明文规定的禄米供应就使得明廷难以应付。问题尚不止此，他们还不时向朝廷提出一些额外要求，或向当地人民肆意勒索。明廷为了转嫁负担，对这些皇子皇孙的勒索行为也就默认了。他

---

① 《崇祯实录》卷一。
② 孙承泽：《春明梦余录》卷三十六。
③ 《明神宗实录》卷四九二。

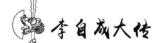

们凭仗权势，要挟地方，勒索百姓，也大大增加了老百姓的负担。

为了搜刮钱财，明廷几乎什么手段都用上了。例如崇祯十一年（1638），户部尚书程国祥建议，凡京师旅舍和出租房屋者，皆交出一季度的租金，以充国用。在京师的各地会馆，虽不收租金，但也要交纳修理费若干。"其初谓可得五十万"，但由于一些戚畹权要的从中阻拦和隐匿，费了好大劲，""所得仅十三万而已。"①

终崇祯之世，名目繁多的搜刮一直未停。直到崇祯十七年（1644）二月，李自成农民军已逼近京师，大明江山马上就要寿终正寝，崇祯皇帝还念念不忘征敛钱财。他在催征敛的诏书中说：

> 边饷甚急，外解至皆由有司，急赃赎而缓钱粮，不严赏罚何以劝惩？今内责部科，外责巡按，痛禁耗羡。完额则升京堂，否则除名。②

那时的崇祯皇帝大概不知道，再过一个月他就魂归煤山了。从他这道诏书的语气上看，他的自我感觉还不坏，以为天下臣民仍在任他驱使。他似乎也知道"耗羡"之弊，所以在催征的同时还说了"痛禁耗羡"的话，但这时天下已彻底崩坏，很多地方官员已投靠了李自成农民军。他这里尽管以升官加职相鼓励，但已失去了诱惑力。当时京师戒严，不准京城官员外出，为的是防止他们投靠李自成。在这种情况下，谁还肯通过征敛而进京升官呢？因此，这道诏书只是一纸空文而已。如果说这道诏书还有点价值的话，那就是它清楚地告诉人们，崇祯皇帝对老百姓的征敛是多么不肯放松。

学过历史知识的人都知道，崇祯年间灾荒严重，这是导致农民起义的一个重要原因。其实，在这么一个幅员辽阔的大国，各种各样的灾荒几乎年年都有。如果是在政治清明的时代，灾荒造成的危害就会减轻许多，不至于酿成大的社会动乱。如果是在政治腐败的时代，小灾荒也会变成大灾荒，甚至本来不

①文秉：《烈皇小识》卷五。
②《崇祯实录》卷十七。

应有灾，但因农民大批逃避苦不堪言的赋役，也会使大片农田荒芜，造成人为的灾荒。另外，过去的封建士大夫不愿或不敢直接指责皇帝，便极力渲染天灾的严重，而对当局所造成的人祸则极力掩饰。于是，人们从史书上看到农民饥寒交迫，便误信主要由天灾所造成。稍微留意一下历史就不难发现，一个新兴王朝在最初向上发展的几十年间，很少看到有天灾连年不断的记载，而到了王朝末期，这类天灾的记载就接连不断了。实际上，天公不会故意眷祐哪个皇帝，而故意多给其他皇帝降灾。从大的概率来看，旱涝灾害的分布是有规律的，不会厚此薄彼。就崇祯年间来看，老百姓的苦难主要来自人祸，而不是天灾，如果说成"三分天灾、七分人祸"的话，那也夸大了天灾的成分和作用。

水利不修，水旱灾荒所造成的后果自然分外严重。再加上一再加征，老百姓的苦难就可想而知了。对此，明末很多野史笔记和诗文都有催人泪下的记载。例如陆宝在《加赋行》一诗中写道：

> 六月恒风水盈亩，八月不雨禾成莠。
>
> ⋯⋯⋯⋯⋯
>
> 岁俭输公巨奈何，那堪分外急征科。
>
> 朱书白榜当街揭，计及锥刀款目多。
>
> ⋯⋯⋯⋯⋯
>
> 一月三征难出口，秋禾夏麦巧更名。
>
> 枵腹携资尽入官，官犹切齿责未完。
>
> 重则累囚轻决棒，淋漓血肉掺泥干。
>
> 愿天雨金石生谷，聊为生民救血肉。[1]

这是一幅多么凄惨的图画。

无休止的搜括迫使大批农民逃亡。地方官为了征足数额，1 户逃则由其他 9 户补足，两户逃则由其他 8 户补足，9 户逃则由剩下的 1 户交足 10 户的数额。

---

[1] 全祖望辑：《续甬上耆旧诗》卷五十一。

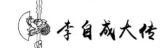

如此一来，就使整村整村的农户逃散一空。大片耕地在正常年景下本来可以有些收获，这样一逃，良田也成了荒地。本来不应成为荒年的年头，这时也可能闹大灾荒。人们外逃，或可找到一条生路，倘待在家里，则无论如何也交不足众逃户的赋额。一年到头辛辛苦苦，到头来全被搜刮光还不算，甚至还会因欠赋而被打得皮开肉绽。这是一种连锁反应，而且是一种很普遍的连锁反应。这种连锁反应必然造成人为的灾荒。在当时，这种人祸的危害比天灾的危害要大得多。

对于因加征而引起的社会动荡，许多有识之士都看得很清楚，因而不断有人上疏劝阻。有的臣僚甚至以加征不祥和上天示警相劝，把各地的灾荒归之于"敛怨干和"。崇祯十年（1637），刑科给事中李如灿就上言道，自李自成等农民军掘毁凤阳皇陵以后，"天下财赋之区已空其半。而又遇此亢旱，吴、楚、齐、豫之间，几千万里，是所未尽空者，殆将尽空矣。臣谓敛怨干和，皆财用为之也……有兵不练，饷增而饷益匮；有饷不核，饷多而兵愈冒"[1]。这里所说"财赋之区已空其半"，主要是老百姓大批逃亡所致，明廷失去了征税的对象。这里把这种十室九空的现象归之于农民起义军，这是不公正的。将数省的旱灾归之于"敛怨干和"，自不免有唯心主义色彩，但他把最终原因归结为"皆财用为之也"，却道出了问题的实质。崇祯朝曾任内阁大学士的蒋德璟也曾一针见血地指出："（杨）嗣昌倡为聚敛之说，致天下民穷财尽，人皆为盗。"[2]这里所说的"盗"，是指的李自成等农民起义军。老百姓本来不想造反，之所以要揭竿而起，是因为"民穷财尽"，无以活命。而造成这种问题的根本原因在于明廷的"聚敛"，或者说名目繁多的加征。仔细看一下当时社会的实际情况就不难发现，人祸造成的危害比天灾不知要大出多少倍。

就农民灾难深重而言，明末是中国历史上一个典型时期，一些凄惨的记载，令人不忍卒读。大批农民为逃避一再加征而流离失所，有的投身到农民起义军，有的饿死沟壑，有的则小股为盗，甚至以人为食。这种状况在北部地区

---

① 谷应泰：《明史纪事本末》卷七十二。
② 《明史》卷二五一《蒋德璟传》。

尤为严重，绘成了一幅催人泪下的饥荒图。

这种状况在崇祯前期就已表现得很明显。"崇祯三年庚午，年荒米贵，民多菜色。"① 到崇祯末年就十分严重了。左懋第于崇祯十四年（1641）督漕运，在途中看到老百姓饥馑的惨状，便于途中上疏说："臣自静海以至临清，见居民饿死者三，疫死者三，为盗者四。石米银二十四两。死则取之以食。惟圣明垂念。"② 这是直接说给崇祯皇帝的，他绝对不敢任意夸大其词。在洪武年间，官俸米 1 石折银 1 两，市场价米 1 石大约值银四五钱。明中期米 1 石约值银三四钱，最低时只二钱多。崇祯时居然米 1 石价银 24 两，老百姓的苦难由此可知。左懋第这里所说十分之三的人饿死、十分之三的人遭瘟疫而死，而十分之四的人"为盗"，实际上指很多人参加了农民起义军。当时天下残破的状况由此可见其大概。

在崇祯皇帝魂归煤山的前一二年，老百姓更加苦不堪言。在河南、山东一带，"家家以人肉为粮。虽至亲好友，不敢轻入人室。守分之家，老小男女相让而食。强梁者搏人而食。甚至有父杀其子而食者……食人肉者，一至麦黄相继病死。有一人，食人颇多，人手、人足、人肺、人肝、罗列而食……"③ 看到这种惨像，人们怎么能不唏嘘涕下！"乱世人不如太平犬"大概就指此吧。在那种将天下老百姓逼到人吃人的时代，最高统治者假惺惺地"减膳撤乐"，于是就要天下臣民称他"陛下圣明"，扯起嗓门儿向他高呼"万岁，万万岁"，这难道不是天大的讽刺吗？！这难道不是对天下臣民的极大嘲弄吗？！活下来的人还要称颂崇祯皇帝是个好皇帝，那又怎么对得起当时被活活饿死的千百万同胞呢？

凤阳是所谓"龙兴之地"，在明代长期享受许多优惠，赋役较其他地区为轻，在明初甚至一度免征赋役。这里是皇帝老子的祖籍，情况总该好些吧。但到崇祯年间，这里的情况已很不妙，各种加征也要照样承担。崇祯四年（1631）年底，南京礼部右侍郎钱士升祭告凤阳皇陵，对当地残破的状况颇感痛心，遂上疏崇

---

① 叶梦珠：《阅世编》卷七。
② 《明史》卷二七五《左懋第传》。
③ 岳兵：《见闻录》。

祯皇帝说：

> 凤阳土地多荒，庐舍廖落，冈陵灌莽，一望萧然……挈妻担子，
> 乞活四方。户口既已流亡，逋赋因之岁积。有司悚于正额，不得不以
> 逋户之丁粮派征于现在之赋。于是赔累愈多，而现在者又转而之他
> 矣。①

钱士升的这段话说出了问题的实质。一再加征，逼得老百姓四处流亡。当地官员为了征足赋额，只好将逃户的赋税转嫁到未逃户身上。未逃户不堪重负，也只好逃亡。土地大片抛荒，自然就"一望萧然"了。皇帝老子的祖籍尚且如此凋敝，其他地区的破败也就可想而知了。但钱士升的话并没有打动崇祯皇帝，不但没有将加征的辽饷免除，而且不久又加征剿饷、练饷，这就只能将天下老百姓逼上绝路了。

当时有不少大臣请求停止加派，认为这种加派是为渊驱鱼，无救乱亡。兵科给事中刘懋就上疏说：

> 尝考皇祖中年（万历中期），臣公条编之税，每亩不过五分。是以
> 民间宽然有余，家有盖藏，人知廉耻，虽遇荒而不死，虽饥死而不叛。
> 嗣后岁岁有加派，今年加二厘，明年加三厘，因事而派，事已而派不
> 去。日加一日，则日重一日，迄今则每亩八分三厘。连加耗种种，则
> 每亩一钱余矣。……是以富者不得不贫，贫者不得不逃。粮欠盗聚。②

这里说的是崇祯四年（1631）的情况，当时只有辽饷一项加派。以后又陆续有剿饷、练饷，情况自然就更严重了。李自成等人的大起义也就在情理之中了。

崇祯十六年（1643）五月，右佥都御史徐标当面对崇祯皇帝说："自淮来

---

① 《崇祯实录》卷四。
② 《崇祯长编》卷四十三。

数千里，见城陷处固荡然一空，即有完城，仅余四壁。蓬蒿满路，鸡犬无音，曾未遇一耕者。土地、人民，如今有几？皇上亦何以致治乎？"崇祯皇帝闻言，颇动感情，"上欷歔泣下"。徐标在"数千里"的江北地区竟看不到一个耕田的人，而五月正是农耕的忙季，天下又怎么能不荒歉呢？这显然不是天灾所致，而是大批农民逃避赋役而流离失所的结果。但崇祯皇帝却不这样认为，反而说是"诸臣不实心任事，以至于此"[1]，看来崇祯皇帝是至死不悟了。

在崇祯年间，人祸伴以天灾，民穷财尽，遍地哀鸿。这类记载史不绝书。延安人马懋才在《备陈灾变疏》中说道：

……八九月间，民争采山间蓬草而食，其粒类糠皮，其味苦而涩，食之仅可延以不死。至十月以后而蓬尽矣，则剥树皮而食。诸树唯榆树差善，杂他树皮以为食，亦可稍缓其死。殆年终而树皮又尽矣，则又掘山中石块而食。其石名青叶，味腥而腻，少食辄饱，不数日则腹胀下坠而死。民有不甘于食石以死者，始相聚为盗……间有（被捕）获者亦恬不知畏，且曰："死于饥与死于盗等耳！与其坐而饥死，何苦为盗而死，犹得为饱鬼也。"

由采蓬草而食，到吃树皮、吃青叶石，以至"相聚为盗"，即使被捕获处死也"恬不知畏"，反正是一死，为"盗"而死还可以当个"饱鬼"。这是一幅多么凄惨的图景！马懋才在奏疏中还有更凄惨的记载：

更可异者，童稚辈及独行者一出城外，便无踪影。后见门外之人炊人骨以为薪，煮人肉以为食，始知前之人皆为其所食。而食人之人亦不数日面目赤肿，内发燥热而死矣。于是，死者枕藉，臭气熏天。县城外掘数坑，每坑可容数百人，用以掩其遗骸。臣来之时，已满三坑有余，而数里以外不及掩盖又不知其几矣。小县如此，大县可知；

---

[1]《崇祯实录》卷十六。

一处如此，他处可知。……

　　官司悚于功令之严，不得不严为催科。如一户只有一二人，势必令此一二人赔一户之钱粮；一甲只有一户，势必令此一二户而赔一甲之钱粮。等而上之，一里一县无不皆然。则现在之民只有抱恨而逃，漂流异地。栖泊无依，恒产既亡，怀资易尽，梦断公关之路，魂消沟壑之填，又安得不相率而为盗者乎？此处逃亡于彼，彼处复逃之于此。转相逃则转相为盗。此盗之所以遍秦中矣。[①]

这种催人泪下的记载，不亲临其境者是想象不出来的，故照引于上。这种遍地哀鸿的景象哪里像人类生活的世界！即使铁石心肠的人看了这种记载也会心惊肉跳。把老百姓逼到了这个份儿上，崇祯皇帝口口声声还要"中兴"，岂不是痴人说梦！但是，人们从崇祯皇帝那里听到的和看到的，使人似乎感到他还是个颇体恤百姓的君主呢！而历史就这么具有讽刺性！

　　崇祯十三年（1640），河南各地可谓一片汹汹。七月间，一股造反的农民占领了伊阳县城，县令在赴汝州途中被造反的农民杀死。渑池的张三星一度聚众达七八千人，新安的于士秀也聚众数千，他们在一起攻打新安县城时失败。当年八九月间，李际遇和任辰等首领聚众5万余人，转战于郏县、尉氏一带。在叶县、项城、汝宁等地，都有小股农民军四出活动，令官府剿不胜剿。当李自成进入河南后，有些小股的农民军就加入了李自成的队伍。

　　在河南纷起的农民军当中，影响比较大的是所谓"小袁营"。首领袁时中是滑县人，其人马最多时达20万，已经是一支很不小的农民军了。他于崇祯十三年（1640）造反，其队伍壮大得那么快，就是因为他似乎为大批饥民找到了一条生路。他曾在滑县大败官军，杀死了把总耿泰鸿。第二年他率众转入安徽，为朱大典和刘良佐所败，他率领余部数百骑逃回河南。

　　由以上的叙述可以看出，明廷的加征使农民的苦难雪上加霜，整个中原地区民不聊生，纷纷揭竿而起，一片沸腾。这为李自成在河南的发展提供了绝好的机

---

① 雍正《陕西通志》卷八十六《艺文三》。

会。他的到来就像一团火球落在了一片干柴上一样，马上就燃成了燎原大火。

三、"迎闯王，不纳粮"

崇祯十三年（1640）九月，李自成率领部下从巴西鱼腹诸山中突围而出，进入陕南。他在这里进行了短时间的休整，队伍扩充到大约千余人。这时，像一斗谷、瓦罐子等部的农民军也前来会合，部众达数万人。十一月间，李自成率众由商洛进入河南。

杨嗣昌对李自成的动向一直十分注意，当他得知李自成攻入河南后，立命王光恩、刘洪起等将领由兴安率兵入河南进剿。他尤其担心李自成南下襄阳、郧阳一带，因为那里安插了大批招抚的农民军，如果他们闻风而动，重新反叛，局面将变得不可收拾。为此，他急忙致信那里的地方官。要他们做好准备，密切注意这些降丁的动向。"如能鼓舞使与贼敌而为我用，则勾不能去，附乃益坚。"[1] 这当然是最好的情况了。如不能做到这一点，对为首分子则要早作处置。

出乎杨嗣昌意料的是，李自成入豫后没有南下，而是向东发展。他率众由淅川东逼内乡，由内乡攻至重镇南阳。以前，农民军经常由这里南下襄阳，李自成这次却掉头向北，于十二月间连破鲁山、郏县和伊阳三县，接着便直逼宜阳。十二月二十一日，李自成的农民军攻破了宜阳县城，杀掉知县唐启泰。为了安定当地的社会秩序，李自成命新降附的举人楚璯掌县事，并给了他3000两银子救济贫民。但是，李自成刚离开，楚璯就把这些银子如数送给了官军，自己也逃往他地。

十二月二十四日，李自成开始围攻永宁（今河南省洛宁县）。这里住着明王朝的宗室万安王朱采轻，他和地方官拼死固守，使农民军的攻城行动一度受挫。这时李自成的部下已很快发展到数万人，对这个区区小城却连攻不下，李自成颇为生气，遂亲自督战，猛攻三昼夜，终于将城攻破。都司马有义趁乱潜逃，知县武大烈被俘，因拒不投降，被农民军烧死。在城内的吏部郎中张鼎廷

---

① 杨山松：《孤儿吁天录》卷十五。

跳到一口枯井中，侥幸逃脱。万安王朱采轻和百余名豪绅被抓获，在城西被一一审问后处死。

李自成这次入河南后，力量壮大得十分迅速，这与他身边的谋士到处传布"迎闯王，不纳粮"的口号有关。当时的老百姓苦于"三饷"加征，怨声载道，到处是流来流去的饥民。"迎闯王，不纳粮"的口号对他们真是太有吸引力了，一时似乎成了他们的希望所在。再加上李自成"不杀平民唯杀官"等口号，也正切合老百姓痛恨官府的心理，所以大批农民便纷纷加入到李自成军中。李自成每攻破一地，就将官府和富户的粮食拿来救济贫民，这与官府的苛征形成了鲜明的对比。这也是李自成能胜利进军的重要原因。"贼每以剽掠所获散济饥民，故所至咸归附之，兵势益盛。"[1] 加上小股农民军的纷纷归附，李自成的队伍在河南很快发展到数十万。

崇祯十四年（1641）正月上旬，李自成农民军一举攻克偃师，杀死了知县徐日泰。随后，李自成又接连攻破了灵宝、新安、宝丰等县，基本上控制了洛阳的外围，为攻占古都洛阳做好了准备。

四、李岩和牛金星等来归

随着李自成农民军在河南的顺利进军，一些在政治上失意的文人开始投到李自成帐下，为他出谋划策，并在一定程度上改变了李自成的行为。李自成把他们奉为上宾，行事作战都要征求他们的意见，在身边形成了一个参谋集团。他们的参与更增强了李自成的信心，似乎很快就可以取明朝皇帝的地位而代之了。

李自成在河南一带招纳了很多文士，其中最有名的是李岩、牛金星和宋献策。

李岩是开封府杞县人，"有文武才"，原名李信，世称李公子。他家境富裕，本人性情豪爽，乐善好施，在当地颇有民望。河南连年饥荒，杞县的宋知县仍催征不已，老百姓流离失所。李岩就劝宋知县"暂休征比，设法赈给"。宋知县却说："杨阁部（杨嗣昌）飞檄雨下，若不征比，将何以应？至于赈济饥

---

① 谷应泰：《明史纪事本末》卷七十八。

民，本县钱粮匮乏，止有分派富户耳。"李岩回来后，自动捐米200余石。饥民遂以李公子为例，到各富家哄闹，不捐米就烧就抢，一时杞县秩序大乱。宋知县急忙派人到处张贴告示，"速速解散，各图生理，不许借名求赈，恃众要挟。如违，即系乱民，严拿究罪"。这时，饥民受李自成等农民军的鼓舞，胆子更大，遂集县衙前大呼："吾辈终须饿死，不如共掠。"宋知县十分着急，邀李岩共谋对策。李岩劝他"暂免催征，并劝富室出米"，然后由官府半价卖给饥民。如此一来，饥民暂时离去，但表示如果无米，他们还要再来。宋知县感到事情难以平息，就报告按察司，谓李岩"谋为不轨，私散家财买众心，以图大举"。于是，按察司便命宋县令"密拿李岩监禁，毋得轻纵"。李岩被逮下狱后，当地老百姓十分愤怒，一起大闹县衙，并杀掉宋知县，将李岩救出，把库粮抢掠一空。李岩对这些老百姓说："汝等救我，诚为厚意，然事甚大，罪在不赦。不如归李闯王，可以免祸，且致富贵。"大家齐声响应。李岩派他的弟弟李牟带家口先行，随后放了一把火，率领众人一起投归了李自成。李岩劝李自成"行仁义，禁兵淫杀，收人心，以图大事"。李岩毕竟是个文人，懂得宣传的重要，他派人"伪为商贾，广布流言，称自成仁义之师，不杀不掠，又不纳粮。愚民信之，惟恐自成不至，望风思降矣"①。

对于二李的相见，有的史书写得颇有英雄气概：

> （李）岩初见自成，自成礼之。岩曰："久钦帐下宏猷。岩恨谒见之晚。"自成曰："草莽无知，自惭菲德，乃承不远千里而至，益增孤陋竟惕之衷"。岩曰："将军冬日在人，莫不忻然鼓舞。是以谨率众数千，愿效前驱。"自成曰："足下龙虎鸿韬，英雄伟略，必能与孤共图义举、创业开基者也。"遂相得甚欢。②

明末清初的野史笔记有关李岩的记载很多，有的书中写得颇有传奇色彩：红娘

---

① 计六奇：《明季北略》卷二十三《李岩归自成》。
② 计六奇：《明季北略》卷二十三《李岩归自成》。

子是河南的一支农民军首领，很爱慕李岩的为人。李岩被逮下狱，她率众来救，出狱后二人结为夫妻，一起投归李自成。李岩的原配夫人汤氏劝他不可"为逆"，李岩不听，汤氏遂自缢而死，留下了一首颇有文采的绝命词："三千银界月华明，控鹤从容上玉京。夫婿背侬如意愿，悔将后约订来生。"李岩得诗，"大恸欲绝"。[①]

虽然诸书记李岩归李自成的经过和细节不尽相同，但都反映了这样一种事实，即李岩是个文人，在当地颇有声望，他本来不愿意归李自成为逆，但因被造反的老百姓从狱中救出，被逼上梁山，投归了李自成。至于李岩和红娘子的关系是否像一些书中所写的那样准确，今已难一一详考。但是，李岩确有其人当毋庸置疑。

另一个投归李自成的重要文人是牛金星。他是河南宝丰人，天启七年（1627）的举人。因被人诬陷告发，他和儿子牛佺一起被逮下狱，革去功名后充军。他投归李自成以后成了主要谋士，李自成所颁行的一些典章制度大都由他制定。有的书上说他颇通孙吴兵法，当时的主要任务是打仗，他也自然要参与军事计划的制订。

据记载，"（牛）金星本士裔，先世由岁贡任县博士，与王府官者数人。金星父为鲁府纪善……先茔在宝丰北廓，去滶水之阳不百步。墓各有碑，记官阶事。"[②] 由此可见，牛金星出生在一个知识分子家庭。县博士和鲁府纪善都是品级很低的官，但对牛金星来说，这可以使他有一个读书的机会，所以后来考中了举人。这使得牛金星比一般农民军领袖较有谋略。牛金星归降李自成以后，实际上成了李自成的第一号谋士，后来成了大顺政权的丞相，深受李自成信任。当时，像举人这个层次的士人很少有归降农民军者，他们大都视农民军为盗贼，不愿与之为伍，而总想通过科举进入官场，结个正果。所以有的史书中说，牛金星归降李自成是"举人降贼"之始。牛金星因事被逮系狱中，还差点丢了性命。这既断绝了他的仕途，也使他更看清了官场的黑暗，从而促使他下

---

① 无名氏：《梼杌近志》。
② 耿兴宗：《遵汝山房文稿》卷七。有谓牛为卢氏人者，由其祖墓在宝丰可证，以宝丰为是。

决心跟着李自成干一番事业。李自成农民军不杀举人，进入北京后不任用进士出身的高官，而只用四品以下的官员，这都与牛金星的举人身份有关。

牛金星又把宋献策推荐给了李自成。宋献策是河南永城人，是个游荡江湖的算命先生。他相貌颇丑陋，"身不满三尺，其形如鬼。右足跛，出入以杖自扶，军中呼为宋孩儿"。他在觐见李自成的当天就为李自成占了一卦，谓"十八子主神器"。这个谶语实际上就是说，李自成一定能当皇帝。因为"十八子"合起来恰好是个"李"字。李自成出生入死地转战了10余年，果然要当皇帝了，这使李自成喜不自胜，将宋献策奉为上宾，"信之如神"。[①]从此以后，宋献策就成了李自成的军师，李自成行军打仗，经常向他求教。"十八子主神器"的说法一时流传甚广，许多老百姓也认为，朱明王朝的气数已尽，很快就要由李自成当皇帝了。李自成对此自然要暗自高兴了。当时，除了牛金星、李岩、宋献策以外，还有谋士顾君恩。这样，在李自成身边就基本形成了一个文人智囊团。

这些文人的入伙对李自成的影响是很大的。从大处来说，一是使李自成提高了策略意识，他们也确实帮助李自成制定了一些利于发展的策略；二是使李自成更加重视向老百姓的宣传和鼓动，队伍得到迅速发展和壮大。

五、李自成的几项策略措施

经过十几年的风风雨雨，李自成既有胜利的喜悦，也有失败的痛苦。斗争的实践使他逐渐认识到了策略的重要性。当他身边集结起牛金星、李岩等人以后，使他有条件制定明确的策略措施。正是在这些正确的策略措施的引导下，李自成农民军得到了迅速壮大和发展。从大处来看，李自成进入河南后所实行的策略措施主要有以下几项。

（一）明确目标，争取民心

李自成以一个普通农民起事，开始很难说就有取明王朝而代之的雄心。因此，他在所到之处也干了一些不必要的烧杀之事。牛金星归附后，极力帮助他树立"取天下"的远大目标，以成就一番大事业。根据"得民心者得天下"的

---

① 计六奇：《明季北略》卷十七《牛李降自成》。

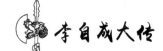

古训，牛金星建议李自成"禁淫杀，据中原，收人心"。为了能做到这一点，
"倡言大军所至，百姓给复一年"。也就是在新占领区内免除老百姓一年的徭
役。为了收揽民心，牛金星建议李自成在告示中宣布："杀一人如杀我父，淫
一人如淫我母。"① 当时官军缺饷，所到之处公开抢掠，漫无纪律。李自成这时
采用这些措施和口号是极得民心的。

在这一点上，李岩和宋献策也发挥了很大作用。"李岩教以据中原取天下，
宜附循以收人心。"宋献策所上"十八子主神器"之说，更使"自成大悦"②，
实际上就是帮助了李自成树立了要当皇帝的远大目标。一般说来，人有了明确
的远大目标后，就会更讲究策略，更懂得争取民心的重要性。正如《绥寇纪
略·通城击》中所说："初，自成无大志，所至屠戮，百姓保坞壁，不肯从。"
当李自成接受了众谋士的建议后，便极力争取民心，"过城不杀，因以所掠散
饥民，民多归之，号为李公子仁义兵"。这是李自成农民军在河南得到迅速发
展的一个极为重要的原因。

（二）实行免赋政策，减轻百姓负担

在明朝末年，老百姓最苦的莫过于"三饷"加征，即老百姓除了负担正常的
赋役外，还要额外负担辽饷、剿饷、练饷，数额都很庞大。再加上明末政治腐
败，各级官员趁加征之机中饱私囊，更加重了农民的负担。另外还有无休止的临
时加派，更使老百姓苦不堪言。不要说荒年，即使风调雨顺的年头，由于人们为
躲避赋役而流徙外乡，也仍然不免饥荒。有关这方面的记载可谓俯拾皆是，不仅
在良心未泯的一些官员的奏札中可以看到，甚至普通百姓也冒死上书，直陈百姓
惨状。例如，崇祯十四年（1641），河南汲县民人王国宁毅然上书道：

> 户口逃户俱尽，土地旷废无耕……村落丘墟，城市罄竭，粟米一石
> 价十六千文，漕米刍豆，一粒莫办。掘草根剥树皮矣，典衣装拆屋舍矣，
> 卖妻子噉尸骸矣，甚之父子相食矣，夫妻相食、兄弟宗亲相食矣，又甚

---

① 张怡：《谀闻续笔》卷一。
② 吴伟业：《绥寇纪略》卷九。

之兵相食、盗相食、昼夜掠人相食矣。伤毁天性，灭绝人理。……版图空存，陇亩尽荒，猪面象眼之人形，凶秽冤号之苦状，呼天无路，祈死不能……时时搜刮孑遗，日日更换守令，追呼于不毛之地，敲扑尽绝粮之人，终不能无米为炊，白骨再肉也……①

这是一幅多么催人泪下的饥荒图！针对这种因加征而造成的残破图景，李自成在所到之处发布文告，宣布"三年免征"，有的地方则"五年免征"，根据各地情况不同而有所变化。凡是在李自成势力的统治区内，那里的老百姓都得到了"免赋"的实际好处。同时，那里的老百姓也免除了要为官府服的劳役。这与明王朝的一再加征形成了鲜明的对比。老百姓都是很讲究实际的，他们从李自成免赋的政策中得到了好处，也看到了希望，自然要欢欣鼓舞了。从各种史籍的记载可以看出，李自成的"免赋"政策执行得比较具体，比较有效。这是李自成得到广大农民拥护的一个十分重要的原因。

（三）平买平卖

明中期以后，商品经济有了一定程度的发展。但是，明廷对工商业者的掠夺也日益严重。当时，工商业者除了要交纳多如牛毛的赋税外，还要承担官府的日用所需。有的由城市铺商轮流承应，有的则责令铺商代为筹办。官府虽说要付给他们钱，但实际上如同白取。即使遇上个较好的官员，也是"比市价十去五六"。至于那些贪墨的官员，巧立名目对工商业者进行掠夺更习以为常。针对这种情况，李自成每攻下一个城市后就悬示通衢，反复申明"平买平卖"的政策。有时候，李自成先派一些人扮作客商，潜入城内，四处传布这种政策，要城市工商业者不必惊慌，农民军入城后将公平交易、平买平卖，要他们保持正常的交易秩序，不要罢市。这自然得到城市工商业者的欢迎，也为李自成的胜利进军提供了有利条件。

（四）提出"均田"的口号

在封建社会，土地问题是农民的根本问题。在明代以前，农民起义军虽曾

---

① 郑廉：《豫变纪略》卷四。

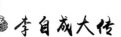

提出过"等贵贱，均贫富"之类的口号，但从来没有明确提出过"均田"。针对明朝后期土地高度集中的情况，李自成农民军则明确提出了"均田"的口号，这在史籍中有多处记载。

查继佐在《罪惟录·毅宗烈皇帝本纪》中记道："李自成僭号大顺……牛金星教以慈声惑众，谓五年不征，一民不杀，且有贵贱均田之制。"同书《李自成传》中也记道："李岩教自成以虚誉来群望，伪为均田免粮之说，相煽诱。"同书《朱之冯传》中也有李自成倡言"均田"的记载。在中国农民战争史上，"均田"口号的提出是一个巨大的进步，它标志着农民起义军触及了封建社会最核心的问题——土地问题。广大农民正是因为失去土地而陷于贫困，而大量的良田美宅却被少数官僚地主所占有，致使贫富分化，社会矛盾激化。这也是中国封建社会出现一次又一次农民大起义的根本原因之一。河南地处中原，土地肥沃，土地集中的问题也特别严重。像万历皇帝的儿子朱常洵，他被封为福王，就藩洛阳，居然赐田4万顷。因实在凑不足此数，才改授2万顷。河南凑不够，邻近各省补足。这自然要引起广大无地或少地的农民的痛恨。李自成提出"均田"，自然符合广大农民的心愿，体现了他们的迫切要求。正因如此，广大农民积极投身到李自成起义军中。这是李自成起义军在河南得到迅速壮大的重要原因。但是，由于李自成农民军经常处于战争状态，一直未能建立起一个稳定的政权，所以这种"均田"政策并未得到认真的实行。

（五）赈济饥民

由于统治者对农民进行无休止的搜刮，逼迫广大农民流离失所，啼饥号寒，不仅灾年农民生活困苦，即使风调雨顺的年景也不免饥荒。李自成农民军攻占某地后，不仅接收府库的粮食财物，还迫使当地豪族大户捐助钱粮。这些钱粮除充作军饷外，李自成还拿出相当大一部分赈济饥民。当李自成农民军攻下洛阳后，就曾打开府库，开仓赈饥，使当地老百姓奔走相告。这种做法自然受到广大农民的热烈欢迎。所以有的史书上说，李自成农民军"过城不杀，因以所掠散饥民，民多归之，号为李公子仁义师"[1]。在李自成农民军这次进入河

---

① 吴伟业：《绥寇纪略》卷九。

南后，这种赈济饥民的做法实行得比较好。农民从这种切实的好处中感到，应该支持李自成推翻明王朝。当时河南的老百姓热情地支持李自成，与李自成的这种做法是密切相关的。

（六）严明军纪，兴仁义之师

在牛金星、李岩等人的帮助下，李自成明白了收揽民心的重要性。要想收揽民心，必须严明军纪，将自己的军队建成仁义之师。当时，有些农民军首领胸无大志，只图一时痛快，不时干出一些抢劫和无故杀人的事。就连张献忠的军纪也不够严明。正如一个大臣对崇祯皇帝所说的那样：

> 今闯、献并负滔天之逆，而治献易，治闯难。盖献，人之所畏；闯，人之所附。非附闯也，苦兵也……贼知人心之所苦，特借剿兵安民为辞。一时愚民被欺，望风投降。而贼又为散财赈贫，发粟赈饥，以结其志，遂至视贼如归，人忘忠义。[1]

这个大臣所言甚合实际。人们畏惧张献忠，是因为他比较暴虐；人们乐于归附李自成，正因为李自成军纪严明。相比之下，官兵借剿寇为名，所到之处大肆劫掠，致有"贼兵如梳，官兵如篦"之谣。梳子要宽疏一点，篦子则要密得多，即对老百姓的抢掠要严重得多。当时军纪最坏的大概就是左良玉的军队了，至少是他的军纪坏得最出名，所以不少大臣因此而弹劾他。但因他在外拥兵自重，朝廷对他无可奈何。李自成则倡言兴仁义之师，严令"一民不杀"，并不时开仓赈济饥民，这使他很快得到广大农民的拥护。李自成曾公开发布告示："急兴仁义之师，拯民涂炭……士民勿得惊慌，各安生理，各营有擅杀良民者，全队皆斩。"[2] 这与官军的漫无纪律形成了鲜明的对比。在明末的许多支农民起义军当中，像张献忠、罗汝才等，其力量都曾一度远远超过李自成。但是，李自成自进入河南后，力量发展得特别快，战斗力也显得特别强，终于成

---

[1] 计六奇：《明季北略》卷十九《马世奇入对》。
[2] 彭孙贻：《平寇志》卷六。

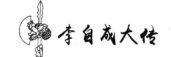

为明末最强大的一支农民军，并最终攻入北京，迫使崇祯皇帝自缢。这和李自成严明军纪是密不可分的。

（七）任用知识分子

李自成这次进入河南后，以很高的礼遇接受了牛金星、李岩、宋献策等文人的归附，并委以重任，对他们的建议也虚心采纳。正因如此，才使李自成更增强了策略意识，采取了一系列行之有效的战略战术。

牛金星是举人出身，善于文辞，李自成所发布的文告命令多出其手，深受李自成信任。他实际上成为李自成的文官之首，进入北京后被李自成封为天祐殿大学士，如同丞相。李岩也受到李自成的重用，像"均田免粮"这样极富有号召力的政策，据记载就是李岩提出来的。当李自成于襄阳建立政权时，李岩被封为制将军，地位是很高的。这也表明，李自成不仅有文才，也有武才。他对李自成的大政方针多有建议，在河南时就曾提出："欲图大事，必先尊贤礼士，除暴恤民……我等欲收民心，须托行仁义，扬言大兵到处，秋毫无犯，在任好官，仍任前事。若酷处人民者，即行斩首。"[1] 李自成都一一采纳。在以后的许多重要关头，李岩都曾向李自成提出过很好的意见。

顾君恩依附李自成较早，也算是个知识分子，多有谋略。当李自成于襄阳建立政权后，商议以后的进军路线，李自成就采纳了顾君恩的建议，即先取关中，然后由山西进攻北京的方针。他被李自成任命为吏政府侍郎，掌管官员的考核和任用，是一个颇有实权的角色。宋献策也是李自成的一个谋士，在制造舆论上起了不小的作用。

在当时，大部分农民起义军首领没上过学，少数人虽上过几天学，也只是粗通文墨，不大懂得战略战术的运用。一个农民军领袖如果没有知识分子的帮助，就不可能获得大的发展。李自成于崇祯十三年（1640）进入河南后，身边聚集几个较有谋略的知识分子，增强了策略意识，提出了一些颇得民心的口号，所以才使得李自成的力量得到迅速的发展壮大。但是从总体上来看，李自成仍是"右武"。他手下的第一员大将是刘宗敏，为权将军，不仅掌管武装力

---

① 计六奇：《明季北略》卷二十三《李岩说自成假行仁义》。

量，像牛金星这样的大学士也要受他节制。这大概和当时的战争环境有关。也正是因为这一点，李自成身边始终未形成一个有权威的谋士集团，在关键时刻出现策略错误。这是李自成没有取得最终胜利的重要原因。

（八）重视宣传鼓动

在牛金星、李岩等人的帮助下，李自成逐渐懂得了宣传鼓动的重要性。李自成每到一地，即贴出文告，将"均田免赋""平买平卖""一民不杀"等政策告知百姓，以争取老百姓的支持。李自成按照李岩的建议，派一些人扮作商贾，四处宣传，谓闯王的军队为仁义之师，不杀不掠。他又编一些朗朗上口的歌谣，教小孩子们到处传唱，以宣传李自成的政策。其中比较有名的有："吃他娘，穿他娘，开了大门迎闯王，闯王来了不纳粮。""朝求升，暮求合，近来贫汉难存活。早早开门迎闯王，管教大小都欢悦。"一时大街小巷都传唱起迎闯王的歌谣，这种鼓动作用是很大的。宋献策通阴阳之术，到处宣传"十八子主神器"之说，隐喻明王朝气数已尽，李自成当有天下。这对鼓舞士气和瓦解明王朝的统治有着难以估量的作用。有的史书上说，宋献策"多智略，云游各省，妄言祸福，谓国运将终，煽惑人民"[1]。古人多有迷信心理，再加上明王朝政治腐败，老百姓困苦不堪，这类的宣传就特别容易被广大老百姓所接受。李自成这次进入河南后，老百姓纷纷归附，有的小股农民军也自动投归李自成，有的城市不战而降，都和这类宣传鼓动有密切的关系。

第三节　攻占洛阳

崇祯十四年（1641）一月，李自成农民军攻克了河南重镇洛阳。在中国历史上，洛阳号称"九朝故都"，即前后有9个王朝以洛阳为都城。仅此一点就足可看出洛阳地理位置的重要。在此以前，李自成农民军还从来没打过如此大型的攻坚战。李自成农民军攻克洛阳后，处死了福王朱常洵，开仓赈饥，极大地壮大了农民军的声威。李自成乘胜进军，接连攻占了河南的许多城市，使河

---

[1] 计六奇：《明季北略》卷二十三《宋献策及群贼归自成》。

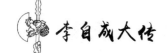

南的大部分地区都处于李自成的控制之下。

一、攻占洛阳，处死福王

李自成扫清了洛阳的外围以后，就开始集中力量攻打洛阳。当时，洛阳是河南府驻地，又是崇祯皇帝的叔父朱常洵藩封之地，再加上它是中国历史上的古都，所以不论在政治上还是在军事上，洛阳都占有十分重要的地位。

李自成之所以要倾注全力攻打洛阳，一是洛阳有着重要的战略地位，二是因为这里"富甲天下"，攻占了洛阳就在很大的程度上解决了农民军的补给问题。

提到福王朱常洵，人们马上就会想到明后期纷纷扬扬的"国本"之争。所谓争"国本"，就是争立谁为太子。福王原有一个哥哥，即光宗朱常洛。福王的生母是万历皇帝所宠爱的郑贵妃，福王也甚得万历皇帝的欢心。朱常洛的生母原是侍奉万历皇帝母亲的宫女，因私通生了朱常洛。万历皇帝本不想认这个儿子，但碍于他母亲的逼迫，只得认了，但心里却老大的不高兴。在一些大臣的力争下，万历皇帝虽一拖再拖，但最后还是不得不立朱常洛为太子。自万历以后，朋党之争变得越来越激烈，致使政治日益腐败，这被许多学者称为导致明朝灭亡的一个重要原因。这种朋党之争就是以争"国本"开始公开化的。福王朱常洵没有被立为太子，万历皇帝感到有些亏待了他，就把他封在地处中原地区的古都洛阳，赐地2万顷，其他的金银财宝难以数计。福王对此还不满足，他又向万历皇帝请乞外省的庄田，并请得盐引一千三百引，自设店肆卖盐，"禁非王肆所出不得鬻"，实际上就是由他一家专卖。在封建社会，卖盐是最赚钱的行当，这为福王积聚了大笔财富。另外，万历年间矿盐税使四出，搜刮来的金银"多以资常洵"。[①] 万历皇帝曾答应过要立朱常洵为太子，没有立成，这时便多赐金银以补偿，致使福王朱常洵"富甲天下"。李自成很想吃掉这块大肥肉，所以就集中兵力攻打洛阳。

看到农民军纷纷向洛阳运动，致仕后住在洛阳的原南京兵部尚书吕维祺致信福王，劝他为自己的身家性命，也为了大明江山，慷慨解囊，拿出一些自己

---

① 《明史》卷一二〇《诸王传五》。

的钱粮充作军饷。对这些掷地有声的话，福王连一句也听不进。他认为，拿钱饷军是他侄子崇祯皇帝的事，不应由他出。福王爱财如命，是个目光短浅的守财奴，不仅周围的老百姓对他恨之入骨，连城中的士兵也不愿为他卖命。

在明代，像福王这类所谓的"藩王"绝大多数都是饱食终日、无所事事的废物。按照明廷的规定，不要说这些藩王，就是一般的宗室人员，都不得从事"士农工商"。明成祖本人原来就是藩王，他夺取皇位后担心其他藩王如法炮制，所以藩禁就更加严厉，甚至到城外出游都被禁止。他们"坐縻国储"，有丰厚的俸禄，生活优裕。他们养尊处优，大都不关心国事，也不敢关心国事。稍好一点的藩王不时写诗画画，附庸风雅，一般的就安享富贵，等而下之的则荒淫无耻，胡作非为。朱元璋封藩的原意是要他们"拱卫王室"，但实践证明，他们不仅没有起到这种作用，反而加速了明王朝矛盾的激化，也加快了明王朝的灭亡。崇祯皇帝死后，南明先后有福王、唐王、鲁王、桂王等几个政权，但在清兵的进攻下很快就灰飞烟灭。这也表明，这些藩王都和福王一样，的确是一群废物。

河南巡抚李仙风十分担心洛阳会被李自成攻陷，急忙派总兵官王绍禹，副将刘见义、罗泰率兵助守洛阳。从崇祯十四年（1641）正月十六日开始，参政王胤昌即部署守城。这边还没有部署完毕，那边李自成的队伍已经潮水般涌来，将洛阳团团围住。福王看到有援兵来，十分高兴，马上将王绍禹和刘、罗二将召入城中，"赐宴加礼"。三将领请求将援兵带入城内，一起守城，被福王拒绝。这一方面是因为王绍禹的部队军纪很坏，另一方面是福王希望他们在城外与农民军作战，也可减少城中供应军饷的压力。三位将领三次请求入城，三次被拒绝，心里十分愤恨。有的士兵就大声叫嚷："王府金钱百万，而令吾辈枵腹死贼手！"[1] 第二天，总兵官王绍禹再次请求入城，列出许多自己必须入城的理由，并表示可让刘、罗二位副将驻扎城外。这本来是个折中方案，但福王还是不答应。王绍禹极为愤恨，遂擅自率领亲兵进入城内。福王尽管心里很不高兴，但在那军情危急之时，面对这类骄横的武将也无可奈何。刘、罗二将本来在东南方向驻守，天黑时故意放了一把火，诈称"逐贼"，率领部下投降了

---

① 《明史》卷一二〇，《诸王传五》。

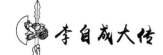

李自成。这一来，洛阳的形势就十分危急了。城外的官军大部已降，李自成的大军随后进逼城下，开始猛烈攻城。

福王这时才感到要大难临头了，遂"出千金募勇士"，趁天黑缒出城外，潜入农民军营中，得杀就杀，得烧就烧，使农民军不得不暂时后退。第二天，即正月二十日，城头上的王绍禹的亲军发生哗变，在城上与城下的农民军嘻笑着说话。他们抓住督众守城的参政王胤昌，把刀架在他脖子上，向他索饷。王绍禹赶忙劝解，被军士推到一边。随后，他们烧掉城楼，打开北门，引农民军蜂拥而入。福王见城已破，慌忙逃出城外，藏在一户百姓家。第二天，他终于被农民军抓获。这时，吕维祺也被逮系。他见到福王，颇有气节地说："王死生，命也，名义至重，无自辱。"[1] 福王只呆呆地看了看吕维祺，没有说话。李自成得知王胤昌是个好官，就命部下把他放开。他看福王的确是个废物，遂立命将他杀掉。福王朱常洵的儿子朱由崧逃了出去，承袭了福王封爵，清入关后于南京建立了弘光政权。朱由崧也是一个像他老子那样的废物，这个政权只勉强维持一年就被消灭掉了。

福王朱常洵身体肥硕，重300余斤。当时乡间饥民人吃人的现象已很常见，农民军遂将福王的肉和鹿肉杂在一起，置酒高会，号称"福禄（鹿）酒"。李自成的部下要吕维祺尝一尝，说："此福禄酒也"。吕大骂，不屈被杀。城东关迎恩寺的道济和尚原来由郑贵妃所剃度，平时也多次得到他们母子的馈赠，这时乘夜间将福王的遗骨收葬。

二、开仓赈饥，胜利进军

李自成攻占洛阳，福王府中的金银珠宝等物尽为所有。府中"珠玉货赂山积"，李自成命部下都运入卢氏山中的老营，府中的粮食则用来"大赈饥民"。府中积粮数万石，来领粮食的饥民扶老携幼，络绎不绝。李自成就趁机对饥民们说："王侯贵人，剥穷人，致其冻馁，吾故杀之，以为若曹，令饥者以远近就食。"饥民们奔走相告，纷纷投到李自成军中。对此，亲临其事的郑廉记道：

---

[1] 吴伟业：《绥寇纪略》卷八。

向之朽贯红粟，贼乃藉之，以出示开仓而赈饥民。远近饥民荷锄而往，应之者如流水，日夜不绝，一呼百应，而其势燎原不可扑。自是而后，所过无坚城，所遇无劲敌，诸将皆望风走，即秉钺者以名节自许，亦不过以身予敌而已矣。[①]

这段记载清楚地告诉人们，李自成开仓赈饥是何等大得民心！因此而"一呼百万"，农民军遂成燎原之势，官军更不堪一击。李自成"烧王宫，火三日不绝"。李自成随后转战他处，留归降的小官邵时昌守洛阳，实际上如同放弃。

李自成这时还是采取流动作战的策略，"破城下邑，弃而不守"。每次转移之前，他都命部下将城墙拆掉，称作"平城"，其目的在于使官军日后无法据城固守。这样，李自成就可以集中兵力，机动灵活地在流动作战中打击官军。这种策略有它成功的一面，即进军比较主动，可以取得一个又一个胜利。它也有不成功的一面，即虽然打了不少胜仗，却一直未能建立起自己巩固的根据地。

崇祯皇帝得知福王遇害的消息后，失声痛哭，似乎感到自己的末日也将很快来到，所以此后几天神情恍惚，甚至一坐下就昏昏欲睡。

对李自成来说，攻占洛阳是他的一次重大胜利。他起事10余年来，还从来没有攻克过这样的大城市，也从来没有一个藩王被处死。他认识到了明王朝的虚弱，也感到自己力量的强大，可以向明政权展开更有力的进攻了。

河南巡抚李仙风得知李自成离洛阳远去，只留下很少的兵力驻守，就率兵从黄河北边赶往洛阳。留守洛阳的邵时昌自知兵力不敌，起初闭门坚守，不与官军接战。李仙风知道，对洛阳的失陷自己负有不可推卸的责任，所以极想一举收复，以将功抵罪。因此，他率领游击高谦等拼命猛攻。邵时昌自知难以持久，因李自成大军远去，短时间内不会有援兵。于是，他便开门投降。他本来怀着一种侥幸的心理，会因为他投降有功，也许官府会继续给他个什么官职。他这次打错了算盘，李仙风一入城，就把邵时昌和其他十几个头目全部杀掉，

---

① 郑廉：《豫变纪略》卷四。

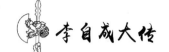

以收复洛阳之功报告朝廷。

崇祯十四年（1641）二月底，李自成率大军到达汝州，想一举将汝州攻下。但汝州的防守颇为坚固，李自成大军连攻数日尚未攻下。汝州知州钱祚征是个颇有勇略的人，他招募了壮士千余人，平时加强训练，在对付当地小股农民军方面发挥了很大的作用。双方一连对峙了五天，到二月四日，李自成亲临督战，趁大风用火炮猛烈攻城。城楼被烧，守城兵死伤惨重，汝州城终于被李自成攻陷。钱祚征被俘，表现得颇有气节，拒不投降，"骂贼而死"[1]。

李自成继续率军东进，往攻郏县。知县邵子灼和土寨首领杨同锦开门投降，未做任何抵抗。李自成看他们二人首鼠两端，就断然将二人杀掉，另派自己的部将杨心赤守城。

<hr />

[1]《明史》卷二九三《钱祚征传》。

第七章 三打开封

　　自崇祯十四年（1641）二月至崇祯十五年九月，在大约一年半的时间里，李自成前后三次督大军攻打开封。当时，开封是河南布政使司驻地，其重要性比洛阳更有过之。李自成为了进一步向东发展自己的势力，必须除掉开封这个障碍。李自成志在必得，而封在开封的周王却督众顽强防守，使李自成终未得手，最后使开封古城被淹于一片汪洋之中。在此期间，李自成在别处几乎是所向披靡、无坚不摧，力量得到迅速壮大。

第一节 一打开封

李自成攻克洛阳后挥师东进，攻打豫东重镇开封。这里是明太祖朱元璋第五子周王的封地，此时袭封的周王朱恭枵是个颇有心计的人，不像福王朱常洵那样昏懦。他团结城中军民固守，使李自成在城下连连受挫。

一、开封保卫战

当李自成攻打洛阳时，驻守开封的副将陈永福紧急率兵驰援洛阳。陈永福尚未赶到，洛阳已被李自成攻陷。李自成得知开封防守空虚，就决定尽快拿下开封。

李自成大军迤逦向东进发，于二月十二日赶到开封城下，随即大举攻城。

开封城是中原重地，故称大梁，北宋时为京师，又称汴京。北宋南迁后，金主完颜亮对开封大加增筑，城墙厚五丈。它地处黄河南岸，"咽喉九州"，"水陆都会之地"，也是历代兵家必争之地。明初还一度打算把京师建在这里，为此明太祖朱元璋还亲自到这里考察一番。后来，朱元璋将他的第五子周王分封于此。同时，开封又是河南布政使司驻地，用今天的话说，即河南省省会。就当时来看，无论在政治上还是在军事上，其重要性比洛阳更有过之。

当李自成包围开封时，河南巡抚李仙风和副将陈永福都在外地，城内的守军很少。河南巡抚高名衡、左布政使梁炳，开封知府吴士讲、推官黄澍，祥符知县王燮紧急商议守城之策。按照王燮的建议，紧急采取了两项重大措施：一是坚壁清野，郊区百姓带着牲畜、粮草进入城中，将树木砍倒，水井堵死。二是将城内的 84 坊分坊立社，每社抽兵 50 人，"凡得兵 4200 名"。[①] 然后将这些士兵分成 5 所，分别把守 5 门。所需粮饷除由大户分摊外，周王朱恭枵慷慨解囊，拿出王府库存银两，堆放在城头，公开悬赏："有能出城斩贼一级者，赏

---

① 周在浚《大梁守城记》。

银 50 两，能杀一贼者，赏 30 两；射伤一贼或砖石击伤者，赏 10 两。"[1] 在防守开封的过程中，周王发挥了核心作用。他不是像福王那样的守财奴，而是带头捐输，这使得其他富人也乐于解囊，所以城中的军饷没有发生困难。周王还亲自登城防御，团结将士共同坚守，从而大大激发了守城将士的士气。

开封官军守城的情况与洛阳形成了鲜明的对比。不但没人暗中向农民军投降，而且人人都表现得非常勇敢。一些乡勇纷纷上城，和官军一起与李自成农民军对抗。李自成先派出三百骑兵，冒充官军，提前赶至开封西关，要守军打开城门，放他们入城。但巡按高名衡比较心细，担心有诈，不仅不开城门，反而下令将城门紧闭。不到半天工夫，李自成即率大军赶到，攻打西城。李自成率领精兵三千，合一斗谷、瓦罐子农民军三万，以泰山压顶之势，企图一举将开封攻下。从二月十二日开始，双方就展开了一场惊天动地的攻守战。李自成督众强攻，万箭齐发。箭头像雨点般向城头飞去，城墙上的箭头像刺猬毛一样密密麻麻，城上则用一种特制的短箭回射，射程较远，可达三百余步。农民军打算强行登城，便抬着云梯，竖在城墙四周，随后像猿猴一样攀缘而上。城上守军除了用炮、铳轰击外，还用砖石往下猛击，密如冰雹，使沿云梯攀登的农民军纷纷坠地身亡。

李自成看到用云梯攻城的方法不能奏效，就改用穴城法。他命部下一手拿锤，一手拿凿，闻鼓声而进，紧凿几下，迅即后撤，再换第二批、第三批……能凿下一块城砖者，回头赏一两银子。这样一块砖一块砖地取下，就在城墙上挖开一个洞。洞越挖越大，人可以在这里存身，就可以避开城上的砖石和飞箭了。李自成原想将城墙挖透，接着将城攻破。到二月十四日，农民军在城墙上挖了六个大穴。这种方法一时对守军造成很大的威胁。

针对李自成的这种穴城法，城上守军也采取了相应的对策。一种方法是：针对农民军所挖洞穴的位置，从城上用铁钎往下通，将洞顶通透，然后往下浇滚汤、沸汁，或投入燃烧的火药包，使农民军无法在洞中藏身。另一种方法是：用大木制造一种所谓的"悬楼"，犹如碉堡，从悬楼中可发射火炮，使农

[1] 李光殿《守汴日志》。

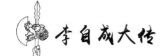

民军无法靠近城根。

双方一连激战七昼夜，各自的伤亡都很重。李自成一直未能将城攻破。

副将陈永福得知开封被李自成包围后，急忙率领五百精兵回守开封。二月十六日，陈永福赶到开封城外，想趁着夜色穿过农民军大营，结果还是被农民军发现，混战一场，官兵死伤惨重。陈永福突围至城下，但城上官军不敢为他开城门，生怕农民军乘势攻入，只得把他绹入城中。

二月十七日，为了决定下一步的攻城方法，李自成亲自到城下观察形势。他穿着一身普通的农民军的服装，身边只有几个亲信，到离城很近的地方考察地形。因行踪不秘，被官军发现，突然一阵飞蝗般的乱箭射来，李自成躲闪不及，被射中左目。顿时鲜血直流，李自成差点晕倒在地。身边的人急忙将他救护回营。官军起初不知道这个被射伤的人是谁，后来才知道他就是闯王李自成。这成了官军的一件奇功。陈永福没有将此功据为己有，而是记在了他的儿子守备陈德的头上。至于到底是谁射瞎了李自成的左目，今已无法详考。[①]但此功属陈永福部则无问题。

李自成的伤势很重，后来虽将伤口治愈，但左目从此失明。在李自成受伤的同时，有消息说左良玉和保定总督杨文岳分头向开封靠近，河南巡抚李仙风也将率游击高谦来援开封。如果各路官军陆续赶到，李自成农民军将处于很不利的境地。尤其是李自成被射瞎左目，被认为是很不吉利的事，影响了士气，因而决定马上撤围。

二月十八日黎明，前锋部队起营先撤，大营仍可保持镇静，为了迷惑官军，还故意佯攻了一阵，并来回调动。到这天晚上，李自成农民军便全部撤离。

当李自成农民军撤去后，李仙风才和游击高谦来到开封。周王怨恨他不能及时来守城，下令不许开城门将他放入。高名衡和李仙风二人互相讦奏，崇祯皇帝以洛阳被陷、福王遇害之罪逮治李仙风。李仙风自知难免一死，遂自杀。

---

①《明史·曹变蛟传》载，陈永福"射李自成，中目"。《守汴日志》和《豫变纪略》诸书均谓陈德所射。《大梁守城记》谓"不知为何人所射"。据传闻，说是普遍士卒谢三所射。"（谢）三名不显，故为陈所掩"，陈永福"攘为其子陈德之功，以守备擢游击"。

高名衡以守开封有功，代为河南巡抚，陈永福也由副将升为总兵官，镇守河南。

二、杨嗣昌之死

从崇祯十二年（1639）下半年起，杨嗣昌就成了镇压农民军的前线最高指挥官。他要对付的主要目标是张献忠，故一直在湖北、四川一带与张献忠周旋。他万万没想到，原来似乎销声匿迹的李自成竟在中原地区得到大发展，并攻陷了洛阳，处死了崇祯皇帝的叔父朱常洵，还进而围攻开封。这对杨嗣昌自然是十分沉重的打击，促使他不久即畏罪自杀。

杨嗣昌亲自督师以来，虽曾打了一些胜仗，但并未将农民军镇压下去。相反，到崇祯十四年（1641）年初，李自成和张献忠等农民军都一连打了几次大胜仗，这标志着这位督师已到了末路。

李自成于崇祯十四年（1641）一月攻破洛阳后，张献忠和罗汝才于二月间也攻破了湖广重镇襄阳。原来，张献忠和罗汝才在湖广受到杨嗣昌所督官军的压迫，于崇祯十三年（1640）秋转移到四川。他们在剑州、梓潼等地一连打几个大胜仗，迫使杨嗣昌不得不向朝廷上书请罪。但是，他却把责任推给四川巡抚邵捷春，说他疏于防范，致使张献忠等得以长驱直入四川。为此，邵捷春被论死弃市。四川巡抚一职由廖大亨接替。驻陕西的三边总督郑崇俭也因夹剿不力，秦兵甚至挟饷噪归，亦被革职查办，总督一职由丁启睿接替。杨嗣昌心里明白，自己作为督师，对这些失败负有不可推卸的责任。

这时杨嗣昌督师作战已显得很不得力。左良玉和贺人龙是两员悍将，实力也最强，但他们都对杨嗣昌心怀不满，不服从调遣。杨嗣昌对他们也毫无办法。因此，面对力量越战越强的农民军，杨嗣昌显得越来越被动，越来越力不从心。

崇祯十四年正月，正当李自成农民军围攻洛阳的时候，张献忠和罗汝才率部由四川打回湖广。二月初，他们迅速逼至襄阳城下。襄阳是湖广北部的重镇，也是杨嗣昌督师的大本营，存有大批军用物资和粮饷。襄王朱翊铭的王府也在这里。张献忠之所以快速奔袭襄阳，还有一个很重要的原因，即他的家属

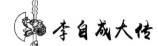

被俘后都关在襄阳监狱，他的军师潘独鳌也关在这里。张献忠趁杨嗣昌集中力量在四川作战之时，以迅速雷不及掩耳之势奔袭襄阳，使杨嗣昌回救不及，完全处于被动局面之中。

二月四日夜间，张献忠命部下二十八骑冒充杨嗣昌差官，手持杨嗣昌军符，到襄阳城下叫门。守城兵查验军符无误，遂将他们放入城中。半夜时分，他们一边在各衙门放火，一边在街上奔驰喊叫，一时火光四起，喊杀声一片。原驻城中的大约三四百名农民军降丁这时也倒戈哗变，和他们一起行动。

天明时，张献忠率大军赶到，很快占领了襄阳全城。襄阳知县李大觉自缢而死，分巡道参议张克俭不知去向，据其家丁报称，他已被大火烧死。襄王朱翊铭被活捉。

张献忠坐在襄王的王宫中，部下将襄王缚至堂下。张献忠要襄王喝杯酒，说道："我欲断杨嗣昌头，嗣昌在远。今借王头，俾嗣昌以陷藩伏法。王努力饮此酒。"[1] 随后将襄王拖至西城楼处死，将尸体投入火中毁掉。

攻下襄阳后，张献忠发银 50 万两赈济饥民。城中王府的宫女也尽为张献忠所有。城中"军资器械山积"，自然都归了张献忠。左良玉多年掳掠的财宝也都存放在襄阳，这时也换了主人。

李自成攻陷洛阳和张献忠攻陷襄阳前后相距不到半个月，两个藩王被处死，这无疑是官军的重大失败。它标志着杨嗣昌的围剿计划彻底破产。杨嗣昌在由四川返回湖广的路上得到塘报，得知襄阳失守，襄王被处死，塘报还未读完即放声大哭。这种哭不仅是哀襄王之死，更主要的是他感到自己的末日已经来临。这时他在夷陵，马上上疏崇祯皇帝请死。不几天，他又得知洛阳失守，福王遇害，不禁抚膺大恸，从此一病不起。他拖着病弱之躯到荆州，想求见封在这里的惠王。惠王拒不接见，还命门人转告杨嗣昌："先生愿见寡人者，请先朝襄王。"[2] 杨嗣昌惭愧得无地自容，遂于 3 月 1 日自缢于沙市的徐家花园。他的儿子杨山松害怕被说成畏罪自杀，便以"病卒"上闻。

① 《明史》卷二五二《杨嗣昌传》。

② 吴伟业：《绥寇纪略》卷八。

洛阳、襄阳相继失陷后，朝中大臣对杨嗣昌交章论列。杨嗣昌虽然已死，但崇祯皇帝还是"下其议"，即要廷臣集议，看应该怎样追论杨嗣昌的罪过。有的大臣建议，用嘉靖时处置仇鸾为例，将杨嗣昌"开棺戮尸"。有的大臣说杨嗣昌调度无方，他曾自题公署匾额，大书"盐梅上将"，那边许多州县已破，杨嗣昌这边却命"多备索子绑贼"①，显然是一种轻敌的表现。现在终于导致大败，应予严惩。但崇祯皇帝认为，杨嗣昌在军中两年，打了不少胜仗。今专罪他一人，"非通论"，所以非但未治杨嗣昌的罪，反而追赠他为"太子太傅"。左良玉因不听节制被削职，命其"戴罪平贼"。之所以未对左良玉严加治罪，是因为左良玉握有重兵，害怕因此引起变故。杨嗣昌死后，督师一职由三边总督丁启睿继任。

杨嗣昌是一个得到崇祯皇帝高度信任的人物，他的死标志着明王朝围剿农民军的失败。这不只是他个人的悲剧，也是整个明王朝的悲剧。从此以后，直到明亡，没有一个将领有过杨嗣昌那样的权势，更没有人得到过像杨嗣昌那样的信任。李自成农民军在除掉这个劲敌后，更以锐不可当之势向明王朝发起了最后攻击。

三、马家庄之战

李自成从开封撤退后，即西去攻打密县。县城内的守兵抵挡不住李自成的进攻，四散奔逃。

这时，保定总督杨文岳率领总兵官虎大威等尾随李自成之后。他们有官军二万，是支生力军，本是援救开封的，因李自成撤军西去，便从后边尾随追来。在嵩县以北的鸣皋，杨文岳与李自成农民军遭遇，双方都有不少伤亡，遂各自罢兵。杨文岳撤回开封。李自成本来打算再次进入陕西，他听说入陕的各个关口都有重兵防守，遂掉头向南，转战于豫南一带。

新任督师丁启睿看到李自成的力量强大，不愿正面与李自成作战，以避其

---

① 计六奇：《明季北略》卷十七《杨嗣昌自经》。"盐梅上将"，谓国家不可少之人，犹如调味不可缺少盐料和酸梅一样。

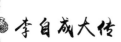

军锋。他感到张献忠的力量相对较弱，也为了向朝廷交差，就率领部下尾随在张献忠之后。张献忠和罗汝才占领襄阳、樊城等地之后，得知官军纷纷向这里运动，特别是他们得知，李自成的势力在河南得到迅速发展，河南的官军大都去对付李自成，所以就率领军队北上，也进入河南。他们行动迅速，避实击虚，使追击的官军十分被动。

当时，丁启睿也被赐予尚方剑，其权大致如同杨嗣昌，但实际上是个庸才。当他率军到达荆州时，湖广巡抚汪承诏对他说："大寇在河南，荆、襄幸息警，无烦大军。"也就是说，李自成、张献忠这时都在河南，你身为督师，不去河南，反而到这里来干什么呢？汪承诏还授意部下，将船只隐蔽起来，以防丁启睿渡江南下。丁启睿在荆州停了五天，因找不到船只，不能渡江，就只好回头去邓州。他想进入邓州城内，不仅被拒绝，而且"州人闭门诟"，即对他大骂。他羞惭满面，率部下离去。当经过内乡县时，当地关闭了集市，以防丁启睿部下抢劫，也担心他们长期留住此地。这使得丁启睿一行饥渴难耐。在荒山野岭间行军，找不到粮食，就只好宰杀军中马匹，用野草烧烤，借以充饥。可以想见，其境况是相当困窘的。丁启睿故意在荒山野岭间绕来绕去，实际上也是为了避开李自成的主力。这样虽打不了胜仗，无功可邀，但也没打败仗，也不承担什么罪责。丁启睿身为统率三军的督师，竟如此怯懦，且到处不受欢迎，可见明廷官军对镇压农民军已完全失去信心。

崇祯皇帝看到丁启睿一直无捷报传来，担心局面不可收拾，便将关在狱中的原兵部尚书傅宗龙放出，命他代丁启睿总督三边军务，专剿李自成。

傅宗龙是有名的能臣，性朴直。在天启年间，云南、贵州土司反叛，声势颇大，连及四川的一些地方也动荡起来。明廷先后派几个将领前往镇压，皆不见效。当傅宗龙前往后，对各路兵马经过一番整顿，调整策略，连战皆捷，并在当地大兴屯田，保证了官军供给。经过几年转战，这场反叛终于被平定了下去。正如《明史·傅宗龙传》中所说，傅宗龙因此而"威名大著……非（傅）宗龙，黔几殆"。意思是，若非傅宗龙，可能贵州就不保了。后来，因小事被崇祯皇帝罢职。崇祯十二年（1639），他又被重新起用为兵部尚书。杨嗣昌出外督师，不时请粮请饷，兵部往往不能及时供应，杨嗣昌遂弹劾傅宗龙。傅宗龙也反过来弹劾杨嗣昌，说他"徒耗敝国家，不能报效"，还"以气凌廷臣"。不久，监军宦官高起潜劾总兵官杨基怯懦，而傅宗龙未及时报给崇祯皇帝。崇祯皇帝大怒，立命将傅宗龙逮系狱中。现在杨嗣昌已畏罪自杀，崇祯皇帝又想靠傅宗龙来挽救自己摇摇欲坠的统治。

崇祯十四年（1641）五月，李自成农民军包围了南阳。这里是豫南重镇，防守的力量比较雄厚，李自成久攻不下，遂撤往内乡。接着，李自成在淅川与左良玉打了一仗，互有胜负，随后东去攻打邓州（今河南省邓州市）。李自成攻打邓州不利，不愿强攻，遂弃置不顾。

罗汝才因为与张献忠意见不合，遂与张献忠分手，率领自己的部下北上，在邓州一带与李自成合兵一处。当时，李自成部是各部农民军中最强的一支。罗汝才本人颇有谋略，故绰号为"曹操"，他的力量当时仅次于李自成和张献忠。罗汝才与李自成合兵一处，自然大大增强了李自成部的力量。"自成之兵长于攻，汝才之兵强于战，两人相须如左右手"。罗汝才虽年长于李自成，却对李自成以兄长事之，听从李自成指挥。这支农民军转战中原地区，名副其实地成为明王朝的心腹之患。

李、罗二部合营后，由邓州东进唐县。七月中旬，他们掉头南下湖广，并声称要攻打承天府（今湖北省钟祥市）。承天是嘉靖皇帝的"龙兴"之地，他入继大统以前的旧邸即在这里。新任三边总督傅宗龙唯恐承天失守，那可是件要脑袋的事，因而就急忙率领贺人龙、李国奇等部赶往承天。李自成在湖广打了几次小仗，一些小股农民军纷纷来附，力量得到进一步壮大。他广布旗哨，对官军的动向和部署了如指掌。李自成了解到，承天有重兵防守，外地官军也纷纷往那里运动，于是就果断地改变计划，取道应山返回河南。

九月初，傅宗龙率部到达河南新蔡，和保定总督杨文岳会合。随后，他们一起奔赴项城，打算在新蔡和项城一带将李自成剿除。九月五日，傅宗龙和杨文岳驻龙口，他们得知李自成大军距此不远，就在夜里召集诸将商议，准备第二天就大举进击。这时李自成也得到官军动向的情报，就决定给官军一个移师汝宁的假象，只留一小股部队殿后，实际上大股精锐部队都埋伏在附近的树林中。官军到达汝宁和项城中间的孟家庄，以为农民军主力已经远去，未做防

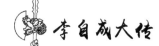

备，士兵都解鞍歇息。黄昏时分，李自成的主力精锐部队突然从树林中杀出，官军顿时陷于一片混乱。傅宗龙忙集结部队，组织抵御，但仓促之间军心已乱，难以抵敌。他的部下主力贺人龙部见势不妙，最先逃走。副将李国奇接战不利，便和杨文岳部下的总兵官虎大威一起往沈丘逃去。傅宗龙和杨文岳两个总督总算坚守住了阵地，没有逃跑，率亲军与农民军对抗。到二更时分，保定兵一部又拔腿北逃，杨文岳的一个副将急急忙忙地闯入帐中，谓形势危急，把杨文岳扶上马去，仓皇逃去。傅宗龙孤军固守，人心摇动，随时都可能全军覆没。他激昂慷慨地对任监军的陈副将说道："宗龙当死久矣！今日陷贼中，当与诸君并志决命，不能效他人走也。"[1] 他召集诸将，所剩兵士约6000人，立誓坚守。在傅宗龙的激励下，官军的士气一时有所振作，居然一时守住了阵地。

九月九日天一明，贺人龙和李国奇就接到傅宗龙派人送来的小帖，要二将急速回返救援。二将明明知道这是总督傅宗龙的命令，但由于害怕农民军的围攻，就故意装作怀疑的样子说："此书从贼中来，庸知非伪耶？"二将不理睬傅宗龙的命令，继续率部下向沈丘开拔。他们到达沈丘后，在城下大叫大嚷，要知县打开城门。知县沈丘来到城头上说："若不往救傅督师，入城何为也？"二将羞惭得无言以对，虽然气恼，但也无可奈何，遂一起撤往陈州。

李自成看到没有援兵赶来，就督众在马家庄外围挖好两道壕沟，准备对傅宗龙进行长期围困。马家庄是个不大的镇，一下子聚集了那么多官军，粮草补给马上就会出现困难，时间一久就会不战自乱。李自成不用"攻"而用"困"的战术，很快就看到了它的效力。到十一日，官军的粮食已尽，不得不开始杀战马充饥。这样勉强维持了三四天，到十五日，一些体弱的马基本上都杀光了，已无马可杀。傅宗龙看到，等待援军已没有希望，再等下去只能坐等灭亡，于是决定强行突围。十六日二更时分，傅宗龙率百官开营外冲，李自成农民军早有准备，官军死伤惨重。幸赖亲军奋勇冲锋，傅宗龙总算突出重围，率残部向项城逃去。农民军随后紧追，在距项城8里处将傅宗龙俘获。

李自成农民军抓获傅宗龙后，就簇拥着他到项城城下，谎称是傅宗龙的部

---

① 吴传业：《绥寇纪略》卷九。

下，要项城守兵放傅宗龙入城。傅宗龙身处险境，表现得颇有气节，他在城下大声喊道："此贼也，身是傅督师，不幸落贼手，城上速用炮击，勿坠狡计！"[1]李自成见傅宗龙如此顽固，立命将他杀死。农民军先挖去他的双眼，又削了他的鼻子，接着便将他扔在一边，城中守兵见是农民军赶来，遂举炮猛轰。农民军见城中有备，遂弃而不攻。傅宗龙被人背入城内，很快死去。

马家庄之战是李自成农民军与官军的一次大规模会战，双方都投入了主力部队。傅宗龙本来想有所作为，结果却在这场会战中全军覆没。这次大会战是李自成起事以来少有的几次大胜利之一。自此以后，李自成基本上掌握了战场上的主动权。

四、张献忠来会

张献忠自谷城复叛以后，主要活动在湖广和四川一带。他由湖广入四川，由四川返湖广，打了几个胜仗，渐有骄气。官军主力的目标一时集中在他身上。尤其是左良玉，数次击败张献忠，几乎成了张献忠的克星。张献忠受到的压力越来越大，而李自成在河南却得到发展，他也就向河南移动。

崇祯十四年（1641）四月，张献忠从随州北上，于四月初八日攻陷信阳。左良玉随后赶来，张献忠急忙撤往湖北应山一带。左良玉为了拥兵自重，也不急追。为此，左良玉受到信阳籍御史钱守廉的弹劾。崇祯皇帝下诏，命左良玉"戴罪杀贼自赎"，但并未剥夺他的兵权。五月初，张献忠又从湖北进入河南，乘夜间下雨一举攻陷泌阳。这里离南阳很近，南阳知府颜日愉急忙加强防备，筑城堑，练乡勇，储备粮草炮石，以备御敌。张献忠果然来攻，但一直未能攻下。张献忠遂弃南阳，率部往西北方向进发，在永宁（今河南省洛宁县）与李自成相会。对此，《纪事略》记道：

> （张献忠）遂弃南阳，走新野，破双城、固始，直上永宁府，合闯贼（李自成）共住月余。自成认攻汴，献忠认攻郧阳。

---

[1] 吴伟业：《绥寇纪略》卷九。

147

这是一段很重要的史实，有的史书称之为"永宁会师"。它表明，明末两大农民军主力曾会师一处，以共商推翻明朝大计。李自成和张献忠还进行了战略分工，李自成往东进军，主攻开封，张献忠则向南进军，主攻郧阳。永宁会师在崇祯十四年（1641）五月中下旬，此后的几个月双方即按分工行动。

张献忠于七月三日开始攻打郧阳，但遇到农民军叛将王光恩的顽强抵抗，不仅未将城攻下，张献忠本人也被炮弹击伤，只好撤围西去。他于初九日攻下郧西，继而于月底攻下洵阳。在这里，他又被督师丁启睿击败，便又东返。丁启睿和左良玉分道追击，张献忠于八月中旬又到达郧阳。因丁、左大军尾随而来，张献忠未对郧阳认真攻打，便绕过郧阳，辗转经淅川、信阳等地，于九月再次与李自成会师。张献忠这次出师损失惨重，身边只有数十骑，自己也受了重伤。这时的李自成却连败官军，并在马家庄之役中俘杀了督师傅宗龙。因此，李自成和张献忠此时的兵力已不可同日而语。对他们二人的这次相会，有的史书上说李自成想杀掉张献忠，只是因听了罗汝才的意见，才资助张献忠五百骑，让他再去发展。例如《怀陵流寇始终录》就记道，张献忠连遭重创后，"仅存数十骑，因曹操（罗汝才）以自托。闯贼欲收为部曲。献不屈，闯欲杀之。曹贼曰：'宜留以扰汉东、分官兵势'。与五百骑……"对张献忠来会李自成之事，许多史书都有所论述，只是李自成要杀张献忠一事却不足信。首先，这不符合李自成的性格和一贯做法。在明末农民军领袖当中，李自成的胸怀比较宽广，对降附自己的人都能推诚接纳。即使与自己长期为敌的明军将领，只要降附，则一律推诚任用。陈永福曾在开封射瞎了他一只眼，可谓深仇大恨，但李自成后来照样接受了他的投降，并委以重任。对张献忠这样和自己一起反抗明廷的农民领袖，李自成更不会杀掉他。

其次，李自成和张献忠同乡，几乎同时起事，以前一直携手反明。当李自成南原大败后，曾去谷城会见张献忠，张献忠当时已受抚，冒着很大的危险接待了李自成，并资助李自成一些马匹和衣甲，让他再图发展。此后，李自成也数次配合张献忠与官军作战。现在张献忠来会李自成，李自成投桃报李，也资助他一些人马，让他再图发展，正合于农民军领袖的那种义气，也合情合理。

否则，李自成如趁张献忠困难之际而杀掉他，会极大地损害自己的名声。李自成绝不会出此下策。

再其次，张献忠这时身边"仅存数十骑"，力量已很小。此前，张献忠一直是官军的主要目标，吸引了明军的主力。这也是李自成在河南得以迅速发展的重要原因之一。这时的张献忠对李自成没有任何威胁，李自成没必要杀掉他。对明廷来说，张献忠却是个心腹之患。让张献忠去分散明军的注意力，有利于李自成自己的发展。李自成绝不会连这点策略意识也没有。更何况近两年二人配合作战颇为默契。

最后，从有关史料综合分析，也不存在李自成要杀张献忠之事。据《明史·张献忠传》记载，张献忠离去后，"道纠土贼一斗谷、瓦罐子等，众复盛，然犹佯推自成。"《绥寇纪略》也有同样记载。李自成当时的力量最大，在与官军对抗中，他已是事实上的盟主。如李自成要杀张献忠，张献忠绝不会再"佯推自成"。有的史书记载："献忠合回、革、左诸贼，自霍、太北行以会之。河南土寇瓦罐子、一斗谷诸贼毕会，众逾百万。闯贼合人撰《九问》《九劝》诸词，号召群盗，勾引饥民，号称闯王。"[①]还有几种史书也有大体相同的记载。联系到上面的记载，可以看出，当时张献忠是和李自成配合行动的，而绝不会有李自成要杀张献忠之事。更何况，李自成如果要杀张献忠的话，按李自成的行事习惯，也一定是突然行动，绝不会让外人知道。因此，说李自成要杀张献忠一事显系猜测和误传。

张献忠自这次和李自成相会以后，经安徽辗转进入湖北等地。李自成则集中兵力再次攻打开封，官军的目标遂集中在李自成身上，张献忠则趁机壮大了自己的力量。

第二节　二打开封

李自成在擒杀傅宗龙以后声威大振，接着又攻陷了河南的许多州县。崇祯

---

① 彭孙贻：《平寇志》卷之四。

十四年（1641）年底，李自成再次率大军围攻开封。

一、转战河南

马家庄之役后，李自成农民军又迂回向开封运动，准备再次攻打开封。有的史书上说，李自成之所以执意攻下开封，主要是贪图城中的财宝和"佳丽"。实际上，这充其量只不过是次要原因，主要原因还在于开封地位的重要性。攻下开封，就等于大体上荡平了河南，可以为自己开辟一个更大的活动空间，李自成的势力就可以向东、向北发展。

在二打开封以前，李自成在河南的商水、叶县、南阳、襄城等地接连打了几个漂亮的胜仗，为攻打开封制造了声势。

崇祯十四年（1641）十月五日黎明，李自成农民军赶至商水城下，将城团团包围，只留下西北角一个缺口。商水知县姚文衡督众防守，见西北角留有缺口，就说道："贼方知网开一面乎？"一个生员回答说，这是李自成的策略，倘若老百姓都从缺口逃出，谁来帮助守城呢？李自成这样做正是为了削弱官兵。姚文衡虽表现得颇有气节，坚守了三天，但县城还是被攻破，他本人"不屈而死"。

李自成连续攻破了商水等县城后，接着围攻郾城，在郾城受到比较顽强的抵抗，李自成遂移师叶县。驻守叶县的明军副将刘国能原是一个农民军首领，绰号"闯塌天"。他于崇祯十一年（1638）投降了官军，从此以后就以明王朝的忠臣孝子自命，在与农民军作战中表现得颇为勇敢。这次李自成以锐不可当之势围攻叶城，又遭到刘国能的顽强抵抗。李自成大军一连猛攻七昼夜，却一直未能将城攻破。但城中守兵伤亡很重，且粮草已尽，刘国能看到已实在无力防守，自己便缒出城外，大义凛然地对李自成说："凡所以防守之具，皆吾自为之，与叶民无涉。今吾力已竭，不忍城破尽毙此民，特来请死。"李自成一时颇受感动，又念他是自己往日的战友，就诚恳地劝他投降。刘国能却一口拒绝："吾大逆人，受朝廷厚恩，不敢负。"[1]遂自刎而死。李自成为刘国能的义气所感，将他安葬于城西。李自成进入叶县后，只是杀掉了知县张我翼，对守兵

---

[1] 张永祺：《偶然遂纪略》。

和普通百姓则没有伤害。

李自成于十月中旬破叶县后，即遣人传谕邻近的襄城守官，要其投降，并献纳骡马粮车，否则将大举攻城。知县曹思正立即召集守将和一些诸生共商对策。许多人主张战不如降，他们举正德年间的例子，谓刘六、刘七大起义时，襄城献骡马粮车，得以免受攻打。今日李自成的力量远超过刘六、刘七，应该早降，以免城内军民受屠戮。但是，襄城举人张永祺却坚决反对，力主固守。他自农民军初起时就出粮，团结诸生张琇等数十人，一起协助官军守城。他常以君臣大义激励众人，自号"不二字"。他看到知县曹思正和其他人大都主张投降，感到事不可为，遂于十月二十四日夜间出城，"哭拜先墓"而逃。① 他取意于杜甫的一句诗"生还偶然遂"，将自己写的一本书取名《偶然遂纪略》。十月二十五日，知县曹思正率领众人到郊外迎接李自成农民军，却久候不至。后打听得知，李自成已率大军攻打南阳去了。

十一月初一日，李自成农民军将南阳团团包围。这里是豫南重地，唐王朱聿镆在这里守藩，官军比较多。农民军大炮猛轰，架云梯强攻，连攻三昼夜未能攻下，战况十分激烈。城中守将猛如虎、戴罪总兵刘元祚都很骁勇，他们和守备钱勋吾协力防守，使李自成的进攻连连受挫。但李自成人多势众，又志在必得，便不惜一切代价督众猛攻。第三天，知县姚远熙在城头督战时被炮火击中，伤重而死，使军心受到相当大的影响。第四天，农民军由西北角破城而入。猛如虎持短刀巷战，往来拼杀。他见大势已去，便在唐王府门口望北叩拜，口称负恩，被农民军杀死。唐王朱聿镆及刘光祚、知府邱懋素、参将刘士杰等皆被杀。太监刘元斌奉命率军援救河南，还未赶到南阳，听说南阳已陷落，便"拥妇女北去，纵兵大掠，杀樵汲者论功"。不久朝廷派御史清军，刘元斌很害怕，"仓皇沉妇女于河"。② 后来事情终于败露，刘元斌被杀。刘元斌的表现与猛如虎等人形成了鲜明的对比。有不少大臣心里纳闷：刘元斌作为一个太监，他在军中养那么多妇女干什么？

---

① 张永祺：《偶然遂纪略》。
② 计六奇：《明季北略》卷十七《自成陷南阳》。

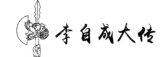

李自成接连攻占了河南西部和南部的许多州县，使河南的大部分地区处于自己的控制之下。于是，他就开始集中兵力攻打重镇开封了。

二、再攻开封

崇祯十四年（1641）十二月二十三日，李自成率大军50万，第二次大规模围攻开封。也就在这一天，尾随在李自成之后的左良玉到达裕州。因左良玉一军漫无纪律，裕州军民千方百计地拒绝左军入城。这天正下着大雪。左军又冻又饿，而城中居民却自发地浇水冻城，以防左军进入。左良玉十分愤恨，只得开赴郾城。左军害怕再次被拒之城外，便突然蜂拥而入，大肆劫掠一通。左军由郾城继续北进临颍，在那里又停留数日，才又继续北进。左良玉走走停停，开封那边已展开激烈的攻防战，他在路上却无动于衷。当时官军已数左良玉这支为最强。但他迟疑观望，不愿与李自成正面交锋，所以他行军的速度特别慢。

李自成这次攻打开封前后延续20天，战况十分惨烈，双方都投入了可以动员的全部力量。为了确保开封不失，崇祯皇帝命督师丁启睿来开封协守。因丁启睿的部下有不少降卒，军纪不好，周王起初不许他们进入开封城内，而让他们驻扎在城外御敌。丁启睿清楚地知道驻扎在城外的危险，故坚请入城。周王不得已，允许他们防守北门外城。当李自成大军到来后，刚一接战，丁启睿的部队就溃不成军，有的投降了农民军，大部则溃退到月城内。月城也称瓮城，即城门外的小城。农民军接着又向月城发起攻击，使开封北门的形势变得万分危急。

主持开封防务的主要有巡抚高名衡、总兵官陈永福、推官黄澍、知县王燮等人，各个官员画地死守。民间青壮年都必须上城，有男子一人不上城者，全家处死。双方都摆开了决一死战的架势。李自成首先在开封北门发起攻击，很快将月城攻破。丁启睿原有部下三千人，这时已损失大半。丁启睿要知县王燮火速往北门救援。王燮急忙率亲兵赶来，见月城已破，便急令加固城门。丁启睿的部下在城下哀求，请打开城门放他们进去，丁启睿也请求将他们放入，被王燮严词拒绝。他声色俱厉地说："这是什么时候！还敢打开城门吗？"丁启睿见此情景也无可奈何。论官阶，丁启睿远在王燮之上。但丁属外援，而王是当地县官，此时此地是王说了算，这真有点"强龙不压地头蛇"之意。当时丁兵和农民军已混杂在一起，拥至城门下。在那万分危急之时，有人主张"火攻下击，以解其危"，但丁启睿担心伤及自己的部下，故极力反对。王燮表面上显得很为难，但暗中已令人用火炮齐攻。可怜在城下混战的农民军和官军，一时死于火者难以计数。李自成急令撤军，城上则为这次守城成功而欢呼雀跃。

李自成稍事休整后，又在北门发起攻击。农民军在月城上安起大炮小铳，直对城楼，昼夜向城门轰击。城墙被打得斑斑点点，"城壁如筛"，守城官兵都躲到后面，不敢在城上站立。周王遂拿出一些金银，重赏敢于上城的勇士，要他们上城与农民军对击。当炮火暂息时，官军急忙将一些土袋和木墩之类的东西运到城上，筑起一道子城，以便兵士藏身。这样一来，北门的防务大为加强，"全城人心益固矣"。

李自成以重兵攻打北城和东城，因为这两处的城墙稍薄，而西边和南边的城墙较厚。从东门到北门环城约有15里，密布许多火炮，昼夜向城上轰击。李自成在攻打其他州县时夺得许多火药和器械，这时派上了用场。当时正值隆冬，城上守军除中炮死者外，还有不少人在风雪中被冻死。据《汴围湿襟录》记载："军士冻死者殆以千计。"

李自民攻城越来越急，而城内士兵的粮饷却越来越缺乏，有的士兵整天吃不到一顿饱饭，士气越来越低落。城内的官员面对此情此景，都感到束手无策。大家都知道周王府中积蓄甚丰，周王以前已捐助了不少饷银，这时大家都不愿出面求他捐助。知县王燮是个颇有胆识的人，他自告奋勇，单骑驰往周王府中，恳切地对周王说："城破在旦夕，王多积蓄，万一失守，恐非王有。乘此人心未危，兵民可鼓，重赏犒之，或可救急！"周王较为开明，立即捐出白银数万两，以赏守城将士。一时士气大振，对巩固城守发挥了很关键的作用。在李自成未合围前，崇祯皇帝命巡抚任濬以巡按的身份来开封监军，以加强开封防务。任濬也是个比较尽职的官员，每天在城上巡视，以周王所捐助的饷银奖励有功将士，恩威并施，对鼓舞士气发挥了很大的作用。

当时，李自成和罗汝才已合兵一处，以50万大军攻打开封孤城，大有泰山压顶之势。李自成原想一举攻下，没想到却打起了持久战，连攻数天皆无成效，士气也渐渐有些低落。巡抚高名衡看到农民军疲惫，就挑选了三千精兵，

在天黑后缒下城去，乘农民军不备，突然杀入农民军营中，一边放火，一边呐喊，乘农民军士兵已入睡，斩杀颇众。等到农民军动员起来反击时，这些官军已躲进城内。这使李自成颇为气恼，严令加强提防。高名衡看农民军营中夜间也灯火通明，不少军士密切注视着城上，就停止了偷营。但农民军不敢稍有懈怠，每天晚上要分出许多军士防备偷袭，因而也影响了农民军的士气。

李自成看城上守御有方，自己也改变了战术。他命将士砍伐一些树木，筑起四座高台，其高度和城墙相似。每个台上置大炮数门，直轰城上。这种战术一时对城上防务造成很大危险，使城上无法站人。周王和高名衡等面对危局，又拿出一笔银两重赏兵民，连夜在城上又筑起一道子城，长约三里许。到天明时城已筑好，农民军见到后大感惊异。官军可以躲在子城后边与农民军对击，农民军反而处于不利的位置。经过六七天的猛攻，农民军一直未能将开封攻下，这就到了崇祯十五年（1642）的元旦。

三、元旦以后的死攻死守

在过去，元旦就像现在农历的春节，是中国人民最隆重、最热闹的节日。现在以公历的 1 月 1 日为元旦，这是孙中山建立中华民国后改的。对于开封的老百姓来说，崇祯十五年（1642）的元旦却丝毫没有节日的喜庆气氛，也几乎没有燃放烟花爆竹，他们所听到了是更为猛烈的炮火的轰鸣。

原来，李自成为数天未能将开封攻陷很是生气，便想趁元旦这天发动死攻，不惜任何代价，意在将开封一举攻破。他猜想，城内守军在元旦这天一定会很松懈，不管怎么样总要庆贺一下新年。他亲自调集精兵数万，先埋伏在城壕外边，在元旦这天同时发起猛攻。他亲自督阵，一边用大炮向城头轰击，一边督众沿城墙蚁附而上。但李自成没有想到，城内守军也料到元旦这天会有战事，并未放松戒备，所以城上守军很快投入了反击。由于农民军人多势众，在兵力上占有明显的优势，所以起初农民军占有明显的优势。巡抚高名衡和总兵官陈永福亲自指挥，拼死抵御。官军用火炮下轰，一些士兵则用砖石猛击往城上攀登的农民军。但是，官军一直未能将农民军击退，一些农民军兵士已接近登上城头，形势万分紧急。一旦某处城头失守，大批农民军就会像潮水一样涌入，这座城市就会落入李自成手中。这时，城内可以动员的兵民几乎都被动员了起来。多少年来，他们从来没有过这么一个激动人心的元旦。高名衡看到，沿城墙攀登的农民军一步步接近城头，总不能将他们击退，心里万分着急。他听了部下的建议，立命运上城头一些芦苇柴草，浇上油，点燃以后投向攀城的农民军，一时烈焰弥天。火烧加上烟熏，使攀城的农民军难以立足，有很多人被活活烧死。这个方法颇有成效，使数处接近城头的农民军被迫退下。但是，由于李自成严令催督，竟有数十名农民军登上了城头。但由于他们人数少，后续力量未能及时跟上，结果都被官军擒获。官军将他们杀死后，将他们的头颅挂在城墙上。农民军死伤颇为惨重，一直未能将城攻下。官军在这天也战死数百人。从李自成包围开封以来，元旦这天的战斗最为惨烈。所以《汴围湿襟录》中说："全汴之功，此战称第一。"

由于李自成农民军一直不退去，城内的粮饷供应越来越困难。再加上正值隆冬季节，风雪交加，天寒地冻，守军在城头上难以存身。迫于军令，城上守军站在凛冽的寒风当中，有不少军士被活活冻死。这也大大增加了守城的困难。农民军长围不退，这令巡抚高名衡忧心如焚。他发出告示："勿论军民兵将，有能破贼益于城守者，许建奇谋，功成受赏。"实际上就是鼓励军民献计献策，出奇制胜。一个名字叫高尚仁的守备官有两尊旧大炮，他在深夜埋入土中。白天挖土筑城，忽然间发现了这两尊炮，上面还写着字："洪武二年刘伯温造，后日专击流贼。"刘伯温就是明太祖朱元璋的大谋士刘基，是个颇有神秘色彩的人物，号称精通阴阳术数。这两尊大炮的出土在开封城内一时引起极大的轰动。高名衡立命在炮身上盖上红色彩绸，许多人敲锣打鼓，护送着这两尊大炮到北门，安置在北门城头上。用这两尊大炮向农民军轰击，果然击中了不少农民军，城上守军以此欢呼雀跃。在当时城中军民人心惶惶的时刻，这两门炮的出土起到了安定人心的作用。大家不知道这是个小军官玩的一个小把戏，致使许多人认为有天助，开封城定能保全。这对提高守军的信心还真的发挥了不小的作用。

李自成看强攻难以奏效，就又采用"穴城法"。他严令每个冲上前去的士兵取下一砖，得到的就回营歇息，"惟后退者必斩"。从城墙上取下一些砖之

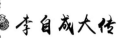

后，就接着在城墙里边挖穴。人躲在洞穴里，城上的炮火就伤不到他们。穴越挖越大，每隔三五步远保留一个土柱，以免坍塌。等挖到一定程度后，用大绳将土柱系住，穴内的人员离开，由众多的军士一起拉，将土柱拉倒，城墙随之崩塌。在今天看来，这种方法简直太原始、太落后了。但是，在没有先进武器的封建时代，这种方法还颇为有效。在李自成撤军以前，用这种方法共使城墙崩塌 27 处，给守军一度造成很大的威胁。

对此，官军采用软硬两手来对付。软的一手是对穴中的农民军士兵进行策反。当农民军在城墙上挖了洞以后，就有若干人进入洞中。由于主力部队离洞口还有相当一段距离，洞中士兵的吃用和补给比较困难，甚至一天也难得吃一顿饱饭。城上官军则和洞中的农民军士兵喊话，问："你们吃饭了吗？"有的农民军士兵就回答："到哪里去吃呢？"于是城上官军就向洞口投放一些饼。有些农民军士兵就是河南农民，共同的语言颇多。看到官军送给他们饼吃，就动摇起来。官军又动员他们反戈，答应他们立功受赏，还投向洞口一些符札，要他们日后拿这些符札来请功。同时，官军还向他们说一些神秘的符验，谓开封定不会被攻破，李自成一定会失败等等。如此一来，一些不坚定的农民军士兵真的投降了官军，反戈向外，使别的农民军不敢再靠近洞口。

硬的一手是对崩塌之处进行抢修，以重赏鼓舞兵民，向农民军进行拼死反击。某处城墙一旦崩塌，农民军就会从这里发起攻击。由于开封城墙很厚，有的地方虽然崩塌了，但城墙并未全部断开，也就是说，并未形成可供农民军拥入的缺口。因此，农民军也无法从这里一下子拥入。在交战间隙，官军就赶快把崩塌之处再修筑起来。如果某处完全崩塌，出现了裂口，这个地方的战况就会十分激烈。开封城墙又高又厚，即使崩塌了，但残存的砖石仍堵在缺口处，人也难以顺利进入。遇到这种情况，官军就一边抵敌，一边加紧抢修。当危急时刻，高名衡就以重赏募勇士，如谁能将一土袋放到缺口，立刻赏给银圆一块。双方斗智斗勇，李自成用"穴城法"也未能奏效。

因久攻不克，李自成十分生气，便亲临前线督战，将自己的军帐立在城北，离城约有三里许。城上官军看到，这里的营帐与别处的营帐有些不同，估计是农民军首领的住处。在陈永福的指挥下，官军用数门红衣大炮对准此处，祭炮后一齐开火。李自成的营帐被炮火击中,一时烟尘腾空,人马死伤许多,但李自成却得以幸免。

李自成对此十分气恼,一边将自己的营帐移至土城外,一边改变策略,准备用地雷将城墙轰塌。农民军先在东北方向的城墙上挖个洞,然后将一袋一袋的火药放入。城上官军看到,向洞中跑去的农民军士兵背着个大袋子,而以前只是拿挖城的铁锨之类,就估计到农民军可能用地雷轰城。官军为此颇为紧张,就在洞的内侧加厚城墙,并调集军士在此处重兵防守。李自成看到已准备就绪,就于正月十三日早上集中起大队兵马,准备在轰塌城墙后发起强攻。当地雷燃放后,黑烟腾空,城外碎石乱飞,竟有无数的砖石飞到李自成军中,致有不少士兵和战马被击死和击伤。城墙仅存数尺,未能崩断,李自成的兵马无法由此进入。这次行动不仅未能将城墙轰断,反而使农民军的人马死伤不少,这使李自成大为懊恼。有的人就认为这是天意。这时李自成又得到情报,说左良玉已率大军赶来,显然是援救开封。李自成攻打开封已20天,一直未能攻下,且人马死伤颇多。现在左良玉又率军赶来,为避免处于内外夹击的不利地位,"遂于正月十四日解围"[1],往郾城去迎击左良玉。

第三节　三打开封

李自成从开封撤围后,率大军往郾城迎击左良玉,将左军团团包围。崇祯皇帝命三边总督汪乔年紧急救援,以解左军之危。崇祯十五年(1642)二月中旬,李自成于襄城之战中擒斩汪乔年,并杀掉了著名降将李万庆。左良玉则趁李自成迎击汪乔年之机仓促南逃。李自成接着攻占了河南的许多州县,大体扫清了开封外围,接着第三次围攻开封。崇祯皇帝急令督师丁启睿和左良玉等火速往开封救援。五月中旬,两军在朱仙镇展开大规模会战,明军大败,损失惨重,李自成回头再打开封。开封守军顽强固守,农民军则持久围攻。九月中旬,官军首先决黄河以淹农民军,结果使开封和河南许多地区都淹没在一片汪洋之中。

---

[1] 白愚:《汴围湿襟录》。

157

一、迎击左良玉

左良玉是明朝末年一个风云人物，长期与李自成和张献忠周旋。他是山东临清人，自 18 岁从军，终生过军旅生涯。有一次因罪可能要被杀头，赖上司侯恂帮助，得以免死，故一直对侯恂感恩不尽。他自幼丧父，没读过书，但颇有智谋，且骁勇善战，很快积功至总兵官。他身材高大，善左右射，又善于抚众，其部下乐于用命，故临战多有功，所以升迁颇快。他起初对明廷还是很尽心的，在镇压农民起义军的过程中立功甚多。随着地位的上升，他对明廷内部的钩心斗角了解得越来越多，自己也不时受到其他将领的排斥和攻击，数次受到责难，几乎性命不保。例如，他和熊文灿、杨嗣昌就多有不合，只是因为他手中握有重兵，所以才没有遭难。越到后来，左良玉越自专难制，像杨嗣昌那种权重一时的督师对他都无可奈何。在和农民军周旋的过程中，左良玉招降自重，人马越来越多。由于军饷难以及时供应，他的军队几乎是走到哪里就抢到哪里，其军纪之坏是出了名的。左良玉为此屡次遭到朝廷诘责。因为左良玉的兵马多、力量强，明廷未敢对他进行严惩。这种实践的经验使左良玉深刻地认识到，他手中的这支军队才是他真正的本钱。左良玉拥兵自重，打了胜仗不深入追击，以免陷入埋伏之中。有时虽然打了败仗，他也能以中军自全，不至于全军覆没。对战争中所获得的战利品，左良玉总是交部下分享，而不是据为己有，故部下乐于为他效力。在明末那种战乱的年代，别的将领不是被崇祯皇帝治罪，就是被农民军消灭，几乎没有一支官军像左良玉这样长盛不衰。正因如此，左良玉俨然成了一个我行我素的大军阀。

在李自成和张献忠两支农民军中，左良玉数次击败张献忠，几乎成了张献忠的克星，而对李自成较为畏怯，几次交锋，胜少败多。因此，左良玉凡遇到与李自成交战时，就显得特别谨慎，能躲避就躲避，实在躲避不开就以守势为主。

当李自成第二次攻打开封时，崇祯皇帝急命左良玉前往救援。左良玉无奈，只得率军前往，但进军速度却很慢。当他的军队到达汝南时，竟停了下来，数日不见动静。开封那边鏖战正急，朝夕不保，左兵却在汝南从容休整。巡抚高名衡接连致书催促，左良玉一直不为所动。有一次高名衡在书信中说："将军望隆方召，威震华夷，国家固倚之为长城者也。今狂贼围汴，危如累卵，雄师密迩，未见旌麾。在将军胸中自有成竹，谅非腐儒可测，但不知贼倘陷汴，将军何以谢朝廷耳？"[1]对这种软中带硬的话，左良玉不会不明白。不得已，他只得率兵朝开封方向进发。左良玉率兵到达雍丘（今河南省杞县），又停了下来。他本来应该向李自成农民军发起进攻，和守城官军对农民军内外夹击，以解开封之围，但他却在这里停了八九天，一直按兵不动。高名衡等人屡次向他致书，催他进击，他却说"我兵单弱"，不足以一举将李自成击败。倘若仓促出击，使李自成知道了"我军单弱"的真情，开封将更没有什么依靠，反不如"暂屯杞县以分贼势"，以为牵制，然后相机行事。对此，城中守军亦无可奈何。不管怎么样，有左良玉这支队伍在开封近处驻扎着，对李自成也的确是个威胁。

对于左良玉的到来，李自成不会不重视。左良玉在汝南和雍丘止兵不前，李自成对其用意也洞若观火。既然一时不能将开封攻下，李自成就盘算着怎么消灭左良玉这支官军。倘若直接迎击左军，城内官军也趁机出击的话，李自成就会处于腹背受敌的不利地位。因此，必须把左良玉引到远离开封的地方，然后再聚而歼之。于是，李自成于正月十四日从开封撤围后，将左良玉的军队往南引至郾城。左良玉也想趁李自成撤围之机有所斩获，以免在众人的责难下被治罪。当左兵到达郾城时，李自成突然督大军将左良玉团团包围。左良玉在郾城固守，两军连续激战18天，李自成虽占有一定优势，但始终未将左兵击溃，也未能将郾城攻下。据史籍记载，左良玉的军队"号称十万"，有虚张声势的成分。当时李自成和罗汝才联合作战，其精兵"不过三万"，而"胁从约三四十万"，所以从声势上要超过左良玉。正当左良玉在郾城处于万分危急之时，三边总督汪乔年奉命来援。李自成撤围迎击汪乔年，左良玉则趁机南逃。

二、擒斩汪乔年

汪乔年在明末也算得上是个清廉能干的官员，颇有文武才。他于崇祯十四年（1641）任陕西巡抚，时刻防备李自成再由河南杀回陕西。当傅宗龙被崇祯

---

[1] 郑廉：《豫变纪略》卷五。

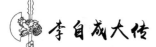

皇帝委任为三边总督后，曾到陕西和汪乔年商议，欲从陕西"抽兵刮饷"，以镇压在河南的李自成农民军。当时"关中兵食已尽"，无兵可抽，无粮可刮，二人"握手唏嘘而别"。不久，傅宗龙在马家庄之役中被李自成擒杀，崇祯皇帝遂命汪乔年接任三边总督。由于河南形势危急，朝廷一再催促汪乔年赶快出关，以解河南之困。汪乔年明知"兵疲饷乏"，出关攻打李自成"如以肉馁虎耳"，但还是不能不出。他调集了一些边兵，又招募了一些散亡，共得骑兵和步兵3万人，率贺人龙、牛成虎等将领东出潼关。由于左良玉在郾城被李自成围困，明廷命汪乔年速去解郾城之围。汪乔年清楚知道，李自成兵锋正盛，如直扑郾城，定凶多吉少。襄城距郾城不远，李自成的老营就在襄城，如向襄城发起攻击，李自成一定来救，郾城之围自然得解。更何况左良玉可以从后边进攻，自己在前边迎击，一定可以大败李自成。他的部将也都认为这是个好计策。于是，汪乔年将辎重和一些步兵留在洛阳，挑选精锐的骑兵约万人兼程前进，在襄城西边的郏县稍事停留。

李自成得知汪乔年率兵至襄城，马上撤郾城之围，率主力迎击汪乔年。对李自成来说，他与汪乔年的仇恨可谓不共戴天。这主要是因为，汪乔年曾指使米脂县令掘毁了李自成的祖坟。

中国古人大都迷信所谓风水，如果某人取得了较大的成就或当了较大的官，一般人就认为他家的风水好，有神灵暗中相助。随着李自成的势力迅速壮大，很多人看到李自成将取明朝的天下而代之，便认为这与他的祖坟有关。米脂知县边大绶上书汪乔年说，当李自成的祖上安葬时，"曾有异人为之指画，以为三世后当得极贵……今若发其冢，剖其棺，灰其骸，断其龙脉，贼之灭亡可立待也"。汪乔年对边大绶的"报国热肠"大加称赞，命他小心执行，"庶天理顺而人功亦易成也。他日灭贼，当以门下之功为首"[1]。于是，边大绶访得曾参与安葬李自成祖父的李成，由李成带路，"一昼夜行二百里"，赶到李自成祖上的墓地。据李成说，当安葬李自成的祖父李海时，墓内有一个用来点灯的黑碗。当时前往的有30名官兵，另有60名乡夫，连续挖掘了

---

[1] 边大绶：《虎口余生记》，"塘报稿"。

五六座墓葬，都未发现黑碗。第二天再挖，发现了黑碗，断定是李海的坟墓。左侧的一座墓就是李自成的父亲李守忠的墓。李守忠的墓上长着一棵榆树，像手臂一样粗。军士用斧子将榆树砍倒，墓随后被打开，"中盘白蛇一条，长一尺二寸，头角崭然"。李守忠的骨节间"皆绿如铜青，生黄毛五六寸许"。这些军士和乡夫又掘毁了七八座墓，将尸骨烧毁，伐掉"大小林木千余株，悉行斫伐，断其山脉"。他们认为，既然李自成的祖坟已被掘毁，"王气已泄，贼势当自败矣"。汪乔年对边大绥这样做很满意，在给边大绥的复函中说："知闯墓已伐，可以制贼死命。他日成功，定首叙以酬！"[①]

在中国古代，挖别人的祖坟被认为是很损阴德的事。边大绥挖了李自成的祖坟，在当地受到很多非议，有的人甚至扬言要杀掉他，使边大绥寝食难安。对于明廷来说，边大绥好像立了头等大功。李自成后来虽推翻了明王朝，但却未能建立起自己的王朝，有的人就归结为他的祖坟被毁。例如，程正揆在为《虎口余生记》写的序中就写道："长白（边大绥）不令米脂，闯（李自成）脉不绝；鬼神不助长白，国仇不复。"后来，边大绥曾被李自成农民军俘获，在押解途中逃脱。

李自成得知汪乔年和边大绥挖毁了自己的祖坟后，十分愤恨，下决心要杀掉这两个人，以报仇雪恨。因此，李自成便倾全力来襄城迎击汪乔年。

崇祯十五年（1642）二月二日，汪乔年率军进入襄城。他命贺人龙、郑嘉栋和牛成虎三总兵官分成三路，分驻于城东约40里处，自己也驻军城外。襄城距郾城只有大约100里的路程，所以李自成对襄城这边的动向一清二楚。在贺人龙等三总兵官立营未稳之时，李自成农民军突然杀来，这三个总兵官竟不战而逃。贺人龙也是员悍将，当时他的人马仅次于左良玉。像这样的将领竟也仓促逃去，汪乔年就处于一种很危险的境地了。他赶快率部退入城内固守，人心惶惶。有的人劝汪乔年赶快撤走，以襄城这么一座孤城无法抗拒李自成的大军。汪乔年表现得颇有气节，发誓要在此固守。实际上，他也寄希望于左良玉的军队前来夹击。坏消息接踵而至，左良玉不仅不前来夹击，反而也向南边逃

[①] 边大绥：《虎口余生记》，"塘报再稿"。

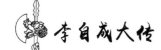

跑了。汪乔年这才感到要真的大难临头了。他想往西撤时，襄城已被李自成的大军团团包围，已无法离开襄城一步。因此，他只好硬着头皮在襄城固守。

以前，不少书把明末的官员都写得贪婪无能、毫无节操。实际上，有少数官员表现得颇有气节，也很有才能。他们之所以屡屡失败，主要是受明末大局的制约，正所谓孤木难支。汪乔年就是这少数有气节的大臣之一。当时，他身边不少人劝他，谓"大势已去"，应赶快撤离襄城，"以图再举，坐守孤城无益也"。汪乔年坚持不听，并对这些人加以怒斥。他还领着诸将领和城中诸生员到城隍庙，向城隍神起誓："遭逢丧乱，正臣子勠力之时，誓死报国，愿有同心，若等勉旃。歼贼后。吾当奏于朝，官以不次也。"[1] 大家颇受感动，表示要协力御敌。他们分工防守，一时士气颇高。只是城内的守兵很少，只有步卒千余人，面对李自成蜂拥而来的大队农民军，汪乔年显得势单力弱，力不从心。

李自成督众猛攻，在城墙上凿出洞穴，装上火药，然后点燃，此处城墙往往应声崩塌。襄城是个小城，故城墙远不及开封的城墙厚，所以这种方法对襄城的威胁特别大。汪乔年看农民军在什么地方凿穴，就命部下选相应的位置也凿，然后用利刃向农民军这边猛刺，"杀死者甚众"。李自成命部下找来许多门板，用来抵挡城上的乱箭，大军随后强攻。汪乔年则命部下运来一些大石到城上，用大石来击门板，农民军"应声而倒，贼死者数千人，其斩死、射死、炮击死者，不计其数"。李自成的几个部将也被击杀，这使李自成十分气恼，故督攻愈力，而汪乔年的防守也越发严密。哪个地方的城墙被轰开缺口，马上再用土袋筑起，防守如故。汪乔年衣不解甲，日夜在城上督守。农民军发现大旗所在处，估计是汪乔年在督战，就用密集的炮火猛击。官军将领吓得惊恐万分，而汪乔年却"神色不变，指挥自如"。有的部将拉着他的衣服，要他躲一躲，汪乔年却大声喊道："你怕死，我不怕死！"部下见汪乔年如此刚毅，都颇受感动。如此坚守了十几天，可谓人困马乏。李自成看久攻不下，就撤开西南角一隅，意在放汪乔年从这里逃出，以便在城外围而歼之。有的部将向汪乔年建议，可趁农民军懈怠时撤出，且战且走。汪乔年则果断地说："头可断，身

----

① 郑廉：《豫变纪略》卷五。

不可走。吾誓与此城共存亡矣！敢言走者，斩！"汪乔年之所以敢于坚守，是因为他一直盼着援军前来。一天一天地过去了，城中几乎已弹尽粮绝，而援军却无影无踪。当时天寒地冻，又连续下了两天大雪，城中守军又吃不饱，致有被冻死者。汪乔年好不容易坚守到二月十七日，襄城终于被农民军攻破。当农民军攻入城内后，汪乔年犹督众巷战。他感到已山穷水尽，遂举剑自杀，但自杀未遂，被农民军俘获。当他被押着来见李自成时，他自称朝廷大臣，坚不下跪，还对李自成厉声大骂。李自成见汪乔年如此强硬，立命将他的舌头割掉，将牙齿打掉。汪乔年自知不免一死，所以越发显得视死如归，一直讷讷而骂。李自成遂命将汪乔年"磔杀之"，以泄心头之愤。

在襄城之役中，李自成还俘获了李万庆。李万庆原来也是个农民军首领，曾长期和李自成协同作战，后来投降了官军。李万庆号称射塌天，打仗颇骁勇，投降官军后成了农民军的劲敌。李自成本不想杀他，但他拒不向李自成投降，所以终被杀掉。李自成接连在郾城、襄城大胜官军，"获马二万，降秦兵又数万，威震河、洛"①。李自成接着又逼向开封。

三、围攻开封

李自成于襄城俘杀总督汪乔年以后，声威大振，河南的许多州县不战而下。李自成农民军陆续占领了上蔡、西华、陈州、睢州、宁陵、归德等地。这时的李自成已不是一个头脑简单的草莽英雄，而是在行军作战中颇讲究策略，河南的许多支农民军纷纷归附，使他的兵力越来越强。李自成这时还特别注意约束部下，严明军纪，以争取民心。例如，当李自成攻占归德后，一个部将擅自率领百余人前往夏邑，"不杀人，不堕城"，在夏邑停了一天，呼夏邑士民数十人觐见李自成，并献上夏邑县印。按说李自成应该为这个部将记功才对。李

---

① 《明史》卷二六二《汪乔年传》；郑廉：《豫变纪略》卷五。关于襄城之役的时间，诸书记载不一。《国榷》《豫变纪略》《怀陵流寇始终录》诸书记在崇祯十五年二月，而《绥寇纪略》《烈皇小识》《明史纪事本末》等书均记在崇祯十四年十一月。《明史》则依违于二说之间，前后矛盾。据《虎口余生记》载，边大绶致汪乔年"塘报再稿"，在崇祯十五年正月十四日，证明此时汪乔年仍在陕西。此乃第一手资料，最为可信，故以崇祯十五年二月为是。

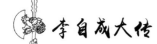

自成却认为这个部将未奉命令，擅自行动，"扰害小民，上不忠，下不慈"，立命杀掉。对前来的夏邑士民则"温言慰谕，予牛数头而遣之"。[1] 此事传开，老百姓更加欢迎李自成农民军。

李自成一路攻城略地，进军顺利，有的城池被强行攻破，有的是不战而降，有的州县一部分人主张固守，另一部分人主张早降。例如在陈州，李自成于崇祯十五年（1642）三月上旬到达这里，守将关永杰以关羽后人自诩，表示"宁死战场，不死法场"，坚守10余天，城破后被杀，知州侯君耀也不屈而死。起初，一些城中士兵和下级官员认为无力御敌，主张早降，以免遭受农民军屠城，受到关永杰等人的斥责。这些人表示："不开城，自会有人开！"主降的人不占主导地位，固守10余天，城破后那些主战的人受到无情的屠戮，"少长无或免死"[2]。郏县知县李贞佐表现得尤为壮烈，城破后，他厉声对农民军首领说："驱百姓死守，知县耳，妄杀何为！"农民军把他剥光衣服，倒悬于树上抽打。李贞佐仍大骂不止，还要"请诉上帝"。农民军割下他的舌头，将其磔杀。[3]

李自成农民军扫清了开封的外围后，于五月二日第三次包围了开封。李自成这次改变了战略，不再强攻，而是实行长期围攻，使其不攻自破。同时，围攻开封必然会有官军来援，对援军聚而歼之，正可以起到"围点打援"的作用。

明廷十分惊慌，崇祯皇帝急令督师丁启睿解开封之围。丁启睿急命左良玉、虎大威、杨德政、方国安四总兵率兵来援，保定总督杨文岳也率兵来会，官兵总数约18万，号称40万，摆出一副与李自成农民军决战的架势。另一方面，崇祯皇帝命孙传庭率秦兵出关，赴河南夹击农民军。

贺人龙被杀后，左良玉部的战斗力较强，但他经常不听从调遣。为了能较好地节制左良玉，崇祯皇帝从狱中释放了原尚书侯恂，让他总督保定、山东、河北军务，并管辖"平贼将军"左良玉。原来，左良玉年轻时是侯恂的部下，

---

① 郑廉：《豫变纪略》卷五。
② 吴伟业：《绥寇纪略》卷九。
③ 吴伟业：《绥冠纪略》卷九。

因抢劫军装被削职，还差一点掉了脑袋。后赖侯恂提拔，左良玉一步步由普通士卒升至大将。因此，左良玉一直视侯恂为恩人。崇祯皇帝想用侯恂笼络左良玉，以尽力"平贼"，并"发帑金十五万，犒良玉营将，激劝之"。[①]

当各路明军分头向河南集中之时，李自成正从容地包围开封。各路明军都不愿最先和李自成正面交锋，所以都迟疑观望。李自成对他们的情况都一清二楚，正等待恰当的时机对明廷的援军实行决定性的打击。对于开封，李自成这次是围而不攻。经过前两次的围攻，他深知开封防守的坚固。更何况第二次撤围后，开封守军一定会精心整饬防务。实际情况也正是这样，崇祯皇帝还特地为开封防务"下严谕，责令抚按愈加备防"。当李自成第二次撤退后，城内守军加紧整饬，增修云楼，储备火药和炮石，对遭破坏的城墙重新修筑，城内各个官员分工督守，使开封的防务更加坚固。李自成则接受了前两次的教训，对开封实行持久性的围困，时间久了就会不攻自破，以主要兵力伺机歼灭来援的明军。

李自成这次围开封正值五月初，正是小麦成熟季节。李自成这时的人马比前两次围开封时要多得多，"号称百万"，所以这次对开封守军的压力也特别大。李自成命部下抢收开封周围的小麦，以便使开封城内因缺粮而难以持久。当时城壕外和黄河大堤内都长着小麦，城内守军不敢外出，农民军就从容地收割。巡抚高名衡和陈永福、黄澍等人对此都很恐慌，城内存粮本来就少，如麦季再得不到补充，根本无法长期固守。于是，高名衡就命一部分守军出城，与农民军争割小麦。如果农民军多了，官军就到别处去；如果官军多，割麦的农民军也会往别处躲一躲。经过几天打游击式的抢割，官军在离城近处也收获了一定数量的小麦，部分解决了城内的缺粮问题。

李自成的大营安扎在城西大堤外，离城约10里。李自成看城内守军不敢出战，就派骑兵对附近未归附的府县进行奔袭，陆续攻陷了郑州、荥阳和新郑等地，从而使开封更加孤立。这正如曾亲临其事的郑廉所说，李自成"既决计图

---

① 《明史》卷二七三《左良玉传》。

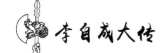

汴，故先绝其外援，一面围城，一面攻掠，远近不得安枕矣。"① 实际上最感到紧张的还是开封。

开封城内的守军也明白了李自成的意图，而外地的援军又迟迟不到，巡抚高名衡等人心急如焚。李自成经常派出零星士兵到城下叫骂，意在引诱官军出城。有的明军将领认为，如此坐以待毙也非久计，且城内兵马"以逸待劳，利在速战"，可以给李自成迎头一击。于是，高名衡便命三营兵马出城，向李自成农民军发起突然攻击。官军没有料到，李自成对此早有防备。官军出城不久，农民军就从两侧围了上来，"来势如潮涌，我兵（官军）大乱。贼使马步齐击，三营兵覆没殆尽"②。一些残兵败卒仓皇逃入城内。

城内官军的这次出击以大败收场，更使高名衡等人认识到，还是以固守为上。任凭农民军在城下轮番挑战，官军总是闭门不出。李自成这时得知，左良玉等人的援军已到朱仙镇，遂留少量人马继续包围开封，自己率主力赴朱仙镇迎击官军。

四、朱仙镇之役

五月中旬，左良玉和虎大威、杨德政等会师于朱仙镇。这里位于开封南约45里处，濒临贾鲁河。宋代的岳飞就曾在这里与金兵展开过一场大规模会战。左良玉前不久就曾聚歼了李自成的一支侦骑，并常尾随在李自成大军之后，所以李自成很想尽早消灭左良玉。原来，当左良玉等部明军陆续向朱仙镇移动时，李自成曾派出三千骑兵前往侦察，结果被左良玉一军团团包围，"斩获略尽"。对于官军来说，这是一次不大不小的胜利，对官军的士气起到鼓舞的作用。当时云集朱仙镇的官军号称40万，"联营河上，其势大振"。有人建议，官军应趁机直扑开封，内外夹击。但左良玉等却"屯兵而不进"，有的说朱仙镇的水草丰盛，有的说应以逸待劳，实际上是不愿冒险。五月十六日，李自成亲率大军赶赴朱仙镇。结营于西边的高阜上。左良玉等官军则结营于东边，处

---

① 郑廉：《豫变纪略》卷五。
② 白愚：《汴围湿襟录》。

于下流。李自成截断了上流水源，使官军饮水发生了很大的困难。

李自成担心开封守军出城夹击，使自己处于腹背受敌的不利地位，便差人伪造左良玉令箭，到开封城下向守军喊道："贼旦夕成擒矣，但恐其潜遁入城，汴兵无多，当严守，不可轻出。"①城内守将果然中计，再加上他们不愿意冒险，所以就一直闭城不出。

督师丁启睿对各部将领统驭无术，难以协调行动。各部将领矛盾重重，意见不一。例如，左良玉认为李自成势力正盛，"宜相形势为缓攻"，虎大威则主张及早进击。丁启睿盼望开封守军出城夹击，却久等不至，他只得结寨自保。官军既缺少饮水，又缺少军粮，还不敢远离营地，只能就近采青充饥，有的已开始杀马而食。

在诸部官军中，以左良玉的力量最强。他之所以不积极进击以解开封之围，也与他同城内守军互不信任有关。当左军初到时，左良玉曾向高名衡建议，应修一条通往黄河北的甬道，以便从黄河北运粮饷。城内将领大都对左良玉没有好感，认为左良玉这是故意扰害开封，所以就断然拒绝了这个建议，而是催促左良玉赶快进兵。左良玉为此很不高兴，所以态度就变得很消极。

五月二十一日，在虎大威的主议下，官军开始出击。于是，双方就展开了一场大规模会战。在最初两天，官军凭仗火器的优势，尚能支持。接着连续几天下起了大雨，这对双方粮饷的供应都造成了很大的困难。有一次左良玉召集将领们议事，隐隐看到像云一样的山头，诸将领都感到很惊奇，不知道到底是什么。左良玉仔细看了一会儿，忽地举剑朝地上一击，大声说道："这一定是李瞎子（李自成）筑的土山，要在上边立炮台打我！"于是派出骑兵去侦察，果然是三个土山，山上有炮台，台下各藏精兵一万。左良玉也命部下筑土台，与农民军对攻。农民军炮火猛烈，且轮番休息，左军渐渐不支。左良玉估计官军必败，又知道李自成决计消灭他，所以就在二十三日夜里拔营而逃。左军一逃，诸军皆溃，一发不可收拾。丁启睿率部逃往光州、固始，杨文岳逃往归德。李自成乘胜追击，犹如惊涛狂澜，大获全胜，得骡马七千余匹，收降兵数万人。

---

① 郑廉：《豫变纪略》卷二。

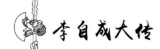

李自成主要是想消灭左良玉，已提前在左军撤退前方挖巨堑，"深广各二丈，环绕百里"。李自成督大军追击，犹如惊涛巨浪，席卷而来。左兵部伍大乱，纷纷掉入沟中，"军大败，弃马骡万匹，器械无算"①。大沟中填满了左军士兵的尸体，左良玉等策马从尚在呻吟的士兵头上踏过，逃往襄阳。

崇祯皇帝得知朱仙镇大败，极为震怒。督师丁启睿在逃跑时竟将敕书、印信全部丢失，被逮系狱中。总督杨文岳也被革职查问。总兵官杨德政因"剥军善逃"，被立即处死。左良玉虽倡逃在先，但他人多势众，骄纵难制，朝廷未敢对他治罪。这是李自成在河南与官军进行的一次决定性战役。官军于朱仙镇大败后，从此一蹶不振，"中原之事遂不可复问"。

五、决黄河淹城

李自成和罗汝才在朱仙镇大破官军后，回头继续以大军包围开封。农民军的声势很壮，号称百万。主力围攻开封，另外还"分党四出，势如破竹"，陆续占领了开封四周的几十个州县，使开封形同汪洋大海中一个孤岛。

外援既已断绝，开封守军日夜盼望孙传庭率秦兵出关，但孙传庭从狱中放出不久，刚接任三边总督，缺兵缺饷，短期内难以赶来开封救援。开封城内的文武官员清楚地认识到这种险恶的处境，必须依靠自己的力量固守。为了激励部下，推官黄澍竖起一面大白旗，上面用大字写着："汴梁豪杰，愿从吾游者立此旗下！"这一招果然有效，黄澍很快集结成一支上万人的敢死队式的队伍，既壮大了守城实力，又提高了全城的士气。另一方面，城中老百姓也有暗中和农民军相通者。例如，有一个被称作霍买婆的妇女，她"假采菜出城"，向李自成农民军提供城中的消息。李自成赏她银六锭，入城时被守军查出。为此，开封守军"遂禁妇女出城"②。一个叫孙忠的锻工打造了几百个箭镞，手折上称李自成农民军为"天兵老爷"，趁守军放饥民出城采青的机会，他想把箭镞送给农民军，结果被守军搜出，他本人被守军钉在城门上杀死。③由此可见，

---

①《明史》卷二七三《左良玉传》。
② 李光殿：《守汴日志》。
③ 白愚：《汴围湿襟录》。

城中普通老百姓有不少人是向着李自成的。

李自成为了分化城中士民，把一件告示射入城中，原文如下：

奉天倡义营文武大将军李示，仰在城文武官吏军民人等知悉：照得丁启睿、左良玉俱被本营杀败，奔走四散，黄河以北援兵俱绝，尔等游鱼釜中，岂能当否？可即开门投降，一概赦罪纪功，文武官员照旧录用，断不再杀一人以干天和。倘罪重孽深，仍旧延抗，本营虽好生恶杀，将置尔等于河中鱼腹中矣。慎勿沈迷，自贻后悔。[①]

从这件告示中可以看出，李自成这时已称大将军，他在诸部农民军中已成为无可争议的领袖。他表示，对投降的明廷官员"照旧录用"，显示出他称王的思想已露端倪。

开封地处豫东平原，素称富庶之地，这正是北宋等王朝在此建都的原因之一。平时，城内居民大都不在家里存储粮食，而是随吃随买。当李自成农民军围困两个月后，城内军民的吃粮问题就越来越严重了，"十室九空，饿死者十之三"。官府为了安定民心，发仓库里的粮食煮粥赈饥。因为饥民众多，而粥少，人们争着到前边去领粥，"老弱不能近，践踏死者日数百"[②]。这种办法只维持了一个月，就因仓中无粮而停止，广大百姓就更加无以为生了。即使在未停的时候，也"日不过清粥一碗"，而且还有数百人因拥挤而被踩死，其境况已十分凄惨。

到七月中旬时，高名衡看农民军已有懈怠之意，每天只是派一些人围城叫骂一阵，且城中粮饷日益吃紧，就主张出城袭击，一则可出其不意地给农民军以打击，二则可趁机补充一些城中吃用之物。于是，高名衡挑选了万余步兵和五千骑兵，于七月十五日黎明时忽然由西门杀出，直冲李自成大营。农民军猝不及防，一时陷入混乱。官军一面往前冲击，一面将夺得的牛马和粮食等急忙

---

① 郑廉：《豫变纪略》卷四。
② 白愚：《汴围湿襟录》。

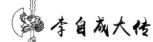

往城内运。这时，周王的亲军也随之投入了战斗。双方从黎明一直激战至中午，起初官军有一定优势，但当李自成督大军赶来后，官军则渐渐不支。李自成的兵马越集越多，高名衡担心官军失利，遂鸣金收兵。官军的这次出击杀农民军五百余人，抢回马牛骡三百余匹，还抢了一些粮食器械，可算是一次小胜。经此一战，李自成更提高了警惕，对开封围困得更加严密。

城内的缺粮仍然日益严重，为了让老百姓出城采青充饥，也为了让老百姓外逃，以减轻城内吃粮的压力，官军就打开水门，听任老百姓由水门外逃。农民军从这些外逃的人口中得知，城内缺粮已十分严重。李自成担心城内官兵由此处外出，就对水门处严加防守，日夜查堵。城内的人从此就不能从水门外逃了。

到七月底，城内官军感到援军无望，如此下去只能坐以待毙。高名衡遣人偷偷地到黄河北，要巡按严云京派人到朱家寨处，以挖开黄河，用河水淹农民军。严云京遂派船到黄河南岸，挖了一昼夜，尚未将大堤挖开。这时，农民军发现了官军的伎俩，赶来将挖河的官军击走。李自成对官军这样做十分愤恨，便如法炮制，在另一个地方挖河灌城。但因这时黄河水势较低，只一股细流流到开封城下，仅三四尺深，对开封城构不成危害。相反，护城河和其他的一些壕沟都灌满了河水，一些饥民便从水中网鱼充饥，同时对阻止农民军攻城也起到了一定的保护作用。李自成的这一招没有奏效。

李自成久围不攻的策略却颇为有效。随着时间的流逝，城内的缺粮问题越来越严重。"围至八月，民死大半，唯郡王乡绅微有积藏。高名衡无奈，便号召有粮之家自动捐助，但无人响应。为保证守城官兵之用，就派军士"执令箭沿门搜索，名为搜粮，其实尽劫"。稍富之家，军士径入其室，甚至掘地搜查，一些"恶兵悍卒，乘机卷掠，莫敢伊何。即妇人女子怀藏十升一饼，亦于怀中夺去。肆横行凶，民冤无伸"。这表明，随着城内缺粮问题日益严重，军纪越来越坏，军民关系越来越紧张。

开封城内粮重钱轻的情况令人咋舌，"每石有折银数百两者，有折至三百两者"。有的官员突然向某殷实之家发官银数百两，要他一两银交二石粮。在往日正常丰收年景，此价尚可，这时仍以此价筹粮，显系敲诈。有的人好不容易弄点粮食交上，原银照数奉还；有的人则向官员行贿，得免于交粮；有的人则因交不上粮而受尽酷刑，"丧命倾家，难以尽数"。

到八月底时城内的情况就更凄惨了，"在围之人饿死者十七矣"，即大约十分之七的人都被饿死了。即那些侥幸活下来的人也无法再弄到粮食，"或摘树头青，或买药中饵，或刮树皮为羹，或剜草根，或搜粪中之糟，或捞河中饲鱼小虫，以及皮胶、故纸、涨棉、杂草之类，无不入口以延旦夕"。在这种异乎寻常的饥馑情况下，城内老幼"形骸如鬼，奄奄气息仅存"。城内粮食基本上被官军搜刮净尽，有的富人就拿钱向官军购买。只要能买到粮食就高兴万分，而不计较价格如何高昂，以至"升粟卖至万钱"。有个富人用珠宝来换米，有的小颗珍珠掉到地上，连看都不看一眼，倘掉到地上一个米粒，此人就"留意捡起。米贵于珠，果经见之"。这些事人们平时不敢想象，这时在城内却发生了。

城内长久缺粮，李自成久围不攻，城内的马匹显得无用了。在那种万般无奈的情况下，高名衡下令，各军可以杀马充饥。当时，官军往往杀一匹马，再杂上一些人肉，名为卖马肉，实际上大都是人肉，"每斤卖银价至数两"。人们以前常说"挂羊头，卖狗肉"，这时的开封城内竟挂马头，卖人肉！如此一来，城内的马价昂贵起来，"一马可值千金"。城内的马匹毕竟有限，杀马充饥只能是权宜之计，自然不能持久。

城内人吃人的现象日益增多。有的人眼看求生无望，就闭门自毙。有的人住在偏僻处，一些较强壮的人就将他们拉去杀掉，用他们的肉来充饥。人被杀掉了，被吃了，但却没人去寻找这丢失的人。有的人为求活命，就结伙杀人，靠吃人肉苟延残喘，有的人家眼看命将不保，便先将奴仆杀掉来吃。更令人目不忍睹的是，有的父母甚至吃掉他们的子女！在那种非常时期，人性中最残忍的一面暴露无遗。

城内不仅吃粮是大问题，烧柴也是大问题。柴草尽就砍树，树皮被吃了，树干被烧了，使城内难以看到一棵大树。以前，有的人还可以捕食树上的鸟，这时因为没树了，所以连鸟也捕不到了。没柴烧，就拆屋子。开封城内原有许多富丽的建筑物，这时也被拆掉用做烧柴了。有的人被别人吃了，其骨骼也被

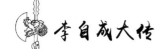

用做了烧柴。推官黄澍的夫人生孩子后，在吃包子时忽然看到一小截人的手指，顿时"惊悸而毙"。整座城市已陷入极度凋敝的恐怖之中。①

高名衡等将领在城中协力固守，眼看城中的局势一天天恶化，李自成毫无退兵之意，而援军却久等不至，便想尽各种办法以使李自成退兵。其间，官军偶尔向农民军炮击一阵，看农民军懈怠时，不时派一些精锐乘夜色冲杀一通。这样做虽对李自成农民军造成一定程度的惊扰，但并无大的成效。

城中守军顽强固守，李自成大军包围了近四个月，使城中日益困难。这时城中有人献计，谓开封城墙坚固，周王募人在城旁筑有羊马城，"皆坚厚为高岸"，而农民军营房靠近大堤，"以为河决则贼可尽，而城中无恐"，所以高名衡等守将决定，立即决河以灌敌。崇祯十五年（1642）九月十五日半夜，一场人为的黄河大决口的惨剧降临到中原人民的头上。当时黄河水势正旺，官军于朱家寨决开河堤，势如山崩，大水咆哮而下。李自成农民军有所察觉，大队已"移营高阜"，死伤并不甚多。李自成在马家口也挖开河堤以灌官军。开封城墙虽可防御大水，但城门堵塞不严，大水冲破城门，咆哮而入，开封古城顿时一片汪洋，宫殿衙门和一些高墙仅"略露屋脊"，街上的店铺和百姓的平房全被淹没，军民人等死者难以计数。李自成的部下也有万余被大水吞没。最可怜的是城中百姓，不仅房屋财产荡然无存，而且因水势太猛，预先也没准备逃跑的舟船，所以躲避不及者都葬身水底。高名衡保护着周王一家逃出，"士民从而济者不及二万"。官军"云决河灌贼，不意反为贼所灌"②，损失极为惨重。

对于开封的这场浩劫，开封人王紫绥写了一首《大梁宫人行》，郑廉称之"真实录也"。其中写道：

> 自从垂髫入王宫，天下藩封数汴中。
> 麦青即来待麦黄，城上堤上坐相望。
> 此时河南无净土，左镇拥兵据武昌。

---

① 白愚：《汴围湿襟录》，《甲申朝事小纪》卷八《流寇困汴》。
② 吴伟业：《绥寇纪略》卷九。

死者已果生者腹，生者岂有完骨肉？

官府下令日搜粮，抽马控箭入人房。

银满一杯米一杯，豪家潜向老兵谋，

老兵米有肉更有，私下屠人公卖牛。

百官数月城上栖，鼠雀群空马泣啼。

噫尔宫人莫惆怅，余亦满身黄河浪。[①]

…………

原文较长，这里只是摘录其中的一部分。由此亦可看出开封被淹前后的惨状。

李自成这次攻打开封志在必得，暂时攻不下来就长久围困。当时的河南已大都处于李自成的控制之下，开封已成一座孤城，在那种极为困难的情况下能固守四个多月，实在是个奇迹。究其原因，除了周王比较开明、将领比较团结等因素外，也与高名衡等人的宣传有关。他把李自成农民军描述得十分凶残，使城内军民误以为只有固守才有活路。他编民谣四处传播："攻得开封城，不留一个人。就是笤帚头，也得刀三剁。"使城内军民都感到凶残可怕。因此，"输攻愈巧，墨守愈坚"，终于酿成河淹开封的大祸。

李自成看开封已成一片废墟，遂移师西去，准备迎击孙传庭。

第四节　击溃孙传庭，俘杀杨文岳

当李自成第三次围攻开封时，崇祯皇帝急忙将侯恂从狱中放出，命他督左良玉援救开封。左良玉从朱仙镇逃至襄阳，不听侯恂调令。不久，崇祯皇帝又将侯恂逮系狱中，而把希望寄托在孙传庭身上。孙传庭入河南后初有小胜，但在"柿园之役"中被李自成击溃。李自成乘胜前进，又在汝宁之战中俘杀了总督杨文岳。

---

① 郑廉：《豫变纪略》卷六。

一、侯恂无功和孙传庭出关

在朱仙镇之役中，左良玉最先逃离战场，致使明军全线崩溃。当时，左良玉的兵力最强，但他桀骜不驯，不听节制，这成为崇祯皇帝极为头痛的一件事。山东总兵刘泽清上疏，称侯恂有恩于左良玉，若用侯恂为督师，左良玉必会听命。崇祯十五年（1642）六月，崇祯皇帝下令将侯恂从狱中放出，命他为督师，并发饷银 15 万两，要他犒左良玉军，并督左良玉速赴河南。侯恂即明清之际著名文士侯方域之父，也是个文人。左良玉在途经归德时，曾到侯恂家中拜见侯恂之父，"行家人礼，虽为彻帅，不敢自居于客将"。左良玉表现得颇重情义。这使崇祯皇帝相信，侯恂可以倚靠左良玉来对付李自成。

侯恂的主要任务是解开封之围，他首先驻扎在开封东北的陈桥。这里曾是宋太祖赵匡胤发动兵变的地方。侯恂从这里调集诸将，有的来了，有的却没来，其中最主要的人物是左良玉。这时左良玉在襄阳按兵不动，说自己的部下伤亡惨重，不能前来应命，"自言义不负侯公"。侯恂无奈，率部众在柳园停了下来。开封城内一再告急，催侯恂进兵，但侯恂自知兵力不足，故屡催不前。他还上疏崇祯皇帝，主张放弃河南，徐图后举。他在疏中极言李自成兵力之强："其骑数万为一队，飘忽若风雨，过无坚城……官军但尾其后，问所向而已。"自己出师以来，虽有尚方宝剑，却不能"使闭门县令出门一见，运一束刍，馈一斛米"，故连遭败绩。他还说，"全豫已陷其七八"，河南虽为天下腹心，但今天已成"糜破之区"，从天下安危大计着眼，救开封"当不急于社稷"。[①]如这时放弃中原，扼守险要，徐图进剿，似乎还可以转危为安。对侯恂的这种建议，崇祯皇帝十分不满，不仅不听，还增派三个人前往监军，催促他迅速进兵，以解开封之围。侯恂手下只有数千人，且军纪涣散，难以约束，如贸然进兵无异于自取灭亡，所以一直屯兵不进。当开封被淹后，李自成撤围西去，侯恂也移驻山东曹县。这里是山东总兵官刘泽清的故里，二人的关系原来尚好，这时刘泽清也上疏弹劾侯恂，说他拥兵观望，部下抢劫百姓等。崇祯皇

---

① 郑廉：《豫变纪略》卷五。

帝大怒，立命将侯恂逮治，再下狱中。侯恂这次从出狱到再次入狱，当督师不到三个月的时间。

崇祯皇帝感到侯恂不足恃，就把希望寄托在孙传庭身上。他命孙传庭尽快出关，赴河南进剿李自成，以解救中原的危局。

孙传庭原任陕西巡抚，在与李自成农民军周旋中多有战功。杨嗣昌入掌兵部后，创所谓"十面网"之策，与孙传庭意见多不合，多次向崇祯皇帝奏言，说"军法不行于秦"。崇祯十二年（1639）年初清兵内犯，他和总督洪承畴一起赴京师勤王。清兵撤退后，洪承畴改任蓟、辽总督，孙传庭任保定总督。这时李自成和张献忠的力量都处于低潮，因洪、孙北去，他们遂得以休整，很快复起。孙传庭受杨嗣昌压抑，担心性命不保，便谎称耳聋，力求解任。崇祯皇帝派人查验，得知是假，遂将他逮系监狱。李自成在中原所向披靡，崇祯皇帝又想起这个对付李自成的能臣，授他兵部右侍郎兼任三边总督，要他率陕西劲旅赴中原解开封之围。

鉴于一些将领骄悍不用命，孙传庭上任不久就杀掉了总兵贺人龙。在与李自成等农民军多年周旋中，贺人龙是与左良玉大体齐名的将领。他和李自成是同乡，都是陕西米脂人，其部下有许多投降过来的农民军士兵。高杰在背叛李自成之后，就一直是贺人龙的部将。李自成数次遣人劝降，都被他拒绝。当杨嗣昌出京督师时，因左良玉经常不听号令，杨嗣昌私下许诺贺人龙，由他来取代左良玉的平贼将军。在玛瑙山之役中，左良玉功劳最大，此事停了下来。贺人龙为此大失所望，也仿效左良玉拥兵自重，不听约束。在马家庄之战中，贺人龙率众先逃，使总督傅宗龙身陷重围，被李自成俘杀。崇祯皇帝为此十分震怒，想立即杀掉贺人龙，但又考虑到他兵力较强，万一引起他的叛乱，局面将更不可收拾。于是崇祯皇帝只是将他暂时削职，命他"戴罪视事"。在孙传庭赴关中上任前，崇祯皇帝就密嘱他杀掉贺人龙。孙传庭深知，此事不可轻发，就在半道上向崇祯皇帝佯上一疏，说贺人龙原是自己的部将，希望赦免他的罪过，让他随自己征讨农民军。崇祯皇帝也佯装俯允。贺人龙得知后，对孙传庭颇为感激，也有了安全感。孙传庭到陕西后，召贺人龙议事，当众责数其数罪，立命杀掉。贺人龙的部将周国卿几个人率众反叛，很快被孙传庭平定下

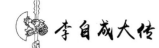

去。高杰、董学礼等部将仍任旧职，贺人龙一军才算安定下来。孙传庭的用意很明显，就是要以此警告其他将领，借以严明军纪。

孙传庭是著名的能干将领，在诛杀贺人龙以后，更是"威震三边"。他日夜整饬军伍，准备进剿。崇祯皇帝屡次催他出关，他以"兵新募，不堪用"为由，请缓时日。崇祯皇帝不许，命苏起前往监军，催孙传庭赴河南进剿李自成。孙无奈，只好率兵出关。

二、柿园之役

孙传庭于崇祯十五年（1642）九月出潼关，进入河南境内。当时，天连下大雨，影响了他进军的速度。当他进入河南不久就得知，开封已被河水淹没，周王和高名衡等已外逃。在这种情况下，孙传庭便不再直奔开封，而是向南阳进发。他十月到南阳，得知李自成已从东边率军来迎击，就督军往郏县。

李自成在第三次攻打开封的过程中未进行强攻，没什么大的损失。在决河淹开封时，他的部下虽有些损失，也不甚大。与此同时，河南的一些小股农民起义军纷纷归附，使他和罗汝才的兵力都迅速壮大。李自成很清楚，孙传庭兵力新集，各将领间矛盾重重，难以配合，就想尽快消灭这支远道而来的官军。因此，他和罗汝才亲督大军迎击。

当李自成的大军到达郏县东边的冢头时，与官军相遇。明军总兵官牛成虎佯装败退，以引诱农民军。当农民军停止不追时，他就又回头攻打。李自成自恃兵马众多，麾众追击。当农民军进入孙传庭设下的埋伏圈后，高杰、董学礼二总兵突然杀出，左勷和郑嘉栋二总兵左右横击，农民军阵脚大乱。李自成站在高处远望，见官军从山侧冲出，"甲光如连天积雪，目不能见端倪"，李自成"始有惧色"。以前，李自成曾多次败在孙传庭手下，深知孙传庭善于用兵，未想到又遇上了这个老对手。李自成督亲兵迎击，经过一场混战，农民军还是遭到大败，"自成折其纛而走，坠马，马逸，得他马骑"，急忙向南逃去。当官军将他团团包围后，境况万分危急，罗汝才这时突然杀来，将官军杀退。李自成这才得以脱身。

孙传庭督军奋击，想一举俘获李自成，"声震天地，大呼欲生擒自成"。形势对李自成来说的确不妙。但李自成在那种紧急关头并不是一味逃跑，而是想着怎样转败为胜。他自知农民军的兵力仍占优势，且罗汝才一军尚未受到大的损失，李自成就命令部下，将许多辎重丢弃在道上，甚至一些弱马和随军妇女也被留了下来。尤其令官军心动的是，李自成还将许多珠宝、银两和衣服等物丢弃在道路上。如此一来，农民军可以轻装赶路，迅速走出包围圈，同时使贪图财宝的官军放慢追击的速度。

李自成的这一手果然奏效，"秦兵趋利"，纷纷抢夺这些东西，有的人捡到珠宝藏在怀中，有的将战利品系在马鞍上，"失伍离次，不复为战备"，部伍一时大乱。李自成抓住战机，督众回头迎击，罗汝才部也趁势绕到官军后面，将官军团团包围。孙传庭督诸将迎战，有的将领表现得颇为勇敢。例如副将孙枝秀"跃马以击贼，击杀数十骑。贼兵围之，驰突不得出，马蹶被执"，不屈被杀。

高杰在这次会战中也表现得颇为骁勇。他原是李自成的部下，绰号"翻山鹞"，后来和李自成的妻子邢氏一起逃出，投归贺人龙。孙传庭杀掉贺人龙以后，就命高杰接任总兵官。高杰将中军，冲锋陷阵，一马当先，颇有感恩图报之意。当牛成虎将李自成引入埋伏圈时，高杰最先杀出，将李自成的部伍冲散，使李自成陷于被动局面。有的将领则很怯懦，率领左路军的左勷本是个纨绔子弟，看农民军排山倒海而来，十分害怕，竟率领部下最先逃跑。率领右路军的萧慎鼎也随之溃逃，于是官军便全线溃败。孙传庭喝止不住，只得在亲军的护卫下突围而逃，仓皇退往陕西。在这场会战中，官军先胜后败，损失数千人，其中将校 78 人。因左勷是宿将左光先的儿子，令他纳二千匹战马赎罪，而萧慎鼎则被斩首示众。"是役也，天大雨，粮不至，士卒采青柿以食，冻且馁，故大败。豫人所谓'柿园之役'也。"[1] 十月正是柿子成熟的季节，官军采柿子充饥，所以人们就称这次会战为"柿园之役"。又因为战场在郏县的冢头，所以也称之为"冢头之战"。

李自成虽然取得了这次战役的最终胜利，但损失也很大。正因如此，李自

---

[1] 《明史》卷二六二《孙传庭传》；郑廉：《豫变纪略》卷六。

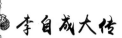

成在官军失败后没敢深入追击，便在郏县驻扎下来。经核查，"丧精锐八千余人，自谓入豫以来，未尝有此一败也"。也就是说，自从进入河南以来，还从来没有在一次战役中损失八千精锐部队。李自成经过在郏县的短暂休整，未敢向陕西进军，而是率军向南，扫荡河南南部的一些州县，并进击驻军汝宁（今河南省汝南县）的保定总督杨文岳。

三、汝宁之战

李自成大败孙传庭之后，以秋风扫落叶之势，连续攻占了河南的许多州县。十月底，李自成农民军乘胜攻克了南阳。十一月底，李自成再次攻占了洛阳和附近州县。这样，李自成在挺进中原后的短短两年时间里，除黄河以北和豫东的少数州县仍由官军控制外，河南全境已基本处于李自成农民军的控制之下。随着李自成的胜利进军，李自成就成为诸部农民军的公认领袖，其他各部农民军都纷纷来与他会合，其中最主要的就是所谓"革左五营"。

革左五营是五部农民军的集合，其五部首领是：革里眼贺一龙、左金王贺锦、老回回马守应、治世王刘希尧、争世王蔺养成。在与明军的长期周旋中，他们团结一致，形成了一个比较稳定的集团。革左五营活动在英霍山区（今安徽大别山区）。具有相当实力，对南京和凤阳皇陵都一度构成很大的威胁。在张献忠、罗汝才等农民军相继受抚后，革左五营也一度受抚。在张献忠等复起后，革左五营也重整旗鼓，开始不断地向官军主动进击。当他们得知李自成农民军已基本控制河南后，便走出安徽的山区，到河南与李自成合营。崇祯十五年（1642）十月初，革左五营正式和李自成、罗汝才合兵一处，由分散作战到联合行动，从而使以李自成为首的河南农民军的声势更为浩大。

在李自成击溃孙传庭之后，曾打算乘胜进入陕西，将陕西和河南连成一片，以扩大战果。革里眼贺一龙向他提出，保定总督杨文岳仍盘踞汝宁，还有一定实力，倘大军离河南西去，河南的大部分州县很可能重新落入官军手中。他建议先除掉汝宁的杨文岳，然后再作他图。李自成觉得有理，就决定先进军汝宁。

崇祯十五年（1642）闰十一月中旬，李自成、罗汝才和革左五营一起完成了对汝宁的包围。保定总督杨文岳在朱仙镇大败后，受命戴罪驻守汝宁。杨文岳激励部下，决心死守。但有些人见农民军势大，早已吓破了胆。在农民军还未包围汝宁时，杨文岳派都司康世德率领一支轻骑去侦察敌情，康世德却率五百骑兵"夜纵火，噪而奔"。这使杨文岳大为伤心，但他还是决计坚守。十三日，李自成率大军赶到，在离城五里处扎营。杨文岳亲自率保定兵驻城西，监军佥事孔贞会率川兵驻城东。李自成督众环攻，双方相持一昼夜。第二天再战，川兵先溃败，死伤数百人，其马骡尽为农民军所有。于是，李自成便集中兵力围攻城西的杨文岳，并用大炮猛轰官军营栅，官军死伤甚众，"濠水尽赤"，杨文岳的部将冯将军自刎而死。杨文岳在城外失利，遂收散卒入城固守。十五日，农民军并排用门板遮挡矢石，环城强攻。城上矢石如雨，农民军"死伤山积，而攻不休，一鼓百道并登"，终将汝宁攻破，杨文岳等被俘。李自成对杨文岳说："先生朝廷重臣，自不当屈。然时势及尔，今欲何为耶？"杨文岳破口大骂："我恨无兵以杀汝，今日死耳，复何言！"李自成大怒，将他捆绑在城南三里铺，命部下"以大炮击之，洞胸糜骨而死"。李自成转念一想，觉得杨文岳忠贞可敬，便命部下备礼安葬了他，并"立碑书衔以识之"。

李自成在汝宁消灭了杨文岳这支官军后，还俘获了分封在这里的崇王朱由贵及其三个儿子。河南一带已没有能抵抗李自成的官军。李自成继而占领了确山、信阳、泌阳等地，接着就要南下湖广了。

第八章　建立襄阳政权

崇祯十五年（1642）年底，李自成率领大军由河南南下湖广，并于当年十二月攻占了重镇襄阳。第二年二月，李自成在襄阳设官建制，建立了初具规模的政权。接着，李自成陆续除掉了其他几部的农民军首领，收编了其部众，使号令更加统一。崇祯十六年（1643）五月，李自成正式称新顺王。

第一节 南下湖广

崇祯十五年（1642）闰十一月下旬，李自成和罗汝才、革左五营合兵一处，大举南下，于十二月上旬攻占了襄阳，左良玉仓皇东逃。李自成接着攻占了承天府，掘毁了嘉靖皇帝父亲的陵墓，以作为对明廷掘毁自己米脂祖坟的报复。

一、攻占襄阳

李自成在河南接连大败官军后，官军中能与李自成为敌的就剩左良玉这一支了。左良玉在朱仙镇被李自成打败后，狼狈逃回襄、樊，对李自成颇存畏惧，担心李自成会不时来攻打自己。他一方面积极扩充队伍，招募乡丁、降卒，有众 20 万，号称 30 万，而明廷按军籍供饷的只有 25000 人。另一方面，他派人在樊城加紧打造战船，名为备战，实际上是为了在情况紧急时顺江东下，为逃跑做准备。因为大部分军饷要靠自筹，所以左良玉一军军纪败坏，不仅公开向老百姓征敛，而且不时抢劫。襄、樊的老百姓对左军恨之入骨，暗中放了一把火，将左良玉打造的大船尽数烧掉。左良玉大怒，下令将当地的民船尽数抢来，装上抢来的财宝和妇女，先行运走，自己暂时留在襄阳结营防守。

李自成心里很清楚，要最终推翻明王朝，就必须要消灭左良玉这支官军。十二月四日，李自成农民军进逼襄阳，由白马渡强行渡江，左良玉督众阻扼。江水浅及马腹，再加上左军用大炮轰击，农民军死伤数千，但仍强渡如故。经过一番激烈的战斗，农民军终于渡到汉江南岸。当地的老百姓以"牛酒迎贼"[①]，不少人还自告奋勇为李自成农民军充当向导，绕过左军预先埋置的伏雷、暗弩，使农民军大大地减少了伤亡。这种情况在左良玉的揭帖中也有所反映："此时民情响应，势若沸羹。"[②]另外，左良玉的亲军爱将大半死去，新降服的人又不听约束，他本人"亦渐衰多病"，所以当他看到李自成农民军来势凶

---

① 吴伟业：《绥寇纪略》卷九。
② 《明清史料》乙编，第 980 页。

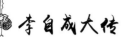

猛，难以抵敌，便决定及早东逃。在逃走以前，左军对襄阳一带再一次进行大抢劫，"鸡犬无所留，千里一空，江左大震"，随后拔营东遁。郧阳抚治王永祚这时也在襄阳驻守，他看形势不妙，就以护藩为借口，保护着福清王和唐王世子登舟逃去。王永祚一行刚刚启行，李自成的先头部队就开进了襄阳。

左良玉从襄阳撤退以后，一路大掠，退到武昌。李自成尾追不舍，于崇祯十六年（1643）正月十八日追至长江北岸的汉阳。左良玉仓皇退到九江驻扎下来。他听说李自成要继续追击，所以打算继续南逃。如果这样的话，李自成很快就会占领南京，江南的半壁河山就会落入李自成之手，明王朝立刻就会陷入绝境。这时，崇祯皇帝召吏部侍郎李邦华入京，要他任左都御史。当他到湖口时听说了此事，感到事关重大，就立即以朝廷大臣的身份致书左良玉，要他务必以大局为重，不可再撤，"举事一不当，辱身而污青史，为千古笑端，智者所不为也"。李邦华要左良玉"慎勿过安庆一步"，否则有关他的流言就会被朝廷信以为真。李邦华派亲信先去左良玉营中，向他"开陈祸福，鼓以大义"，使左良玉大喜过望。李邦华继而又亲自前往，"慰劳将士，勉之以忠孝大义"，并命江西巡抚发库银 15 万两，以补左军 6 个月的军饷。左良玉一军于是就停止了南逃，并整饬防务，使南京和江南等地安定下来。"世谓非遇（李）邦华，则金陵殆矣。岂唯金陵，东南一块土尚可问乎？"[1]当时劝阻左良玉的还有侯恂的儿子侯方域。他当时正在南京，许多士大夫知道他的父亲有恩于左良玉，就力促他致书左良玉，劝他千万不可顺江东逃。当听说左良玉一军已备船东逃时，南京官员人心惶惶，担心李自成大军尾随而至。经李邦华和侯方域的劝阻，尤其是李邦华亲临左良玉军中，并为左良玉解决了军饷问题，才促成左良玉坚守九江。南京之所以没有落入李自成之手，这件事起了十分关键的作用。

李自成的大营驻扎在襄阳城外，连营百余里，旗甲鲜明，气势甚壮。大军稍事休整后，即分头攻打附近各州县。襄阳的属县如枣阳、宜城、谷城、光化等都很快被农民军占领。革左五营向东南方向快速奔袭，于十二日攻占了德安，并继续向东攻取黄州。罗汝才和贺一龙则向湖广和四川交界地区进军，连

---

① 郑廉：《豫变纪略》卷六。

下许多州县。

二、下承天府掘显陵

承天府（今湖北省钟祥市）是嘉靖皇帝的所谓"龙潜"之地，他称帝后追封自己的父亲为兴献王，在当地置兴都留守司，有重兵驻守。他的父亲即葬在承天府，称作显陵。李自成在攻取承天府之前，先攻取了承天府南边的荆州，从而对承天形成包围之势。

荆州是惠王朱常润的藩封之地，巡抚陈睿谟暂驻这里防守。李自成占领襄阳不几天，他的侦骑就到达荆州附近侦察，城中的文武官员一片惊慌，有的人则借故及早外逃。陈睿谟也在江边备好了船只，随时准备外逃。十二月十四日，李自成首先攻占了靠近承天府的荆门州，对承天府围而未攻，大军主力则南下荆州。十二月十六日，李自成农民军开始奋力攻城。最令李自成高兴的是，当地老百姓苦官府苛征暴敛已久，对农民军的到来颇为欢迎，甚至有成群结队的人打着旗帜迎接农民军。这表明，广大人民群众已对明廷完全失去信心，希望李自成早日推翻明王朝。李自成农民军先用大炮轰破北门，大股人马蜂拥而入。巡抚陈睿谟保护着惠王仓皇登船而逃。李自成派骑兵沿江追赶，未能追上。

这时，承天府已完全处于农民军的包围之中。崇祯皇帝对这里的防守情况一直很重视，因为他本人就是嘉靖皇帝的直系后裔。为此，承天府除了本省总兵在这里驻防外，还有外省总兵驻此协防，本省的巡抚和巡按也都驻守此地。

左良玉从襄阳南逃时，曾想在承天府暂时歇息，但巡按御史李振声却闭城不纳。这一则是因为左军漫无纪律，担心左兵入城后大肆劫掠，二则是城中粮食有限，左兵人多，一天需粮五六百石，拿这些粮食给左兵，还不如给本地军民自守。左良玉无奈，便纵容部下沿途劫掠，东去武昌。

十二月二十六日，李自成农民军开始攻打承天府。他首先率军围攻位于承天府北边的显陵。李振声和总兵官钱中选在这里负责守护，以栅木为城。李自成用火攻的办法烧掉栅栏，很快占领了陵地。李振声和钱中选战败被俘。

十二月三十日是除夕，李自成开始攻打承天府城。湖广巡抚宋一鹤督众固

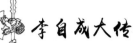

守，但这时军心已经动摇，有的将士竟偷偷地缒下城去，投降了农民军。崇祯十六年（1643）正月二日，农民军攻破承天府，宋一鹤见大势已去，又不愿当俘虏，遂自缢而死。故留守沈寿崇、钟祥知县萧汉皆自杀，分巡副使张凤翥逃入山中。

这时，钦天监博士杨永裕也投降了李自成，"自诩有异术，能佐自成取天下"①，所以受到李自成的信任。他建议发掘显陵，以断绝朱家皇帝的王气。这正中李自成下怀，因为李自成的祖坟已被官军掘毁，这时掘毁朱家皇帝的祖陵，正是所谓一报还一报。

李自成的主要打击目标是左良玉，而左良玉已提前逃往武昌，所以李自成在占领承天府后马上就开始向武昌进军。左良玉在武昌劫掠如常，当地老百姓对左军十分仇视。左军监纪竟被人在夜里暗杀于武昌城头，一个监司在半道上被老百姓围住痛骂。左良玉听说李自成率大军赶来，便又仓皇地逃往九江。

李自成作为一个农民军领袖，这时在政治上也显得更加成熟，这从他对待明廷官员的态度上就看得很清楚。对那些清廉有气节的官员，李自成则极力争取。这些人即使在对抗李自成时战死，李自成也尽可能地给予妥善安葬。例如，钟祥县知县萧汉在保护显陵之战中被俘。李自成知道此人颇有气节，是个好官，就派人劝他投降，不允许杀他。经反复劝说，萧汉始终不降，李自成就将他送往吉祥寺，派人好好看护，善待其吃用，希望他回心转意。萧汉受传统忠君思想的影响，拒不投降。三天后，他从僧床上捡到一把剃刀，藏了起来。他在一张旧纸上写了首绝命词，还未写完，纸已用完，遂投笔而起，接着用土块在墙上写道："钟祥县令萧汉愿死此寺！"他拿出剃刀，对墙自杀，鲜血恰好溅到字上。李自成得知后，"嘉其人，用锦衣殓而葬之"②。李自成的这种做法颇得民心。

御史李振声在承天府失守后被俘。他也是米脂人，和李自成同乡同姓，为官较为清廉。当农民军已攻入城内后，李振声仍督军抵抗。他被俘以后，李自

---

① 吴伟业：《绥寇纪略》卷九。
② 《明史》卷二六三《萧汉传》。

成亲自接见，见了面"泣而呼大兄"。对于一个降将来说，这种礼遇还没有人能得到过。但李振声却不为所动，自称是朝廷命官，骂李自成为"米脂走卒"，自己不是他的"大兄"。李自成不仅没有生气，反而笑着说："大兄误矣！"并命部下备酒席款待。在宴席上，李振声一再明确表示："吾不从鼠辈反，何不杀我？"李自成仍不生气，还命人为他"置一帐，使数十卒卫之……供具甚丰"。李振声时而醉酒后大哭，有时还骂李自成为"匪"为"贼"。李自成皆不予置问。有一天，李振声来求见李自成。李自成很高兴，以为他要投降自己，没想到李振声却"谕以逆顺祸福"，要李自成投降明廷。李自成担心动摇军心，很生气，但很快就压住怒气，仍笑着以"大兄"称之，命人将李振声送往襄阳旧署，"列兵以卫之"。不久，李振声暗中致书左良玉，召他来攻襄阳，不料其书信在半道上被李自成的逻卒查得。李自成很愤怒，这才决定杀掉李振声。[1] 李自成争取李振声虽未成功，但却表明了李自成已具有了一个领袖人物的肚量。

正月十八日，李自成农民军首先攻占了汉阳，缴获大小船只四五千艘，准备过江攻打武昌。第二天，因风急浪高，李自成渡江的船只多被打翻，死伤甚重，李自成不得不放弃攻打武昌的计划，率部回襄阳。

在此期间，李自成农民军在向黄州进军时曾发布过一个檄文——《剿兵安民疏》：

> 为剿兵安民事：明朝昏主不仁，宠宦官，重科第，贪税敛，重刑罚，不能救民水火。日罄师旅，掳掠民财，奸人妻女，吸髓剥肤。本营十世务农良善，急兴仁义之师，拯民涂炭。今定承天、德安，亲临黄州，遣牌知会：士民毋得惊慌，各安生理。各营有擅杀良民者，全队皆斩。尔民有抱胜长鸣迎我王师，立加重用。其余毋得戎服，玉石难分。此檄。[2]

---

① 郑廉：《豫变纪略》卷六。
② 彭孙贻：《平冠志》卷二。

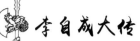

这篇檄文的矛头直指崇祯皇帝，斥他为"昏主"，并历数其诸多"不仁"之事。李自成自称"本营"，历代为农，和广大老百姓有共同遭遇。这给普通老百姓以亲切感。同时也可以看出，李自成很重视行军纪律，"有擅杀良民者全队皆斩"。正因如此，当时流行着一种"贼梳兵篦"之谣，即官兵的劫掠比农民军要厉害得多。另外，从这篇檄文中也可以看出，李自成在诸营中已确立起领袖地位。

三、郧阳攻守战

李自成攻占襄阳以后，想把荆襄地区建成自己的根据地，为在襄阳建立政权做准备。也正因如此，李自成这时每攻占一地即分兵驻守，不再像过去那样攻下一地即随后丢弃。在这些被攻占的地方，李自成"严禁抢掠，以笼络民心"[①]。这话出自明廷大臣高斗枢之口，足见李自成已有了长远打算，军纪严明。李自成以襄阳为基地，遣兵四出，攻城略地，可谓攻无不克、战无不胜。但是，他在攻打郧阳时却遇到了顽强的抵抗。郧阳（今湖北省十堰市郧阳区）地处湖广、河南、陕西三省交界处，位置险要。明廷专设一巡抚在这里驻守。郧阳城不大，"居民不足四千，数百里荆榛"，不是富庶之区。自明中期以后，有许多流民到这里垦荒种地。他们反抗官府的驱逐和压榨，不时发动起义，最著名的一次就是成化年间的荆襄流民大起义，经数年才被镇压下去。明廷感到无法将流民全部赶走，遂设立郧阳府，以加强对当地的统治。当时，襄阳等地都属于郧阳巡抚的管辖范围。李自成之所以决心要攻下郧阳，主要是从军事上考虑，要拔除这颗钉子，以便将湖广、河南和陕西连为一片，建立起一个稳固的后方基地。

在此以前，张献忠就曾几次想攻占郧阳，皆未如愿。其中，崇祯十四年（1641）六月的那次争夺战最为激烈。当时张献忠从陕西率兵东来，新按察使高斗枢到郧阳履任才6天，双方就在郧阳展开了一场激烈的争夺战。尽管张献

---

① 高斗枢：《守郧纪略》。

忠百计环攻，但终未能将郧阳攻下。

李自成攻占襄阳后，不久即分兵攻占了均州（今湖北省丹江口市）。在均州驻守的惠登相原是一个农民军首领，后投降官府。他惧怕李自成，所以一听说李自成的大军来攻，就慌忙率领部下逃到武当山上，据险自固。另一个在均州的守将高万锦无奈，只好投汉江自尽。李自成大军占领均州后，于崇祯十五年（1642）十二月十二日抵达郧阳城下。当时在郧阳驻守的是按察使高斗枢，守令是徐启元，主要的统兵将领是王光恩。高斗枢善于抚众，徐启元善于谋划，而王光恩勇敢善战。他们齐心协力，使郧阳这座孤城始终未被攻陷。王光恩原来也是一个农民军首领，诨号"小秦王"，后来投降官府。由于高斗枢对他推诚任用，所以在与李自成的战斗中显得特别坚定，对固守郧阳发挥了十分重要的作用。

李自成大军于十二月十二日抵达郧阳，高斗枢督众在城外迎击，双方激战于青龙寺一带。王光恩和王光兴兄弟表现得特别英勇，据险固守，并用火罐子向农民军营中投掷，使许多农民军被烧死。农民军仍进攻不止，绕到城北，想以城北为突破口，一举将城攻下。农民军没有想到，高斗枢已预先做了周密部署，在土墙内部署了许多鸟枪手，伏在内侧向外射击，几乎百发百中，给农民军造成很大伤亡。农民军无法接近城墙，且伤亡很重，李自成遂于十五日撤军。这次攻守战连续进行了4天。

当时高斗枢尚不知襄阳已被李自成攻陷，当李自成退兵时，他在追击时俘获了30余名农民军，从这些人口中得知，襄阳早已被李自成攻占。郧阳巡抚是王永祚，因襄阳被占，他移师郧阳防守。当李自成到达郧阳时，王永祚以护藩为名，提前逃离。这些不利的消息给城内守军造成极大混乱，很多将领面露惧色。他们担心，既然巡抚王永祚已逃去，郧阳驻军的军饷从何处出？另外，襄阳等地已为农民军攻下，郧阳一座孤城如何能够持久？因此，在李自成退兵两天后，守军将领李芹春竟然率领自己的部下拔营西去，结果被参将徐勇半道截回。高斗枢将李芹春交徐勇羁押，以候旨处置。不几天，徐勇竟和李芹春一起逃去。此事表明，有不少官军将领对固守郧阳已没有信心。好在高斗枢富有谋略，和徐启元、王光恩等齐心协力，终保郧阳不失。

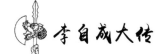

崇祯十六年（1643）三月底，李自成再次率军攻打郧阳。这时，李自成已基本上控制了荆襄一带，郧阳就成了他的眼中钉。城内守兵有4000余，就数量而言无法与农民军相抗。但是，经过高斗枢等人的整饬，这支守军显得颇为坚强。李自成将几百块从均州带来的门板用绳子连起，在郧阳城东北方向筑起一座木城，意在与郧阳对攻。乘农民军立营未稳之时，高斗枢选派一支精锐，直抵木城，用火罐发动攻击，使这座木城顿时成为一片火海。木城内的农民军只好仓皇撤离。第二天，李自成命部下准备60余条木梯，由一支精锐士兵迅速运抵城下，欲强行登城。高斗枢见状后，立命各营出击，尽数将木梯夺回。农民军只好撤退。

李自成将主力驻扎在离城约10里处的杨溪铺。经几天休整后，李自成再次对郧阳发起攻击。这次李自成改变了策略，在离城约20丈处筑起土台，一层土加一层秸秆，层层累积，上边砌上砖石。每台长约2丈，宽约1丈，上边架上炮镜，实际上就是炮台。这样的炮台共筑36座，分布在城的东边和北边，农民军使用这些炮台与城内官军对击。十几天以后，高斗枢看到农民军已显出疲惫相，就命各营于黎明时突然出击，不仅带着兵器，而且还带着锄头等物。这些官军很快就铲平了22座炮台。休息一天后，第三天又将其余的那几座铲平。农民军只好又退回到杨溪铺。从三月底到四月初，李自成连攻郧阳10余天不下，只好撤围。

崇祯十六年（1643）五月底，李自成得知孙传庭已整军出潼关，自己将不得不赴河南迎击孙传庭，而郧阳这座孤城却迟迟不能攻下，感到十分生气，遂第三次发兵来攻。但是，这支农民军在离郧阳约80里处的龙门驻了下来，一连数日没有动静。原来，李自成得知孙传庭已进入河南，且郧阳防守坚固，不想在郧阳打消耗战，所以这次对郧阳的进击计划在半道停了下来。后来，当李自成占领西安以后，还曾派路应标率3万大军攻打郧阳。以图巩固后方，但仍未攻下。因此，郧阳的的确确成了李自成大后方的一颗钉子，给李自成后来的军事行动造成极大的阻碍。尤其令李自成恼火的是，当李自成大军撤离后，郧阳官兵趁机四出，收复了一些附近州县。郧阳的战例也向明军将领显示，李自成虽然人多势众，但也不是不可抗拒的，从而增强了一些明军将领对抗李自成的信心。

第二节　铲除异己

在明末造反的农民军中，原来有许多支，他们都各自行动，互不统属。各部的农民军首领都或多或少有着"山大王"的思想。随着形势的发展，他们逐渐由分散走向联合，一般情况下，谁的力量大谁就是首领。虽说联合，但各部都保持着很大的独立性，且时分时合。随着李自成力量的壮大，河南和荆襄地区已基本上处于他的控制之下，他开始考虑要建立自己的政权，渐渐地容不得那些总是想和他平起平坐的农民军领袖。于是，一些风云一时的农民军首领陆续被他铲除。其中影响比较大的是罗汝才、革左五营和小袁营。

一、铲除罗汝才

罗汝才是陕西延安人，起事较早，势力也较强。他足智多谋，绰号"曹操"。他原来和张献忠合营，后因为二人意见不合，他于崇祯十四年（1641）与张献忠分手，北上河南，与李自成合营一处。每攻破一个城邑，所得财物李自成取六，罗汝才取四。在以李自成为主的这支农民军中，罗汝才的地位仅次于李自成。他们一起攻下襄阳后，李自成号称"奉天倡义大元帅"，罗汝才号为"代天抚民德威大将军"。李为"大元帅"，罗为"大将军"，李自成的地位显然高于罗汝才。李自成生活朴实，处事较能深谋远虑，不好声色。而罗汝才生活比较奢侈，尤其是酷好酒色。每攻下一个城邑后，罗汝才总是挑一些年轻貌美的女子充实后房。虽在争战时期，他的后房也有数百美女，另有"女乐数部，珍食山积"。李自成就曾经轻蔑地称他为"酒色之徒也"。①

李自成和罗汝才的矛盾有一个发展的过程。一方面，李自成要统一号令，罗汝才等首领习惯于自作主张，现在却要遵命而行，处处听命于人，由平起平坐的兄弟关系变成了上下级关系，对这些草莽英雄来说实在难以适应，因而在

---

① 计六奇：《明季北略》卷十九《李自成杀罗汝才》。

统一号令的过程中难免产生矛盾。另一方面，官军将领不断在农民军首领中挑拨离间，从而加深了他们之间的猜疑，使他们的矛盾越来越激化，以至于演出一幕幕火并的惨剧来。

有一天，李自成设酒席招待罗汝才，几杯酒后，李自成故意说道："吾与汝起草泽，不自量至此。今当图关中，割土以分王。"罗汝才没弄明白李自成的心意，又有几分醉意，睁开惺忪的眼睛答道："吾等横行天下为快耳，何专土为！"既未明确支持李自成称王，也未对"割土以分王"的说法表示赞同，致使"自成意色大忤"。

革里眼贺一龙有一次征战回营，在见李自成之前却先到罗汝才营中，"屏人耳语"。有人把此事告诉了李自成，李自成"衔之，不遽发"。随着时日的推进，李、罗之间的矛盾逐渐有所表现。罗汝才的谋士吉珪对罗说："吾观李帅非容人者，今群雄皆俯首，所颉抗者我与革、左耳，将军何不早自计耶？"罗汝才听了后有所醒悟，但还是未做防备。①

明廷中不少大臣主张搞反间，使农民军领袖之间互相残杀，有些明廷将领也的确在这方面用了不少心思。例如河南巡抚高名衡，在李、罗围攻开封时，他伪造了一封致罗汝才的复信，其中说道："前接将军密书，已知就中云云。及打仗时，又见大炮苗头向上，不伤我兵，足见真诚。一面具题，封拜当在旦夕。所约密机，河北兵马于九月初三日子夜由下口渡河，专听施行。"②送信人故意使它落入李自成手中，当时使李自成也产生了一些疑虑。但是，在长期的斗争生涯中，李自成已日益成熟起来，对官府的挑拨离间早有警惕，而不是一有风吹草动就轻易相信。因此，李自成仍和罗汝才亲密合作，联合作战。在汝宁之战中，幸亏罗汝才及时赶来，舍身相救，才使李自成转危为安。这在很大程度上消除了他对罗汝才的怀疑。

有一个叫作陈生的人，可能是个官府派遣来行反间的人，他自诩"以口舌令二贼相斗"。陈生先对李自成说："汝才必为变。"李自成表示不信。他又对

---

① 吴伟业：《绥寇纪略》卷九。
② 周在浚：《大梁守城记》。

罗汝才说："将军苦人以恶马易善马，盖以字烙之。令识别自为群耳。"原来，李自成经常用自己营中的劣马换罗汝才营中的良马，这被陈生钻了空子。罗汝才听了后说："善！生其为我行之。"于是，陈生将罗汝才营中的马分成四部分，分别烙上"前""后""左""右"四字。但陈生并没有一起烙字，而是先烙"左"字的一群。随后他就告诉李自成："罗营东通（左）良玉，马用'左'字为号矣。"李自成派人去查看。一群马果然都烙上了"左"字。这不能不使他又起疑心。

另据《甲申朝小纪》记载，罗汝才感到李自成没有天命，当不了皇帝，所以"潜图归顺，欲杀自成献功"。这也可能是官府的挑拨之词。但这类的挑拨多了，就必然会对李自成的心理产生某些影响。

就罗汝才个人的性格而言，属于反复无常的一类。他投降过官府，后又复叛；他先和张献忠合营，不久二人反目，又和李自成合营一处。正因为他有这些反复无常的经历，所以关于他的谣言就特别容易流传。再加上他有智谋，力量强，成为唯一能与李自成颉颃的人物。他性疏阔，常言"贼不杀贼"。这几乎成了他的一句口头禅。实际上这话很容易招人忌恨。他自己称"贼"，像李自成、张献忠等也是"贼"，这还哪里有正义可言！他力量很强，但他不是助张献忠，就是助李自成，"不能为人上，又不能为人下，是绝物也，安往而非危地乎？"这也是罗汝才招杀身之祸的重要原因。

李自成原来曾和罗汝才结为兄弟，最终还是将这个兄弟杀掉了。其最根本的原因还是政治因素。李自成要建立以自己为首的政权，还想要当皇帝，"一国不堪两君"，他不能容忍能威胁自己地位的人。再加上前前后后的那些流言，李自成断定罗汝才最终将是个祸害，所以才下决心除掉他。崇祯十六年（1643）三月初六日，李自成请罗汝才和贺一龙到自己营中吃酒，罗汝才托言身体不适，未去赴宴。只有贺一龙欣然前往。夜深时，贺一龙已醉，李自成命人将他拉出去悄悄杀掉。黎明时，李自成部下约二十骑以言事为名，径直进入罗汝才帐中。罗汝才刚刚起床，尚在洗刷，被来人突然杀掉。这些人马上向罗

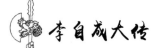

汝才的部下宣布道:"汝才反,元帅令诛之。"①罗汝才的部下顿时大哗,但因李自成已严阵以待,罗的部下无可奈何。李自成杀了罗汝才以后,为了安抚罗的部下,也为了显示自己不忘往日的兄弟情义,亲自穿丧服为罗送葬。"自成乃素服为汝才发丧,哭尽哀,陈(罗)汝才通左(良玉)状,与其不得已之故,且抚汝才子如己子,以悦其众。月余乃定,势大振。"②李自成这样做不管是真情还是假意,但客观效果还是较好的,也显示李自成更重视策略的运用。尽管如此,罗汝才的一些部将还是寻机逃了出去。罗汝才的部将杨承恩和外甥王龙,率领一部分人投奔郧阳,从而大大增强了郧阳的防守能力。部将李汝珪率领数百骑投降了左良玉。罗汝才的叔父罗戴恩想寻机会报仇,一直未能得逞。罗汝才的大部分士卒被李自成收编。挑拨李、罗关系的陈生也没有好下场,李自成后来发觉了他的阴谋,遂将他杀掉。

二、分化革左五营和消灭小袁营

所谓"革左五营",是指由五支相对独立的农民军组成的较稳定的联合体。由于各自的力量都不算很强,他们联合作战,共抗官军。这五支农民军平时活动在湖北、安徽和河南的交界地区,时分时合。在崇祯十五年(1642)十一月李自成攻打汝宁时,革左五营开始和李自成合营,联合作战。他们之所以愿意接受李自成的指挥,主要原因是他们感到,李自成已成了各路农民军无可争议的领袖,自己的力量已无法与李自成同日而语。在当时那种情况下,他们不可能既反抗明廷,又反抗李自成。他们在感情上和李自成相通,都在与明廷对抗,所以很容易走到一起。当他们和李自成合营后,为了执行不同的作战任务,他们往往分开行动。李自成在统一号令的过程中,有意对他们进行分化瓦解。对那些能听从他的号令的人,他则积极笼络;对那些三心二意的人,他则

---

① 吴伟业:《绥寇纪略》卷九。关于李自成杀罗汝才的时间,诸书记载不一。有的谓在崇祯十六年正月,有的谓在二月,有的谓在四月。《守郧纪略》《烈皇小识》《明史纪事本末》《平寇志》等均记在三月。杨承祖是罗汝才的亲信。罗被杀后,他奔郧阳投归了高斗枢,言及罗被杀事。高斗枢在《守郧纪略》中记在三月初六日,当最为可信,故取此说。
② 郑廉:《豫变纪略》卷七。

予以孤立，甚至干脆将其杀掉，收编其部众。

李自成最先杀掉了革里眼贺一龙。如前文所述，李自成在杀罗汝才的头天晚上，乘贺一龙喝醉时即将他杀掉。在此之前，李自成已将左金王贺锦和治世王刘希尧拉到自己一边，并通过他们将贺一龙的干将赵应元拉了过来。当贺一龙被杀后，其部众便由赵应元统领，仍听李自成指挥，只有一小部分心存疑虑的人逃往他处。

老回回马守应是革左五营的另一个重要首领。他起事较早，为人多心计，部众虽一直不算很多，但却有一支精悍的骑兵，颇有战斗力。他不论和任何人联合，始终保持着很强的独立性。当李自成杀贺一龙时，他正率领部下在沣州（今湖南省沣县）作战。李自成为了消除他的疑心，特遣人送给他一颗48两重的金印，并且授予他"永辅营英武将军"的封衔。马守应都婉言谢绝，推辞不受。实际上就是要保持自己的独立性，不愿受人摆布，更为了提防别人的暗算。后来，李自成调他回襄阳，他却借故把自己的队伍拉到更远的地方去了，与李自成保持一种若即若离的关系。后来，马守应病死于彝陵，其部众都合并到张献忠的队伍中去了。

在革左五营的其他三营中，左金王贺锦后来也被李自成杀掉[①]，治世王刘希尧和争世王蔺养成都成了李自成的部将。

崇祯十六年（1643）五月，李自成又消灭了小袁营，这时距杀掉罗汝才、贺一龙大约两个月。小袁营首领是河南滑县人袁时中，主要活动在河南一带。也不时窜入邻近的江苏、安徽一些地方。因为河南原来有一支以袁老山为首的农民军，所以人们便称袁时中这支农民军为"小袁营"。在杞县和睢州之间有个圉镇，这里就是小袁营的巢穴。小袁营行动迅速，飘忽不定，在河南的各支农民军当中，它是较强的一支。小袁营纪律较为严明，不抢掠老百姓，力量最强时达数十万众。随着李自成在河南的胜利进军，威望越来越高，小袁营又开始和李自成联合作战。崇祯十五年（1642）三月中旬，农民军攻打河南太康

---

① 《明季北略》卷十九载："自成袭杀革里眼及左金王。"《平寇志》载，李自成致信张献忠称："曹操、革里眼、左金王皆为我所杀。"足证左金王确被李所杀，但所杀日期难以详考。后来为李自成攻取兰州等地的贺锦当是另一个农民军首领，不是原来称作左金王的贺锦。

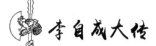

县，小袁营攻打北门，罗汝才攻打南门，李自成攻打东门和西门，标志着小袁营已和李自成合营。袁时中以前也和李自成联合过，后来因意见不合，便又各自行动。这次联合也是貌合神离，袁时中并不完全相信李自成，又害怕被李自成吞掉，所以只是在表面上恢复了合作的关系。河南地方官员也极力拉拢他，他也就依违于官府和李自成二者之间，首鼠两端。李自成在接连攻占睢州、宁陵、归德等地后，开始第三次围攻开封，便命小袁营为前锋。袁时中感到李自成故意让自己"当矢石，而已收其利，心不服"，到杞县后即"叛而去"。李自成闻讯后很生气，命李过率兵追击，"追三百里……（袁）仅存骑百余，收合散亡，复至数万，屡扰颍（州）、亳（县）"[1]。也就是说，袁时中怀疑李自成故意让自己去送死，他自己坐收渔利，所以就在杞县擅自逃去。这次合营只维持了一个多月。李自成的主力南下湖广后，袁时中便又加紧了和官府的勾结。袁时中向河南巡按御史苏京表示，愿意去镇压叛乱的总兵官刘超，以求立功自赎。苏京和巡抚秦所式商量，认为袁时中实际上是害怕李自成，不是为了消灭刘超，所以不许他把队伍开到黄河以北，而是要他杀掉李自成派去的使者，以示诚信。这时，李自成恰巧派庠生刘宗文到小袁营中，向袁时中晓以利害，要他和李自成重归于好。袁时中自以为李自成鞭长莫及，就把刘宗文拿下，送给苏京。刘宗文马上被苏京处死。与此同时，袁时中又袭杀李自成的游骑数百人，以向官府邀功。李自成闻讯大怒，立即派大队人马赶往睢州，严加围剿，袁时中被擒杀，其部众或散或降。

综观中国历史上历次较大规模的农民起义，在其发展壮大的过程中都曾发生过这样或那样的矛盾和斗争，有的斗争还颇为激烈，甚至导致相互残杀和兼并战争。农民起义军内部之所以会出现这类矛盾和斗争，有的是由于官府的分化和离间所致，而更多的则是农民军首领之间的争权夺利。在封建社会，农民军领袖都摆脱不了封建化的结局，在封建化的道路上必然要发生矛盾。由于历史条件的制约，农民军领袖一般都文化水平较低，有的就根本没有接受过正规的学校教育，这就会成为人们通常所说的那种"草莽英雄"。他们在起事之初

---

① 彭孙贻：《平寇志》卷五。

以兄弟相称，但等到要建制称王时，则要分出上下尊卑。这实际上就是权力再分配的过程。在这个过程中必然会产生矛盾，甚至以火并决出胜负。以前，人们往往以路线斗争来画线，用阶级斗争的观点来进行分析，实际上，除个别情况外，绝大多数农民军首领之间的矛盾都属于争权夺利的矛盾，而谈不上什么阶级斗争。李自成与罗汝才、张献忠等人的矛盾也应作如是观。

这时，除了张献忠的农民军以外，已经没有能和李自成平起平坐的农民军首领了。在李自成这支农民军集团当中，李自成的领袖地位已越来越稳固。

第三节　建制称王

李自成在基本上控制了河南和湖广北部以后，开始设置地方官员，对当地加以治理。在农民军内部，李自成的领袖地位渐渐得以确立，为李自成建制称王准备了条件。崇祯十六年（1643）二月，李自成于襄阳设官建制，初步设置了中央和地方各级机构，历史上称之为"襄阳政权"。三个月后，李自成正式称"新顺王"。

一、建襄阳政权

随着李自成的胜利进军，控制的地域越来越广，谋士牛金星向李自成建议，应"分等威，申职守"，署置官名爵号，使自己和同伙早分出上下尊卑，以便为日后正式建立全国性政权奠定基础。这话很合乎李自成的心意，崇祯十六年（1643）二月就正式建立了襄阳政权。

李自成改襄阳为襄京，暂时作为自己中央政权所在地。襄王藩邸宫室经过一番修葺，作为李自成的中央机构住处。同时，李自成又改德安府为安乐府，承天府为扬武州，一些州县也改用了新名。尤其引人注目的是，李自成在官制和军制上都采取了一系列措施，初步具备了一个政权的组织形式。

李自成自称"奉天倡义文武大元帅"，为最高领导人。因为这时还未建国号，自然也谈不上改元，所以李自成发布文告命令仍采取干支纪年。中央政府的最高文官为左辅、右弼，即相当于左丞相、右丞相，以牛金星为左辅，来仪

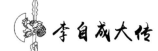

为右弼。①下设吏、户、礼、兵、刑、工"六政府"，即相当于六部，各设侍郎、郎中、从事官等。

从外官的设置情况来看，李自成这时尚未设省一级官员，省以下各级则大体具备。府设府尹，州设州牧，县设知县，分别为各级最高行政长官。另外还设提督、防御使、观察使、统制使等职，以分掌职守。

李自成最重视的还是军制建设。在元帅以下，依次是权将军、制将军、果毅将军、威武将军，再下即依次是都尉、掌旅、部总、哨总等职。李自成的妻弟高必正居帐中，掌亲军。战功并不显赫的田见秀因为人宽厚，李自成授他为权将军，提督诸营事。战功显赫的刘宗敏也是权将军，但位在田见秀之下。

下设前、后、左、中、右五营，每营设制将军一人，总领其事。以下再设果毅将军、威武将军等职，分掌事权。

五营中以中营的规制最大，李岩为制将军，贺锦也为制将军，位在李岩之下。以下还有几员大将：张鼐为正威武将军，党守素为副威武将军；辛思忠为左威武将军，果毅将军谷可成为其副；李友为右威武将军，任继荣为前果毅将军，吴汝义为后果毅将军。

左营以刘芳亮为制将军，下有左果毅将军马世耀，右威武将军刘汝魁。

右营以刘希尧为制将军，下有左果毅将军白鹤鸣，右果毅将军刘体纯。

前营以袁宗第为制将军，下有左果毅将军谢君友、右果毅将军田虎。

后营以李过为制将军，下有左果毅将军张能，右果毅将军马重僖。②

以上五营共二十二员将军，这就是当时李自成部下的主要将领。除了这五营流动作战的部队以外，李自成还"分地以定卫帅"。以前，李自成每攻下一地，将金银财宝掠为己有，充作军资，拿一部分救济饥民，然后把城墙平掉，将府署烧掉后撤走，无意固守。占领襄阳后，感到推翻明王朝已指日可待，官

①《明史》和《平寇志》诸书皆谓张国绅为上相，牛金星为左辅，居其下。但据《国榷》《绥寇纪略》《小腆纪年附考》诸书记载，张国绅于崇祯十六年冬才投归李自成，故不可能于二月出任上相。例如《国榷》卷九载，崇祯十六年十月张国绅于西安见李自成，"自成大悦，曰：'予不喜得陕西，喜得先生。'授刑政府侍郎。"此说可信。所谓张国绅在襄阳任上相当系误传。
②吴伟业：《绥寇纪略》卷九。关于五营将领姓名，各书记载颇有出入，当为人员经常变动所致。

兵已不足畏，所以李自成开始注意在地方上派兵驻守。襄阳政权建立后，李自成在控制比较稳定的地方设立了五个"卫"：襄阳卫，由高一功和冯雄各领3000人驻守；通达卫，由任光荣率6000人防守，驻荆州，因彝陵为楚、蜀门户，是军事要地，另派蔺养成和牛万才率兵千余人防守；扬武卫，防守承天府，由白旺率兵驻安陆；汝宁卫，由韩华美率兵驻信阳；均平卫，由周凤梧率兵驻守，防地为禹、郑二州。

根据《绥寇纪略》和《平寇志》等史书记载，李自成建立襄阳政权后还任命了不少地方官员，其中有姓名可考者有防御使6人，府尹6人，州牧18人，知县67人。这表明，李自成已经重视地方政权的建设。

李自成建立襄阳政权，需要委派大批官员，巩固政权只有武人不行，还需一大批文人帮助他治理。于是，李自成就于崇祯十六年（1643）年初第一次开科取士。参加考试的基本上都是荆、襄一带的诸生，共90人。考题是《三分天下有其二》。看来，李自成对夺取天下已颇有信心。最后录取了7人，第一名赏银300两，其余6人各赏银100两，未被录取者亦每人赏银10两，以作为对他们的鼓励。

李自成为了稳定后方，在经济上也采取了一些措施。其中最得民心的大概就是"三年不征"了。明廷接连不断地向农民加征，弄得民不聊生，大批饥民不得不四处流亡，李自成的政策与官府的横征暴敛形成了鲜明的对比。不仅如此，李自成还要自己的地方官员为贫苦农民提供耕牛、种子，这自然赢得了广大老百姓的好感。当时，面对这种情况，明廷一些有识见的地方官忧心如焚，有的官员在奏疏中说："贼又给牛、种，赈贫困，畜孳牲，务农桑，为久远之计……民皆附贼而不附兵……。"[1] 这话出自明官员之口，自属可信。这为李自成下一步的胜利进军提供了一个良好的基础。

二、称王和议所向

李自成建立了襄阳政权，但自己却仍然称"大元帅"，而没有称王。这是因为，元帅和将军虽然有着领导和被领导的关系，但只是级别不同的同僚，彼

---

[1]《明清史料》乙编，第十本，第963页。

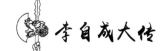

此之间不存在臣属关系。如果李自成称王的话，那些将军们不论级别多么高，就都成了李自成的臣属。这不仅标志着李自成权威的提高，而且标志着李自成在向皇位迈进的道路上又跨进了一大步。李自成当时之所以没有正式称王，不是他不想，而是条件还不成熟。因为在二月间，罗汝才、贺一龙等势力颇大的农民军首领都在，他们难以接受向李自成称臣的屈辱。这也是李自成下决心要除掉他们的因素之一。这就像人们所看到的，二月间建立了襄阳政权，三月间就除掉了罗汝才和贺一龙，五月间又消灭了小袁营，杀掉了袁时中，从而清除了称王道路上的主要障碍。

崇祯十六年（1643）"五月，自成伪号新顺王"①。所谓"顺"，是指顺从天意的意思，这与他日后建国号为"大顺"都是一脉相承的。这时，李自成对明朝宗室也不都是一杀了事，而是区别对待。对那些顽抗的宗室，破城后则抓到就杀，对那些投降的宗室不但不杀，有的还封以爵位。例如，李自成授崇王朱由樻为襄阳伯，邵陵王朱在城、保宁王朱绍坭、肃宁王朱术授都在投降以后授以伯爵。这表明，李自成为了争取民心，更加重视了策略的运用。这些被授以伯爵的藩王就是例子，就是榜样。这也等于明确告诉明朝官员，只要投降，就会受到良好的对待。

李自成称新顺王后，他的政权雏形就更趋完备，除了开科取了 7 个文士以外，李自成又征召了一些文士，以充实他的政府。有的人应召而往，有的人则仍视李自成为"贼"，拒不合作。例如，"江陵举人陈万策、李开先在所荐中，伪檄下，万策自经，开先触墙死。"②这个李开先不是善于写词曲的那个李开先。那个李开先是山东章丘人，嘉靖年间进士，还曾当过太常寺少卿。这个李开先是湖北江陵人，天启年间的举人，比那个李开先稍晚。这个李开先在荆襄一带颇有声望，所以李自成命人带着自己的亲笔信，还带着一些银两和其他礼物前

① 徐鼒：《小腆纪年附考》卷一。关于李自成称新顺王的时间，诸书记载不一。不少史书谓李自成在建立襄阳政权时即称之，当为误记。因为当时李自成修"倡义府"，正与他称"奉天倡义文武大元帅"相合，而没有与新顺王身份相符的"新顺王府"。《绥寇纪略》卷九记载，李自成杀罗汝才时，其部下称："汝才反，元帅令诛之。"足见三月间李自成仍称元帅，未称王。故五月间称王之说较为可信。
② 谷应泰：《明史纪事本末》卷七十八。

往征召。但李开先自称饱读圣贤书，仍称李自成为"贼"，誓不归附，并以头碰墙而死。这件事表明，李自成当时已很重视对知识分子的笼络，也很懂得网络人才的重要。但是，许多知识分子像李开先那样，以气节相重，有着浓厚的忠君思想，一直不肯归附李自成。这是李自成所要面对的一个很重要的问题。

李自成这时也开始学习一些治国安邦的道理。他让身边的文士每天进讲一段经史，讲些历代兴衰的事。在中国古代，这是一般帝王的必修课，当皇帝后也要按时由大臣进讲。李自成这样做，显然是为他日后当皇帝作准备。

李自成称新顺王，使明廷更加惊慌。看来李自成不是一般的"草寇"，而是要夺取朱明王朝的江山。崇祯十六年（1643）六月，崇祯皇帝颁赏格遍全国："购李自成万金，爵通侯。购张献忠五千金，官极品，世袭锦衣指挥。"[1] 从这种赏格的差别也可以看出，李自成对明廷的威胁已远远超过了张献忠。

李自成这时也更加重视军纪的整饬。他征召 15 岁至 40 岁的青壮年为兵，队伍迅速壮大。他申明军令，行军作战时，兵士不得私藏金银；经过城邑时，不得到老百姓家中住宿；除了自己的妻子外，将士一律不得携带其他妇女；一个骑兵配备三四匹马，一马疲累，则换乘另一匹。临阵时，数万匹马分为三排，名为"三堵墙"。倘若前排溃退，后排则将其截杀。如果久战不胜，马兵可以佯败，诱官兵深入，步兵持长枪迎击，马兵也回头再战，无不大胜。在攻城的时候，如守军迎降，则一人不杀；如坚守一天，则破城后杀十分之三；如坚守二天，则破城后杀十分之七；如坚守三天，则破城后"尽屠之"。城将被攻陷时，由步兵包围四周，骑兵巡檄。城破以后，守城官兵极难幸免。对各营所获战利品，得马骡者获上赏，得弓箭火器者次之，得币帛又次之，得珠玉为最下等。看来，李自成最看重的是那些对战争有用的东西。

李自成的攻城策略还颇有成效。在日后的进军中，明王朝的守城将士自度不敌，就干脆及早投降，免得城破后被屠戮。这是李自成日后胜利进军的不可忽视的因素。

经过几个月的攻城略地，湖广北部除郧阳以外，已大体略定。下一步如何

---

① 谷应泰：《明史纪事本末》卷七十八。

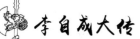

行动，李自成以新顺王的身份召集诸谋士集议。牛金星主张，宜从河南攻取河北，直取京师。谋士杨永裕建议南下金陵，先占领明朝的陪都，切断京师粮道。从事顾君恩则说："金陵居下流，事虽济，失之缓。直走京师，不胜，退安所归，失之急。关中，大王（李自成）桑梓邦也，百二山河，得天下三分之二，宜先取之，建立基业。然后旁略三边，资其兵力，攻取山西，后向京师，庶几进战退守，万全无失。"[1] 李自成感到顾君恩的意见比较稳妥，于是就采纳了他的战略，决定马上进军陕西，先夺取关中。

至此可以看出，李自成的思想深处已经发生了很大的变化，或者说，他的帝王思想已有了鲜明的流露。他在襄阳先称"大元帅"，继称"新顺王"，并为最终夺取全国政权确定了行动方案，目的显然就是要当全国的皇帝。攻占北京后，他果然当了皇帝，建立了一个大顺政权。虽然这个政权没能巩固下来，但李自成的帝王思想已得到充分展现。

帝王思想也就是学术界所常说的皇权主义。这种思想大体可分为两种表现形式：其初级表现形式是只反贪官，不反皇帝；其高级表现形式是推翻旧皇帝，自己当皇帝。隋末农民起义领袖窦建德就一直尊奉隋朝皇帝，当他得知隋炀帝被宇文化及杀了时，对宇文化及显得十分愤恨。明朝中期和刘六、刘七一起造反的农民军领袖赵镟，就是为了反对依附大宦官刘瑾的焦芳，而对明朝皇帝却表现出一片忠心。在他们身上都表现出初级皇权主义思想。至于皇权主义的高级表现形式，刘邦和朱元璋在造反后自己当了皇帝即典型例证。有的农民起义军领袖起初是只反贪官，后来随着自己力量的壮大，也开始反对起皇帝来。像李自成起义，在他刚起事时看不到他要当皇帝的迹象，后来随着他力量的增长，这种迹象就越来越明显了，以至正式称王称帝。

在中国封建社会，历代的农民起义军领袖都是皇权主义者。从其经济基础上来看，是自给自足的小农个体经济。个体小农无力保护自己，皇帝就成了他们的最高保护者，就像他们共同的大家长。皇帝又被称为天子，是代表上天来治理众民，是全社会各阶层的总代表。于是，皇帝就成了上天意志和人间力量

①《明史》卷三〇九《李自成传》。

的神秘结合。人们对这种神秘结合十分迷信和崇拜，这种迷信和崇拜就表现为皇权主义。

皇帝虽说有"天命"，但天命也是可以转移的，这为农民起义军领袖自己当皇帝提供了思想基础。《诗经·文王》中就有"天命靡常"的话。也就是说，如果是个坏皇帝，经常干些伤害老百姓的事，天命就会从他身上转移到别人身上，王朝的更替就是合乎天命的。于是，中国民间就流传着"风水轮流转"、"皇帝轮流当"之类的谚语。"望子成龙"成为中国老百姓的口头禅。皇帝被称为真龙，大家都望子成龙，实际上也带有希望自己的儿子也可能当皇帝的意思。儒家也有"五百年必有王者兴"的话，实际上也是这种思想的体现。

不仅中国的农民如此，西方国家的农民也是如此。马克思在《法兰西内战》中指出："农民曾经是波拿巴主义者。"也就是说，法国农民拥护拿破仑这个好皇帝。在封建时代，农民起义要么被镇压或被招安，要么是推翻旧王朝，建立新王朝，农民起义领袖自己来当皇帝，其他的出路是没有的。对于李自成来说，随着起义军队伍的日益强大，自己要来称王称帝也就不足为怪了。

对于农民起义军来说，皇权主义思想既有有利的一面，也有不利的一面。农民军可以用这种思想发动和组织群众，帮他们树立信心，坚定推翻旧王朝的信念。另一方面，统治者也可以用这种思想来分化瓦解农民军。一些农民起义军领袖投降了明廷，就是统治者用这种思想来分化瓦解的结果。就李自成个人来看，在他建立襄阳政权以前就能看到他这种思想的萌芽。例如，当他在潼关南原战败后，率十几骑逃入商洛山中，他"昼则射猎，夜则读书，且观乾象，云：'过此六月之厄，九五可期，'以勉慰群贼。高一功笑之。曰：'西汉沛公（刘邦），百战百败而得天下，汝知之乎？'"[1] 这里所说的"九五可期"，就是说可以获得九五之尊，即以当皇帝。这显然是李自成皇权主义思想的表现。在当时，对于消除失败主义情绪，坚定部下的信心，这种思想是起了一定作用的。当李自成称新顺王以后，再继续向皇帝的宝座冲击，也就在情理之中了。

---

[1]《商州志》卷十四，乾隆年间版。

第九章　定鼎长安

李自成取道河南入陕西，在襄城、潼关等地接连大败孙传庭。孙传庭兵败被杀。崇祯十六年（1643）十月，李自成破潼关，入西安，接着攻破甘肃、宁夏、青海、山西等地，势力迅速壮大。崇祯十七年（1644）正月，李自成于西安建国，国号"大顺"，改元"永昌"，将西安改名为长安。

第一节　连败孙传庭

崇祯十六年（1643）六月，崇祯皇帝命孙传庭为兵部尚书，除了仍旧总制三边以外，又兼掌数省军务，改称"督师"。崇祯皇帝又赐给他尚方宝剑，许其便宜行事，把对付李自成的希望都寄托在了他身上。孙传庭率兵出关，在河南一带与李自成展开了激烈的角逐。起初官军打了几次胜仗，后在襄城一带大败。不久，孙传庭在潼关战败后被杀，李自成遂长驱直入，进入陕西。

一、孙传庭督师出关

孙传庭于"柿园之役"大败后，率领余部回到陕西，扼守潼关。他是个知兵的将领，多次击败李自成，深受崇祯皇帝赏识。孙传庭回陕西后重整队伍，募集勇士，整修兵器，并开屯田，积粮饷，积极备战。他命三家出一壮丁，以扩充队伍。他督工打造可载火炮的兵车 3 万辆，打仗时驱之可以抵御敌人的骑兵，停下来可环以自卫。工匠们夜以继日地打造，孙传庭督工苛急，陕西的老百姓难以忍受。当时陕西连年饥荒，官兵多，需的粮饷也多，多取之于当地的老百姓。孙传庭用法严厉，动不动以军法论处，州县官员都很畏惧他。因为陕西的老百姓连年遭战乱，朝廷加征不断，穷困已极，摊派的粮饷大都不能按时交足。孙传庭无奈，就下令大户人家捐助。这些大户人家慑于孙传庭的威严，不得不有所表示，但内心对孙传庭极为不满，就通过各种关系在京师制造舆论，说孙传庭拥有重兵，在陕西糜饷无度，却不出师讨伐农民军，即所谓"秦督玩寇"。有的人当面对他说："秦督不出师，收者至矣！"意思是说，如果他再不出师进击李自成，就会将他再次投入监狱。当时官军新集，不利速战，但要孙传庭迅速出关的压力却越来越大。

崇祯十六年五月，崇祯皇帝即命孙传庭兼督河南、四川军务，六月又晋升为兵部尚书，改称督师，并加督山西、湖广、贵州和江南、江北军务，赐尚方剑。他的兵权加重了，催他出关的命令也更急了。孙传庭顿足叹道："奈何乎！

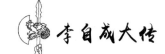

吾固知往而不返也。然大丈夫岂能再对狱吏乎！"①不得不再议出师。

对崇祯皇帝来说，用孙传庭为督师，催他出关，可谓孤注一掷，也总算找到了一个肯为他卖命的大将。原来，李自成南下湖广，毁承天皇陵，崇祯皇帝闻知后声泪俱下："朕不德，忧及陵寝。"②他命吴甡督师，吴甡向他要精兵3万，朝廷却连1万也凑不起来，吴甡也就一直拖着不离开京师。这样拖了两个月，崇祯皇帝终于改任孙传庭为督师，而将吴甡充军云南。崇祯皇帝对孙传庭授权极重，把希望都寄托在了他身上。倘若孙传庭这支王牌官军遭到失败，明王朝的灭亡也就大体注定了。

崇祯十六年七月，李自成率军进入河南。八月一日，孙传庭在西安关帝庙誓师，希望能得到这位"武圣人"的庇佑，随后即率领10万大军出关。他部下的主要将领有牛成虎、高杰、卢光祖，另檄调白广恩从新安来会，同时檄调秦翼明率四川兵出商、洛，河南总兵陈永福出兵洛阳，命左良玉率兵西上，对李自成实施两面夹击，从而摆出了一副决战的架势。尤其令孙传庭感到高兴的是，高斗枢守郧阳固若金汤，李自成农民军久攻不下。现在李自成率主力进入河南，高斗枢可以骚扰李自成的后方。另外，李自成的兵政府侍郎丘之陶已与孙传庭暗通，可及时通报李自成的动向和计划，这无疑增强了孙传庭的信心。于是，李自成和孙传庭在河南就展开了一场激烈的角逐。在一定意义上，这场角逐关系到明王朝的生死存亡。

李自成和孙传庭的大军相继进入河南，在这片中原大地上摆出了大决战的架势。这时的河南可谓一片残破，这正如河南巡抚秦所式在奏章中所说，因连年战争，河南"八十余城尽为瓦砾"。同时，"方千里之内皆土贼，大者数万，小者数千，栖山结寨，日肆焚掠。"这实际上是指各地大大小小的农民起义。河南所剩官军不足万人，且军饷缺乏，已5个多月未发军饷。成年人被拉去"守城、修城、转运"，以至于"稚子荷旗，老妇鸣柝"。更有甚者，许多州县无官治理，名义上有官员，但实际上不赴任，"中原郡县，所至皆然。"这

---

① 《明史》卷二六二《孙传庭传》。
② 吴甡：《忆记》。

表明，明廷对河南的统治已彻底瓦解。崇祯皇帝见到此奏章以后，无可奈何，"抚案叹息而已"①。而李自成的一些政策却颇得民心。这种民心的顺逆对决定这场大战的胜负有着极大的影响。

二、角逐河南和汝州之捷

孙传庭于八月十日出潼关，当日至阌乡，直向洛阳进发。孙传庭这次出关显得颇为悲壮和悲怆。他心里很清楚，兵士新集，训练不足，没有必胜的把握，而明王朝的生死存亡则在此一举，故事关重大。临出发前，他满怀悲伤地与妻子诀别。他的妻子张氏颇懂大义，极力安慰他："丈夫报国耳，毋顾家！"孙传庭颇受感动，交代了一些万一不能回来的后事，即毅然率师出关，大有"壮士一去兮不复返"的气概。李自成闻知孙传庭出关后，马上离开邓州，率精锐赴洛阳迎击官军。李自成农民军的老营在唐县，主力摆在襄城、宝丰一带。他的一支步兵每人带上三个葫芦，准备北渡黄河。他的先驱部队从荥泽渡河时，被刘洪起率领的官军所扼阻，只得返回。河南巡抚和巡按担心农民军渡河，急调陈永福回黄河北岸驻守。孙传庭却说"荥泽乃零贼，不足畏"，命陈永福急赴洛阳。陈永福左右为难，但也左右逢源，他用督师的命令搪塞河南巡抚和巡按，又用巡抚和巡按的命令搪塞孙传庭，自己仍按兵不动。八月十二日，前锋牛成虎引兵由渑池赴洛阳，以督师之命催陈永福速赴洛阳迎敌。陈永福为了躲避李自成，便借口抚、按有命，率领部下到没有战事的黄河北边去了。孙传庭十分气恼，上疏弹劾，遂将陈永福由总兵官降为副将，命戴罪立功自赎。陈永福是员勇将，在守开封的战役中多有战功。他这时显得畏缩不前，表明他对官军战胜李自成已失去信心。他也想仿效左良玉，拥兵自重，尽可能避免与李自成正面作战。

与此同时，李自成营中却蔓延着一股恐孙症。孙传庭以前曾任陕西巡抚多年，是出名的镇压农民军的勇将。李自成手下的将领大都被孙传庭打败过，连李自成本人也多次败在孙传庭手下，在潼关南原一战中差点被孙传庭俘获。因

---

① 郑廉：《豫变纪略》卷七。

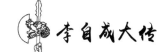

此，农民军将领大都很害怕孙传庭。现在听说孙传庭率大军进入河南，有些将领显得颇为恐慌，"部中多相对涕泣，且有相率亡去者。"也就是说，李自成的部将中有的人吓得掉泪，有的人为了避免与孙传庭交战，竟然偷偷地逃跑了。

面对这种情况，李自成也很忧心。但李自成毕竟是个久经沙场的统帅，显得较为镇定。他向部下解释，现在形势与以前已有了根本的变化，农民军的兵力远超过孙传庭，且广大老百姓心向农民军，对官军极为痛恨，官军的粮饷供给就是一个难以解决的大问题。因此，这时完全可以打败孙传庭，而没有必要怕他。可是，李自成的部下还是陆续有些人投向孙传庭。为此，"（李）自成亦降箕仙，问吉凶。"[1]也就是说，李自成利用大多数人的迷信心理，通过占卜来安定军心。这类的占卜大都是事前安排好的，通过卜得吉卦来消除部下的恐惧，树立战胜孙传庭的信心和勇气。

孙传庭于八月中旬收复了洛阳。这时有人向他建议，应尽快修复洛阳旧城。孙传庭不同意，"吾据关不出，犹为持重万全"，今既已出关，已无万全可言。况且"秦人弃亲戚坟墓"以从征，倘筑城自守，只能降低士气。[2]实际上是孙传庭畏朝命，不敢逗留。孙传庭每三天就要向崇祯皇帝上疏一次，以报告军队行止。他如在洛阳筑城自守，就无法向崇祯皇帝交代。

李自成利用了孙传庭的这种心理，采取诱敌深入的战术，把官军主力引到对自己有利的地方决战。农民军先于洛阳西边的滋涧设伏，官军于八月二十日追至，农民军撤往洛阳南边的龙门。两天后，官军追至龙门，而农民军已离去，只在伊河以西留了一支哨骑。杨承祖原是个农民军首领，后投降了官军，他主动请缨，单骑驰谕，使这支50余人的哨骑便全部投降了官军。接着，官军副将卢光祖又招降了李自成的部将高纪祥。孙传庭大军驻龙门，命前锋牛成虎率兵五千追击农民军至汝州。牛成虎以孤军深入，害怕中了农民军埋伏，便退屯渑池。

九月上旬，孙传庭驻师汝州。李自成的部将、号称四天王的李养纯率部投

---

① 郑廉：《豫变纪略》卷七。
② 吴伟业：《绥寇纪略》卷九。

降了孙传庭。从李养纯口中得知，李自成的一支主力固守宝丰，孙传庭遂督众进击，将宝丰包围数重。官军猛攻数日，一直未能攻下。李自成派轻骑援救，高杰、白广恩等分兵逆击，将李自成的援兵击退。过了几天，李自成又派一支援军来救，亦被官军击走。但是，宝丰城却一直未能攻下，孙传庭深以为忧。他担心的是，官军屯于坚城之下，李自成倘率大军来救，内外夹攻，官军将腹背受敌，形势将变得非常不利。于是，他决定不惜一切代价，尽快将宝丰城攻下，遂亲自督大军猛攻。经过一番激战，宝丰城终于被攻克，李自成委任的州牧陈可新被擒杀。孙传庭接着督大军直捣唐县。

唐县是李自成农民军的老营，其将领的家小都在这里住。李自成得知官军向唐县逼去，急忙派精兵往救。但是，在援兵还未赶到时，官军已将唐县攻下，农民军将士的家小全被杀掉。李自成的将领们得知后，"满营痛哭，誓杀官兵。"孙传庭连战皆捷，十分高兴，军威也随之大振。

由于连日大雨，官军的粮车每天只能行二三十里，道路泥泞，士马俱疲。有的人劝孙传庭回师，孙传庭认为回师也是缺饷，不如攻破一县以就食。于是，孙传庭督大军攻破郏县。但郏县很穷，好不容易找到200余只骡羊，顷刻食尽，不足一顿之食。明廷急令河北、山西就近运粮饷，以供孙传庭军需。

李自成亲率万余人迎击官军，一只虎李过为前锋，结果却三战三败。李自成率主力迎战，官军前锋直冲李自成军，居然砍断了李自成的主帅大旗，李自成本人也差一点被擒获。官军乘胜掩杀，李自成仓皇而逃，死伤甚众，遂奔往襄城固守。

官军接连打了几个胜仗，使李自成一时处于很不利的境地。这时，河南各地组织起来不少地方武装，大者万余人，小者数千，不但结寨自保，而且有的配合官军攻打李自成。湖广北部本是李自成的后方，这时也不稳起来，承天府居然也被方国安率领的官军收复，老回回马守应在夷陵一带也多次被官军击败，不少州县又重新被官军所占领。

孙传庭在河南获得一连串胜利后，一改初出关时的忧心忡忡，而变得趾高气扬起来。他向崇祯皇帝报捷，表示誓灭河南和湖广一带的农民军。崇祯皇帝自然喜不自胜，龙颜大悦，得意地让大臣们传阅孙传庭的捷报，并面谕大臣，

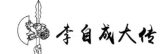

催促各镇、抚"星速赴任"，似乎河南、湖广那些失陷的州县马上都可光复。兵部尚书冯元飙却表现得比较冷静，他不无担忧地对崇祯皇帝说："贼故见赢以诱我师，兵法之所忌也，臣不能无忧。"① 这使崇祯皇帝一时大为扫兴，但这话却不幸被言中。

由于大雨连绵，官军缺饷的问题越来越严重，军纪也显得越来越坏。九月十七日，留守汝州的官军发生哗变，孙传庭费了好大劲才安抚下来。李际遇原是个农民军头目，后来投降了官军，这时又和李自成暗通，不断地向李自成密报官军中的动态。孙传庭对此一直没有觉察，还为自己有个内线而扬扬得意。原来，李自成的兵政府侍郎丘之陶已和孙传庭暗通，表示要竭力为官军效劳。他和孙传庭约定，当官军与李自成激战的时候，他就向李自成送假情报，说左良玉进攻襄阳，后方危急，以动摇军心。李自成必定回兵相救，官军即可乘势掩杀。李自成去河南后，丘之陶留守襄阳，深受李自成信任。李自成不知道他内心向着官军。孙传庭对丘之陶的通风报信十分高兴，并报以手书。但这手书被李自成的巡逻者所得，孙传庭和丘之陶都不知道。李自成也故意装着不知情，调集精锐于襄城一带，准备与官军决战。李自成采取诱敌深入的办法，故意示弱，引诱官军一步步进入他的埋伏圈。孙传庭自恃有内线，连营向前，双方的主力都集中在郏县和襄城之间的地带。

这时，丘之陶果然举火为号，谎报左良玉兵从东边袭来。李自成早知其诈，派人将丘之陶召来，拿出孙传庭的密信给他看，怒斥他辜负了自己的信任。丘之陶知道事情已经败露，反而镇定下来，当场大骂道："我岂从若者耶！恨不能尽歼汝丑类，以报吾君父！"② 李自成大怒，立命将其磔杀。

孙传庭督军深入，又赶上连日大雨，粮饷供应日益匮乏。李自成命人拿着大牌子到官军营前，要与官军刻期会战。孙传庭和诸将商议，高杰请立即出战，白广恩却说宜缓战，"宜驻师分据要害，步步为营。"孙传庭自恃有内应，担心农民军逃跑，便对白广恩说："将军何怯！独不如高将军耶！"白广

---

① 孙之𬸪：《二申野录》卷八。
② 吴伟业：《绥寇纪略》卷九。

恩很不高兴，便率领自己8000人的火车营先去。孙传庭随后督诸将进击，一接战就陷入农民军的包围之中，陷泥淖中死者达数千人。高杰走到一个山岭上瞭望，见农民军声势浩大，铺天盖地而来，便惊叫道："不可支矣！"遂率领自己的部下仓皇而退。高杰军一退，诸路皆溃。李自成督大军疾追，官军已溃不成军。白广恩所率火车营的士卒为了逃命，纷纷解下拉车的马匹，将车辆丢下，自己骑马逃命。农民军随后追杀，"一日驰走四百里"，一口气追官军至孟津。"官军死亡四万余人，尽丧其军资数万。"[①] 孙传庭的精锐损失殆尽。

李自成取得汝州大捷，孙传庭几乎全军覆没，"明事不可复为矣"。以前的几任总督如杨文岳、汪乔年之辈，李自成根本就不把他们放在眼里，而唯独对孙传庭存几分畏惧。现在孙传庭又被李自成打得一败涂地，人们都预感到明王朝的灭亡已指日可待了。当时，李自成对新占领的州县大都仍用原来的官员治理。例如汝州的知州就投降了李自成，被李自成继续委任为汝州知州。这对号召地方官员投降大顺政权产生了很好的作用。

孙传庭和高杰收聚失散兵卒，渡过黄河，由山西绕道到潼关，力图在这里固守。李自成农民军很快收复了河南诸州县，接着就向潼关杀来。

三、毙孙传庭于潼关

对官军来说，孙传庭在河南的失败就像一个赌徒输掉了老本。这是明廷对付农民军的最后一份家当，这份家当的丧失也就为明廷敲响了丧钟。孙传庭的精锐损失殆尽，苦心经营的火车营也全部丧失，他只收了一些散亡败卒回守潼关。李自成在河南大败孙传庭后，便按照既定策略，立即向陕西进军。

官军因在河南新败，士气低落。高杰向孙传庭建议丢弃潼关，集中力量专守西安："三军父母妻子在西安，今战败思归，而强之守关，此危道也。不如弃关专守西安，凭坚城，以人自为战。"但立即受到孙传庭的斥责："若贼已进关，则西安靡费，秦人尚为我用乎？"[②] 于是，孙传庭就和白广恩、高杰等极力

---

① 谷应泰：《明史纪事本末》卷七十八。
② 吴伟业：《绥寇纪略》卷九。

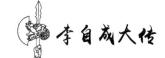

激励部下，决心在潼关坚守。

李自成命一只虎李过为前锋，率轻骑追杀官军，直逼潼关，自己率领刘宗敏诸部数十万众尾随而至。同时，李自成命袁宗第、刘体纯等率兵 10 万为偏师，从南阳趋内乡、淅川，进而攻取陕西商州，从另一条路线进入陕西。

李过率轻骑疾进，以迅雷不及掩耳之势攻占了靠近潼关的阌乡。城内官民已逃散一空，潼关以东的各州县城基本上都成了空城。正如《豫变纪略》中所说："是时潼关以东之州县，莫不破碎而莽为盗区。"因此，农民军几乎兵不血刃就占领了这些州县。他马不停蹄地乘胜追击，逼向潼关，夺取了孙传庭的督师大纛。崇祯十六年（1643）十月七日，李自成督诸部大举攻关。白广恩部犹督军苦战，高杰因白广恩曾卖己，在宝丰时不援救自己，所以这时他眼见白广恩力量不支，仍拥兵不救，致使白广恩部先溃于关前。这时，李自成率部从间道绕到官军背后，对官军形成前后夹击之势，逼迫官军都退入关内。李过用孙传庭的督帅大纛骗守关的官兵，官兵在慌乱中竟开关迎入。农民军遂蜂拥而入，潼关遂破。农民军四处喊杀，官军乱作一团，各部四散奔逃。高杰率残部逃往延安，白广恩逃往固原。孙传庭收散卒，准备退保渭南。在往渭南退逃的途中，孙传庭被农民军追及，只得回头迎战。孙传庭毕竟是个久经沙场的勇将，他临危不慌，和参军乔元柱一起督众奋战，跃马大呼，直冲敌阵。但终因寡不敌众，官军大溃，孙传庭战死于阵中。由于孙传庭死于乱军中，未见到他的尸体，他的政敌说他或许没有死，致使崇祯皇帝也产生了怀疑，所以朝廷对他未予赠荫。

在明朝末年，孙传庭可称得上一个有勇有谋的能臣。但是，他却不能救大厦于既倒，甚至连自己的身家性命也无法保全。孙传庭的悲剧实际上是明王朝的悲剧，是崇祯皇帝的悲剧。崇祯皇帝生性多疑，用人不专，孙传庭未尝一败而却被投入监狱。待天下糜烂不堪时，又将他从狱中放出，但又不能对他推诚任用。他的计划得不到认真推行，只是不愿再入监狱而勉强出关，终致大败，"明之亡于是乎决矣！"这正如顾炎武在评论孙传庭时所说："……公之一身而系国家之重。然则天下未尝无人，而患不用，又患于用之而徙。用徙三四年之间，而大事去矣！"①明清之际的许多史书大都为孙传庭感到惋惜。

孙传庭战死，明廷已没有可与李自成较量的官军。潼关一破，通往西安的门户已被打开。李自成随后便以破竹之势向西安进击。

第二节　占西安，略三边

崇祯十六年（1643）十月，李自成农民军破潼关后，接着就攻占了西安。随后遣将四出，攻略三边（延绥、宁夏、甘肃），并旁及山西、青海部分地区，从而基本上控制了西北地区的大片土地，为进军京师建立起一个相对稳定的后方。

一、占领西安

李自成的大军由潼关长驱西进，连克华阴、华州、渭南、临潼诸州县，十月十一日即逼临西安。陕西巡抚冯师孔原在商州驻防，这时赶忙退保西安。陕西是明末农民造反的风暴中心，10 余年来，农民军主力几进几出，但西安从来未被农民军攻陷。这里是明太祖朱元璋的第二子秦王朱樉的封藩之所，不仅十分富庶，而且防守坚固。但这时因为许多将士外出作战，城中只有五千川兵助防，主城守的是王根子。由于天气寒冷，士兵没有冬装，有人劝当时的秦王朱存枢（朱元璋第十一世孙），要他捐些府中银两，为每个士兵添置一件棉衣，被秦王拒绝。这年天气冷得早，士兵需排队盛饭，还没有盛完，饭桶里就结了冰。守兵本来就少，再加上缺饷、缺棉衣，秦王又那么吝啬，士气十分低落。王根子知道大势已去，就偷偷地射书城外，与农民军相约，他将开东门迎降。农民军由东门拥入，冯师孔等人犹督部分官军巷战，但很快就被农民军平定。冯师孔和按察使黄炯、长安知县吴从义、指挥使崔尔达都兵败被杀。秦王朱存枢被俘后马上表示投降，显得十分没骨气，而一些臣僚和士绅倒表现得大义凛然。例如，致仕的原右都御史焦源溥被俘后，大骂不止，农民军先割掉了他的

---

① 抱阳生：《甲申朝事小纪》四编卷六《顾炎武书孙公请屯疏后》。

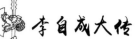

舌头，接着把他杀掉。副使祝万龄从容地祭拜孔子后自杀，金事王征七天不食而死。

有的士绅迫于形势，为了自保，不情愿地向李自成投降，并接受了李自成授的官职。例如惠士扬，是位陕西耆老，在当地颇负人望，"然协于凶逆"，不得不"匍匐受伪官"。最无耻的大概就是张国绅了。由于他在当地有些名望，以前还当过参政，李自成特地召见过他一次，命他为刑政府侍郎。他向李自成百般献媚，劝李自成早即大位，他自己觊觎丞相之职。为了博得李自成的欢心，他居然把自己的好友文翔凤的继室邓夫人献给李自成。文翔凤曾任太仆寺少卿，邓夫人不仅貌美，而且通诗书，丈夫去世后一直寡居。李自成对文翔凤一直很敬重，见张国绅这样做很生气，当场斥责他无耻，立命将张国绅拉出去杀掉，而对邓夫人却以礼相待，派人把她送回家去。李自成这样处置张国绅颇合民心，不仅受到部下的赞赏，而且使那些旧官绅也颇为佩服。

李自成刚进入西安时，曾"放兵大掠三日"。牛金星劝李自成严格约束将士，禁止劫掠，以收民心。李自成遂"下令不得妄杀一人，误者，将吏偿其命"。[①]城内的秩序很快得到了恢复。

李自成改西安为长安，命名官署都依照唐朝旧制。他授秦王朱存枢为权将军，秦王欣然接受，而他的世子妃刘氏却颇有气节，大哭着喊道："国破家亡，不如一死。"李自成深受感动，命人把她护送回原籍。

西安本来就是座帝王之都，城墙坚固。李自成为了把西安建成自己的后方基地，征集了大批民工，对西安重新大修，加固了城墙，加深加宽了壕堑，使西安比以前更加坚固，更加壮丽。军队如无战事，就去教场上操练。李自成每过三天就亲去大教场校射。他身穿蓝布袍，张小黄盖，骑着高头大马，老百姓一看见黄龙旗，就知道李自成要过来了，都要马上避开。

由于陕西是李自成故籍，所以他严格约束部下，对老百姓不得有所扰害。"所过村镇，慰谕父老，戒有所侵暴。"对那些富家大族，李自成便向他们"追赃助饷"。他知道，这些人大都不愿归附自己，也只有这些人家有钱财可追，

---

① 吴伟业：《绥寇纪略》卷九。

况且自己不向老百姓征敛，就只能从这些富家大族身上打主意。于是，明廷旧臣和一些富家大族被召来，要他们捐献钱财以充军饷，对那些不能如数交纳者，则关在一起，严加拷掠，逼他们如数交纳。不少人被拷掠致死，他们都被埋在一个大坑里，以至他们家里人都找不到他们的尸体。例如，李自成要渭南的南氏家族捐饷银160万两，原礼部尚书南企仲已83岁，被追逼致死。他的儿子南居业是个进士，南居业的从兄南居益曾任工部尚书，"皆被炮烙死"。这种做法遭到一些人的反对，例如西安有个叫丘从周的人，身高不足三尺，乘酒醉进入秦王府，这时已变为李自成的宫室，比比画画地骂李自成："若，一小民，妄踞王府称尊，而所为若此，何以得长久？"李自成斥之为"酗鬼"，命人把他赶了出去。① 这虽然只是个小插曲，但它使李自成认识到，仍不可轻视反对他的旧势力。李自成追赃助饷的做法过于严酷，很多不利的舆论实际上就来自这些被追赃助饷的官绅以及他们身边的人。

李自成占领西安后，马上分三路攻略陕西各地。李过出北道，追高杰至延安。高杰仓皇东走宜川，正赶上黄河结冰，他便渡过黄河，进入山西蒲州。等李过赶来时，却"冰解不得渡"，只好返回。田见秀出南道，追高汝利至汉中。高汝利逃入四川，不久就投降了李自成农民军。刘宗敏和党守素等出西道，追白广恩至固原，白广恩举城投降。其他的陕西城邑，更没有力量抵抗，便纷纷投降。于是，陕西就完全处于李自成的控制之下。

白广恩投降后，李自成拉着他的手，和他一起进餐，相处极欢。左光先听说后，解除了疑虑，也毅然投降了李自成。悍将陈永福犹拥众观望，李自成命白广恩前去劝降。陈永福怀疑白广恩出卖自己，因为他在守开封时曾射瞎了李自成的一只眼，李自成绝不会宽恕自己。李自成却表示，那是各为其主，自己决不计较。"自成折箭以示信"，表示决不食言。陈永福颇受感动，遂立即率众投降，李自成封他为文水伯。② 这些投降的将领又相互转告，致使那些没投降的将领也守无固志，不少人就跟着投降了李自成。从李自成对待这些降将的做

① 吴伟业：《绥寇纪略》卷九。
② 《明史》卷二七二《陈永福传》。

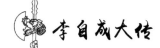

法上可以看出，他对这些降将能不计旧嫌，推诚任用，已基本具备了一个军事统帅的气度和胸怀。

十一月间，李自成回米脂原籍祭墓。原来，明廷看到李自成的势力越来越大，就密令掘毁李自成的祖坟。两年前，李自成攻占洛阳，有人上奏崇祯皇帝，说李自成祖坟中一定有异物。崇祯皇帝即命陕西巡抚汪乔年负责此事。汪乔年即命米脂县令边大绶将李自成祖墓毁掉。史书上对这件事描写得颇为神秘。汪乔年还在西安登坛誓师，"斩蛇以徇"。古代人认为，蛇就是龙，斩了这条蛇也就除掉了李自成祖墓中的天子之气。李自成为了报复，所以他在后来也掘毁了承天皇陵。

李自成这次回米脂的声势颇为浩大，"戎马百匹，旌旗数十里"。当地谣言顿起，说他为了报祖坟被毁之仇，一定会大杀一通。但他只处死了一个参与掘墓的生员，其余的人概未追究。他收起祖坟中被毁弃的遗骸，"筑土封之"，并"求其宗人，赐金封爵以去"。[①] 同时，李自成改延安府为天保府，米脂县为天保县，清涧府为天波府，随后回到西安。

二、略定三边

在明代，陕西辖地很广，除基本包括今天的甘肃、宁夏外，还包括今内蒙古一部。明代大体沿长城设9个军事重镇，合称九边。其中有三镇在陕西境内，合称三边。自明中期开始，明廷就专设有三边总制，驻固原，后又改称为三边总督。各镇都驻有重兵，主要是防备蒙古诸部内犯。李自成为了建立起比较稳固的后方，开始积极部署攻取三边。

延绥辖四卫：榆林、延安、庆阳、绥德。其中，延安和绥德已相继归降，而其余二卫中以榆林最为雄武。延绥巡抚和延绥总兵都驻榆林，兵力较强。延绥巡抚崔源之不久前罢官，继任者未到。总兵官王定借口去河套剿寇，率部离去。榆林城内就以王氏和尤氏两个家族为核心组织抵御。王世国、王世臣兄弟，尤世禄、尤世威兄弟等人，团结其他将领，召集各堡精兵入城，共推尤世

---

①《明史》卷三〇九《李自成传》。

威为首，齐力防守。

李自成对榆林采取先礼后兵的策略，首先派延安辩士舒君睿前去劝降。十一月十二日，李自成命他带上5万两银子，还有自己的一封亲笔书信前去榆林。李过和刘芳亮率大军随后前往，如劝降不成，则立即用武力攻打。

十一月十五日，在舒君睿劝降失败后，农民军即开始奋勇攻城。在尤世威等人的激励下，守城将士的士气颇为高涨，连一些妇女小孩也上城防御。守军用大炮轰击，农民军死伤甚众。守军还数次开城出战，袭击农民军大营，杀数千人。李过等督众猛攻，一连10余天未能攻下。二十七日，农民军利用挖地道的办法，用火药将城墙崩塌，随后一拥而入。守城官军犹顽强进行巷战，终因寡不敌众，榆林陷落。王世国、王世臣、尤世威和原任总兵李昌龄四人被俘。李过派人把他们一起解往西安。李自成亲自向他们劝降：“吾虚上将以屈四将军，奈何固执，不相与共富贵？”四人却张口大骂：“我大臣也，汝草窃，且灭不久，毋污我！”不管李自成怎么样劝说，他们四人还是骂不绝口。李自成无奈，遂命将四人处死。他们临死时还叹道：“我四人不早殄此贼，致今日，真死有余恨！”①此事表明，尽管明王朝已“昏惨惨似灯将尽”，但还是有一些文臣武将甘愿为它殉葬。

十一月底，李自成命刘宗敏率5万大军攻庆阳，经过四天激战，农民军穴城而入。兵备副使段复兴、宁州知州董琬都战死，明宗室韩王被俘。

李过攻下榆林后，挥师西进，攻打宁夏。宁夏总兵官抚民自知不敌，遂举城投降。与此同时，李自成命贺锦等率大军攻取兰州。甘肃巡抚林日瑞命副将郭天吉率领四千骑兵守峡口，被农民军很快击溃。贺锦迅速赶到兰州城下，乘夜里下雪，督众登城。林日瑞和总兵马炉皆战死，城中军民被杀者达数万人。甘肃的其他一些州县随后纷纷投降。党守素率领一支农民军镇守兰州，贺锦率领辛思忠等往攻西宁。贺锦中伏战死，辛思忠终于将西安攻克，并受命留西宁驻守。当地的土司前后归附。

十二月间，李自成派一支农民军渡过黄河，进入山西，很快攻占了平阳

---

① 吴伟业：《绥寇纪略》卷九。

（今山西省临汾市）。平阳总兵陈尚智走投无路，只好投降了农民军。当时高杰在蒲州镇守，听说李自成已渡过黄河，以为这是专为剿灭自己而来，所以他闻讯后即急忙逃往泽州，并"沿途大掠"。山西的许多州县"望风迎款"，归降李自成。

经过这一番紧张的东征西讨，李自成已完全控制了以陕西为中心的西北地区，从而有了一个相对稳定的后方。他下一步就要以此为基地向北京进击了。

三、李自成的童子兵

在建立襄阳政权前后，李自成军中活跃着一支童子兵。这是一个很引人注目的现象。在明清之际的一些野史笔记中，李自成的童子兵又被称作"孩儿兵""孩儿军""健儿营"等等，也有贬称为"剪毛贼"的。李自成的军师宋献策身材矮小，就像个孩童似的，大概是他编写的一首歌谣，在当时流传颇广，还颇有点神秘色彩：

> 孩儿军师孩儿兵，孩儿攻战管教赢。
> 只消出个孩儿阵，孩儿夺取北京城。

宋献策还据此向李自成建议："吾王须用十五六岁者，名童子兵，攻城方能济事。"[①] 由此看来，李自成的童子兵大都是十五六岁的少年。据《明史·李自成传》记载，李自成在建立襄阳政权时，曾制定军制，其中就有"收男子十五以上、四十以下者为兵"的内容。如果说以前还没有明确的制度的话，那么，这时就有了关于童子兵的具体规定。实际上，童子兵的年龄也有在 15 岁以下的，明清之际的不少野史笔记中就有"十四五岁童子"之类的记载。大体说来，童子兵绝大部分是十五六岁的少年。

李自成之所以要建立一支童子兵，不仅是扩大兵力的需要，更主要的是适应广大老百姓的要求。明朝末年，面对风起云涌的农民起义，明朝统治者一面

---

① 计六奇：《明季北略》卷二十三《宋孩儿起数》。

对农民起义军进行镇压，一面对农民军的家属实行株连政策："一人入盗，累及一家；一家入盗，累及一甲。"[①] 于是，广大农民军将士就携家带口一起造反，免得使自己的家属在原籍遭受官府的迫害。这样一来，李自成军中就有大量的随军家属，他们大都被安排在所谓"老营"，即后方比较安全的地方。在这些随军家属中，必然会有一些十五六岁的少年。李自成把这些少年编入军中，让他们做一些力所能及的事，显然有利于提高农民军的战斗力。同时，这些少年热情高，比较单纯，好管理，一些成年人不适宜做的事交他们去做，往往能收到意想不到的结果。

李自成的童子兵并不是一支单独的军队，而是被混编在各营各队中。李自成的队伍以"队"为基层单位，大体相当于现在的连或排。据记载，在李自成的队伍中，"标营队百，左右前后营队百三十，每队骑五十，厮养小儿三十或四十。"[②] 这里所说的"小儿"，就是指童子兵。每队百人左右，"只抽二人做精兵"。这里所说的"精兵"，实际上就是队长，大体相当于现在的连长或排长。队中的童子兵都要接受精兵的管辖，或者说是为精兵服务。正因如此，所以有的书中就将童子兵称作精兵的"养子"或"小儿"。李自成在各营各队中编入相当数量的童子兵，其用意主要是让他们接受锻炼，兼做一些适合少年做的工作，等他们长大成人后转为正式士兵。

在一般情况下，这些童子兵并不上前线打仗，而主要从事一些非战斗性的工作，例如养马、保管兵器、打柴烧饭、站岗放哨、鼓动宣传等。崇祯末年任凤阳总督的马士英就说道："贼善给养也。贼营百人，只抽二人做精兵，安坐以听给养，子女玉帛，尽厌其求。"他认为，李自成"以数十人养一兵"，而官兵却"一兵为一兵"，这是李自成屡屡取胜的一个法宝。[③] 这里所说的供养精兵的人，就是指的童子兵。

在行军作战时，农民军战士身上不许带不利于作战的辎重。银两细软之物都交给童子兵携带，一般每个童子兵可带 50 两银子，行军时骑骡、驴等牲畜，

---

① 乾隆《澄城县志》卷十七，引姚钦明：《申除荒粮文》。
② 谈迁：《国榷》卷九十九。
③ 鼓孙贻：《平寇志》卷六。

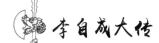

马匹要留给上前线打仗的战士去骑。这样一来，农民军战士就可以轻装上阵了。很显然，这对提高军队的战斗力是有利的。

童子兵经常承担一些侦察巡逻、站岗放哨的任务。李自成这次自进入河南、湖北一带后，改变了过去攻占一个城市后随之就丢弃的做法，而是派兵设官驻守。为了稳定社会秩序，防止旧官员、旧势力的破坏，童子兵就和老兵一起站岗放哨，侦察巡逻，有时就完全由他们来承担这类任务。

李自成的谋士李岩等人编了一些歌谣，以宣传李自成的方针政策，使广大老百姓了解农民军，支持农民军。这些歌谣主要就是通过童子兵来传唱的，一传十，十传百，很快就传遍了大街小巷。《明史·李自成传》中就记道："（李）岩复造谣词曰：'迎闯王，不纳粮。'使儿童歌以相煽，从自成者日众。"古代没有现代社会这些宣传手段，广大农民平时靠官府的告示、邸报等来了解政策。李自成把自己的方针政策编成歌谣，由童子兵四处传唱，借以鼓动宣传群众，这不能不说是个创举。像"平买平卖""均田免粮""三年不征"等政策，通过童子兵之口，广泛传播到老百姓中间，对扩大李自成农民军的影响起到了难以估量的作用。有时，李自成要攻打某一个城市，就先派一些童子兵扮作普通商民，提前进入城内，宣传李自成的方针政策，对官军起到很大的分化瓦解的作用。

李自成每攻下一城后，往往将一些顽固官绅交童子兵看押，夺获的一些战利品交童子兵保管。后来，当李自成攻占北京后，京城中的数万宦官就交由童子兵羁押，很多宦官头目被追赃助饷，有的遭到童子兵的鞭打，"孩子兵群呼打老公。（宦官）数万人哀号奔走，衣毁帽裂，青眼流血，一钱不得随身。都人大快。"[1] 有些官员也有着和这些宦官相似的处境。有的童子兵经过一段时间的锻炼，颇为骁健，不肯归降的顽固官绅往往就死在他们手下："贼破城，常缚多人，令童子操刀杀戮。少有畏惧即斩。童子有黠悍者，遂以善杀为乐，上下马如飞，杀人如刈菅，名曰孩儿军。"[2] 在封建士大夫的笔下，这些童子兵被描绘得很残

---

[1] 戴笠：《怀陵流寇始终录》卷十八。
[2] 赵吉士：《流寇琐记》卷下。

忍，多有夸大之处。但是，有些顽固官绅死在他们手下则是没有疑问的。

李自成有时也挑选一些童子兵参加攻城。一些野史笔记关于这方面的记载很多，说这些童子兵"善缘城"，李自成用他们"扒城、拆垛、掘壁、穿墙"，要他们砍伐树木，制造登城的方梯，等等。在平时，在前线攻城略地的主要是精兵和成年战士，只是偶尔使用童子兵。据史书记载，李自成在攻打北京城时，曾使用五千童子兵为先锋。有些童子兵经过一段时间的培养和锻炼，在战场上表现得英勇果敢，很快成为优秀的战士。李自成的一些将领就是从童子兵中培养出来的。例如，李自成的养子张鼐原来就是个童子兵，因作战勇敢，屡立战功，李自成在建立襄阳政权时，委任他为中营的"正威武将军"。

根据普通常识，这些十五六岁的童子兵都很单纯。他们之所以踊跃地投入到农民军当中，主要是为生活所迫，对明王朝的黑暗统治有切肤之痛。这从一个侧面表明，明廷已经彻底失去了民心，失去了广大老百姓的支持。

第三节　西安建国

崇祯十六年（1643）年底，李自成雄踞西安，东控河南，西控陕甘，南扼荆襄，兵强马壮，大有顾盼自雄之概。其兵锋所及，官军迎降恐后。于是，李自成于崇祯十七年（1644）元旦正式在西安建国，并设官建制。

一、国号大顺

自孙传庭败死后，明廷已没有可用来与李自成对抗的兵力，所以李自成在陕西一带的进军基本上是顺利的。有时虽也遇到比较顽强的抵抗，但官军守将大都是出自不愿投降的义气，表明自己忠于明廷，而不是出自对客观形势的分析，因而很快都陷于失败。明廷大臣心里都清楚，局面已不可收拾。崇祯皇帝对此已近于气急败坏。他命兵部右侍郎余应桂接任三边总督，命御史霍达监军陕西。余应桂闻命饮泣，陛辞时流着泪对崇祯皇帝说："不益兵饷，虽去何济！"崇祯皇帝沉默了半天，才决定拨给他5万两银子充作军饷。余应桂虽出了京师，但他看到大势已去，便迁延不进。崇祯皇帝闻知大怒，立命将他革

职，命新任的陕西巡抚李化熙接任。这种任命都是一纸空文而已，李化熙也是不敢前进。霍达也是无地就任，无军可监。

在这种形势下，李自成接受了谋士们的建议，决定正式于西安建国。这就可以使在襄阳建立的政权更加正规化，也可以进一步扩大自己的影响，为下一步夺取全国政权奠定基础。

据史料记载，当李自成准备称帝的前几天，曾默默向上天祈祷："某日晴朗，则天与我矣！"即希望元旦即位那天能是个晴朗的日子，给大家一个吉利的印象，以鼓舞部下的士气，增强夺取天下的信心，似乎天意就要李自成当皇帝，以取代明王朝。但是，崇祯十七年（1644）元旦（旧历正月初一）这天却是异乎寻常的坏天气，凛冽的北风呼啸着，天空阴沉沉的一片，看不到一线阳光。尤其是鹅毛般的大雪下个不停，使老百姓都躲在家里不敢出门。李自成看到天气是这个样子，心里凉了半截，甚至打算取消称帝仪式。一些大臣也猜到了李自成的这种心思，感到颇为惶恐。不取消吧，这种天气似乎不吉利；取消了吧，就会给天下人一个成不了大事的印象，会造成人心瓦解。正在为难之际，一个谋士献给李自成一副对联："风云有会扶真主，日月无光灭大明。"李自成看到这副对联后马上转忧为喜，决定按时即位。[①]但李自成并没有在西安正式称帝，可能与当时的天气有关。

对于崇祯皇帝来说，这一天就更不吉利了。过去以农历的正月初一日为元旦，是中国人一年中最隆重的节日。不要说皇帝，就是普通百姓也都要热烈地庆祝一番，还要举行各种各样的祭祀。那时的元旦也就是今天所称的春节。崇祯皇帝于元旦这天上朝最早，天气却极端恶劣，"正月初一庚寅，大风霾，震屋扬沙，咫尺不见。"大概正是由于尘沙蔽空和风声太大，当钟声响过之后，却看不到一个官员上朝。群臣在外边，因听不到钟声，便以为崇祯皇帝还没有上朝。崇祯皇帝正等百官来朝贺，却不见有大臣前来，心中便老大的不高兴。于是命再敲钟，并打开东西两边门。又等了好大一阵，仍不见人来。崇祯皇帝于是就想先拜祭太庙，回来再接受百官朝贺，便命备车马前往。这需要用马百

---

① 郑廉：《豫变纪略》卷七。

余匹，但当时却连一匹马也没有准备，侍卫只好将外朝官骑的马驱入内廷，以供使用。众人忙乱了一阵，崇祯皇帝正准备登辇前往，司礼太监害怕外朝马不驯服，万一惊跑起来会出事端，便奏请崇祯皇帝不如暂止。崇祯皇帝感到有理，便命先受朝贺然后再拜祭太庙，转身坐殿，以候百官来贺。这时文武百官陆续赶来。按照旧制，明代的文臣列于东班，武臣列于西班。大臣们因感到上朝太晚，生怕受到崇祯皇帝的惩治，"以天颜正视，竟不敢过中门"，而大都从东西两边门弓着身子进去，以不被崇祯皇帝看清为幸。这一来，有的文臣站到了武臣朝班中，有的武臣站到了文臣朝班中。这就出现了"元旦文武乱朝班"的混乱景象。崇祯皇帝大概感到这是元旦吉日，不便用刑，否则不知要有多少人受到惩治。崇祯皇帝受百官朝贺后便起身去太庙，而六品以下的官员不应陪祭，应即时回府。原来供这些官员骑的马匹因被赶入内廷，所以无马可骑，他们就只好步行回家。[1] 在甲申年的大年初一就出现一连串的混乱，天气又那么恶劣，很多人都感到不是吉兆。

没过几天崇祯皇帝得报，元旦这天凤阳还发生了地震。凤阳是明朝的中都，朱元璋的父母都葬在那里。凤阳皇陵在元旦这天遭地震，无疑又被认为是大凶兆。[2] 正月初四日，一般百姓还都沉浸在节日的欢乐中，而崇祯皇帝却又看到了一个不吉之兆，"星入月中"。占星术士认为，这种星象主"国破君亡"。[3] 占星术士虽不敢向崇祯皇帝直言，但这种星象异常肯定加重了他心头的阴影。没过几天，南京又发生了地震。南京是明朝的陪都，开国皇帝朱元璋的陵墓就在南京。凤阳震后不久南京又震，这种巧合的确容易引起人们不吉利的联想。

崇祯十七年（1644）旧历正月一日，李自成正式在西安建国，国号"大顺"，年号"永昌"，以当年为永昌元年（1644 年，崇祯十七年，清顺治元年），李自成自己也改名为"自晟"，称顺王，仍未正式称皇帝。因为这年是旧历"甲申"年，大顺政权就创立和使用"甲申历"。

李自成也像过去那些新立的帝王那样，追尊自己的曾祖以下，皆上谥号。

---

[1] 计六奇：《明季北略》卷二十《元旦文武乱朝班》，《风变地震》。
[2]《明史》卷二十四《庄烈帝本纪》载："十七年春正月庚寅朔，大风霾，凤阳地震。"
[3] 文秉：《烈皇小识》卷八。

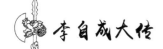

以西夏时的远祖李继迁为"太祖",册封高氏为皇后,陈氏为贵妃,并规定一切文书都要避讳以下10个字:海、玉、光、明、印、受、自、务、忠、成。由于在西安建国,便称西安为西京。

二、设官建制

李自成对官制重新加以更定。他仿照明内阁之制,以牛金星为天佑殿大学士。原来设的六政府只设有侍郎,未设尚书,这时都设置了尚书之职:宋企郊为吏政尚书,陆之祺为户政尚书,巩焴为礼政尚书,喻上猷为兵政尚书,其他刑、工二政府尚书由原来的侍郎升任。另外又增置学士、弘文馆(即翰林院)、文谕院、谏议(即六科给事中)、直使从政(即御史)、统会、尚契司(即尚宝寺)、验马寺(即太仆寺)、知政使(即通政使)、书写房等衙署和官职。

李自成也恢复了中国古代的五等爵制,以封赏功臣。刘宗敏、田见秀等9人封侯爵,刘体纯等72人封伯爵,另外封子爵30人、男爵55人。李自成对有功将帅分级赏赐,如刘宗敏等主要将帅,每人赏赐珠宝两升,白银1000两。

关于地方官的设置也有所改变。李自成将地方政权改省为州,分天下为12个州,但在全国未统一以前暂不实行。大顺政权在省一级设节度使,相当于明廷的巡抚;另设巡按直指使,相当于明廷的巡按御史。府、州、县各级官员的设置基本上与襄阳政权相同。

在经济方面,李自成在自己的占领区仍实行"三年不征"的政策,所需粮饷通过向旧官僚和豪绅大户"追赃助饷"来解决。同时,大顺政权也铸造了自己的钱币,以平抑物价,大钱值白银1两,次等者相当于10钱,再次者相当于5钱。

大顺政权在军制上基本上沿用了襄阳政权时的名号,只是稍作调整。李自成下一步就要夺取全国的政权了,他在军纪上也作了更严的规定:"有一马偾行列者斩之,马腾入田苗者斩之。"当时"籍步兵四十万、马兵六十万",操练时"金鼓动地"[1],雄武异常。李自成不禁喜形于色。

---

[1]《明史》卷三〇九《李自成传》。

李自成为了收罗人才，以充实大顺政权的各级官署，他立即在西安开科取士，以宁绍先为考官。这次的考题是《定鼎长安赋》。扶风举人张文熙考了第一名。大顺政权规定，在科举考试中，不再使用八股文而改用散文。八股文严重束缚读书人的思想，其弊端已为越来越多的人所认识。李自成废八股文之举应该说是一个很大的进步。所考内容虽仍有经义，但大顺政权更侧重于策论。张文熙的策论就是一篇指斥明廷和崇祯皇帝过失的檄文。

弘文馆学士李化麟等撰拟檄文，为李自成"颂功德，张形势"，并揭露明王朝的腐败，号召各地官员及早归附大顺政权。[①]

至此，李自成除了要对付明廷以外，张献忠的态度和动向也是他的一块大心病。张献忠的兵力当时不如李自成，但他实际上也割据一方，有着相当的实力，而且诨名老回回的马守应和他的关系密切。李自成担心张献忠和马守应联合起来反对自己，所以在占领西安后，特地致书张献忠，意在通好，共谋反明之策。张献忠自知自己的力量不如李自成，故"逊词以报之"[②]。实际上就是和李自成保持一种不即不离的关系。但李自成还是感到较为满意，至少张献忠不公开反对自己，自己可以放心地建立政权，并集中精力对付明王朝。

崇祯十七年（1644）是甲申年。这年的元旦在西安出现了李自成建立的新政权，它犹如一场大地震的震中，随着它的巨大能量逐渐扩散，使整个中国大地天翻地覆，从而使这个甲申年成为中国历史上少见的山崩地裂的一年。

第四节 清廷致书，"并取中原"

崇祯十七年（1644）正月，亦即李自成刚在西安建国后不久，雄踞辽东的清廷即致书李自成，欲和李自成合力"并取中原"。在明朝末年的中国大地上，一直是明廷、清廷和以李自成为主的农民军三支力量在角逐，而清廷和李自成的目标都是要推翻明王朝，但这两支力量长期以来都是各自为战，互不联系，

---

① 吴伟业：《绥寇纪略》卷九。
② 彭孙贻：《平寇志》卷八。

只是有意无意地起着相互配合的作用。实际上，清廷对李自成的了解要胜过李自成对清廷的了解。这次清廷致书李自成，显然是建立反明联合阵线的一次认真的尝试。可惜的是，李自成对清廷来书未做出积极的反应，为以后的发展留下了隐患。在崇祯年间，清兵屡次内犯，牵制了明廷的大量兵力，有力地配合了李自成的反明斗争。

一、清兵内犯，牵制明军

努尔哈赤死后，其第八子皇太极继承了汗位。他大力整顿内政，发展生产，积极吸收汉族文化。他废除了四大贝勒共理朝政的旧制，自掌三旗，加强专制统治。他在征讨漠南蒙古时获得传国玉玺，认为是天命所归，极大地振奋了他要当全国皇帝的野心。崇祯九年（天聪十年，1636），他改后金为清，正式称帝，更加快了反明的步伐。

崇祯八年（1635），皇太极命多尔衮率兵征讨漠南蒙古，大获全胜，并获得了元朝的传国玉玺。在今天看来，这实在是一件无关紧要的小事，但在当时却是一件影响深远的大事。皇太极为此十分高兴，因为在人们的心目中，它是天命所归的象征。明王朝建立后，元顺帝携玉玺北逃，明太祖和明成祖数次对蒙古用兵，要夺回玉玺是其重要目的之一。大名士解缙在上给朱元璋的万言书中就一针见血地说："何必兴师以取宝（玺）？"[1]太学生周敬心也在上给朱元璋的奏疏中说："臣又闻陛下连年远征……为耻不得传国玺，欲取之耳。"[2]明成祖虽然口头上说"帝王之宝在德不在此"，但他实际上更急于要得到传国玉玺。因为他的皇位是通过武力从侄儿建文帝手中夺得的，得到宝玺可以大大改变他的篡逆者的形象。所以他除了命丘福进行一次大规模北征以外，他本人就亲自率师五征漠北，最后抱着遗憾的心情死于回师的路上。在将近3个世纪后，这颗玉玺居然被皇太极得到，岂不预示着皇太极要成为天下共主吗？这极大地提高了皇太极要取明王朝而代之的信心，也极大地提高了皇太极对蒙古诸部的影

---

① 《明史》卷一四七《解缙传》。
② 谈迁：《国榷》卷九，洪武二十五年十月。

响力，致使他们纷纷来归。皇太极本来没有想要那么快地称皇帝，得到宝玺加快了他称帝的步伐。他于得到宝玺的第二年（1636）正月即改国号为清，改女真为满洲，改年号天聪为崇德，自己正式称大清皇帝。蒙古诸部也都承认了他的尊位，这标志着自成吉思汗以后延续了428年的汗统宣告终结。从此以后，蒙古诸部仿照满洲八旗改编为蒙古八旗，和清兵一起对明王朝连续发动进击。这使得崇祯皇帝所面对的北部局势更加严峻起来。也对李自成在西部的发展起到了有力的支援作用。

蒙古诸部本来是明王朝的藩属，这时都投靠了清，无疑是崇祯皇帝的一个重大挫折。在皇太极征服了漠南蒙古后，漠北蒙古诸部也纷纷归附或通好。例如漠北的喀尔喀车臣汗即遣使来清，表示要友好相处。皇太极接着又进一步统一了黑龙江流域，设官治理，征收赋税，将当地居民编入旗籍，称为"新满洲"。至此，皇太极便建立起了一个巩固的后方。他可以更大胆地向明廷发动进攻了。

在皇太极称帝后的第二个月，即崇祯九年（1636）六月，他就派阿济格率大军翻越喜峰口，大举攻明。巡关御史王肇坤虽奋勇抵抗，但终因寡不敌众，他本人战死，余部退保昌平。七月，清兵由天寿山后包抄昌平。崇祯皇帝闻知后十分惊慌，立命张之佐为兵部右侍郎，前去镇守昌平，保护祖陵，命司礼太监魏国征前去守卫天寿山。魏国征态度颇为积极，领命后当天就动身前往，而张之佐三天尚未作好准备。这似乎为崇祯皇帝重用宦官提供了口实。他对阁臣们说："内臣即日就道，而侍郎三日未出，何怪朕之用内臣也？"阁臣们一时难以分辨，只有唯唯称是。[1]

清兵很快攻占了北京近郊的昌平，京师震动。这使兵部尚书张凤翼极为害怕，因为这是随时可能丢脑袋的大事。他担心重蹈丁汝夔的覆辙。因为在嘉靖二十九年（1550）俺答内犯时，丁汝夔因未出师，后被嘉靖皇帝处死。他于是主动请缨，自请总督各路援师以抗清兵。崇祯皇帝立即答应了他的要求，并赐给他尚方宝剑，白银万两，赏功牌五百。祖大寿于大凌河降清不久又回归明

---

[1] 计六奇：《明季北略》卷十二《大清兵入塞》。

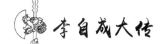

廷，这时也率军入援，崇祯皇帝命张凤翼督祖大寿南援霸州。清兵从霸州撤围，继而连续攻克了定兴和层山，并杀死了光禄寺少卿鹿继善。

鉴于保卫京师是当务之急，所以崇祯皇帝又立命卢象升从郧阳一带撤回，以增援京师。当时卢象升正在和洪承畴分头进剿李自成农民起义军，已颇有成效。但因京师危急，只好暂时放弃对李自成农民军的围剿，而掉头北上。这为李自成在陕西的发展提供了喘息之机。崇祯皇帝命卢象升总督宣大和山西军务，配合张凤翼共抗清兵。其他各路援军也陆续赶来，使清兵受到越来越大的压力。封藩在外的唐王朱聿键居然也率千余护卫军前来勤王。按照《皇朝祖训》，未得皇帝允准，藩王不得率兵入京。因此，当他要入卫时，被崇祯皇帝拒绝，并严令他立即回藩。唐王就因此事而被废，还被禁锢于凤阳高墙内。

清兵在河北一带攻城略地，张凤翼和总督梁廷栋只是跟在清兵后边，并不敢主动进击。当清兵于九月从建昌、冷口北撤时，大车小辆满载着抢来的物资，从容出关。尤令人气愤的是，清兵抢来许多年轻女子，一个个都浓妆艳抹，坐在车上，有的还骑着马，乐鼓齐鸣，一副凯旋的景象。永平监军陈景耀实在气不过，不顾别人劝阻，毅然率自己的部下对清兵发动突袭，袭杀清兵一二百人。而张凤翼却10余天不敢出战，眼睁睁地看着清兵从容撤去。[1]

在清兵撤退时，守关将领崔秉德曾主张率兵出击，以阻清兵退路。但监军太监高起潜却不敢进兵，只是说"当半渡击之"。如果真的在半道邀击的话，也未尝不可，但这只是托辞，他并未半道邀击，而是在清兵都走远以后才装模作样地追了一阵，"报斩首三级"[2]。这实际上和纵敌没什么两样。

清兵这次内犯先后攻陷10余城，饱掠而去。兵部尚书张凤翼和总督梁廷栋自知罪责难逃，都饮毒自杀。即使如此，崇祯皇帝仍命刑部对他们议罪，张凤翼罢职，梁廷栋大辟。但因二人已死，免于实行。

崇祯皇帝心里很清楚，清兵这次饱掠而去，以后说不定什么时候还会再来。他为此告谕兵部，"练兵买马，制器修边，刻不容缓"，但又不给兵部钱，

---

① 谷应泰：《明史纪事本末》补遗卷六。
② 计六奇：《明季北略》卷十二《大清兵入塞》。

怎么办？向勋戚大臣借银。他命兵部官"借武清侯李诚铭四十万金，发关治守备；借驸马都尉王昺、万炜、冉兴让各十万金，发大同、西宁；令工部借太监田诏金十万，治甲胄；借魏学颜金五万，治营铺"。只说借银，怎么还呢？崇祯皇帝的说法是："候事平，帑裕偿之。"也就是说，等到内忧外患都平定了，府库银两充裕时再偿还。人们心里都很清楚，这实际上是有借无还。正因如此，有的人拿出一点搪塞一下，有的就干脆推辞，称家无余银。崇祯皇帝对此除感叹一番他们不为国分忧以外，无可奈何。因此，这种整饬边防的措施收效甚微。果不出所料，两年后清兵再一次大举内犯。

崇祯十一年（1638）三月间，清兵在宣府北就有小规模的骚扰，游牧在张家口北的蒙古插汉部约有6000骑兵，遣使请赏。杨嗣昌主张准予互市，以防其死心塌地倒向清兵。崇祯皇帝恨其反复无常，既不恢复旧赏，也不准许互市。鉴于李自成等起义军的声势越来越大，故内心支持对清议和。所以他在经筵上向崇祯皇帝进讲《孟子》时，着重讲了孟子的一句话："善战者服上刑。"意即对好打仗的要给予最严厉的处罚。崇祯皇帝听了很生气，严厉地训谕他："此后勿复尔尔。"因数次议款误事，几个大臣还因议款而被严惩，所以崇祯皇帝对议款一事特别敏感。议款不成，防务又不坚固，自然难挡清兵的再次内犯。

九月，皇太极命多尔衮、邱托率清军分两路攻明。一路入墙子岭，一路入青山口。当时恰逢监视太监邓希诏的生日，蓟辽总督吴阿衡和总兵吴国俊都前往祝寿。忽然听说清兵来犯，惊慌失措，调度无方。吴阿衡战死于密云，吴国俊战败而逃。清兵遂长驱南下。

崇祯皇帝闻报后又惊又怒，吃惊的是清兵进军是如此迅速，愤怒的是诸臣如此无能。他又像过去那样，马上命京师戒严，调辽东前锋总兵祖大寿紧急入援，命卢象升总督各路兵马抵御清兵。崇祯皇帝召卢象升于平台，问御清方略。卢象升回答说："陛下命臣督师，臣知有战而已！"这话似乎一下子刺到了崇祯皇帝的痛处。因为崇祯皇帝表面上虽不言议和，但内心却想议和，且私下也有这类表示。他听卢象升这话似有所指，脸色一变，半天才缓过劲来说："朝廷本来没说议和，关于议和的话只是外廷说说而已。"崇祯皇帝要卢象升和

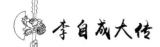

杨嗣昌一起议御清策略。二人本来就不合，卢象升主战，虽不合杨嗣昌意，但他也不便阻挡，只是模棱两可地说："忽浪战。"

十月中旬，卢象升欲分兵四路攻袭敌营，与部下相约："刃必见血，人必带伤，马必喘汗，违者斩！"慷慨激昂，泪如雨下。身任总督的太监高起潜出来劝阻，要他慎重。几天后，身为兵部尚书的杨嗣昌来到军中，卢象升向他说了一通颇为激动的话：

> 公等坚意抚款，独不闻城下之盟，《春秋》耻之乎？象升邀尚方
> 剑，倘唯唯从议，袁崇焕之祸立至。公宁不念衰衣引绋之身，复不能
> 移孝作忠，奋身报国，将忠孝两失，何面目立人世！

因卢象升母亲刚死，夺情视事，故自称"衰衣引绋之身"。这段话使杨嗣昌大感羞惭，只能搪塞道："嗣昌从未言抚。"[①] 卢象升遂出师袭清营，未能攻克。高起潜又败于卢沟桥，京师更加危机。崇祯皇帝急命众大臣分守各城门，并急调山东巡抚颜继祖移守德州，以示牵制，调洪承畴、孙传庭东出潼关，急援京师。洪、孙当时只好暂时停止对李自成等起义军的围剿，而急忙率大军 15 万入援。

当时，洪承畴和孙传庭在陕西一带围剿李自成等农民军连连得手。张献忠已在谷城投降官军，罗汝才接连为官军所败，也向官军投降。李自成坚不投降，却连战失利，后在潼关南原一战中几乎全军覆没，只剩十几人随他一起逃入商洛山中。如果这时洪承畴和孙传庭继续对李自成紧追不舍的话，李自成将很难能重新振兴，以后的历史也将会是迥然不同的另一种样子。这时恰巧赶上清兵内犯，洪承畴和孙传庭被紧急调去抗御清兵，这对李自成来说真可谓天助。他趁机休养生息，招集旧部，重新壮大了自己的力量。

十一月，清兵分四路攻掠，对京师却围而未攻。一天，崇祯皇帝召文武大臣于平台，议战守。崇祯皇帝的本意是议饷，结果是战是和成了议论的中心。

---

① 谷应泰：《明史纪事本末》补遗卷六。

皇太极愿意议和的表示勾起了杨嗣昌等人的幻想，他和高起潜等都主张议和。杨嗣昌"力请于上（崇祯皇帝），上许之"。杨嗣昌"遣使入清营，竟得嫚书"，即多尔衮对杨嗣昌胡乱应付，使其不得要领，故和议未成。此事泄露，故外臣对此多有议论。因此，当崇祯皇帝这天召对平台时，给事中范淑泰立即奏道："今清人临城，尚无定议，不知是要款要战！"崇祯皇帝打断他的话，问道："哪个要款？"范答道："外边皆有此议论。"他又举例说："凡涉边事，邸报一概不敢抄传，满城人皆以边事为讳。"原来，杨嗣昌为使和议得以进行，曾禁止传抄邸报。崇祯皇帝不知，只是说事关机密，自不许传抄。[①]

卢象升兵不满万，既得不到朝廷的有力支持，杨嗣昌甚至有意作梗，又严重缺饷，所以无力阻遏清兵。当清兵攻克高阳时，在城内闲住的孙承宗不屈自杀。清兵连续攻克许多州县，在河北、山东一带四出攻掠，如入无人之境。卢象升在保定战死后，清兵迅速攻占了昌平、宝坻、清河等许多州县。

崇祯十二年（1639）正月，清军攻破济南，德王被俘，城内诸郡王皆被杀，济南被焚毁一空。德王派贴身宦官王朝进从海路绕道广宁入京师，向崇祯皇帝报告自己被俘事。看到又一个藩王被俘，许多宗亲遇害，他心里十分悲痛。崇祯皇帝正准备遣人抚恤，御史汪承诏奏言说："宜火其书，勿令外传，王朝进宜编置远方。"总之是不要张扬，让德王"优游塞外，以终天年"，这样才"可杜其凌侮"。崇祯皇帝觉得有理，致使德王被俘后一直未能回来。

清兵攻陷济南后，四出攻掠，直至徐州附近。副总兵祖宽率三百骑驰援济南，结果全军战死。祖宽是祖大寿的养子，骁勇善战，多有战功，这时终战死于济南郊外。各路援军又纷纷向济南集结，祖大寿也自青州赶来。清兵避实击虚，向北攻破德州，向天津方向移动。三月间，清兵从青山口出塞，返回辽东。

这次清兵入塞5个多月，转掠2000余里，攻下州县70余城，尤以河北、山东受害最重。崇祯皇帝虽经常收到各路官军战胜的捷报，但实际上清军并未遭受重大挫折。就对明王朝的打击之重而言，这次入塞超过了以往任何一次。崇祯皇帝照例惩处了一些所谓失事的官员，但对边防并未采取什么切实有力的措施。

---

① 文秉：《烈皇小识》卷六。

二、洪承畴降清，陈新甲被诛

皇太极在称帝前后数次内犯，掠夺了大批牲畜财物，几乎每次都满载而归。但是，皇太极并未全力攻打京师，也未敢长期立足内地。这是因为，明军仍控制着山海关以及关外的锦州等地，再加上各地援军前来夹击和人民群众的反抗，清军饱掠后即退出关外。山海关是北京的屏障，而锦州是山海关的门户。皇太极要夺取北京，并进而夺取全国的统治权，就必须先攻下锦州和山海关。于是，清军在松山、锦州一带连续对明军发动大规模进攻。

崇祯十二年（1639）二月，崇祯皇帝提升洪承畴为兵部尚书兼副都御史，总督蓟辽军务。经多年考察，崇祯皇帝感到洪承畴确有才能，堪当抵御清兵的重任。另外，在洪承畴和孙传庭等部的围剿下，李自成等农民军这时也暂时处于低潮。因此，崇祯皇帝便调用洪承畴集中力量对付清兵。

洪承畴整饬关内外防务，严明军纪。一个姓刘的千总虚冒请功，洪承畴立命斩首。有的将领临阵脱逃，洪承畴断然将其处死。他又善抚士卒，于是将士俱用命，关内外的防务大为加强。

当清兵于崇祯十二年（1639）年初退回辽东时，皇太极想趁机攻占锦州。他亲率孔有德等降将前往，并用27门红夷（也作"红衣"）大炮四面环攻，连攻20余日，始终未能攻下，只好退兵。皇太极遣人与明议和，明廷不应，几次入塞也未得尺寸之地，锦州和山海关一线的防务又颇坚固，所以皇太极便调整了策略，不急于入据中原，先确立关外的一统之局，然后再根据形势的发展徐图进取。于是，他就下决心在宁远、锦州一带与明军周旋。

崇祯十三年（1640）三月，皇太极督清兵围攻锦州。当时，清军造了60门红夷大炮，又招募善于爬梯登城者千余人，以马万匹驮炮而来，气势颇盛。祖大寿在锦州镇守，部下尽明军精锐。他奋力抵抗，使清军"大半见败，大将数人亦为致毙"，甚至沈阳也人心惶惶，"行街之人，多有惶惶不乐之色。"[1]清兵损失颇为惨重，皇太极垂头丧气，只好退回沈阳。

---

[1]《沈阳状启》第205页。

皇太极经过一番整顿，决心对锦州加强攻势。由于清实行屯驻政策，锦州实际上处于清的包围之中。祖大寿请求增加兵马，以加强锦州防务。崇祯皇帝害怕清兵再次由蓟镇等地内扰，不愿减少蓟镇守兵以援锦。实际上，清的策略已经改变，主要攻击目标改在宁锦一线，而崇祯皇帝对此却没有清醒的认识。四月间，皇太极命郑亲王济尔哈朗、武英郡王阿济格、贝勒多铎等齐力攻锦，带来大批八旗兵和许多门攻城大炮，开始对锦州猛烈攻击。由于驻锦州外城的蒙古兵倒戈降清，使清兵占领了锦州外城。祖大寿激励将士，一面顽强防守，一面向明廷紧急求援。崇祯皇帝急命洪承畴出山海关，援救锦州。洪承畴命吴三桂为前锋，出杏山。清兵在松山和杏山之间将吴三桂团团包围，总兵刘肇基率兵援救，吴三桂得以突围而出。双方杀伤略相当。副总兵程继儒因临阵怯退，被洪承畴立斩于军中。这时，双方便以松山、锦州一带为战场，展开了一场长时间的大规模会战。

崇祯十三年（1640）七月，洪承畴率领 13 万大军援救锦州。他步步为营，以守为攻，不敢仓促冒进，立营在锦州南约 18 里的松山西北。济尔哈朗督右翼八旗兵来攻，结果大败，有三旗营地被明军夺去，人马死伤甚多。两军在随后一连串的交战中，清军连连受挫。前线清兵接连向沈阳请求救兵。清兵在前线的失败影响到后方，"沈（阳）中人，颇有忧色。"皇太极心急如焚，"急得忧愤呕血，遂悉索沈（阳）中人丁，西赴锦州。"[1] 洪承畴清楚，清兵绝不会就此罢休，必须作长远计。于是，他便利用清兵稍退的有利时机，向前线急运粮草。明军的关外粮草大都集中在宁远，明军便从宁远将粮草运往塔山、杏山，再转运至松山、锦州。洪承畴亲临前线，日夜运送粮草。祖大寿也从锦州派兵来中途接应。到九月初，运至锦州的粮饷支撑到明年三月，松山的粮食可支撑到明年二月。这样就解决了与清军长期作战的粮食问题，稳定了松锦之战第一个年头的局势。

九月上旬，洪承畴正准备分两路向锦州推进，多尔衮率 2 万清兵来攻。双方在黄土岭展开一场会战，杀伤略相当。清兵屯驻义州，应援及时，不易在短

---

[1]《李氏朝鲜实录》仁祖朝卷四十。

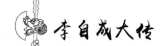

时间内将其摧垮。洪承畴上疏崇祯皇帝，请调集宣府、密云等处明军来援，以便来年与清兵决战。崇祯皇帝批准了洪承畴的计划，一面命户部筹饷，一面调集援兵。

第二年三月，清兵大举来攻，在锦州城外每面立八营，环营俱挖深壕，壕边各筑垛口，将锦州团团围住。洪承畴督大军从宁远往锦州进击，稳扎稳打，步步为营，几次接战均有小胜。祖大寿在锦州坚守，面对清兵的日夜围攻，形势越来越危险，便遣人赴朝廷催促援兵。五月，崇祯皇帝召兵部尚书陈新甲于中极殿，问救锦州之计。陈新甲请派人前去与洪承畴面商，于是就派陈新甲的亲信张若麒去洪承畴营中督察。

张若麒到洪承畴军中后指手画脚，"挟兵曹之势，收督臣之权，纵心指挥……而督臣始无可为矣。"[1] 于是，洪承畴就与张若麒发生了矛盾。洪主张稳扎稳打，张"妄谓清兵一鼓可平，严促进剿"[2]。这时崇祯皇帝也听信了张若麒的话，也主张立即大举进击。于是，崇祯皇帝便向洪承畴下密诏，命他速战，洪承畴不得已，只好立即率兵进击。

七月底，洪承畴将粮草囤于杏山和笔架山，自己率6万人开始先进，余军继进。这时皇太极也得到情报，知道明军启营来攻，便亲督大军前来进击，陈兵于松山和杏山之间。他集中兵力攻击洪承畴的援军，首先切断了明军粮道，击败了护粮的明军，夺得明军囤于笔架山的粮草。明军既失粮草，又初战不利，军心开始动摇。洪承畴决定将驻守乳峰山的明军撤到松山。当明军撤至半路时，大队清军来击。明军接战不利，边战边退，一直退到海边。清军奋勇攻击，明军大败，很多人淹死在大海中。明军"为清人所击，潮涨淹死，陆海积尸甚多"[3]，只有少数人逃出，如吴三桂即逃奔到杏山。皇太极估计，明军新败，粮草又丢失大部，龟缩在杏山的明军定将逃回宁远。于是，他便于松山和杏山之间的高桥设伏，以待明军。果不出所料，往宁远撤退的明军果然陷进了清军的埋伏圈。明军虽仓促之间进行了一番抵抗，但终于大败，只有吴三桂、王朴

①《明清史料》乙编第 4 本，第 397 页。
② 文秉：《烈皇小识》卷七。
③《沈阳日记》第 413 页。

等率少数亲信逃回宁远。清军在此战中歼灭明军 5 万余人，缴获战马 7000 余匹，甲胄近万件。清军的士气随之大振。

洪承畴这次大规模出兵，不仅未能解锦州之围，自己竟也被围困在松山城中，身边只有 1 万多残兵败将。洪承畴奋力组织了几次突围，但皆未成功，形势变得越来越严峻。他身陷困境，一边激励将士固守，一边向京师求援。崇祯皇帝闻知洪承畴兵败被困，十分震惊和忧虑，便召兵部尚书陈新甲等问应急之策。陈新甲逃避罪责唯恐不及，自然没有什么锦囊妙计，只是劝崇祯皇帝命洪承畴坚守。崇祯皇帝一方面敕谕洪承畴悉心守城，一方面命兵部调兵解救。这时的明王朝已残破不堪，危机四伏，内地李自成等农民军又重新活跃起来，关外的明军又连战皆败，的确已无兵可调。十月，崇祯皇帝命叶廷柱为兵部右侍郎兼右佥都御史，巡抚辽东宁锦前线。在那种情况下，叶廷柱已不可能有什么作为。

十一月，辽东下了大雪，天奇寒。清兵粮草将尽，皇太极产生了撤兵之意，于是便遣降人入关议款。兵部正为辽东战事忧愁，见清愿议和，十分高兴。崇祯皇帝也正无计可施，又为了保全面子，遂许兵部与清秘密联系。但清兵并未撤去，孔有德力劝皇太极不可撤兵，否则就会功败垂成。皇太极接受了孔有德的建议，继续加紧对松山和锦州的围攻。

由于洪承畴被围困在松山，所以崇祯皇帝命杨绳武为代理总督。崇祯十五年（1642）一月，杨绳武死去，崇祯皇帝又命范志完代理。范志完命副将焦埏率兵出关救援，结果一出关就被清兵全部歼灭。吴三桂在宁远收集旧部，但始终未能组织起一支援军。再加上兵部尚书陈新甲正秘密与清议款，对增援松锦也不甚积极，故明军在半年间并未对松锦进行有力的救援。

这时的松、锦两城已到了山穷水尽的地步，粮草皆绝，将士随时都有被饿死的可能。幸赖洪承畴和祖大寿都是声望极高的将领，他们百般激励部下，苦力支撑着危局。崇祯十五年（1642）二月十八日，松山的守城副将夏成德暗中向清约降，并派出自己的儿子赴清营做人质，约日献城。于是松山一举被清军占领，洪承畴被俘。防守锦州的祖大寿见松山已陷，也于三月八日出城投降。

对这大批的降兵降将，皇太极表现出了极其残忍的一面。除了洪承畴和祖

大寿及其家人外，巡抚丘民仰、总兵曹变蛟和王廷臣等 3000 余人全被杀掉。在锦州方面，降人共 7000 余人，除祖大寿和妇女小孩约 4000 人外，其余 3000 余人亦全被杀掉。凡协助明军守城的蒙古将士，均被清兵诛杀。[①]祖大乐之所以未被处死，也是看在他哥哥祖大寿的脸面上。

皇太极俘获了洪承畴和祖大寿，心里十分高兴，将他们都带往沈阳。洪承畴身为明廷的督师大臣，也懂得儒家的忠义之说，所以起初还表现得颇为坚强，坚不下跪，拒不投降。皇太极知道洪承畴是个富有谋略的难得之材，可堪大用，故百般劝说。皇太极甚至"解脱御貂裘衣之，曰：'先生得无寒乎？'洪承畴瞠目视之，叹曰：'真命世之主也！'乃叩头请降。上（皇太极）大悦，即日赏赉无算。置酒陈百戏。"[②]洪承畴降清，成了清兵入关难得的向导。

对于崇祯皇帝来说，松锦之战的惨败犹如气息奄奄的老人又遭当头一击。当时洪、祖所率将士皆明军精锐，本来有一定优势，不一定失败。只是崇祯皇帝漫无主张，时而支持洪承畴的进兵策略，时而又中他人流言，密诏迅速进军，朝令夕改，终于导致重大失败。这次失败使崇祯皇帝将老本儿乎输光，"九塞之精锐，中国之粮刍，尽付一掷，竟莫能续御，而庙社以墟矣！"[③]在明军连遭重创的情况下，朝中主张议和的人越来越多，崇祯皇帝也希望通过议和来挽救垂危的明王朝。

在两军对垒之时，战与和都是手段，如果运用得好，可以使自己立于不败之地。自努尔哈赤建立后金起，与明廷除有战争外，也不时有议和的活动在进行。女真是个少数民族，人口少，长期是明王朝的臣属，所以在双方议和的活动中，后金一直处于主动地位。崇祯皇帝自视为天朝上国，议和乃取辱之举，故心里虽想议和，但口头上也不愿说，总想把责任推给臣下，致使朝野对议和之事讳莫如深。

自崇祯十四年（1641）八月洪承畴于松山战败后，松山和锦州长时间处于清军的包围之中，明廷陷于危机，双方的议和活动遂又再起。陈新甲在这段时

---

①《清太宗实录》卷五十七。
②《清史稿》列传卷二十四《洪承畴传》。
③谈迁：《国榷》卷九十七，崇祯十四年八月。

间任兵部尚书，起初听信了张若麒的话，认为辽东一战可平。正因如此，他力促崇祯皇帝以密诏促洪承畴进兵，结果大败。于是，他又转而支持议和的主张。

在广宁前屯卫任副使的石凤台知道清有议和之意，在洪承畴新败不久即派人去清营，以探问议和的可能。清的守将回答说："此吾国素志也。"石凤台遂马上报告陈新甲，陈新甲将石凤台所言禀告了崇祯皇帝，以作为"息兵"之策。这时言官也听到有关议和之事，遂纷纷上疏弹劾。崇祯皇帝以石凤台"私遣辱国"，命将其逮系狱中。①辽东巡抚叶廷桂支持石凤台，也被崇祯皇帝指责为"漫任道臣，辱国妄举"，本应严惩，"姑息戴罪，图功自赎。"其实，崇祯皇帝内心也是同意议和的，只是他以前屡次重惩议和的大臣，在朝臣中弥漫着一种空气，议和似乎就是卖国。再加上崇祯皇帝有种虚骄心理，刚战败即议和，似乎太丢面子，所以对与清议和的这两个人加以惩治和斥责。

这时不仅辽东的形势十分危急，中原地区也全部成了李自成农民军的天下。面对危局，陈新甲主张与清议和，以"专力平寇"，待把中原一带的李自成农民军平定以后，再与清争。陈新甲将自己的主张私下告诉了新任三边总督傅宗龙，傅宗龙在离京去镇压李自成起义军以前，又告诉了大学士谢升。谢升私下与陈新甲相商，要他向崇祯皇帝进言，"谓两城受困，兵不足援，非用间不可"。有了内阁大学士的支持，陈新甲这才敢于向崇祯皇帝言议和事。另外，辽东在十一月间下了一场大雪，清兵前线粮饷遇到困难，皇太极亦派人入关议和。于是，陈新甲便大胆地向崇祯皇帝提出议和的主张。这时崇祯皇帝仍摆出一副反对议和的样子，对陈新甲大加训斥，"切责良久"，然后又问内阁诸臣。这时周延儒再次入阁不久，内心也想议和，但不敢明确表示。崇祯皇帝征询阁臣的意见，实际上就是想在阁臣中找替罪羊，一旦议和失败，就可将罪责推在阁臣身上。周延儒老奸巨猾，言辞模棱两可，其他阁臣也不置可否，只有谢升说道："倘肯议和，和亦可恃。"崇祯皇帝沉默良久，事后对陈新甲说："可款则款，卿其便宜行事。"并嘱咐陈新甲严加保密，"外廷不知也。"②

---

① 谷应泰：《明史纪事本末》补遗卷五。
② 《明史》卷二五七《陈新甲传》；谷应泰：《明史纪事本末》补遗卷五。

陈新甲向崇祯皇帝推荐兵部主事马绍愉，说他可担当议和重任。崇祯皇帝遂为马绍愉加衔职方郎中，赐二品服，命他前往清营议和。

皇太极对明廷遣使议和非常重视，请以敕书为信。明廷所赐敕书的文中称：

> 谕兵部陈新甲，据卿部奏，辽沈有休兵息民之意。中朝未轻信者，亦因以前督抚各官未曾从实奏明。今卿部屡次代陈，力保其出于真心。我国家开诚怀远，亦不难听从，以仰体上天好生之仁。……①

皇太极看了很不高兴，因为它不是直接给清廷的，而是给兵部的。从语言上看，崇祯皇帝仍摆出天朝上国的架子，像过去对待建州卫那样对待清廷。另外，敕书用纸颜色和制定也不合定式，所以皇太极便指责这是边将作伪，"必非明帝亲发"，予以拒绝。他对来使重申了愿议和的一贯主张："若和事果成，则何必争上下？但各据其国，互相赠遗，通商贸易，斯民俱得力田生理，则两国君臣百姓，共享太平之福矣！"②皇太极在这里称"两国君臣百姓"，显然是要与明廷平起平坐，分庭抗礼。

明朝使臣只好再换敕书，往返耽误了许多时间。在此期间，清军连续攻克了松山等地，洪承畴被俘，祖大寿投降。这种战场上的形势对明廷更为不利，清处于主动的进攻地位。崇祯皇帝为了显示对议和的重视，特派兵部司务朱济和马绍愉一起前往沈阳，使团近百人。他们于五月中旬才到达沈阳。皇太极对此次议和非常重视，特命大臣出城远迎30里，宿于馆驿，礼部设宴，招待甚优。当时朝鲜已被清征服，已由明的藩属变成了清的藩属，朝鲜王世子在沈阳当人质，目睹了这次议和经过。清廷也不时将议和情况告知朝鲜王世子。当时明朝使臣还带着"四十余车"米，以作为"粮资之计"。这显然是担心清廷不管饭吃，不给予友好接待。结果清廷表现得很友好，盛宴款待。这真使明朝

---

① 王先谦：《东华录》，崇德七年。
② 《清太宗实录》卷六十。

使臣大喜过望。清廷内部对议和的意见也不一致，有的要明割燕京以东，有的要割宁远以东，有的则认为明廷议和是假，只不过是为了"缓攻克而待各边之征调"。降清的汉族官僚张存仁和祖可法向皇太极建议，应趁机最大限度地勒索明朝，以割黄河以北为上策，割山海关以东为中策，割宁远以东为下策；让明称臣纳贡为上策，令蒙古各部索其旧额为中策，只许关口互市为下策。皇太极则表现得比较冷静，认为要明称臣纳贡根本不可能，只要议和可成，仍愿尊明为上国，自己仍居属国地位。皇太极还致信朝鲜国王，征求意见。从信中可以看出，皇太极认为征服的地盘已很大，已足够统治，无意再事征战，也无意入主中原，只要能保住既得的地盘和利益，其他的事可以后再说。由于他知道崇祯皇帝一直反对议和，所以对这次议和的敕谕是真是假还有怀疑。经洪承畴辨认后，确认是真，这才认真对待。当时清兵正在乘胜进攻宁远，与吴三桂对阵。由于明廷议和使臣到沈阳，皇太极马上命令清军停止进攻。

皇太极回书崇祯皇帝，答应议和，其条件除双方通好并互有馈赠外，双方以宁远、塔山为界，在适中之地开市通商，相互遣返逃人。信中还特地说了一句："至我两国尊卑之分，又何必计较哉！"[1] 看来只要明廷持积极态度，皇太极还愿做出一些让步。而从这些条件来看，在当时的情况下也不算苛刻，而基本上维持了双方军事形势现状。

六月三日明使起程回京。在临行前清廷设宴饯行，"车乘风戒，刍粮悉备"，皇太极还赏给马绍愉等白银 200 两，并以两车人参、貂皮进献给崇祯皇帝。皇太极对马绍愉说："秋初企听好音。若逾期不至，我当问盟城下耳！"[2] 这显然带有威胁的口味，是否要和，要崇祯皇帝速做决定，否则就要再次兵戎相见。

马绍愉一行到宁远后，即速命人将议和情况密报兵部尚书陈新甲。议和之事一直在秘密进行，崇祯皇帝数次告诫陈新甲，要"密图之"。但外廷官员还是听到了一些风声，尤其是一些言官，纷纷上疏弹劾，认为是阁臣谢升所主。为此，崇祯皇帝便将谢升罢去，以堵众人之口。谢升的离去使陈新甲的议和活动失去了

---

① 《清太宗实录》卷六十一。
② 张怡：《谀闻续笔》卷四。

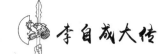

阁臣的有力支持。当陈新甲看过马绍愉的密报后，将之放于案上，"其家童误以为塘报也，付之传抄。于是言路哗然。"以前外廷官员攻击议和事尚没有佐证，这一来有了确凿的证据，所以纷纷上疏弹劾。给事中方士亮首先上疏，其他上疏论争之人络绎不绝。如果崇祯皇帝在这关键时刻能毅然主持，公开告谕群臣，自己知道此事，这场风波本可以平息。但他总想将此事往别人身上推。他一再问内阁首辅周延儒，是否应该议和，周延儒也不敢承担责任，所以"终不对。上（崇祯皇帝）慨然起"①。周延儒老于世故，深知崇祯皇帝喜怒无常，故始终保持沉默。崇祯皇帝只好将责任都推在陈新甲身上，遂降旨切责，令其回奏。陈新甲不仅不引罪，"反自诩其功"。这使得崇祯皇帝更加恼怒，立命逮系下狱，由刑部拟罪，以失陷城寨罪拟斩刑。周延儒上疏求免："国法，敌兵不薄城，不杀大司马。"崇祯皇帝却说："陈新甲职任中枢，一筹莫展，致令流寇披猖，戮辱我七亲藩，不更甚薄城乎！"②崇祯皇帝在这里不以议和罪斩陈新甲，他知道难服天下人之心；用陷城罪斩他，他又未把城池丢给清兵，故只好用近来数城被李自成农民军攻陷为罪名。这显然是借来的一个罪名，其本意还在于要拿他当替罪羊。真是欲加之罪，何患无辞！崇祯十五年（1642）八月，陈新甲被斩，议和事也随之告吹。这件事再典型不过地表明，崇祯皇帝存在着严重的性格上的缺陷。这也正是当时许多大臣不敢尽心为国的原因。从当时总的情况来看，明王朝并非没有人才，只是因为崇祯皇帝不爱养人才，用人多疑且出尔反尔，遇事推脱责任，故大都斤斤自保，不敢大胆用事。对于一个最高统治者来说，这是一个致命的弱点。

这次议和失败对明王朝的影响极大。倘议和成功，明王朝便可得到一个宝贵的喘息机会，一方面整饬边防，一方面又可以避免两线作战，可以集中力量对付李自成农民军。倘如这样，李自成农民军也不一定那么快就攻入北京，两年后清兵的入关事件也可能不会发生，明末以后的历史就会完全是另一种样子。崇祯皇帝本来希望议和，而议和条款对明也大体有利，只是因为某些细故，即不惜毁约和诛杀大臣，视国家人民的命运如同儿戏，这不能不说是令人

---

① 谷应泰：《明史纪事本末》补遗卷五。
② 《明史》卷二五七《陈新甲传》；文秉：《烈皇小识》卷七。

痛心的一幕悲剧。

陈新甲被杀后，崇祯命冯元飙继为兵部尚书。冯元飙深知形势危急，内忧外患交讧，治军无术，又不敢公开推辞，便佯装有病。一天上朝，故装头晕目眩，倒在廷上，让人抬回家中。深明底细的人"皆嗤其为细人伎俩，辱朝廷而羞当世"[①]。冯元飙虽因耍此小伎俩而受世人嘲笑，但却保全了一条性命。同时，这件事也反映了当时朝中大臣的一种普遍心态。

三、两面夹击，欲"并取中原"

清兵自崇祯十二年（1639）三月出塞后，近4年时间没有入塞内掠。这主要是因为洪承畴和祖大寿等在松锦一带与清对峙，清兵一度专注于此，无暇内犯。今洪承畴、祖大寿皆战败降清，议和又以失败告终，皇太极"秋初企听好音"的希望落实，而山海关又一时难以攻下，清于是决定再次大举入塞内掠。崇祯十五年（1642）十月中旬，皇太极命贝勒阿巴泰为奉命大将军，率大军讨伐明朝。皇太极还嘱咐了一通入塞后要严明军纪的事，大军随之浩浩荡荡地杀向明廷边塞。

李自成农民军这时在中原地区得到空前的大发展。李自成大败左良玉于朱仙镇，三次围攻开封，孙传庭也在郏县被李自成击溃。李自成由河南入湖北，于襄阳建立政权，声威大振。内地丢城失地的战报接二连三地送至崇祯皇帝案头，而清兵又开始大举内犯，使明廷陷于两面受敌的极为不利的局面。

崇祯皇帝眼看着战事连受重挫，心急如焚，便对各要地防务重新做了一番部署。他命范志完为督师，总督蓟、辽、昌（平）、通（州）等处军务，并节制登州、天津等地。辽事急则移驻关外，关内急则星驰入援。关内外并设二总督，关内总督为张福臻，范志完常驻关外，加督师衔，位在张福臻之上。另外崇祯皇帝又于昌平、保定设二总督，"于是千里之内有四督臣"。除督臣外，崇祯皇帝又于宁远、永平、顺天、密云、天津、保定设六巡抚，又在宁远、昌平等地设八总兵，"星罗棋布，无地不防，而事权反不一。"[②]不久，有言官弹劾张

----

① 文秉：《烈皇小识》卷七。
②《明史》卷二五九《范志完传》。

福臻昏庸不堪重任，崇祯皇帝遂罢张福臻，命范志完移驻山海关，全面负责关内外防务。此任干系重大，范志完连疏请辞。崇祯皇帝不许。范志完请辞官家居，反被崇祯皇帝责备一通。他又极言决不可兼督关内防务，过了一个多月，崇祯皇帝才命赵光抃分掌关内。就在这防备未就绪之时，清兵已由墙子岭大举入塞了。范志完虽也预见到明兵难以抵敌，极想辞职，但他又没有冯元飙那种佯装有病而辞官的计谋，结果因这次清兵内犯而丢了脑袋。

崇祯十五年（1642）十一月，清兵由墙子岭入塞，连下迁安、三河等地，然后分兵两路，一路趋通州，一路趋天津。清兵又很快攻克重镇蓟州，然后分兵攻掠真定、河间、香河等地。于是，京师周围再次陷入烽火连天的局面。崇祯皇帝闻报十分惊恐，也为议和未成而招致清兵再犯而懊恼。他照例急忙宣布京师戒严，命勋臣分守九门。

闰十一月，清兵由河北攻入山东，首先攻占了临清，继而又大举进攻东昌（今山东省聊城市）。总兵官刘泽清在东昌与清兵展开了一场激战，清兵撤去，遂西攻冠县。清兵接着又南下，攻掠泗水、邹县一带。

十二月，清兵进入河南东部，攻占了滑县等地。这里已非常接近李自成控制的地盘。当时李自成正在河南南部一带转战。不知为什么，却未见清兵和李自成农民军这时有什么接触和联络。清兵接着又返回鲁西，连下曹州（今山东省菏泽市）、济宁等地。清兵接着开始攻打重镇兖州。因这里是鲁王藩封之地，故有重兵驻守。经过一番激战，兖州终于被清兵攻陷，知府邓藩锡、副总兵丁文明等守城官员皆战死。尤其令崇祯皇帝伤心的是，鲁王朱寿镛被俘后自杀。自明太祖朱元璋分封藩王以来，藩王被起义军或外敌俘杀者极其少见，只是到了崇祯年间，各地藩王接二连三地被俘或被杀。这不能不使崇祯皇帝大感内疚。他照例对这些藩王祭奠一通。这次对鲁王的被俘和自杀之所以特别伤心，是因为他似乎从鲁王的遭遇中隐约看到，自己的末日已为时不远。

清兵随后向山东东部攻掠，像德州、寿光、莱阳等地都相继被攻陷。至此，河北、山东和河南东部都处于清兵的蹂躏之下。

当清兵入塞后，总督范志完也像袁崇焕那样急忙率师入援。范志完没有袁崇焕的勇略，虽称入援，但胆怯不敢奋击，只怕打了败仗，故大都是跟在清兵的后边转。兵部官弹劾范志完疏于防守，致使清兵再入。一些言官弹劾他贪懦，请崇祯皇帝对他严加治罪。崇祯皇帝这次大概接受了逮治袁崇焕的教训，故未对范志完马上治罪，"帝（崇祯皇帝）以敌兵未退，责令戴罪立功。"①

但范志完实在又胆怯又没有谋略，对清兵终"不敢一战"，任清兵四处攻掠。

崇祯十六年（1643）春天，清兵由山东进逼到京师附近。崇祯皇帝一筹莫展，内阁首辅周延儒也惶恐不安。内阁大学生吴甡刚奉命去镇压李自成农民军，周延儒也只好自请视师，前去抗击清兵。崇祯皇帝很高兴，马上"降手敕，赐章服"，并给金帛许多，以供周延儒奖赏将士。周延儒出京后，常驻通州，"唯与幕下客饮酒娱乐，而日腾章奏捷"，因而从崇祯皇帝那里邀得不少赏赐。②

清兵于四月底北撤，五月初出塞。崇祯皇帝虽严命"各督抚扼剿勿逸"，但各将领大都拥兵观望，有的则在清兵撤退时假装着追上一阵，然后"饰功报捷"。清兵满载掠夺所得从容出塞。明军在抵御清兵方面显得极其无能，但在劫掠老百姓方面不亚于清兵。这在当时的有关史籍中有许多记载。明军官兵趁火打劫，军纪败坏，为害百姓，这也是明军屡战屡败的一个重要原因。

清兵这次内犯历时7个月，前后共攻陷三府、十八州、六十七县，共八十八城，俘获人口近40万，掠牲畜30余万头，另外还劫掠了大量的金银财物。清兵这次内犯比前几次造成的破坏都大，攻陷城池之多也超过了以前各次入犯。这次内犯的用意在于将明王朝拖垮，而并不以攻占京师为目的。这表明，皇太极并未想在短时间内灭亡明朝。这正如皇太极所说："城中痴儿，取之若反掌耳。但其疆圉尚强，非旦夕可溃者。得之易，守之难，不若简兵练旅，以待天命可也。"③后来康熙皇帝在遗言中也说到此事："太祖、太宗（皇太极）初无取天下之心，尝兵至京城，诸大臣咸云当取。太宗皇帝曰：'今取之

---

① 《明史》卷二五九《范志完传》。
② 《明史》卷三〇八《周延儒传》。
③ 昭梿：《啸亭杂录》卷一《太宗伐明》。

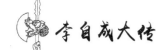

甚易，但念中国之主，不忍取也。'……"①康熙皇帝的话带有粉饰的成分，皇太极的话更合于实际，即当时要灭亡明王朝的条件还不成熟，"得之易，守之难"，所以还要等待时机。这个时机在不到一年李自成进北京时就来到了。

清兵这次撤退后，崇祯皇帝照例对所谓失事的官员大加惩处。总督范志完辞官未成，这次果然被处死。刚上任不久的掌关内兵事的总督赵光抃也被斩首。另外，巡抚马成名、潘永图和总兵薛敏忠等皆被处斩。周延儒自请督师不久清兵即撤，连疏报捷，故起初还受到崇祯皇帝的嘉奖，不久就受到弹劾，指责他蒙蔽，崇祯皇帝遂将周延儒罢职，随之又将其赐死。至此，崇祯皇帝自己的末日也快来临了。

在李自成农民军和清军的两面夹击下，明王朝已处于奄奄一息的境地。李自成在襄阳建立政权后节节胜利，继而在西安建国，清廷对此时刻都在密切注视着。清廷中有许多汉人降臣降将，除了像洪承畴、祖大寿这样著名的将领外，像孔有德、耿仲明等原是毛文龙的部下，后来在山东发动反明叛乱，失败后投降了清廷。这些人对内地情况有清楚的了解。当他们看到李自成很可能要推翻明王朝时，感到这是一个重大的历史性机遇，应分享将要到来的胜利果实。于是，直接由清帝出面致书李自成，试探李自成的态度和动向，以制订下一步全盘的入关计划。清廷致李自成书信的原文如下：

> 大清国皇帝致书于西据明地之诸帅：朕与公等山河远隔，但闻战胜攻取之名，不能悉知称号，故书中不及，幸毋以此而介意也。兹者致书，欲与诸公协谋同力，并取中原。倘混一区宇，富贵共之矣。不知尊意何耳？惟速驰书使，倾怀以告，是诚至愿也。顺治元年正月二十六日。②

这封书信由迟云龙等人送交大顺政权。迟云龙等到三月三日才到榆林。大顺政

①《清圣祖实录》卷二七五。
①《明末农民起义史料》第 455 页。

权驻守榆林的守将王良智见封面上是致"诸帅"书，便拆阅一过。拆阅后他才知道，这本是致大顺政权国王的书信，事关重大。但书信已经拆开，不便再呈送李自成，于是将原件发还迟云龙等人，答应将书信中的意思向上转告。既然王良智未将书信呈送李自成，估计他也不会转达信中的内容，以免因处置失宜而获罪。以后也未见李自成对这封书信有何反应，或许他根本就不知道这件事。但此事告诉人们，清廷时刻都在准备入关，以取明王朝而代之。李自成对这个问题的认识并不充分，这成为大顺政权的一个重大隐患。但在推翻明王朝的过程中，这两大势力确实有意或无意地起着相互配合的作用。

第十章　明王朝奄奄待毙

　　在记述李自成胜利进军的同时，有必要看一下李自成所反对的明王朝是什么样子。经李自成等农民军十几年的打击，明王朝各种内在矛盾日益激化，已处于奄奄待毙的状态。面对天下日益崩坏的局面，崇祯皇帝左支右绌，越来越显得力不从心。他频频更换内阁首辅，希望能找到一个能干的官员来挽救危亡，结果却是政局更加败坏。他自作英明，为政察察，对文武大臣动辄诛戮，结果却是赏罚不公，人人自危。他感到外廷臣僚不可信任，就变本加厉地重用宦官，其结果是局面更加不可收拾。当李自成农民军逼临京师时，这些宦官都成了投降的带头人。崇祯皇帝不时发出无可奈何的哀叹："君非亡国之君，处处皆亡国之象！"看到这些，人们自然就会明白李自成为什么能那么快地推翻明王朝了。

第一节　频换首辅，朝政日非

从崇祯十年（1637）温体仁去位，至崇祯十四年（1641）周延儒再次入阁，4 年时间换了 5 个首辅，平均每个首辅任职不足 1 年。首辅掌中枢大权，如此频繁更换，自然谈不上久任责成，所以这些首辅都显得庸碌无为。张至发继温体仁为首辅，不久罢去，以后由孔贞运、刘宇亮、薛国观、范复粹相继为首辅。在此期间，李自成农民军日益强大，占领的地盘越来越多，再加上清兵不时内犯，明廷战和举棋不定，而朝野却党争不息，借机发难，朝政更加日益败坏。李自成进军顺利，这个政权不堪一击，人们对此也就不难理解了。

一、张至发"遵旨患病"

张至发原是外廷臣僚，不出身翰林。他在外地任多年知县，崇祯五年（1632）时起为顺天府丞。以前，内阁大学士基本上都来自翰林，以文墨见长。只是在嘉靖年间，许谗以外僚入阁，算是破了例。崇祯皇帝打破常规，用外僚张至发入阁，并还让他继温体仁当了首辅，说偶然也不偶然。这是因为，崇祯皇帝已在位 10 余年，用了那么多阁臣，但败事者多，成事者少。这也就成了他频频更换阁臣的一个重要原因。这使他在认识上发生了一个变化，认为"翰林不习世务，思用他官参之"。也就是说，这些擅长舞文弄墨的翰林官员缺乏实践经验，应该参以了解下情的人。更有甚者，有些出身翰林的大学士居然连票拟也拟不好。这不能不令崇祯皇帝大为失望。

例如，曾与温体仁一起在内阁供事的郑以伟以博学著称，"书过目不忘，文章奥博，而票拟非其所长"。有一次，奏疏中有"何况"二字，郑以伟误以为是个人名，在票拟中要将"何况"提拿提问。崇祯皇帝见此票拟又好笑，又好气，亲自改正后驳回。郑以伟见此，羞惭得无地自容，对人感叹道："吾富于万卷，窘于数行，乃为后进所藐！"崇祯皇帝从此对翰林词臣产生了轻视之

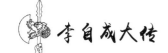

意，"自是词臣为帝轻……而阁臣不专用翰林矣"①。

　　崇祯八年（1635）六月，崇祯皇帝要增加阁臣，改变了以前枚卜的办法。因为他有意要选拔外僚入阁，便不经会推，自行召集廷臣数十人，交给每人一道奏疏，由每人拟旨一道。崇祯皇帝亲自审阅，在外僚中就选中了张至发。温体仁罢后，内阁中以张至发的资格为老，由他行首辅之职，但未明确由他就首辅之位。这种状况颇令人尴尬。明眼人都清楚，崇祯皇帝对张至发并不倚重，不想让他名正言顺地当首辅。有的亲近人劝张至发："以称病为宜。"对于张至发来说，这不失为一个两全其美的好主意，可以避免尴尬之苦，免得让人说他贪图禄位，又可以显得主动让贤，由崇祯皇帝挑选信任的人任首辅，面子上也下得来。但张至发有些执迷不悟，沉吟半天后说道："无奈我的身体颇健壮。"友人用不无挖苦的语气与人谈及此事，谓这些实际上是奴才的高官都不肯称病，并举出宋代的蔡京来相比喻。蔡绦曾为其父蔡京诊脉，说蔡京脉势舒缓，不宜劳累。蔡京自称无病，还说："此儿想用病吓唬我，要我罢职。"这成了历史上贪图禄位的典型事例。张至发的才能远不能与蔡京相比，但贪图禄位的心理则是一致的。

　　张至发在内阁代行首辅事权，一遵温体仁所为，无任何建树，而才智机变又远不及温体仁。当为太子选讲官时，许多人建议选用大儒黄道周，却为张至发所阻。一个言官为此上疏，弹劾张至发有意摈弃贤良。张至发大怒，连向崇祯皇帝上两道奏章，极力诋毁黄道周和这个言官。一个形同首辅的大学士与一个言官互相纠劾，许多人便讥笑张至发气量狭小，无大臣体。张至发的声望本来就不高，这时更加一落千丈。

　　崇祯十一年（1638）四月发生了内阁泄密案，成为张至发被罢的直接原因。原来，检讨杨士聪弹劾吏部尚书田惟嘉，指斥他卖官受贿。此疏到内阁，张至发感到此疏关系重大，便先抄一份，送给了田惟嘉，要他早有准备，以便辩驳。没料到田惟嘉不等旨下，就上疏为自己申辩。这一来，泄密的事便暴露无遗。崇祯皇帝对此很气恼，便命田惟嘉自陈泄密缘由。田惟嘉回道，是写本的人所送。崇祯皇帝追问道："既然是写本人所送，那就指名速奏。"田惟嘉

————————————

① 《明史》卷二五一《郑以伟传》。

又回道，天似亮非亮时有个人在门外喊，称有人诬陷你家主人，快快取去。守门人赶快去开门，则那个人已经离去，把写本掷在门槛门。很明显，田惟嘉为了不牵连张至发，胡乱编造，如同儿戏。杨士聪遂又上一疏，谓田惟嘉说谎欺君。崇祯皇帝遂降严旨，命田惟嘉"据实回奏，不许一毫支饰。"田惟嘉窘迫万状，遂上疏请罢。崇祯皇帝即准其"解任回籍"。田惟嘉虽未直接将张至发出卖，但崇祯皇帝心里已明白，此事定与张至发有牵连。崇祯皇帝对张至发本来就不甚倚信，此事发生后，就下决心将张至发逐出内阁了。只是因为尚没有适当的借口，所以才拖延了数天。

数天后，原总督杨鹤被复官爵。他因镇压农民起义失事被遣戍，数年前已死。内阁中书黄应恩撰文时，鉴于杨鹤之子杨嗣昌已入朝受重用，便极力为杨鹤褒美，百般为他洗刷过恶。崇祯皇帝见文大怒，因为杨鹤前罪即由他亲定，如此褒美杨鹤，岂不等于以前处置有误？因此，崇祯皇帝立命将黄应恩逮治下狱。张至发劝其他的大学士上疏论救，别人不听，他自己便连上三疏，极力为黄应恩辩解。这时，大理寺副丞曹荃上了一疏，谓黄应恩以重金行贿，希求免受重惩，其中就包括张至发。张至发又连疏请勘，并称自己当去位，但并没说自己有病。忽然得旨，崇祯皇帝命他"回籍调理"。以前友人劝他称病辞位，他不肯；这时未称有病，崇祯皇帝却要他回家养病。此事一时成为京师人的笑料，谓张至发"遵旨患病"。

二、孔贞运和刘宇亮

崇祯皇帝罢逐张至发后，即任孔贞运为内阁首辅。他是孔子第六十三代孙，这种特殊的身世也成了他分外受器重的一个原因。在崇祯皇帝即位的头一年，他就被提升为国子监祭酒。他曾向崇祯皇帝进讲《书经》，受到特殊礼遇。唐代的孔颖达曾向皇帝进讲《孝经》，历史上传为佳话。今孔贞运向崇祯皇帝进讲《书经》，崇祯皇帝以孔圣人的后裔进讲，特从优赐予孔贞运一品服。这种礼遇是别的讲官所没有的。人们心里都很清楚，崇祯皇帝特别礼遇孔贞运，是为了借此向世人显示，他分外尊崇儒学，尊崇孔子。这在当时对收揽人心是有益处的。

孔贞运于崇祯九年（1636）六月入阁。当时温体仁千方百计要严厉惩治复

社中人，而孔贞运起初却尽力营救，尽可能从宽发落。温体仁对此很生气。孔贞运知道后即不敢再为复社开脱，一切都顺着温体仁的意旨去办。张至发去位后，孔贞运升至首辅，马上向崇祯皇帝上揭帖，极力论救郑三俊和钱谦益，使他们二人得到从宽发落。这两个人被称为东林首脑人物，孔贞运从论救二人中赢得了不少声誉。

崇祯皇帝担心臣下结党营私，故亲自考选诸臣。这种事原应由吏部主持，崇祯皇帝这时亲自主持，显然是对臣下不放心。崇祯皇帝将自己考选的结果交内阁再议。孔贞运和大学士薛国观很谨慎，对崇祯皇帝的考选结果有所更动。但是，当圣旨颁下后，孔贞运和薛国观所更改的部分又全被抹去。孔贞运作为内阁首辅，见此情状颇为难堪。这表明，崇祯皇帝不仅对吏部不信任，对内阁也不信任。

有一天，新任御史郭景昌到朝房拜谒孔贞运，二人讨论了一阵政事艰难，外有李自成农民军到处攻城略地，内有朋党纷争，政事不畅。孔贞运大概说到了兴头上，指着崇祯皇帝交办的许多事说，说说容易，做起来很难。没想到这个新御史居然马上翻了脸，谓孔贞运少君臣之礼。他回去后马上上了一疏，对孔贞运大加弹劾。崇祯皇帝看这个新御史一上任就弹劾内阁首辅，且所据只是二人私下的交谈，很不愉快，便立命给予郭景昌夺俸的处治。孔贞运在这件事上虽受到崇祯皇帝的保护，但已不能安于其位，遂上疏乞休。他于崇祯十一年（1638）四月任首辅，六月即罢去，在首辅位上只两个月。

崇祯十一年（1638）六月，刘宇亮接孔贞运为内阁首辅。九月，清兵大举内犯，崇祯皇帝忧心如焚。当时，洪承畴在陕西一带镇压李自成农民军连连得手，在潼关南原使李自成遭到十分沉重的打击，似乎很快就会除掉这个心腹大患。但是，为了抵御清兵，崇祯皇帝便急命洪承畴、孙传庭入援，从而给了李自成一个东山再起的机会。刘宇亮对崇祯皇帝的这种心情揣测得很清楚，便自请亲去督察军情，以为帝分忧。崇祯皇帝自然十分高兴，即革去总督卢象升，命刘宇亮代往督察，忽而又将刘宇亮改为总督。这一改，其职责就迥然不同了。总督要亲自领兵御敌，而督察只是监督考察一下，并不承担具体责任。刘宇亮对这种改变极为恐慌，自己亲上一疏，谓不宜任总督。于是，崇祯皇帝仍命卢象升留任总督，刘宇亮仍任督察。当刘宇亮刚到保定时，就听到卢象升已战死。刘宇亮到安平时，侦骑报告说，大队清兵马上就要来到，大家顿时吓得面如土色。刘宇亮也顾不上首辅的身份了，慌忙逃往晋州避难。当刘宇亮一行赶到晋州城下时，知府陈弘绪闭门不纳。城中的将士和百姓还歃血盟誓，决不让外边的一兵一卒入城。刘宇亮吃了这么大的一个闭门羹，十分恼火，用箭将命令射入城中，命马上打开城门，让自己进入，否则军法从事。陈弘绪亦命人传下话来："督师前来是为了御敌，今敌人马上就要来到，为什么要躲避呢？如果缺少粮饷，可以责于有司；如要进城，则不敢从命。"刘宇亮又羞又恼，遂上一疏，对陈弘绪大加弹劾。崇祯皇帝遂将陈弘绪逮治。晋州许多士民赴京诉冤，有上千人愿意代陈弘绪受刑。崇祯皇帝见此情况，便对陈弘绪减轻处罚，降级调往别处。这件事使崇祯皇帝对刘宇亮也产生了怀疑，认为他只会说大话罢了，并不是成事之人，名为督察，实际上扰民而已。

第二年正月，刘宇亮到天津，见诸将奋勇杀敌者少，畏葸退避者多，遂上疏弹劾。其中提到，总兵刘光祚临阵逗留，贻误军机。这时在京主持内阁事务的是薛国观，他正想找机会倾陷刘宇亮，以便取而代之，便拟严旨，命将刘光祚军前斩首。这时，刘光祚恰巧在武清打了个不大不小的胜仗。刘宇亮先将刘光祚逮系于狱，随后上一疏，为刘光祚述武清之功，以求宽宥。薛国观拟严旨，责备刘宇亮两疏前后矛盾，玩弄国法，有大不敬之罪。刘宇亮上疏辩解，经九卿科道合议，拟将刘宇亮落职闲住。崇祯皇帝鉴于清兵未退，便命刘宇亮"戴罪图功，事平再议"。不久，刘宇亮即罢职回籍。薛国观如愿以偿，接刘宇亮为内阁首辅。刘宇亮在首辅任上只半年的时间。

三、薛国观和范复粹

崇祯十二年（1639）二月，薛国观代刘宇亮为内阁首辅。在天启年间，他配合魏忠贤攻击东林甚力。崇祯皇帝继位后，大治魏忠贤阉党，他又转过来大攻阉党。例如陕西巡抚乔应甲即阉党成员，薛国观首上劾章，说他"纳贿纵盗"，使乔应甲被罢职，并抄没其家。因有如此表现，故在定逆案时未被列入。温体仁当政时，因素与东林为仇，故引薛国观为同道，使薛国观日益受重用。

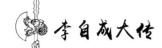

当薛国观为首辅时，尽仿温体仁所为，而才智却不如温体仁。崇祯皇帝为政察察，朝中大臣动辄得罪，薛国观不仅不从宽解脱，反而显得特别刻薄，有意摘引一些小事，激崇祯皇帝发怒，致使一些大臣受到严惩。在镇压李自成农民军和抵御清兵的问题上，文臣武将经常有失算之处，这为薛国观倾陷别人提供了众多机会。这是他日后下场特别可悲的重要原因。

有一天，崇祯皇帝与薛国观议及朝政，感叹朝臣多贪墨，治不胜治。薛国观回答说："假如厂卫得人，他们安敢如此！"当时，提督东厂的太监王德化就在场，一时吓得出一身冷汗。于是，东厂人员就严密侦伺薛国观的一举一动，将其受贿诸事密告崇祯皇帝。崇祯皇帝起初对薛国观颇为倚重，此后则渐有戒心，变得越来越疏远。

崇祯年间内忧外患不已，各地纷纷要求增兵增饷，并发生了多起因缺饷而哗变的事件。因此，国用不足成了崇祯皇帝的一块大心病。尽管不断向全国加征，但仍是严重不足。崇祯皇帝向薛国观问及此事。薛国观建议，向大臣和勋戚借银。他还进一步说道："在外群臣，由臣等负责办理；而在内勋戚，非皇上独断不可。"他还以武清侯李国瑞为例，说他储积甚丰，借 40 万两银子当不为难。李国瑞是崇祯皇帝曾祖母家的后人，其弟李国臣与兄不和，诡言其父有银 40 万两，自己应得其半，愿捐出以助军需。崇祯皇帝听信了薛国观的奏言，即命勋戚捐资助饷，不助者则限期严追。李国瑞为了显示自己的确无银可捐，就把家中的各种器物摆到街上，公开叫卖，以换银助饷。崇祯皇帝闻知后大怒，立命夺去李国瑞爵禄，致使李国瑞惊悸而死。为此，各家勋戚人人自危。这时恰巧皇五子生病，这些勋戚便串通宦官和宫女，倡言崇祯皇帝的曾祖母已为九莲菩萨，在半空中发话，责备崇祯皇帝薄待外家，先降灾于皇五子，如不改弦易辙，就使其 5 个儿子尽死。皇五子果然死去，崇祯皇帝十分惶恐，急忙封李国瑞才 7 岁的儿子为侯，并归还所献的金银。这件事使崇祯皇帝大受刺激，认为是薛国观害己，便伺机要严惩薛国观。

行人吴昌时素与薛国观不合，在考选时担心遭薛国观暗算，便通过守门人求见薛国观，意在通融。薛国观伪装热情，拟第一，应入吏科。但数天后旨下，吴昌时仅得礼部主事。吴昌时大为怨恨，认为薛国观有意卖己，便和东厂宦官一起，揭发薛国观受贿诸事。这更加坚定了崇祯皇帝要严惩他的决心。

崇祯十三年（1640）六月，杨嗣昌出京督师，亲往前线镇压农民起义军，临行上奏疏一道。崇祯皇帝命拟谕旨。薛国观将所拟谕旨进上，大不称帝意。崇祯皇帝又将薛国观贪墨诸事一一抖出，命九卿科道议罪。起初众臣不解崇祯皇帝的心意，拟罪甚轻。崇祯皇帝遂命再议，终于将薛国观夺职放归。尽管这样，崇祯皇帝仍觉得处治过轻，怒意不解。

当薛国观离京时，大车小辆，珍宝甚多。东厂人员一直跟随侦伺，尽得薛国观受贿诸事。崇祯皇帝闻报后，立命将薛国观处死弃市。薛国观原以为必不会被处死，所以监刑人到他家门口时，他还在鼾睡。门人叫醒他后，告诉他来人都穿绯红色衣服。薛国观大惊道："我必死无疑了！"慌忙之间连自己的帽子也找不到了，便拿仆人的一顶小帽戴于头上。宣诏后，薛国观吓得浑身发抖，只是嗫嚅道："吴昌时杀我！吴昌时杀我！"[①]在明代，首辅为一朝重臣，即使有罪，也大都能依礼回籍。嘉靖时只有内阁首辅夏言被处死，至此又有薛国观重蹈覆辙。薛国观固然受贿有据，但照通常情况，不至于被处死。人们都揣测，崇祯皇帝因皇五子死，对薛国观有私愤，认为薛国观死得有些冤屈。

崇祯十三年（1640）六月，范复粹继薛国观为内阁首辅。他于崇祯十年（1637）八月进入内阁，是继张至发之后又一批进入内阁的外僚之一。当时，崇祯皇帝希望阁臣能熟知六部情事，故每部选一人入阁：刘宇亮来自吏部，程国祥来自户部，方逢年来自礼部，杨嗣昌来自兵部，蔡国用来自工部。因刑部无人，范复粹便以大理寺少卿进入内阁。从内阁人员的选拔来看，只有方逢年出身翰林，其余5人都是外僚，基本上按照每部一人的规则进行选拔。这显然是崇祯皇帝对内阁的一种改革。

范复粹才能平平，但不有意倾陷他人，持论较为公允。当崇祯皇帝即位之初，有人攻击袁崇焕为阉党所包庇，不可重用。范复粹毅然上疏，谓"袁崇焕功在全辽"，这类攻击实属"持论狂谬"，为袁崇焕重新被起用起了好作用。

范复粹刚就首辅之位，给事中黄云师就在一道奏疏中说："宰相需有才、

① 《明史》卷二五三《薛国观传》。

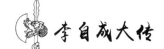

识、度，三者缺一不可。"当时首辅就被外人习称为宰相。范复粹感到这是在说自己不称职，十分生气，便向崇祯皇帝自陈道："才、识、度，三者臣一项都不具备，请予罢职，以让贤者。"崇祯皇帝对范复粹好言慰留，而对黄云师训斥一通，说他过于苛求。不久，御史魏景琦上疏，弹劾范复粹"学浅才疏，遗讥海内"。崇祯皇帝仍对范复粹持保护态度，而对魏景琦则训斥他不识大体，妄加诋毁，并将他下吏部议处。

崇祯十四年（1641）一月，李自成农民军攻陷洛阳，将崇祯皇帝的叔父福王处死。当时崇祯皇帝刚大病一场，在乾清宫左室召对廷臣，说到福王被害一事，泪眼汪汪。范复粹大概觉得，福王差一点没有被立为太子，崇祯皇帝的父亲光宗差一点没有被废掉，此即延续多年的纷纷扬扬的"国本之争"。他误以为崇祯皇帝对福王并没有什么感情，就说道："这是天数。"崇祯皇帝显得有些不高兴，冷冷地看了范复粹一眼，没好气地说道："虽说是天数，也赖人力予以挽回。"这实际上就是责备大臣无能，不尽心任事。范复粹半天没答上话，只有连声说"是"而已。

不久崇祯皇帝病愈，认为这是天下人的福气，遂大赦天下，命范复粹录囚，即查验狱中囚犯，该减刑的减刑，该释放的释放。范复粹将前兵部尚书傅宗龙等许多人放出，减刑的也很多。因此，不少人称赞范复粹是个清正的官员。[1]

范复粹看到天下多事，自己实在无力回天，又不断有人说他学识浅薄，故连疏乞休。崇祯十四年（1641）五月，范复粹致仕回籍，在位一年。不久，周延儒复入阁为首辅，这就到了崇祯朝的末期。

四、无首辅之名、有首辅之实的杨嗣昌

自温体仁罢去，至周延儒再次入阁为首辅，其间四五年时间首辅频频更换，都没有什么大的建树。杨嗣昌于温体仁当政后期即为兵部尚书，温体仁罢后不久又入阁为大学士，参预机务，深得崇祯皇帝倚重。此时辽东危机，李自成等农民军纵横驰骋于中原大地，兵部权势尤重。正因如此，杨嗣昌以内阁大

---

① 《明史》卷二五三《范复粹传》。

学士兼掌兵部，权势极盛，虽无首辅之名，却有首辅之实。

明代的官员大都希望在吏部或兵部，而不愿在刑部。有些人虽在刑部任职，但也时刻钻营，希望能尽早调往别部。刑部郎中张若麟和沈迅得知，杨嗣昌与黄道周不和，便与杨密谋，由张若麟上疏弹劾黄道周，杨答应将张、沈二人调往兵部。张若麟连上两疏，在杨嗣昌的配合下，使黄道周被逐。张、沈二人本想很快就可进入兵部，但却好久没有音信。二人便亲自到兵部，向职方郎中赵光汴催促此事。第二天，兵部诸臣集中议事，赵光汴出班说道："本司现有缺员，闻得老先生要调二人来。"杨嗣昌佯作惊奇地说："哪有此事！"赵光汴就将昨天张、沈二人来见的经过说了一遍。杨嗣昌感到露了馅，脸色顿变道："还有这种人！我要参劾他！"[1]但二人不久还是调转到了兵部，成为杨嗣昌倾陷其他人的得力帮手。

崇祯十一年（1638）廷推阁臣，大名士黄道周当时任少詹事，亦在被推之列。但是，崇祯皇帝却点杨嗣昌等人入阁，而将黄道周排除在外。事后，黄道周同日上三疏，分别弹劾杨嗣昌、陈新甲、方一藻，而主要矛头还是针对的杨嗣昌。他在疏中说，杨嗣昌在兵部任事二年，先有张十面网之策，后有与清和款之议，皆无成效，"才智亦可睹矣"，不当入内阁。

黄道周以前在弹劾温体仁时，曾说他连郑鄤都不如，为郑鄤被治罪而鸣不平。这成了杨嗣昌攻击黄道周的重要口实。杨嗣昌在攻击黄道周的奏疏中说："郑鄤杖母，禽兽不如。今黄道周又不如郑鄤。"他还佯装请求罢免。崇祯皇帝好言慰留，还对他分外倚重。

七月五日，崇祯皇帝召内阁和诸大臣于平台，与黄道周展开了一场激烈的论辩，起因就是黄道周弹劾杨嗣昌一事。这时杨嗣昌已进入内阁，他也是个饱学之士，早已在崇祯皇帝跟前灌输了许多对黄道周不利的话。因此，崇祯皇帝一开始就针对黄道周责问起来："凡无所为而为者，谓之天理；有所为而为者，谓之人欲。你一日上三疏，正当廷推不用之时，果然无所为乎？"

黄道周态度坚定地说："臣所上三疏皆为国家纲常，自信无所为。"

---

[1]《明史》卷二六七《沈迅传》；文秉：《烈皇小识》卷六。

崇祯皇帝反问道："为什么以前不奏言呢？"

黄道周回答道："以前还可以不言，当点他入阁后再不言，以后更无当言之日。"

崇祯皇帝训谕道："清固美德，但不可傲物饰非。"黄道周所对答多不合崇祯皇帝心意，故一再遭受崇祯皇帝训斥。黄道周在这种场合不仅不为所屈，反而据理力争。崇祯皇帝几次气得脸色都变了，其余大臣不敢插一言，只偶尔听到杨嗣昌向黄道周发难，空气显得异常紧张。黄道周针对杨嗣昌说道："只有孝悌之人才能经纶天下，发育万物。不孝不悌者，根本既无，安有枝叶？"

杨嗣昌出班奏道："臣不生于空桑，岂不知父母！只是念及君为臣纲，父为子纲，君臣自应在父子之前。何况列国时之君臣，可舍此去彼。今天下一统，君臣无所避于天地之间……当臣抵京时，听说黄道周人品学问俱优，为人宗师，竟没想到还不如杖母的郑鄤？"

崇祯皇帝接着说道："是啊，朕正要问他这件事呢！"便回过来问黄道周："你以前说温体仁不如郑鄤，如何解释？"

关于郑鄤一事，当时几乎成了不孝的典型。黄道周一时也解释不清，便不无诡辩地说："我是说他的文章不如郑鄤。"

崇祯皇帝进一步追问道："你为郑鄤鸣屈，岂不是朋比？"

黄道周显然有些被动，只应对道："臣是否这类恶人，众人必察。"

崇祯皇帝继续追问道："你说陈新甲走邪径，托捷足，有何根据？你所说叩头折枝的人是指的谁呢？"

黄道周一时语塞，只是说："人心邪，则行径皆邪。"

崇祯皇帝与黄道周诘问良久，黄道周强梗不屈，崇祯皇帝感叹道："少正卯当时也被称为名人。他五大恶俱全：心达而险，行僻而坚，言伪而辩，顺非而泽，记丑而博，但仍不免被孔圣人杀掉。"这里显然是把黄道周比成了少正卯。这话已极为严厉，黄道周已面临少正卯的下场。

黄道周这时倒显得很镇静，仍在抗辩："少正卯心术不正，臣心正。无一丝一毫为私。"

崇祯皇帝这时怒容满面，从御座上站了起来，到里间停了片刻。众大臣都屏住呼吸，你看我一眼，我看你一眼，都不敢插一句话，都为黄道周捏一把汗。崇祯皇帝从里间出来后，立命黄道周退下，候旨处治。黄道周却继续辩解道："臣今日不尽言，臣负陛下；陛下今日杀臣，陛下负臣！"

崇祯皇帝怒气冲冲地说道："你一生学问，只是为了成此佞臣！"并喝令退下。

既然被明确地说成是"佞臣"，黄道周大概在劫难逃了。他遂跪奏道："臣敢将忠、佞二字剖析言之。如果说人在君父面前敢言为佞，那么，在君父面前献谀进谗就是忠吗？如忠佞不区别开，邪正也就混淆了，那又怎么能使天下大治呢？"

经黄道周这么一说，崇祯皇帝颇有点心动，说道："本来是这个道理。我并不是随便加你头上一个'佞'字。我问的在此，你答的在彼，不是佞又是什么呢？"崇祯皇帝这里的"佞"就成了诡辩的意思，比佞臣的佞罪轻多了。崇祯皇帝再次喝令黄道周退下。

这时杨嗣昌插话道："人心凉薄到如此地步，真是太过分了！黄道周如此放肆，怎么能不加以矫正呢？"

崇祯皇帝本想严惩黄道周，但因他在士人中声名甚高，故多有顾虑，未立即惩治。杨嗣昌则想趁机除掉这个政治对手，于是便以将张若麒调往兵部为诱饵，唆使他上疏弹劾黄道周。张若麒在疏中说："今黄道周及其徒党广布流言，亏损圣德。举古今未有的好话都归于黄道周，不好的话则归于君父。"他还请崇祯皇帝将前日召对始末公之于天下，以免黄道周及其徒党借以蛊惑四方。崇祯皇帝遂命杨嗣昌拟谕旨，传谕廷臣，戒谕众人不可与黄道周相朋比，洋洋数百言。黄道周则被贬六级调外。[①] 杨嗣昌如愿以偿，又除掉了一个心腹大患。

卢象升是又一个有节操的能臣。崇祯十一年（1638）年底清兵内犯，卢象升主战，杨嗣昌主议和，二人所议多不合。卢象升当面斥责杨嗣昌为秦桧。杨嗣昌又羞又恼，便反问道："难道你就是岳飞吗？"崇祯皇帝命卢象升督师御寇，杨嗣昌却用主款的高起潜监卢象升军。杨、高二人对卢象升处处掣肘，甚

①《明史》卷二五五《黄道周传》。

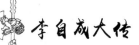

至要诸将"勿轻战"。诸将本来就怯懦，有了兵部尚书杨嗣昌的这种指示，大家更观望不前，致使清军长驱直入，连破许多城池。卢象升丧服出征，义无反顾，以大义激励将士，在前线奋勇杀敌。他虽说督天下兵，实际上所领兵不足两万。再加上杨嗣昌不及时增援，卢象升终于战死阵中。这正如《崇祯实录》中所说："盖杨嗣昌中之也。"即杨嗣昌有意陷卢象升于死地。于是人们纷纷议论，谓卢象升果然成了岳飞，杨嗣昌果然成了秦桧。

清兵内犯，李自成农民军的声势越来越大，杨嗣昌本人未受惩处，而是将责任都推到前线将领身上。崇祯皇帝命杨嗣昌议诸将失事之罪，结果有 36 员将领同日被处死弃市，其中包括颇为骁勇的祖宽等人。为此，廷臣议论纷纷，杨嗣昌无奈，只好亲自出京督师。崇祯十四年（1641）三月，杨嗣昌因屡次战败，襄阳、洛阳相继失守，两藩王被农民军处死，他自知罪责难逃，遂自杀于夷陵军中。

五、再用周延儒

在温体仁被罢后的 4 年间，不计阁臣的更换，仅内阁首辅就接连不断地更换了 5 人。他们大体上都沿袭了温体仁的一套做法，政事日益败坏。崇祯皇帝对他们都不满意，这时便又想起了周延儒。与此同时，周延儒的一些亲信也极力活动，利用各种手段打通关节，使周延儒于崇祯十四年（1641）二月再次被召入阁。周延儒再任首辅之初，一反温体仁等人所为，广泛起用东林正人，平反冤狱，天下欣欣望治。但好景不长，由于他弄权过甚，同党胡作非为，后竟被崇祯皇帝处死。至此，明王朝也到了彻底覆灭的前夜。直到崇祯皇帝吊死煤山前的两个月，他还在更阁臣、换首辅，致使历史上有"崇祯五十相"之讥。也就是说，崇祯皇帝在位 17 年，竟然先后更换过 50 个内阁大学士。

（一）周延儒再相

起初，周延儒与东林诸人的关系颇密。后因配合温体仁攻击钱谦益，遂与东林的关系大为疏远。在他任首辅时曾主会试，点选的张溥、马世奇等人都是东林，与东林的关系稍有修复。张溥还是著名的复社的首领。周延儒失势家居后，内心颇为惭愧。他看到，温体仁等不仅排陷了自己，而且将名声甚高的正人郑三俊、刘宗周、黄道周等都排斥在外。张溥等人颇为忧虑，便和吴昌时、冯铨等人相商，互相配合，为周延儒再次入阁造势。张溥亲自去宜乡周延儒私宅，诚心诚意地对他说："公若再出为相，改变以前的做法，可以重新获得贤明的美誉。"周延儒也深以为然。于是，张溥等人就内外配合，展开了再推周延儒入阁的活动。

在舆论上起作用最大的是张溥所领导的复社。在明末，随着政治的腐败和社会动乱的加剧，江南的士大夫纷纷继东林而起，成立了名目繁多的文社。崇祯初年，以张溥、张采为首，联合多家小的文社，合为复社。它并不是纯粹的文化团体，而是积极参与政争，主张改良政治，挽救明王朝的灭亡。复社就是仅次于东林的一个政治团体。他们经常举行大会，指点江山，品评人物，有时一次到会人数竟达数万人。显然，这是制造舆论的大好场所。他们有的是社会名流，有的是在职官僚，他们的声音很快就能传到朝廷。由于复社和东林一脉相承，政见一致，所以温体仁等人对他们恨之入骨，几次策划兴大狱，要严惩复社诸人，但由于多种原因而未能遂愿。尽管如此，复社还是有树党的恶名，随时都可能祸从天降，遭受严厉打击。也正是由于这种原因，复社迫切希望内阁中能有自己的代言人，于是就又找到了周延儒。特别是对于张溥来说，周延儒是他的座主，即周延儒主会试时他举的进士，步入仕途，所以就更卖力地为周延儒奔走。

另一个极力为周延儒奔走的人是吴昌时。此人虽与东林关系密切，但为人贪墨狠愎。他原任礼部文选郎，每公务之余便到宦官住处刺探消息，和厂卫特务机构暗中多有来往，对官中的动态十分清楚。这也就成了他的一项政治资本，利用各种渠道为周延儒游说。他还用重金打通关节，推荐周延儒入阁的呼声日高。另外，冯铨也极力为周延儒出谋划策。他与周是"同年"，即同一年举的进士，关系密切。冯铨虽辞官家居，但影响仍在。在他们内外配合下，崇祯皇帝遂于崇祯十四年（1641）二月下诏，召周延儒再次入阁。周延儒于九月至京，遂为首辅。

和周延儒同时被召的还有张至发和贺逢圣。当时朝政混乱，李自成农民军日益强大，天下土崩瓦解，事不可为，所以张至发坚辞不出。贺逢圣勉强至京，但马上称病回籍，并未任事。只有周延儒喜气洋洋，再次入阁柄政。但周

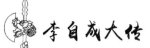

延儒的儿子周奕封却不喜,极力劝其父不要再出。他说夜里做了一个梦,已死去的母亲披散着头发抱着他哭泣,决不可赴京,若赴京必有大难。但周延儒权力欲极强,不肯听儿子的劝告。后来周延儒果然被崇祯皇帝处死。人们纷纷议论,周延儒似乎很精明,反不如儿子和张至发有见识。

当周延儒再次被召时,张溥等人以数事与他相约。周延儒慨然说道:"我自当锐意实行,以谢诸公。"当他入阁后,革除多种弊政,的确给人一种新气象之感。崇祯皇帝对他也显得特别信任,所奏请无不允。于是,周延儒再次入阁不久就连续办了数件好事。例如,由于连年加征加派,各地都有大量的"积逋",即累年欠交的赋税。以前,朝廷一再严命各地方官,限期追交"积逋"。这成了扰乱民生的一大弊政。当时全国凋敝不堪,民穷财尽,老百姓不堪加征之苦,便纷纷逃亡,许多人便加入了农民起义军。有的地方官比较贤明,实在不忍心对老百姓过分相逼,追缴不足额,因而受到严惩。周延儒经奏请崇祯皇帝,将民间"积逋"尽数免除。凡遭兵荒、水旱灾荒的土地,亦免当年赋税。江南五府因遭大水,当年漕粮无法完额,欠额部分许用明年夏麦代漕粮。凡是遣戍以下的罪犯,皆得宽宥,许还原籍。以前,言官以东林为多,很多人以言事获罪,这时也得以被重新召还。周延儒还向崇祯皇帝奏道:"老成名德,不可轻弃。"于是,颇孚众望的郑三俊被起用为吏部尚书,刘宗周掌都察院,范景文起为工部尚书,倪元璐起为兵部侍郎。这些人都颇为清廉强梗,以前都被贬谪回籍。这时又受如此重用,朝野充满了称颂之词。当时,像傅宗龙、金光辰、文震孟等被冤大臣,都陆续被平反,很多人还重新受到重用。这为奄奄一息的明王朝带来了一线生机。正因如此,清人在编《明史》时,将周延儒列入"奸臣传",后人对此多有不平。

周延儒鉴于阁臣多缺,同时也想建立一个自己的班底,故请崇祯皇帝增补阁臣。崇祯十五年(1642)六月,崇祯皇帝命会推阁臣。此事自然由吏部主持。当时的吏部尚书是李日宣,在会推名单中有外僚房可壮、张三谟、宋玫。当时正值考核期,御史廖惟一和姻亲陈演私下请托房可壮,希望他能帮助开脱,或许还能升职。但房可壮没有答应。于是,廖惟一和陈演就广布流言,谓此番会推实由房可壮等三人操纵。这话也传到了崇祯皇帝耳中,所以崇祯皇帝格外留意此事。等会推名单进上，崇祯皇帝见果有房可壮等三人，顿时大怒。第二天，崇祯皇帝穿身青袍，于中左门召见廷臣。大臣们一见崇祯皇帝这身装束，心里都直打鼓，感到气氛不妙，今天一定有大臣受重惩。这一天，崇祯皇帝还特命太子和他的两个弟弟到场。这3个小孩子不知道发生了什么事，你看看我，我看看你，都不敢说一句话，只是规规矩矩地在旁边站着。

崇祯皇帝首先严厉诘责吏部尚书李日宣："有人说，宁背君父不背私交，宁坏公事不破情面。这是什么话！朕屡加戒谕，有的人置若罔闻。今日枚卜大典，命众臣会推，自当至公至谨。但有的人徇情行私，像房可壮、张三谟、宋玫这样的人都推上来了，这岂是大臣之道！"崇祯皇帝越说越生气，嗓门儿越来越高，不仅训斥李日宣，还训斥了两个吏科给事中。在盛怒之下，崇祯皇帝命将李日宣等立置典刑。周延儒出班论救，崇祯皇帝才答应从轻发落，将李日宣逮系狱中。这样一来，吏部尚书一职即成空缺，崇祯皇帝便对礼部左侍郎王锡衮说："吏部印你先掌着！"于是，王锡衮在一瞬间由礼部左侍郎变为吏部左侍郎。不久，周延儒向崇祯皇帝荐举郑三俊，使郑三俊得为吏部尚书。周延儒还向崇祯皇帝奏请点选阁臣，以备大用。崇祯皇帝遂点蒋德璟、黄景昉、吴甡三人入阁。[①] 这三人资历都较浅，自然唯周延儒的马首是瞻。

（二）"朕以天下听先生"

到崇祯十五年（1642）时，天下已崩坏不堪，崇祯皇帝的心情也格外阴郁和沉重。举目四望，到处烽火连天，山河破碎，李自成农民军正连续攻打开封，总督汪乔年被李自成擒杀，左良玉等明军将领在战场上接连失利，天下几乎无一处清静之地，延祚近300年的明王朝已"昏惨惨似灯将尽"。崇祯皇帝见周延儒才思敏捷，上任不久即引用一批颇孚众望的正人，故对周延儒抱的希望越来越大。他希望周延儒能重振朝纲，挽救明王朝的危亡。内阁首辅换了那么多，都不称意，看来还都不如周延儒。因此，崇祯皇帝这时对周延儒特别倚重，所奏请几无不允，待周的礼节也格外重。

崇祯十五年（1642）元旦，崇祯皇帝在朝贺毕即走下宝座，面南正立，对

---

① 文秉：《烈皇小识》卷七。

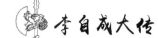

内臣道："召阁臣来。"周延儒率领几个阁臣由殿东门走入，由内侍引至殿檐，向崇祯皇帝行叩头礼，跪以候命。崇祯皇帝说："阁臣到西班来。"按照中国古代的习俗，室外以东为左，西为右。室内相反，以入门为用，在北屋正房内以西为左、东为右。明清都以左为尊，室内自然以西为尊。崇祯皇帝让周延儒等阁臣到西班来，是在以师席礼遇他们。周延儒等人不明白崇祯皇帝的意思，几个人想分成东西两班。崇祯皇帝又说道："阁臣到西班来。"随后有一个小宦官走下来，领着众阁臣上去。崇祯皇帝郑重地对他们说："自古以来，贤明的帝王都崇师道。现今称讲官为先生，犹存崇师道之遗意。卿等即朕之师，朕要在岁首吉日向卿等致敬意。"崇祯皇帝转过身来，首先向周延儒作了一揖，并说："朕以天下听先生。"随后又向诸阁臣作了一揖。周延儒和诸阁臣受此重礼，十分惶恐，马上跪下。崇祯皇帝很郑重地说："经书上说，修身也，尊贤也，敬大臣也，体群臣也。朕之此礼原不为过。"他停了一下，接着又说道："自古以来，凡君臣志同道合，天下未有不太平的。"话说到这里，辞意特别重，似若有所指，也似乎是一种期望。崇祯皇帝最后又说道："职掌在部院，主持在朕躬，调和在卿等。"周延儒等在那里跪着，都不知该说什么，只是静静地听崇祯皇帝的训谕。这时还是周延儒答了句话："臣才疏，实不敢当此礼。"崇祯皇帝回答道："先生正是朕该敬的。"并要诸阁臣起来。诸阁臣这才站起，又一起转到下边，再次向崇祯皇帝叩头。①

在古代，尤其是在君主专制主义发展到登峰造极的明代，臣下在皇帝面前都是"跪稟万岁"，从未有皇帝向臣下作揖行礼的。崇祯皇帝居然向周延儒等行揖礼，这是对臣下旷世未有的礼遇。它实际上并不是因为崇祯皇帝礼贤下士，而是因为当时天下崩坏，希望众阁臣能齐心协力，尽早消灭李自成等农民起义军，以挽救明王朝的危亡。崇祯皇帝尤其对首辅周延儒抱的希望更大，所以才说出了"朕以天下听先生"那样激动人心的话。希望大，失望也大，在周延儒极为荣宠之时，也为他日后的悲剧埋下了祸根。

当时崇祯皇帝对周延儒眷倚最深。一般人认为是不可能之事，他也能三言

---

① 文秉：《烈皇小识》卷七；《明史》卷三〇八《周延儒传》。

两语予以化解，挽回帝意。其中最为人称道的一件事就是论救黄道周。当时已决定将黄道周谪戍辰州，蒋德璟以辰州辽远，担心黄道周以一介书生，体质孱弱，难胜其苦。鉴于崇祯皇帝对黄道周怒意未消，也不敢直谏，便找周延儒商量，看能否奏请皇上，将黄道周改戍一个比较近的地方。周延儒说道："皇上如果要用他，也就用了，何必改变戍守的地方呢？"有一天，崇祯皇帝偶尔与周延儒说到岳飞的事："怎么能得到像岳飞那样的将领呢？"周延儒巧妙地回答道："岳飞自是名将。但岳飞破女真的事，史书记载多有夸张。即如黄道周之为人，传之史册，不免说，其不用也，天下惜之。"崇祯皇帝默然不语。在这里，周延儒将黄道周与岳飞并列，天下人都会为他未被重用而惋惜。岳飞被以"莫须有"的罪名杀掉，黄道周也不明不白地被谪戍。这时，崇祯皇帝不会想不到，自己难道就是那个受后世指责的宋高宗吗？于是，他刚回宫中即传出旨来，命黄道周以原官复职，仍任少詹事。[①] 以前多少人为黄道周上疏请命，都未奏效，有的人还因此受到惩处。而周延儒在闲谈之时，三言两语就使黄道周得救，并官复原职，这使满朝大臣惊异不已。

周延儒为张溥、张采恢复了名誉，也被士人称为一大善举。在周延儒再相以前，他们二人受到很多攻击，谓他们结党惑众、扰乱民心。张溥已于崇祯十四年（1641）病死，张采也称病回乡。这时，给事中姜埰等人连续上疏，谓张溥品行高洁，其所撰经史有功圣学，宜备皇上一夜观。有一天，崇祯皇帝在经筵上问及二人。周延儒回答道："这两个人是读书的好秀才。"崇祯皇帝又问："张溥已死，张采是个小臣，言官为什么屡次推荐他们呢？"周延儒说："这两个人好读书，写得一手好文章。这些言官在当举子时常读其文，又以其才未得其用，所以感到可惜。"崇祯皇帝说："也未免偏激。"周延儒答道："诚如皇上所谕，张溥和黄道周都有偏激的毛病。只是因为他们好读书，所以为他们惋惜的人多。"崇祯皇帝点头称是，并颁诏，征求张溥遗书。于是，有关官员先后进上张溥的著作多卷。崇祯皇帝留宫观览。自此以后，张溥、张采和复社的名誉得以恢复，没人再公然上疏对他们进行攻击。

---

① 文秉：《烈皇小识》卷七；《明史》卷三〇八《周延儒传》。

周延儒另一大善举是，经奏请崇祯皇帝，禁止厂卫特务机构刺臣民隐事。"厂"指东厂，"卫"指锦衣卫，合称"厂卫"。锦衣卫始设于朱元璋时，它除了侍卫皇帝、掌管诏狱以外，还负责侦缉臣民隐事。东厂始设于永乐时，由内廷宦官提督，更是地道的特务机构。魏忠贤在天启年间之所以能那样权势熏天，主要原因就是因为他掌管东厂，故习称他为"厂臣"。厂卫互相牵制，也互相勾结，在明代干了许多令人触目惊心的坏事。大臣们都唯恐开罪了这些特务，他们随时都可以置自己于死地。正因如此，大臣们整日战战兢兢地生活在这些特务的包围之中，逶过唯恐不及，自不敢勇于任事。这种现象愈到明后期愈加严重。周延儒之所以能够再次入阁，在很大程度上就是得益于厂卫的帮助。当时吴昌时与厂卫关系密切，经行贿通融，广造舆论，终于使崇祯皇帝再次召见周延儒。对厂卫的诸多危害，周延儒心里十分清楚。既然厂卫能帮助自己入阁，也可能随时将自己一脚踢开。周延儒便趁崇祯皇帝对自己倚重之时，极陈厂卫刺事之害。崇祯皇帝便听从了周延儒的奏请，下令禁止厂卫刺事，"都人大悦"[1]。但是，这也给周延儒埋下了祸根。

（三）"朕恨其太使乖"

周延儒于崇祯十四年（1641）二月奉召，九月到京，至崇祯十六年（1643）五月被罢去，实际任内阁首辅只一年零八个月。他罢去半年后又被赐死，是被崇祯皇帝赐死的第二个内阁首辅。周延儒的下场之所以如此可悲，这是由多种原因造成的。

第一，厂卫特务在明代得势了近300年，连严嵩、张居正那样权倾一时的大臣都惧怕他们三分，这时竟被周延儒给削去了刺事之权，心里对周延儒自然十分痛恨。掌锦衣卫的是骆养性，他本来是周延儒所推荐的，但也因此而对周延儒大为不满。他和东厂宦官相勾结，暗中侦伺周延儒私事，利用各种方便的渠道传给崇祯皇帝。当时，厂卫虽被停止刺事，但机构仍在，仍具有相当的能量和影响。他们齐心倾陷周延儒，逐渐使崇祯皇帝减少了对周延儒的倚重。他们到底向崇祯皇帝报告了多少周延儒的隐私事，今人已难详考。但有一点可以肯定，他们在倾

①《明史》卷三〇八《周延儒传》。

陷周延儒的过程中发挥了很大的作用，而这种作用是外臣所无法起到的。更何况，崇祯皇帝生性多疑，时刻警惕着臣下结党营私，感到用厂卫刺事作用很大。因此，表面上他虽然禁止厂卫刺事，让外臣放心任事，但暗中并未完全禁止。再加上周延儒好弄权，也并不清廉，这就必然给厂卫提供许多攻击他的口实。

第二，吴昌时挟势弄权，殃及周延儒。在周延儒再次入阁的过程中，吴昌时立下了汗马功劳。吴昌时任礼部郎中，这是个闲职，他极力想改任吏部。他曾说："倘有一日能任吏部郎中，今生就可以死而无憾了。"在周延儒的庇护下，吴昌时果然得改任吏部，时在崇祯十五年（1642）八月。当时正值台省"年例"，即考选台省言官之时，吴昌时为排除异己开始大动手脚。他自恃有周延儒的支持，又与厂卫暗中相通，"于是事权在手，呼吸通天，为所欲为矣"！在吴昌时主持下，借"年例"之机一次贬逐言官10人。言官一时为之大哗，纷纷上疏弹劾吴昌时，连及周延儒。给事中吴麟征等一批言官甚至齐集吏部，要与吴昌时面议。他们援引历年旧例，一次只罢去二三人，指责吴昌时弄权营私。吴昌时态度蛮横，毫无悔过之意。一个御史不胜其愤，居然拿起一个小机子朝吴昌时打来。吴昌时一边慌忙躲避，一边嚷道："你怎么能这样对待我！我要把你们都罢掉！"这一来众言官更加恼怒，遂与吴昌时有势不两立之势。这自然也牵连到周延儒。

御史蒋拱宸上疏弹劾吴昌时，"内有通内一事"。所谓"通内"，即与宫内宦官相勾结。这类事最为崇祯皇帝所忌恨。于是，崇祯皇帝召府部和科道官一起廷讯。这一天崇祯皇帝还让太子和定王在一旁陪讯。一上来气氛就很紧张，崇祯皇帝声色俱厉，大声喝道："传吴昌时来！"当问及"通内"一事时，吴昌时矢口否认："祖宗之制，交结内侍者斩，法极森严。臣虽不才，安敢犯此？"

崇祯皇帝见吴昌时还敢嘴硬，立命蒋拱宸上来对质。蒋拱宸没见过如此严厉的场面，又一时举不出具体的人来，吓得浑身发抖，跪在那里说不出一句话来。崇祯皇帝见此情景愈加恼怒，斥退蒋拱宸。这时崇祯皇帝的主意已定，不待蒋拱宸对质也要对吴昌时严惩。而吴昌时自恃没有确切的佐证，故态度颇强硬，并说："皇上如果一定要用这种罪名惩治臣下，臣下如何敢违抗圣意？自应承受。如要臣下屈招，则实在不能！"崇祯皇帝遂命内侍对吴昌时用刑。阁

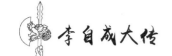

臣蒋德璟出班奏道："殿廷上无用刑之例，请将吴昌时付法司究问。"

崇祯皇帝不为所动，怒气冲冲地说："此辈奸党手段通天，若离开此地三尺，谁敢据法从公究问？"蒋德璟又奏道："在殿廷上用刑，实在是300年来未有之事。"崇祯皇帝打断他的话，冷笑着说道："吴昌时这厮，也是300年来未有之人！"蒋德璟只好叩头而退。几个内侍上来，对吴昌时用夹刑，致吴昌时两胫骨被夹断，昏迷不省人事。崇祯皇帝命将吴昌时下锦衣卫狱。经锦衣卫严加刑讯，吴昌时始终不招认。又对吴昌时两个家人严讯，也未招出。随后下旨，将吴昌时移送法司治罪。人们觉得，吴昌时这样就不至于被杀了。没想到不数月旨下，命将吴昌时斩首。[1]吴昌时前前后后的确有许多不光彩的举动，他的失势和受惩自然连累到周延儒。

第三，党争不断，臣僚相倾，周延儒就成了这类政争的牺牲品。

周延儒这次再拜相，一反温体仁等人所为，广引东林，部院九卿科道都有较大幅度的更换。这样，周延儒虽笼络了一大批人，但也开罪了一大批人。这些人时刻在观察风向，伺机待发。这种党争自万历以来就从来没有停止过，崇祯时虽变得比较隐蔽，但激烈程度却丝毫未减，往往一出手就想置人于死地。

周延儒这次一入阁即任首辅，却又不能善待同僚，在其他内阁大学士面前傲气十足。这使一些人对他怀恨在心，总想伺机倾陷他。例如大学士陈演，他比周延儒这次入阁还早一年，资格比周延儒老。但是，周延儒对他不仅没有应有的尊重，反而视之如属吏。这使陈演对他恨之入骨。外廷一有风吹草动，他就暗中配合。陈演还时刻觊觎着首辅的宝座，这也使他在倾陷周延儒的活动中特别卖力。

崇祯十五年（1642）冬季，清兵内犯，逼至京师。崇祯皇帝召求直言，官民言事者可报名会极门，即日召对。行人司副熊开元欲论劾周延儒，即日请见。熊开元请密论军事，崇祯皇帝命左右退去，独留周延儒在场。熊开元不敢尽言，只说了一些军事方面的事就走了出来。过了10余天，熊开元又请召见。崇祯皇帝在德政殿独坐，周延儒领熊开元来到殿内。熊开元奏道：《易经》上说：'君不密则失臣，臣不密则失身。'请首辅暂退。"周延儒还算知趣，当即

---

[1] 文秉：《烈皇小识》卷八。

请求退出，但崇祯皇帝不许。熊开元只好奏道："陛下求治十五年，天下日益混乱，必有其故。"崇祯皇帝问道："其故安在？"熊开元答道："陛下临御以来，辅臣换了数十人，不过陛下说贤，左右的人说贤而已，未必国人皆说贤。辅臣是天子的心膂股肱，而任之却如此容易。庸人在高位，相继为奸。人祸天殃，接连不断。倘有言官揭发他们的罪状，不是被杀就是贬斥，致政事败坏不可救矣。"崇祯皇帝反复诘问其所指，他就是不明言。崇祯皇帝怀疑他要推荐什么人，他也说没有，只是用眼频频扫视周延儒。周延儒看出了熊开元的用意，请求退出。崇祯皇帝说道："天下不治，都是朕之过错，与卿等何干！"不让周延儒离开。熊开元见此情景，便撕破脸面，直接论及首辅："陛下令大小臣工不时面奏，而辅臣却不离左右，谁还敢讲真话以招祸呢？况且昔日辅臣重刑厚敛，摒弃忠良，贤人君子都攻击他们。今日辅臣奉行德政，贤人君子皆其所引用，偶有不平，只能私下感叹而已。"熊开元本来要攻击周延儒，但在周延儒在场的情况下，又不得不假惺惺地说他几句好话。即所谓"偶有不平"，他也未说出实质性内容。崇祯皇帝责备熊开元有私心，熊开元予以辩解，周延儒显得颇有风格，也帮着熊开元开脱。

熊开元仍不肯罢休，再次请崇祯皇帝遍召廷臣，看辅臣周延儒是否贤。"陛下如不明察，将吏只顾情面，行贿赂，失地丧师的人都可以不被治罪，谁还肯为陛下捐躯报国呢？"周延儒奏道："情面不是没有，但贿赂则绝无。"熊开元以李自成农民军日益强大和清兵内犯为由，诘责周延儒和各督抚罪责难逃。崇祯皇帝命熊开元退下，补一疏奏上。当熊开元将正式奏疏献上时，其中却没有敢提及周延儒的其他事。当时清兵尚未退，崇祯皇帝正焦虑万分，见疏大怒，立命锦衣卫逮治。掌锦衣卫的骆养性是熊开元的同乡，这时正对周延儒一肚子气，反而借审熊开元之机，将周延儒的许多阴私事揭发了出来。[①] 崇祯皇帝虽然没有立即惩治周延儒，但对周延儒已产生了戒心。

第四，崇祯皇帝本来想依靠周延儒平定李自成农民军，结果不仅李自成未被平定下去，反而还导致了清兵内犯。周延儒在视师时避敌不战，还谎报军

---

① 《明史》卷二五八《熊开元传》；《崇祯实录》卷十五。

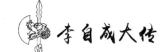

功，这成为他失势的直接原因。

崇祯十五年（1642）十月二十日是周延儒50岁诞辰，不仅外廷大小官员准备大举庆祝，连内廷周皇后等也备了寿仪，上下都准备为周延儒添寿。恰在这时，清兵大举入塞，十一月已逼近京师，满朝惊慌，京师戒严。对于周延儒来说，不仅庆寿活动未能举行，反而为此丢了脑袋，添寿不成，反成减寿。

十一月中旬，与李自成在河南等地攻陷许多城池的同时，清兵达京师南郊。崇祯皇帝闻报后十分震怒，"谓边将不足恃，边抚无可依"，更恨情报不能及时上达，立命将负有直接责任的两巡抚和一镇将逮治下狱。一天，崇祯皇帝坐文华殿，命内臣传谕百官，有献良策者可直入勿禁，并命天下推荐可堪大任的良将。根据各处报告，有一天居然被清兵攻陷26座城。周延儒身为首辅，面对此情此景甚感扫兴，便仿效杨嗣昌故技，在石虎胡同建大法道场，请僧道百人诵经，以求神灵在冥冥之中给予护佑。

第二年三月，清兵深入到山东一带。莒州一带春暮草茂，正宜牧马，清兵久久不去。四月五日下午，崇祯皇帝御平台，召见周延儒和诸阁臣，辞色俱厉，说道："朕欲亲征！"周延儒立即觉察到话中有话，便跪下禀告："臣愿代替皇上前往。"崇祯皇帝没有说话，仰脸看了看天，又摇了摇头。周延儒站起来后，陈演接着跪下说道："首辅阁务殷繁，臣可以去。"崇祯皇帝仍摇了摇头，没有说话。陈演站起，蒋德璟又跪下道："臣实在可以前往。"崇祯皇帝仍摇头不语。

这时，周延儒不明白崇祯皇帝的心意到底如何，心里有些发慌，便又跪下，表示愿代皇上亲征。崇祯皇帝冷笑了一声说道："先生果真愿意去吗？朕在宫中看过奇门，出师正应在此刻。一出朝门即往东走，一定不要往西转。"周延儒没想到弄假成真，当时就不得不谢恩而出，连家也没敢回。他按照崇祯皇帝所嘱往东走，在齐化门城楼上暂住了一夜，第二天上一疏，请调派随行科道人员。这时，四镇的勤王兵已赶到，便随周延儒一起进驻通州。

当时清兵主力已南下山东一带，在通州等地已基本上无什么大仗可打。周延儒坐守通州，每天接受四镇将领的参拜。他们深知周延儒在朝廷中的分量，自己日后的进退荣辱似乎都系于周延儒一身。因此，四镇将领还轮流设宴，宴请周延儒及随征的科道言官。这四镇将领是刘泽清、唐通、周遇吉和黄得功，他们还随陪征的四言官陪酌周延儒。如此宴请，你来我往，似乎没有一点战争的气氛。周延儒先是上疏，为勤王四将领加官晋职，继而为随征的四言官上功。每天早、晚各上一疏，皆报大捷，实际上并未出城打仗。如此过了一个月，到五月六日，清兵已退回关外，周延儒与诸将领大聚会饮，以"庆太平"。五月十日，周延儒整师回京。他先入文华殿，崇祯皇帝拉住他的手慰劳备至。十五日，崇祯皇帝赐阁臣羊酒，除首辅外，还有陈演、蒋德璟等，陈、蒋二人坚辞，自谓"伴食无状，贻皇上忧"，正愧疚不已，不敢受此厚遇。崇祯皇帝见此景况，便收回成命。这时，崇祯皇帝不断收到臣下奏疏，谓周延儒未加敌一矢，却连疏报捷，欺蒙皇上。真相逐渐大白，周延儒的末日也就到了。

五月二十三日，崇祯皇帝传谕大小九卿，于平台候旨。旨出，原来是对周延儒的处置。其中说道："首辅周延儒奸贪诈伪，大奸负朕，议罪回奏。"这时周延儒还在内阁，由两人扶出，用小轿抬回家中。第二天，诸臣会集西掖左府空室，这里正是往日周延儒神气活现地向诸臣发话之处，这时变成了对他进行口诛笔伐的场所。这天周延儒也上疏请罪，自请戍边。崇祯皇帝还算给他留了不小的面子，赐路费银100两，许乘驿传回籍。

周延儒罢后，弹劾他的章奏接连不断。主要是说他贪墨、卖官受贿等。另一件令崇祯皇帝恼火的事是周延儒"通内"，即周延儒曾向崇祯皇帝的爱妃田妃献绣鞋一双。一天，崇祯皇帝去田妃宫中，见一双新绣鞋精美异常，拿起仔细一瞧，上边有一行小字，用金线绣成，乃"周延儒恭进"五字。崇祯皇帝顿时大怒，当时将田妃喝斥一通，吓得田妃连忙叩头谢罪。崇祯皇帝则拂袖而去，自此数月不予召见。崇祯皇帝起初尚没有处死周延儒的打算，经大臣连疏弹劾，再加上"通内"这件事，崇祯皇帝便下决心要处死周延儒了。

七月二十五日，崇祯皇帝在廷讯吴昌时的同时，命缇骑南下逮治周延儒。当时，原已致仕的大学士王应熊被召，拟再次入阁。周延儒知道崇祯皇帝对自己极为恼怒，便在路上极力拖延，以便王应熊先入京，由他代为解脱。但此事被大学士陈演侦知，便告诉了崇祯皇帝。崇祯皇帝立即降旨，收回成命，要王应熊不必进京，立即返回故里。周延儒的这个计划落了空，心里更加紧张，只好硬着头皮进京，被安置在正阳门外的一座古庙中。周延儒上疏乞哀，有的大

臣上疏论救，皆不许。十二月七日降旨，对周延儒勒令自尽。掌锦衣卫的骆养性亲去传旨，当时周延儒已睡下。两个仆人将他从床上扶起听旨，先是列举了他数端罪状，下边话锋一转，有"姑念"二字。骆养性念到此处停了停，周延儒也为之一振，感到定会不死，连连叩首谢恩。当骆养性念到"著勒令自尽"时，周延儒一下子瘫倒在地。周延儒的两个随从在室内来回走动，看样子想偷偷逃掉，被锦衣卫人员当即逮系。当周延儒在内阁时，骆养性平时称他为老师。此时此刻，骆养性也稍稍动了恻隐之心，没有立即逼周延儒自尽。周延儒的弟弟一直跟着，这时二人絮絮叨叨说个没完。周延儒向弟弟嘱咐身后之事，颇为悲怆。不知不觉天色将明，骆养性还要回去复命，害怕复命迟了会受惩罚，就跪在门外催促："老师，天明矣！老师，天明矣！"周延儒已感到无法再拖，便自缢而死。骆养性进去验尸，周延儒四肢尚暖润如生。骆养性担心周延儒不死，那可是掉脑袋的事，便凶相毕露，在周延儒的脑门上又钉进一颗大铁钉，这才回去向崇祯皇帝复命。当日得旨，许将周延儒的尸体解下，让家人收尸。比起薛国观来，周延儒的这种下场还算好，因为薛国观被赐死后，停了一个月才许收尸，遍体蛆虫，尸朽莫辨，臭气满室。

当周延儒被逮治时，他就感到大事不妙，便将自己所住的阁楼尽行焚掉。他平生所积的各种财宝都放在阁楼上，不是最上乘的宝物则不放楼上。例如，极为珍贵的紫貂皮就有十几张，清河人参有一株竟重达10两。这些宝物都被付之一炬，火焰呈五种颜色。

周延儒固然有不少恶迹，但作为内阁首辅，还不至于罪至死。但崇祯皇帝还是将他赐死，与崇祯皇帝痛恨他的行事作风有关。当周延儒被放归后，有一天崇祯皇帝与阁臣说到周延儒："朕恨其太使乖！"蒋德璟将这话传给了周延儒。周延儒说："侍候如此英主，不使乖不行啊！"[1]所谓"乖"，大体就是指要权术。但这只是表面说法，最令崇祯皇帝恼火的还是天下日益崩坏。李自成控制了河南大部后，进入湖广，并建立了襄阳政权，与明廷分庭抗礼。周延儒皆

---

① 计六奇：《明季北略》卷十九《周延儒续记》；文秉：《烈皇小识》卷八；《崇祯实录》卷十六。

无所匡救。这才是导致他被杀的深层原因。

六、"崇祯五十相"

崇祯皇帝经过频频更换阁臣之后，本来希望周延儒能为他重振朝纲，结果发现，周延儒也有许多欺蒙不法行为。至此，崇祯皇帝对外廷臣僚更加失去了信任，总怀疑他们结党误国。于是，"朕非亡国之君，臣皆亡国之臣"，就成了挂在他嘴边的一句口头禅。这时，他对内臣越来越依重，对外臣越来越疏远，对阁臣仍继续频繁更换。当周延儒被罢去并继而被赐死之后，仅仅 3 个月，崇祯皇帝本人也于煤山自缢。在此期间，他又换了两个内阁首辅和数名阁臣。至此，他先后任用过 50 个大学士。

周延儒被罢后，崇祯皇帝命陈演为首辅。陈演才能平庸，学识浅薄，但却善于交结，这成了他的一项重要资本。他刚入翰林院就与内臣相交结。当崇祯皇帝策问阁臣时，内廷宦官探听到崇祯皇帝将要问的几条内容，私下告诉了陈演，所以陈演的答对颇合崇祯皇帝心意。崇祯皇帝感到陈演是个人才，便于崇祯十三年（1640）四月点他入阁。

在周延儒被罢后，崇祯皇帝最倚信的就是陈演。这时李自成建立襄阳政权，继而攻陷陕西，然后兵分两路进攻京师。大明王朝已危如累卵。身为内阁首辅的陈演一无筹划，只知道广为结纳，请托受贿。原来依靠周延儒的臣僚这时大都转到陈演的门下。崇祯十七年（1644）二月，李自成大军将逼近京师，举朝惶惶，廷议将吴三桂一军撤至山海关固守，入援京师。陈演坚执不可。崇祯皇帝决计实行。陈演不自安，遂上疏求去。崇祯皇帝答应了他的请求。当他入辞时，自称"佐理无状，罪当死"。崇祯皇帝愤怒地斥责道："你死也不足抵罪！"挥手命他离去。他因家中财宝太多，未能马上起行。他本想尽快离开京师这块是非之地，但一个多月后李自成农民军就进了北京。他的那些财宝都成了李自成的战利品，他本人也成了农民军的刀下鬼。[①]

崇祯皇帝命魏藻德接任陈演为首辅。他是崇祯十三年（1640）的状元，三四

[①]《明史》卷二五三《陈演传》。

年间即升至内阁首辅，可谓升迁神速。崇祯皇帝对他的信任是从殿试时开始的。当时崇祯皇帝想得异才，召新进士 48 人于文华殿，亲行策问。崇祯皇帝所提问题是："今日内外交讧，何以报仇雪耻？"魏藻德答以"知耻"。崇祯皇帝深感满意，遂点他为状元。崇祯十六年（1643）五月，即周延儒被罢的同一个月，魏藻德进入内阁。崇祯皇帝对他的期望很大，但失望也大。魏藻德在内阁一无建树，碌碌无为。如果说他有所建白的话，也只是一味"令百官捐助而已"。他任首辅只 1 个多月，京师即被李自成攻陷。他本人被农民军追赃助饷，拷掠至死。

除魏藻德于周延儒被罢后入阁以外，崇祯皇帝又先后选用了 4 个内阁大学士：李建泰和方岳贡于崇祯十六年（1643）十一月入阁，范景文和丘瑜于崇祯十七年（1644）一月入阁。当后两个人入阁时，明王朝离灭亡也就只剩两个月了。这几人除李建泰以外，都当了李自成的俘虏。李建泰较有心计，在李自成向京师逼近时，自请出京督师。他处处逗留，实际上什么仗也没打，只是为了自己逃命。

崇祯皇帝在临灭亡前的几个月内，又连换两个首辅，新用 5 个阁臣。至此，"崇祯五十相"就足足够数了。这种情况在历史上是极其罕见的。

造成这种情况有两个方面的原因。一方面是朋党之争，有时激烈，有时和缓，但自万历以后从来就没有止息过。有时表面上看似缓和，实际上在暗中仍很激烈，恨不能你吃了我，我吃了你。人一旦陷入朋党之中，则无是非可言。只要是自己的同党，即使办了坏事也极力庇护；只要不是自己的同党，即使办了好事也百般诽谤，甚至将功说成过。一旦某朋党掌权，则极力呼朋引类，排斥异己。另一朋党则伺机待发，时刻谋划着怎么样可以取而代之。为了倾陷对方，什么样的手段都敢用。各党中都有一些狡黠贪墨之人，这些人也就往往成了对方攻击的缺口。缺口一旦被打开，马上就株连到大批同党。如此明争暗斗，反反复复，集中表现在阁臣的任用上，就出现了"崇祯五十相"的可悲景象。内阁是朋党斗争的焦点，所以阁臣就更换得特别频繁。这正像在崇祯时曾官锦衣卫指挥佥事的王世德所说："如其人是自己的同党，则极力庇护他，他所干的祸国殃民的事都可以不问；如其人不是自己的同党，他纵然有可用之才，也一定要多方排陷他，务置之死地而后快，至于国家大事则在所不顾。"① 王世德曾亲自参与刑讯系于诏狱的朋党，他对此深有感触。在这种情况下，大臣们救过唯恐不及，自然不肯勇于任事。崇祯皇帝在那里走马灯似的更换阁臣，但政事却一天比一天败坏。

这些大臣在朝中都表现得一本正经，但在私下排陷对方时则凶相毕露，无所不用其极。像捕风捉影，造谣中伤，编写顺口溜坏人声誉等，在当时司空见惯。在崇祯十五年（1642）枚卜时，京师中流行一种所谓"二十四气"之说，显然是没被会推上的人所编造。这"二十四气"是："杀气吴甡，棍气孙晋，戾气金光宸，阴气章正宸，妖气吴昌时，淫气倪元璐，瘴气王锡衮，时气黄景昉，膻气马嘉植，贼气杨枝起，悔气王士镕，霸气倪仁桢，疝气周仲连，粪气房之祺，痰气沈维炳，毒气姚思孝，逆气贺王盛，臭气房可壮，望气吴伟业，杂气冯元飚，浊气袁恺，油气徐汧，秽气瞿式耜，尸气钱元悫。各有诨号。"② 从名单中可以看出，其中良莠不齐。像吴昌时，的确"妖气"十足，而瞿式耜和倪元璐等则是清正有气节的名臣。吴伟业即吴梅村，是明末清初的大才子，留下的著述甚丰，其所著《绥寇纪略》持论虽欠公允，但至今仍是研究李自成农民军的很重要的史料。这"二十四气"之说显然是朋党斗争的产物。

另一个方面的原因在崇祯皇帝本人。他生性多疑，用人不专，又不善于驾驭群臣，只一味以重刑惩治。实际上，朋党之争在历史上多有所见，倘驾驭无术，的确可以给朝政造成很大的破坏。倘遇到英明之主，驾驭有方，则不至于造成很大的危害。例如清乾隆年间，以张廷玉和鄂尔泰为首的两党明争暗斗，但乾隆皇帝明察秋毫，沉机独断，重大节不计小过，使两党都争着为国立功，党争并未给乾隆朝造成大的危害。崇祯皇帝则缺少这种气度和谋略，忌恨结党而又的确有党，一有表现则非罢即杀。这就必然造成阁臣的频频更换，使他在17年间始终未建立起一个稳定的中枢机构。

崇祯皇帝在频频更换阁臣的同时，大概也感到人才难得，所以有一次召问

① 王世德：《崇祯遗录·序》。
② 抱阳生：《甲申朝事小记》卷三《二十四气》。

诸臣："怎么样才能选拔到好人才呢？"刚复职不久的黄道周说道："树人如树木，须养之数十年。近来人才不及古，况摧残之后，必深加培养。"①这话实际上是说，崇祯皇帝不知爱养人才，而只知"摧残"人才。幸好这一次说得较委婉，崇祯皇帝没有治他的罪。黄道周的话说出了崇祯皇帝在用人方面的一个很大的弱点。

由于崇祯皇帝频繁更换阁臣，有的阁臣只在职几个月，故对崇祯皇帝到底用了多少阁臣难以确知。正因如此，后人在有关的记载中说法不一。有的书上说成四十多相，有的经过一番考证，说实为四十九相。连《明史·丘瑜传》后赞语中也说："庄烈帝在位仅十七年，辅相至五十余人。"更多的是笼统地称为"崇祯五十相"。②孙承泽在崇祯时曾任给事中，入清后官至吏部左侍郎，熟悉明末史事。他在《春明梦余录》中详列崇祯皇帝所用阁臣名单，的确是50人。③因此，后人所称"崇祯五十相"并非言其大概，而是确指。

崇祯皇帝在位17年，用了"五十相"，不少史书称这种现象为"自古所无"。崇祯皇帝身处多事之秋，急于求治，求治不成则归罪阁臣。于是，更换阁臣殆无虚日。结果是，崇祯皇帝越是频频更换阁臣，中枢政事就越是紊乱和败坏。李自成农民军却越战越强，明王朝灭亡的步伐则越来越快。从根本上来说，在李自成等农民军的打击下，明王朝的危机日益加深，"崇祯五十相"正是这种危机日益加深的一种反映。

第二节　重用宦官，政体日坏

崇祯皇帝即位后，铲除魏忠贤，撤回各地监军、镇守内臣。这给天下臣民带来了很大希望，欣欣望治，以为崇祯皇帝终于改变了重用内臣的局面，政治

---

① 计六奇：《明季北略》卷十四《黄道周经筵应对》。
② 王棠在《知新录》卷十三中称："崇祯一朝共四十四相，何其多也！"李慈铭在《崇祯五十相考》（见《越缦堂日记补》丙集）中称："以上计四十九相，言五十相，举其略也。"经笔者核查，李文所举缺黄立极1人。如此，亦恰为"五十相"。徐鼒《小腆纪年》卷一称："帝求治太急，先后易置宰相，凡五十人。"
③ 孙承泽：《春明梦余录》卷二十三。

从此可以变得清明起来，国家中兴有望。但是，人们看到，随着李自成等农民军日益强大和天下崩坏的局面，崇祯皇帝不久又变本加厉地重用起内臣来。他提高东厂权势，威制和打杀天下臣民；遣宦官出任监军、镇守，统领天下兵马，令武臣憋气；他甚至派宦官统辖户、工二部，监理天下财政。由于遭到臣下的一再反对，崇祯皇帝重用内臣的状况有过几次变化，但总的趋势是，宦官的各种权力越来越重，干预的范围越来越广。其结果是，天下崩坏的局面更加严重，李自成农民军的力量更加强大，明王朝更加迅速地走向灭亡。

一、用东厂威制天下臣民

自明成祖设立东厂后，此后明朝历代皇帝都相沿不废。当天启年间由魏忠贤提督东厂时，东厂权势熏天，达到登峰造极的程度。崇祯皇帝虽铲除了魏忠贤，但东厂的权势仍然极重。崇祯年间虽未出现像魏忠贤那样的权阉，但东厂为害之烈丝毫不亚于天启时。看来，重用宦官成了明王朝一笔挥之不去的遗产。这也是导致明朝政治腐败和李自成等大起义的重要原因。

（一）重用宦官——挥之不去的遗产

崇祯皇帝虽铲除了提督东厂的魏忠贤，却并未废除东厂。他继续用东厂的宦官特务刺事，其严密和残酷程度一点也不亚于前代。崇祯皇帝感到，这些宦官整天在自己身边，他们都是刑余之人，对自己的皇位构不成威胁，使用起来特别顺手。正因如此，他赋予宦官的权力比以前历代都更大、更广泛。崇祯皇帝感到这是一笔不错的遗产，实际上是一笔很沉重、蕴藏着很大危险的遗产。

本来，封建专制帝王使用特务是很平常的事。但是，像明代那样形成一整套庞大的特务机构，且和一代王朝相始终，这在中国封建社会却是独一无二的。

关于中国特务的产生，胡适曾依据《三国志》，考证出始于魏吴的"校事官"。其实，自春秋以后，作战双方使用特务刺探对方是常见的事。汉代有"大谁何""大谁卒"，就是"主问非常之人。"[1] 到了唐代，缉事番役被称为"不良

---

[1]《汉书》卷二十七，《五行志》第七下之上。

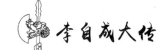

人"①。但是，在明代以前，封建帝王用特务刺事都是偶尔为之，没有形成一整套的机构和制度。明代则不然，自明初开始，既有庞大的特务机构，又有严密的组织，延续的时间长、危害烈。尤其是明代用宦官督领东厂，更为历史上所仅见。从根本上来说，这是君主专制恶性发展的产物，是社会矛盾激化的反映。

东厂和锦衣卫相配合，组成了无孔不入的特务网。自明成祖以后，明朝历代皇帝都用东厂刺事。随着不同的皇帝对宦官约束的程度不同，东厂的权势有时重一点，有时轻一点，但都未将东厂废除。从总的趋势来看，东厂的权势越来越重，气焰越来越高，危害越来越大。

崇祯皇帝即位后，在宦官队伍本来已很庞大的情况下，又连续数次招收许多小宦官入宫。他即位不久就两次收宦官6000余人。在新收的宦官当中，还有二三百10岁左右的小宦官，崇祯皇帝把他们都拨到内书堂读书，由年长通文墨的宦官统领。崇祯十七年（1644），在不到3个月内，连"选三次，增万人。每岁月米增七万二千石，靴料银五万"②。意欲用宦官来保卫京师，挽救危亡。

崇祯皇帝有时还亲自对宦官进行测试，以决定用作什么角色合适。有一次，他亲自出试题，题为"事君能致其身"。许多宦官同时应试，最后由崇祯皇帝亲自定取舍。宦官郑之蕙答得颇合崇祯皇帝心意，被定为第一名，立即升为随堂，并兼掌尚膳监印。③ 这种事是以前所看不到的。

（二）提高东厂权势

崇祯皇帝不仅心安理得地继承了重用宦官这笔遗产，而且使宦官的权势更加扩大。按照旧例，东厂一般由司礼监秉笔太监第二人或第三人掌管，最高职级称为提督，连魏忠贤也只是东厂提督而已。崇祯皇帝竟一改旧章，将东厂提督京营的宦官改称"总督"。实际上，京营当由宦官掌管时，一般由东厂提督兼掌。这样，东厂提督升为总督，"俨然以将相之职授珰矣"④，其职级和权势都大为提高。

---

① 韦绚《嘉话录》载，李勉"为开封畿县尉"时，即有"不良"侦视之。
② 王誉昌：《崇祯宫词》卷下。
③ 文秉：《烈皇小识》卷一。
④ 计六奇：《明季北略》卷十七《内臣王德化》。

崇祯皇帝除上朝以外，有很多时间和东厂宦官在一起，听他们讲宫内宫外细事。有的是逸闻趣事，聊来取乐；有的则和一些大臣隐然相关。其他渠道传不到皇帝耳中，这些东厂宦官却随时能将各种小事传给崇祯皇帝。有时崇祯皇帝对某个大臣的态度突然发生了变化，就和这些东厂宦官有关，可外人往往不知底里。例如，有一天东厂太监卢际九陪侍崇祯皇帝。崇祯皇帝问他："尔有几小厮？"卢际九回说："五人。"崇祯皇帝命他将这五人都召来，让他们讲自己的所见所闻。其中有个叫钱守俊的小宦官，讲述宫中事最详、最有趣。崇祯皇帝听了很高兴，指着钱守俊对卢际九说："这个小厮灵巧。"犹如聊家常一样，气氛十分融洽，与上朝那种严肃、紧张的气氛形成了鲜明的对比。有的人对此颇为感慨，还为此写过一首诗，其中两句是："圣朝何事需灵巧，灵巧才堪托见闻。"① 意思是说，这些宦官也只是"托见闻"而已，依靠他们是镇压不了李自成大起义的。

崇祯皇帝有时想起用某大臣，竟先派宦官先行考察。这类宦官的意见对这个大臣的升降就起着决定性作用。例如崇祯十年（1637），崇祯皇帝眼看着李自成、张献忠等农民军的势力越来越大，并蔓延到中原地区，心里十分焦急，就想先派一个得力的大将前往镇压。这时，两广总督熊文灿刚镇压了大海盗头目刘香，正报功请赏。崇祯皇帝为了确切了解熊文灿的才能，也为了查验刘香是否真的被剿灭，便派一个有经验的宦官前往，名义上是去广西为宫中采办。这个宦官到广州后，熊文灿向他馈赠了许多珠宝和金银，"留饮十日"，照顾得无微不至。这个宦官很高兴，便直言相告："吾非往广西采办也，衔上命觇公。"果然不久，熊文灿即被升为兵部尚书兼右副都御史，总督六省军务，全面负责镇压李自成等农民军。

以前，以东厂为首的宦官虽然侦缉臣下很严密，但从来没有公开像外廷臣僚那样弹劾大臣。到崇祯时则情形为之一变，有的宦官居然公然上疏，对大臣进行弹劾，使外廷臣僚大感惊异。太监王坤曾受命任宣府监视，而当时任巡抚的是胡良机。王坤不久即上疏弹劾，说胡良机不能及时处理事，致使簿书丛

---

① 王誉昌：《崇祯宫词》卷上。

积。崇祯皇帝还真的听信了王坤的奏言，便降旨命王坤"究明奏夺"，实际上就是由他查办巡抚胡良机。一个宦官居然要查办巡抚，这使朝臣大为震惊。给事中魏呈润上疏力争，谓胡良机即使"果有违误"，也应由朝廷按正常程序进行考核和处置，而不应将"究明奏夺"之权"一付中贵之手"。如此败坏纲纪，日后"谁复敢以国事争抗"？以后"皇上欲闻九边之动静，监视之善恶，何从知之"！但王坤自恃有崇祯皇帝撑腰，不仅不收敛，反而气焰越来越高，不只是弹劾巡抚胡良机，还直接弹劾内阁首辅周延儒。对此，给事中傅朝佑在疏中说得十分激切："皇上虑周边境，用王坤监视宣大，未尝令其司弹劾之权、操中朝之议也。（王坤）乃一参再参，及阁臣。纵令阁臣有过，朝廷耳目之司，夫岂乏人，乃令中官言之？书之史册，何以示子孙而传后世哉！……臣不特为阁臣惜，而深为国体惜，为天下治乱之大关惜也！"[①]傅朝佑的话可谓击中了要害，即宦官公开弹劾外廷大臣，主要不在于此人贤否，而在于这种做法本身败坏国体。此风一开，国家政事将一发而不可收。但这件事也清楚地告诉人们，宦官的权势在崇祯时比以前大大提高了。经王坤弹劾，周延儒不久即被罢职回籍。

尽管臣下那样激切地谏阻，但这种状况并没有根本改变。宣府巡抚马士英刚上任，就因冒侵饷银6000两而被王坤弹劾，致使马士英立即被罢职遣戍。按照旧例，新官上任之初，为修好上下左右的官员都要送些礼，因仓促之间银钱不济，便拿库中正额饷银使用，日后再慢慢补上。明朝的这种陋习相沿已久，"各边皆然，不独一宣府也。士英莅任未几，一时不及抵偿，遂为王坤所纠"。此事属实，崇祯皇帝"心喜内臣果能绝情而剔积弊也。故凡言内臣者，皆不听"。王坤自恃发奸有功，胆子也越来越壮。他看到给事中陈赞化上疏弹劾周延儒，自己便也上了一疏，指责周延儒招权纳贿等等，不宜居首辅职。左副都御史王志道随后上了一疏，谓"王坤不宜侵辅臣"，这样做败坏政体，言辞颇激。为此，崇祯皇帝召群臣于平台，当众对王志道申谕道：

---

① 文秉：《烈皇小识》卷四。

遣用内臣，原非得已，朕谕甚明。尔等不自省察，徒事执王坤之疏。朕已责其诬妄。乃群臣举劾，无不牵引内臣。岂处分各官，皆为内臣也？……廷臣于国家大计不闻一言，惟用内臣在镇，不利奸弊，乃借王坤疏要挟朝廷，诚奸佞也。[1]

大臣们心里都很清楚，崇祯皇帝的这番话主要不是说给王志道听的，而是说给全体大臣的。这番话的倾向性很明显。王坤身为一个宦官，公然上疏弹劾大臣，显然是对纪纲法度的严重破坏。王志道疏中所言也是指的这件事，崇祯皇帝也言不由衷地表示，对王坤"已责其诬妄"。但他话锋一转，对王坤不做处置，反而大肆训谕群臣，正因为众臣不诚心用事，天下崩坏，李自成等农民军日益强大，自己才不得已使用内臣。这段话对崇祯皇帝重用宦官的心态是一次清楚的表露。他责王坤诬妄是假，重用王坤等宦官是真。

（三）东厂为害更烈

随着东厂权势的提高，这些宦官特务为害越来越严重，危害的面越来越宽。这与崇祯皇帝厌恶臣下结党的心理有关。在崇祯皇帝厌恶结党的心理驱使下，这些宦官特务就成了他的好帮手，用他们广加侦缉，看哪些大臣有不法行为。

从有关史籍的记载可以清楚看出，东厂与锦衣卫相勾结，侦缉臣下之细密，迫害之酷烈，丝毫不亚前代。据《明史·刑法志》载，当时"凡缙绅之门，必有数人往来踪迹。故常晏起早阖，无敢偶语。旗校过门，如被大盗"。如果偶尔有人向这些官员送礼，这些官员都要"均分其利"，否则就会遭不测之祸。这些特务整天横行无忌，"其徒恣行请托，稍拂其意，飞诬立构。摘竿牍片字，株连至数十人"[2]。从这些记载可以看出，大家整天生活在恐怖之中，早关门，晚开门，不敢私下交接闲谈。不要说一般的官员随时会遭到陷害，即使内阁首辅得罪了这些特务，下场也会很可悲。正如前文所述，崇祯皇帝曾处死了薛国

---

[1] 文秉：《烈皇小识》卷三。
[2]《明史》卷九十五《刑法志三》。

观和周延儒两个内阁首辅。这种情况极为罕见。尽管崇祯皇帝前后用过50个阁臣，更换频繁，也有不少人被治罪，但为了保存大臣之体，一般都不处死，而是罢职闲住了事。在此前的200多年间，除了嘉靖皇帝处死过内阁首辅夏言以外，从来未有哪个内阁首辅被处死。那么，为什么薛国观和周延儒偏偏被处死了呢？仔细看一下就会发现，其中一个关键因素就是得罪了东厂特务。

崇祯皇帝还经常用特务对臣下动私刑。有一次，言官熊开元和姜埰因言辞激烈，惹得崇祯皇帝大怒，立将二人下锦衣卫狱。崇祯皇帝私下对掌锦衣卫的骆养性说："熊开元必有主使，不行拷讯，是汝不忠！"骆养性出来后，一边走一边思索，正在为难，忽然一个小宦官交给他一道手敕："取开元、埰毙命，以病闻。"骆养性一见这道密诏，大惊失色。他回来后和亲近人商议此事，别人说到天启时田尔耕等人在狱中私毙人命，下场悲惨，前车可鉴。骆养性大悟，经对二人审讯，将二人的供词和密诏一起交上，并附言道："诚如圣谕，天下只畏臣衙门之刑，不畏朝廷之法。"但鉴于供状无大碍，建议将二人"发部拟罪，肆诸市朝，始可昭垂后世"。崇祯皇帝无奈，只好另发一密诏："开元、埰前诏不必行。"[1] 熊、姜二人这才得以免掉一死。

崇祯皇帝身为一国之君主，居然视处死大臣为儿戏，不通过正常司法途径，而下片纸密诏，用厂卫特务处死大臣。他一面经常责备臣下欺蒙，另一面又教厂卫特务如何造假，暗中处死人，却要"以病闻"，即不是被处死的，而是病死的。这固然反映了崇祯皇帝处置此事的荒唐，同时也反映了崇祯皇帝对这些厂卫特务的信任。

崇祯皇帝还不时用宦官对朝臣当廷用刑，甚至殴打。例如崇祯十六年（1643）七月，崇祯皇帝亲自审问吴昌时，因吴昌时坚不认罪，崇祯皇帝遂"命内侍用刑"。尽管许多大臣力谏，谓从来没有在殿廷间用刑之例，但崇祯皇帝拒不听从。这些宦官用大枷当廷将吴昌时的两条腿夹断，致使吴昌时"昏迷不省人事"。当崇祯皇帝要蒋拱宸作证时，蒋拱宸吓得抖作一团，说的话自相矛盾。崇祯皇帝一时怒起，喝声"打"，司刑的宦官照蒋当头一棍，"纱帽为

---

① 李逊之：《三朝野记》引《熊开元自序》；王士禛：《池北偶谈》卷五。

裂"①。在这种场合，这些宦官就成了残害大臣的鹰犬。这也正是许多大臣见这些鹰犬就害怕的重要原因。

东厂特务缉事本已十分周密，而崇祯皇帝往往亲自派宦官四出侦缉，连很细小的事也报告给他。例如，有一郡守出缺，吏部推举某一个人前往，崇祯皇帝说道："郡守牧民，当简选贤良。这人到市上买茶，因不当意，竟然把卖茶人的脑袋打出了血。这样的人怎么能治理一郡呢！"吏部诸臣都感到很惊奇，回去查访，果有此事。他们问掌东厂的太监，得到的回答是："我辈钩察，皆关于钱粮重事……像家人打骂之事，谁有工夫去问呢？"东厂头目对崇祯皇帝知道臣下的情况如此详细都很吃惊，"不知何以达圣聪也"②。

更可恨的是，这些特务经常和一些地痞相互勾结，狼狈为奸，让这些地痞做他们的外围。这些地痞帮着"打事件"，打来事件后，宦官就给他们赏钱，称"买事件"。这些地痞为得赏钱，往往无中生有，甚至诱人为奸。为此，御史杨仁愿在奏疏中就说到此事："番役每悬价以买事件，受买者至诱人为奸盗而卖之。番役不问其从来，诱者分利去矣。挟怨首告，诬以重法，挟者志无不逞矣。"③ 至于这些宦官特务索贿受贿之事，更属家常便饭。

东厂特务为了中饱私囊，往往借题诬陷，造成许多冤案。因是东厂所缉，刑部官员即使明明知道是冤情，也不敢平反。郑三俊是崇祯时著名的清官，曾任刑部尚书，他对此也很清楚。有一次李清问到他，他回答说，即使想对这类冤案平反，"不过云秋后处决耳。或可从容缓解，以免一死。面对此情此景，二人相与叹息久之"④。

这些宦官特务为了达到"打事件"的目的，什么恶劣的手段都使得出来，甚至私拆别人的信件。给事中杨时化曾致书户部尚书孙居相，其中有"国事日非，邪气益恶"之语。他认为这是私人信件，外人定不会知道。结果却被东厂特务私拆了信件，遂将这话报告了崇祯皇帝。崇祯皇帝大怒，认为孙居相诽谤

---

① 计六奇：《明季北略》卷十九《周延儒续记》《审吴昌时》。
② 张怡：《谀闻续笔》。
③《明史》卷九十五《刑法志三》。
④《明史》卷二五四《孙居相传》。

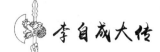

朝廷，无大臣体，立将其逮系下狱，后谪戍边疆。孙居相数年后死于戍所。①

面对东厂无孔不入的侦缉，大臣人人自危，以能平安度日为幸，不以勇于任事为意。一些刚直的大臣偶尔向崇祯皇帝说到东厂之害，崇祯皇帝也听不进去，轻者将奏事人训斥一通，重者将其罢职，甚至借故将其下狱处死。东厂权势熏天，胡作非为，直至明朝被李自成推翻为止。

二、用宦官监理天下财政

在崇祯朝以前，虽然宦官的权势有时很大，但宦官从来没有直接管理过外廷财政事。崇祯朝为之一变，一度使宦官掌管了全国的财政大权。在这方面，最典型的一例就是用司礼太监张彝宪总理户、工二部，位列二部尚书之上。

崇祯四年（1631），在派许多宦官出任监军、镇守的同时，又派司礼太监张彝宪掌户、工二部出入，并为之建衙署，称"户工总理"，"其权视外总督、内团提督焉"。在明代，户部掌管天下钱粮，工部掌全国大工，这时却要由一个宦官盘踞其上，实在令人感到唐突。给事中宋可久、冯元飚等十余人连连上疏，极力反对这项任命。崇祯皇帝一概坚执不听。吏部尚书闵洪学率众多朝臣一起上疏力争，惹得崇祯皇帝大为生气，怒气冲冲地斥责群臣："苟群臣殚心为国，朕何事乎内臣！"众臣只得唯唯而退。②有的大臣不敢直指崇祯皇帝用人之非，便上疏指责内阁，说他们对此不能匡救。崇祯皇帝一眼就看出了其真意所在，便将此人斥责一通。

张彝宪任"户工总理"，这是个新职衔，位居尚书之前，侍郎以下的官员见了他都要拜谒。工部侍郎高弘图不甘受此屈辱，故意躲着张彝宪，不与他共坐，并连上七疏乞休。他在一道乞休疏中说道：

> 臣部有公署，中则尚书，旁列侍郎，礼也。内臣张彝宪，奉总理
> 两部之命，俨临其上，不亦辱朝廷而衰国体乎！臣之为侍郎也，贰尚

---

① 《明史》卷二五四《孙居相传》。
② 《明史》卷三〇五《张彝宪传》。

书，非贰内臣也。国家大体，不容不慎，故仅以川堂相宾主，而公座
毋宁已之。虽大拂彝宪意，臣不顾也。①

崇祯皇帝根本听不进这一番奏言，且对此很厌烦。高弘图感到事不可为，便称
病不出，崇祯皇帝命将其罢职闲住。

张彝宪自恃有崇祯皇帝的支持，气焰越来越高，竟要各地入觐官先向他投
册报告，"以隆体统"。崇祯皇帝居然答应了他的请求。这使百官感到十分憋
气，但很多人是敢怒而不敢言。也有那么少数的刚直大臣，冒着丢官甚至丢脑
袋的危险，毅然上书反对。其中最有代表性的是山西提学佥事袁继咸的奏言：

> 士有廉耻，然后有风俗；有气节，然后有事功……嗟乎！一人辑
> 瑞，万国朝宗，诸臣未觐天子之光，先拜内臣之座，士大夫尚得有廉
> 耻乎？逆珰（魏忠贤）方张时，义子干儿昏夜拜伏，自以为羞。今且
> 白昼公庭，恬不知怪。国家自有觐典，二百余年未闻有此。所为叹息
> 也！②

崇祯皇帝对此十分生气，斥责袁继咸"越职言事"。张彝宪也感到此疏击中了
自己的要害，于是上疏分辨，谓朝觐官员参谒他，不是尊他本人，而是"尊朝
廷"。袁继咸闻知后又上一疏，说道："尊朝廷莫大于典例，知府见藩臬行属礼，
典例也；见内臣行属礼，亦典例乎？事本典例，虽坐受犹以为安；事创彝宪，
虽长揖只增其辱！"崇祯皇帝不仅不听，反而对袁继咸"切责之"③。这件事告
诉人们，用宦官总理户、工二部事，并要朝觐官员先投册给他，这是多么不合
体统，对外臣是多么大的羞辱！尽管有那么多人反对，但崇祯皇帝还是坚持不
改，表明他宠任宦官是多么执迷不悟。

张彝宪"口衔天宪，手握皇纲"，对不附己的大臣极力排斥。例如工部尚

---

① 计六奇：《明季北略》卷八《高弘图削籍》。
② 谷应泰：《明史纪事本末》卷七十四。
③ 谷应泰：《明史纪事本末》卷七十四。

书曹珖，因巡抚刘宇烈所请，发予料铅，但质量不好。张彝宪便拿着一块粗铅弹劾曹珖，谓"库铅尽然"，曹珖难辞其咎。崇祯皇帝严旨将库铅尽行熔炼，为此掌熔炼的官员有3个人中毒身死。张彝宪还纠劾言官许国荣等11人。曹珖上疏论救，受到崇祯皇帝的斥责。张彝宪又因建闸用费高，便劾工部官失职。曹珖见事不可为，便连疏乞休。这正合张彝宪的心意，在接连不断的劾奏下，崇祯皇帝就命曹珖回籍闲住。[①]高弘图和曹珖相继罢职后，张彝宪自然就加强了对工部的控制。

张彝宪也像其他宦官那样，一旦大权在握，便借机勒索，中饱私囊。他"故勒边镇军器不发"，实际上就是要边镇将领向他行贿。管盔甲的主事孙肇兴害怕贻误军机，便上疏弹劾张彝宪误国。崇祯皇帝不但不对张彝宪治罪，反而要孙肇兴清楚回奏。结果却将孙肇兴治了罪，"罪至遣戍"。主事金铉等人上疏力谏，亦受到崇祯皇帝斥责，被罢职而去。继曹珖之后任工部尚书的周士朴因未准时赴张彝宪处，受到张彝宪的诘责，结果很快被罢职而去。

为了镇压李自成等农民军，增兵增饷，国家财政吃紧。崇祯皇帝本想通过张彝宪等人来改变这种局面，但财政吃紧的状况反而更加严重。时间一久，张彝宪的恶行渐渐传入崇祯皇帝耳中。再加上不时有朝臣上疏力谏，崇祯皇帝终于将张彝宪撤回，取消了"户工总理"一职。崇祯皇帝还专为此事发了一道诏书，其中说道："往以廷臣不职，故委寄内侍。今兵制粗立，军饷稍清，尽撤监视总理。"[②]从崇祯皇帝的这些话中可以看出，他所责备的还是外廷官员，谓"廷臣不职"，而对宦官却没有半点责备之意。

崇祯皇帝除了用张彝宪总理户、工二部财政以外，他还使用了一些宦官掌管其他财政事务。例如，他不时派出宦官督理盐政。在中国古代，盐政是国家财政收入之大宗，历代统治者对此都十分重视。自明初以来，盐、茶等都由国家专营，像军饷等大宗支出，在很大程度上就依靠盐政收入。崇祯朝内忧外患不断，饷银匮乏，故对盐政格外重视。他除了派得力官员掌管外，还不时派宠

---

① 《明史》卷二五四《曹珖传》。
② 《明史》卷三百五《张彝宪传》。

信的宦官前去"总理"。崇祯十年（1637），崇祯皇帝"命太监杨显名总理两淮盐课。显名抵任，查参巡盐张养、高钦舜各侵匿税额数十万，有旨逮问。时（张）养已卒，命籍其家"。可以看出，这个巡查盐政的宦官比巡盐御史等人更受信任。而且，在礼仪上这个宦官也显得比其他官员尊贵。当地掌盐政的官员见了他都行下属之礼："上（崇祯皇帝）遣中使杨显名监盐政，令监司以下行属礼"。①实际上，杨显名的身份和户工总理张彝宪很相似。

很多宦官利用手中的权力百般勒索，令人瞠目。有一次，杭州官员将 3 万匹龙缎解送到京师。掌管仓库的宦官向他们索取贿赂，而这些官员自恃来供御用，别人不敢刁难，所以就拒绝向管库的太监行贿。这个宦官大为生气，便借口说这些龙缎质量差，"不中用"，拒不收库。掌库宦官要内阁票拟，许将龙缎退回。阁臣文震孟对内阁首辅温体仁说："龙缎虽云不堪御用，然以充赐赉杂赏，似亦无妨。况 3 万匹入京，不知费民财几十万。若行驳还，复造以进，民不堪命矣。明主可以情告，宜出一揭，为杭民请命，乞行暂收，以后不以不堪者塞责。"温体仁不敢开罪宦官，便置大量的民力、物力于不顾，按照宦官之意票拟："尽数驳还。" 3 万匹龙缎是个大数字，宫廷不用，民间又不敢用，一退回即如同废物。对此，这些宦官竟毫不怜惜。这批龙缎退回后，经数年才补征足额。②当时天下多事，民力艰难。宦官们竟为索贿不得而退掉、毁掉 3 万匹龙缎，令人发指。

有的宦官利用崇祯皇帝赋予的权力，到地方上任意勒索，致使酿成许多事端，就像万历年间矿监税使扰害地方一样。真定巡抚李模曾冒死上过一疏，详陈分守太监陈镇夷在河北"贪婪暴虐"之事，令"官民寒心"。疏中说，当陈镇夷出京后，真定地方官就派人赴保定迎接，"馈银三百两"，大概也就算见面礼了。到任后，一些地痞向他"通贿赂"，他便引为心腹。凡遇有油水可榨之事，虽"田产小词，尽批解究"。把总何起龙"送银二百两，求管关税"。太监陈镇夷"每日抽黄钱二三十千不等。单身人过，亦索钱二十文，怨声载道"。

---

① 林璐：《岁寒堂存稿·河间太守颜公传》。
② 文秉：《烈皇小识》卷四。

明廷明文规定，各类官员的"工食器用等项，不许科派里甲"，但陈镇夷"私用米豆"等物也发牌"买办"，他只发银180两，而实费超过了40两。他在衙署中大兴土木，工料银500两，亦由赵州等地摊派。"营兵每月饷银二两二钱"，而他"乃每名扣除四钱、七钱不等"，由各营官员直接送到衙内。每名士卒"该行银升半，只给一升。草每束折银四分入己，马多饿倒"。兵士愤恨，很多人逃去，不少人投身到农民起义军当中，即文中所说"纵兵为盗"[①]。类似的大大小小的克扣，李模在疏中还列举了许多，都言之凿凿。有的数字看来并不大，只不过几百两银子，但它却表明了这些宦官的贪婪。像每名士卒扣饷银4钱、7钱，但汇总起来也就成了大数字。

崇祯皇帝用宦官监理财政的事还有许多。例如他就"命司礼太监张其鉴等赴各仓，同提督诸臣盘验收放。"他命内臣张元亨等赴西宁，以监视用茶"易壮马"之事。这些宦官清廉者极少，大都贪墨无度，以常人难以想象的恶劣手段勒索和受贿。一般说来，这些宦官出外监理财政都属于临时差遣。这也促使他们必须抓紧时机中饱私囊。否则，一旦期满回京，这种搜刮的机会也就到期了。这正是这些宦官显得特别贪婪的原因之一。崇祯皇帝本来想用身边宦官管理好天下钱粮，以便为镇压李自成起义军提供充足的财政支持，结果却适得其反，财政反而更加恶化。

三、用宦官监领天下兵马

崇祯皇帝除了用宦官侦缉和监理钱粮外，对明末政局影响更大的是用宦官掌兵权。他即位之初虽撤回了监军、镇守，但不久又重新派出。这自然遭到外廷臣僚的反对，故多次设了又撤，撤了又设。这些充任监军、镇守的宦官虽不知兵，但权力很大，高高在上，作威作福，败坏封疆。这成为崇祯年间最大的弊政之一。

崇祯皇帝在处死魏忠贤的同时，下令撤回所有的监军、镇守，并在诏谕中明确指出了这样做的弊端："一柄两操，甚无谓也"，会因为"委任不专"而贻

---

① 文秉：《烈皇小识》卷五。

误军机。满朝上下都为此举感到欢欣鼓舞。但是，人们的这种乐观情绪并没能持续多久，到崇祯二年（1629）就基本上烟消云散了。这年年底清兵分三路内犯，崇祯皇帝便忘了他说过不久的话，又用内臣监起军来。他用太监王应朝监视行营，用太监沈良佐和吕直提督九门及皇城门，用司礼太监李凤翔总督忠勇营、提督京营。与此同时，他还命太监冯元升核查军伍，士兵数字属实后才让户部发饷。可以看得出，这种状况几乎完全恢复到了魏忠贤擅权时的局面。

由于外廷臣僚的一再劝谏，当清兵撤退后，崇祯皇帝便将出掌军权的宦官撤回。这一次似乎一切都很平静，没有引起大的风波。崇祯四年（1631）九月，因杨鹤"主抚误国"，西北一带李自成等农民起义军势力越来越大，崇祯皇帝便再次用内臣监领兵马。这一次比上次显得更为认真：用太监唐文征提督京营，命王坤往宣府，刘文忠赴大同，刘允中去山西，"各监视兵饷"。十月，崇祯皇帝正式恢复了太监的"监军"之职：命王应朝监军关宁（山海关和宁远），张国元监蓟镇东协，王之心监中协，邵希韶监西协。十一月，崇祯皇帝命太监李奇茂赴陕西监视茶马互市，命吴直监视登州海岛兵饷。这些宦官"口衔天宪"，傲视外臣，派出的人数多、分布广，各地重要军镇几乎都有监军的宦官。

崇祯皇帝的这种做法自然遭到许多大臣的反对，有的人说的话颇激切。例如兵科给事中魏呈润就上言道："我国家设御史巡九边，秩卑而任重……边事日坏，病在十羊九牧。既有将帅，又有监司；既有督抚，有巡方，又有监视。一官出，增一官扰。中贵之威，又复十倍。"[1] 崇祯皇帝这时任用宦官的态度坚决，见此疏大怒，立命将魏呈润降三级，调出京外。外任臣僚因反对用宦官干预军事而纷纷被治罪。崇祯皇帝又连续不断地派出宦官出任监军、镇守等职。例如，崇祯五年（1632）七月，司礼太监曹化淳受命提督京营，十二月命少监刘劳誉提督九门。刘劳誉"令百官进马"，三品以上每人进一匹，三品以下二人合进。但他却并不要真马，而是要臣僚将马价银交御马监，由御马监再拿银子去购买。如不交马价银，"虽骏骥亦却之"。明眼人都很清楚，刘劳誉的真意并不在马，而是在银。但臣僚只得忍气吞声，按时缴纳。

---

① 《明史》卷二五八《魏呈润传》。

崇祯六年（1623）六月，崇祯皇帝命太监高起潜监视宁（远）、锦（州）军务，太监张国元监视山西等地军务，并"综核兵饷"。湖广守备太监魏相调往登州任监视，并兼核兵饷。在此期间，不少充任监军、镇守的宦官冒充军功，受到升赏，并荫本家子弟为官。

也就在这些宦官趾高气扬的同时，外廷臣僚中一些刚直的人不断上疏反对。例如南京礼部主事同镳，他于崇祯六年（1623）十二月毅然上疏，在指出一些监军、镇守的恶行之后说："内臣用易而去难，此从来之通患。……从此以后，草菅臣子，委亵天言，只徇中贵之心，将不知所极矣。"① 崇祯皇帝不仅不采纳，反而"怒其切责"，将其罢职。由此足见崇祯皇帝宠任宦官的态度之坚决。

这些充任监军、镇守的宦官与当地将领互相掣肘，遇事互相推诿，实际效果并不好，不但不能加强防务，反而败事。一些臣僚不断将这些监军、镇守胡作非为之事报告朝廷，极力请求崇祯皇帝将这些宦官撤回。例如侍读倪元璐就曾上疏直言，自这些宦官出任后，边将"无事禀成为恭，寇至推委百出，阳以号于人曰：'吾不自由也。'陛下何不信赏必罚，以持其后，而必使近习之人（宦官）试之锋镝，又使藉口迄于无成哉！始陛下曰，行之有绩即撤，今行之无绩，益宜撤。"② 倪元璐的这话说得尖锐；原来说用这些宦官"行之有绩即撤"，实践证明"无绩"，岂不是更应该撤吗？在臣僚的一再坚请下，崇祯皇帝这才下令"罢各道监视内监"，他还为此发了一道颇为严肃的诏谕。从崇祯皇帝的诏书中可以看出，他所指责的主要还是外廷臣僚。正是因为他们"负国家"，所以自己才不得已而用内臣，且想以此要外廷臣僚自省，即所谓"自引罪"。他对这些宦官败坏封疆的各种恶行，却不见有半句指责。因此，虽说撤回监视太监，但崇祯皇帝对宦官的宠任之情并未稍减。这就注定了他撤回内臣不会彻底，宦官日后还必将重新得势。

崇祯九年（1636）七月，清兵再次大举内犯，崇祯皇帝便又使用宦官出任监军、镇守等职。他命太监李国铺镇守紫荆关，许进忠镇守倒马关，张元亨镇

---

① 谷应泰：《明史纪事本末》卷七十四。
② 谷应泰：《明史纪事本末》卷七十四。

守龙门关，崔良用镇守固关，太监孙维武、刘元斌率 6500 人驻防马水河一带。另外，崇祯皇帝命司礼太监张云汉、韩赞周为副提督，巡城阅军；命司礼太监魏国征镇守天寿山，不久又将他改任宣府，又以御马监太监邓良辅为分守，用太监邓希诏监视中、西二协，太监杜勋为分守。权力最大的还是高起潜。崇祯皇帝命他为"总监"，像辽东总兵祖大寿、山海总兵张时杰都隶属其指挥。在出发前，崇祯皇帝还给高起潜银 3 万两，1000 张赏功牌，以随时赏有功将士。

当时，命提督天寿山军事的宦官当天就动身前往。崇祯皇帝很高兴，便对众阁臣说："内臣即日就道，而侍郎三日未出，何怪朕之用内臣耶？"[1]宠任宦官之情溢于言表。

崇祯皇帝这次派遣监军、镇守一直延续了近 4 年的时间，直到崇祯十三年（1640）三月才下诏，"撤各镇内监还京"。其间不断有内臣出任监军、镇守，但也不时有耿直的大臣上疏反对。起初，在外将领大都反对宦官监视，一是反对分权，二是耻于行下属礼。但后来这些将领不但不反对，反而乐于派有宦官监视。自崇祯九年（1636）七月大遣监军、镇守之后，反对此事的基本上都是文臣，而却看不到将领上疏反对。其原因就在于，有了宦官监视，这些将领就有了依靠，只要侍候好这些宦官，打了胜仗自可报功，打了败仗也可掩饰，甚至明明打了败仗，也可由这些宦官报告打了胜仗。这就像刘宗周疏中所说："监视遣而封疆之责任轻。"但崇祯皇帝不了解内中实情，认为有宦官监视就可以少有欺蒙，实际上却恰恰相反。他至死仍蒙在鼓里，一直把宦官视为干城之寄。

崇祯皇帝对刘宗周的上疏极为反感，怒气冲冲地从御座上站起来，要对刘宗周严加治罪。幸赖其他大臣劝谏，崇祯皇帝又素知刘宗周"憨直"，难以确切指出他的罪名，故只好从轻发落，将其"斥为民"。

刘宗周在疏中还提到御史金光辰，极陈金光辰请罢内臣监视为是。这也是惹崇祯皇帝发怒的一个原因。原来，崇祯九年（1636）七月清兵内犯时，金光辰奉命守东直门，深知内臣干预军事之害。他当时就上疏，"请罢遣"。崇祯皇帝很生气，召对平台。突然风雨骤至，侍臣都在雨中站着，没有伞，就用袍袖

---

[1] 谷应泰：《明史纪事本末》卷七十四。

遮雨。金光辰面对崇祯皇帝的诘责毫无惧色，说得激昂慷慨："皇上以文武诸臣无实心任事，委任内臣。臣愚以任内臣，诸臣益弛卸不任。"崇祯皇帝"大怒，声色俱厉，将重遣光辰，而迅雷直震御座，风雨声大作"，这使崇祯皇帝为之一惊，似乎感到这是上天示警，不能对金光辰重加治罪。这时金光辰还在顽固地坚持自己的意见，又进而说道："臣往日在河南，见皇上撤内臣而喜。"话还没说完，崇祯皇帝就制止他："你不要再说了！"崇祯皇帝沉吟了一会儿，即命群臣退下，既没采纳金光辰的奏请，也没对金光辰治罪。许多大臣私下议论，说金光辰有"天幸"。①

在许多大臣的反对下，崇祯皇帝于崇祯十三年（1640）三月尽撤内臣监视。这次坚持了两年多，直到崇祯十五年（1642）十一月，因清兵大举内犯，便又重新遣宦官出任监军、镇守。这时崇祯皇帝越发感到外廷臣僚的不可用，越发宠任宦官。这次派遣直到他吊死煤山时都未再撤。

这些出任监军、镇守的宦官大权在握，但却不以封疆大事为重，且毫无节操可言。他们在任上擅作威福，克扣军粮，中饱私囊，凌辱将帅，有意或无意地牵制将领手脚，使疆事更加败坏。这与崇祯皇帝的初衷自然是大相径庭的。

到外地出任监军的宦官实际上就是崇祯皇帝派出的私人代表，都深得崇祯皇帝信任，到任上都显得气焰不可一世。有的将领只是因为不愿向这些监军宦官行下属礼，致使被降级或罢职。对于将帅的进退，巡抚所言反不如这些宦官所言来得有效。有的将领深知其中的奥妙，虽屡打败仗，但因奉承和贿赂这些宦官，不但不受处罚，反而还可以掩败为胜，得以升迁。如果某个将领不阿附这些宦官，处境就很艰难。例如崇祯十一年（1638）冬清兵内犯时，名将卢象升率军入援，在巨鹿贾庄与清军激战。监军宦官高起潜只离贾庄50里，但他却拥兵不救，致使卢象升战死。

这些手握兵权的宦官有恃无恐，甚至敢凌辱兵部尚书。兵部尚书李邦华曾亲自稽查京营，力图除掉"占役、虚冒之弊"。所谓"占役"，即军士为将领私人所役使，有的一小营就有四五百士卒被占役。所谓"虚冒"，即指军士名

---

①《明史》卷二五四《金光辰传》。

单上有其名，但实际上却无此人在军，而只是借此冒领钱粮。李邦华经亲自核查，使万余被占役的士卒回营，数千虚冒者被除掉。他的清查工作并没能进行得很彻底，提督京营的宦官便和其他宦官相勾结，广布流言，攻击李邦华。李邦华"遂为内侍飞语所中，罢任去。去国之日，守门诸阉争捽击之。至于裂其衣冠，辱其妻孥"①。这些宦官的气焰如此嚣张，对兵部尚书尚敢如此放肆，就更不要说一般臣僚了。在这种情况下，外廷臣僚即使想有所作为，面对这种局面也只能徒呼奈何了。

在那些外出任监军的宦官当中，高起潜任职时间最长，也是当时号称"知兵"的一个。实际上，他也是一个很善于争功和掩饰败绩的一个。这些人争功时什么手段都能用得出来，甚至诬称别人杀的不是敌人，而是明军。例如崇祯十一年（1638）十二月，清兵攻打济宁，被兵备道冯元飏击退。第二天，高起潜的部将丁祥赶来，指责冯元飏所击杀的都是他的部下，居然命令部下要攻城。冯元飏在城墙上义正词严地对他说："我以济宁城存亡为存亡，只知道凡是攻城的都是敌人！"丁祥语塞，只好解围他去。②

更有甚者，高起潜的部下甚至公然抢劫百姓，有的则冒充盗贼，成群结伙地进行抢劫。当沙河县城被清兵攻破后，"群盗乘机窃发"，四处焚掠和抢劫。清兵退后，地方官"往擒数人"。但这些人到县衙后毫无惧色，并大声嚷道："我们都是高总监的部兵！"③地方官无奈，只好将他们放掉。高起潜拥兵游荡，"实未尝决一战"。为了报功请赏，便割死人头冒充军功。在这些死人头当中，不只是有敌人的，还有老百姓的，也有自己士卒的。高起潜是这种样子，其他的监军宦官也大同小异，"诸监多侵克军资，临敌辄拥精兵先遁"④。

这些监军宦官还有许多令人难以想象的荒唐事。例如，当崇祯十一年（1638）冬清兵入犯蓟州、昌平时，总督吴阿衡正和镇守太监邓希诏一起祝寿。这时哨兵来报，谓清兵已入口，但二人却不以军情为重，坚持要饮到百杯，以

---

① 张怡：《搜闻续笔》卷三。

② 黄宗羲：《南雷文案》卷五《留仙冯公神道碑》。

③ 林璐：《岁寒堂存稿·河间太守颜公传》。

④ 《明史》卷三〇五《高起潜传》。

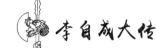

取百寿之庆。当饮到百杯时，二人都酩酊大醉，已不能整兵迎敌，结果二人都死于乱军中。

崇祯九年（1636），太监卢九德率领京营兵赴河南和湖北一带围剿农民起义军。当军情紧急之时，卢九德不是激励将士奋勇迎战，而是找一群和尚念经，"募群僧诵佛号，以祈免死"①。

崇祯皇帝派宦官为"监视"，又有"视监视"，层层监督。但事与愿违，这些宦官监视越多，兵事越坏。这正如当时人所说："上（崇祯皇帝）性多疑，有监视，又有视监视。多一人有一人之费。穷边士卒，何不幸一至于此！"②崇祯皇帝宠任宦官，远胜过信任外适臣僚。也正是因为这一点，所以当崇祯二年（1629）清兵内犯时，两个小宦官向崇祯皇帝说，袁崇焕与清兵相勾结，崇祯皇帝便信以为真，果然将名将袁崇焕下狱处死，致使辽东战事败局一发不可收拾。

崇祯皇帝用宦官监军，用东厂特务侦缉臣下，用大宦官监理财政，稽核兵饷，这使得崇祯一朝的宦官气焰特别高，炙手可热。这是崇祯朝政体败坏的一个十分重要的原因，也是崇祯亡国的根源之一。对这一点，崇祯皇帝至死都未醒悟。

在李自成等农民军和清兵的双重打击下，明廷官贪兵懈，长久积聚的腐败更加暴露无遗，各种内在矛盾更加激化。崇祯皇帝感到外臣不足恃，便重用宦官，希望这些宦官能为他扭转危局。但事与愿违，宦官本身就是一支十分腐败的势力，重用宦官不仅未能扭转危局，反而使局面更加不可收拾，大大加速了明王朝的灭亡。

当李自成农民军向京师进军时，驻守军事重镇的监视太监杜勋首先献降。驻守居庸关的监视太监是杜之秩，他极力怂恿守将唐通也主动献关请降。李自成兵不血刃便逼临北京。崇祯皇帝这时仍对宦官宠任不衰，他派去分守九门的不是外廷将领，而是太监，由大太监王承恩提督京城内外守军，普通百姓一律不许上城。在崇祯皇帝死前的两个多月内，他急剧扩大宦官队伍，连"选三

---

① 戴名世：《戴南山集》卷十四《孑遗录》。
② 杨士聪：《玉堂荟记》卷下。

次，增万人"①。崇祯皇帝的用意很清楚，就是要用这些宦官来保卫京师、挽救危亡。但事与愿违，这些宦官却成了投降的带头人。在万分危急之时，崇祯皇帝甚至对处死魏忠贤也后悔起来，便下"密旨，收葬（魏）忠贤遗骸"②。由此可见，崇祯皇帝对宦官是何等倚重！他万万没有想到，打开城门迎降李自成的正是他倚重的大太监曹化淳。至此，他已无路可走，只好悲怆地吊死煤山了。

明王朝历时近 300 年，随着崇祯皇帝的自缢而宣告灭亡。其原因自然是多方面的，但有一点可以肯定，即重用宦官是重要的原因之一。崇祯朝虽然没有出现像刘瑾、魏忠贤那样的大宦官头目，但崇祯皇帝倚信宦官的程度却不亚于以前的任何一个皇帝，甚至更有过之。崇祯皇帝口口声声说自己"朕非亡国之君"，自作英明，仅此一点就足以使这种说法大打折扣。

第三节　为政察察，举措乖张

崇祯皇帝在位 17 年，日理平台，辛苦也可谓辛苦矣。他本来想有所作为，实现明王朝的中兴大业。但实践证明，他不是个中兴之君。他用人多疑，为政察察，有了失误则委过于臣下。

崇祯皇帝总是怀疑臣下结党营私，因此，他对臣下的一举一动疑神疑鬼，随之而来的便是用重法驭臣下。他恩不欲归下，自作英明，但举措乖张，致使"责罚严至不能罚"，政事愈加败坏。面对李自成等农民军和清兵的交相打击，天下崩坏，崇祯皇帝对臣下更加"责罚严"，政局也随之更加败坏。

一、"责罚严至不能罚"

凡是英明的君主，驾驭臣下应做到两点：一是知人善任，二是赏罚分明。有功即赏，有过即罚，分寸恰当，那么臣下都会勤于政事，奋力进取。崇祯皇帝则不然，不要说他知人善任这一点做不好，重用宦官即是明证，尤其是在对臣下的

---

① 王誉昌：《崇祯宫词》卷下。
② 计六奇：《明季北略》卷二十《十四孝陵夜哭》。

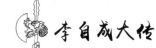

赏罚上更是荒谬。他往往该赏不赏，不该罚却滥罚，臣下常因小过而糊里糊涂地丢了脑袋。这在对将领的处置上表现得最为突出，"败一方即戮一将，隳一城即杀一吏"。在这种情况下，将领们大都不求有功，但求无过，而不思积极进取，唯恐因小过而被诛。在与李自成等农民军长期周旋的过程中，大部分明军将领都是消极应付，尽量保存实力。更常见的现象则是互相推责，百般掩饰败绩，或把失败粉饰成胜利，把小胜说成大胜。崇祯皇帝对臣下的这种欺骗现象有所了解后，则更为气恼，越发滥罚滥杀。于是人们就看到崇祯年间出现了这种现象：年年增兵增饷，但军队的战斗力却日渐虚弱，大小将领一个接一个被关被杀，疆事一天比一天败坏。明王朝也就在这种恶性循环中滑向了覆灭的深渊。

崇祯皇帝驭臣下以察察为明。他为了防止臣下欺蒙，往往亲自考选官员。例如崇祯八年（1635）增补阁臣，崇祯皇帝亲自召廷臣数十人，每人发给一封奏疏，要他们当场票拟，就像今天老师对学生进行考试一样。崇祯皇帝然后根据票拟优劣，亲定张至发和文震孟入阁。以前阁臣都来自翰林，崇祯皇帝"以翰林不习世务，思用他官参之"。张至发不出身于翰林，长期在外任职，这时以刑部右侍郎入阁。所以张至发成为崇祯朝第一个入阁的外僚。有一次，崇祯皇帝对吏部考察任用的一批官员不放心，便又亲自考选一番，并亲自定其官职。这时，有的人已到外地赴任，无法亲临应考。例如苏在先已就任苏州同知，成勇已就任南京吏部主事。有的人为成勇称屈，谓成勇倘亲自应考，定会受重用。崇祯皇帝降旨，"成勇改南京御史用"[1]。苏在先无人为他称屈，也就仍任原职了。

面对崇祯朝政事败坏，崇祯皇帝又滥罚滥杀，许多大臣都只求洁身自保，不敢直言政事得失。

只有少数刚直大臣才偶尔敢发些议论。崇祯皇帝对他们的议论有时耐着性子听一听，大都不予采纳，甚至稍不如意则大加惩处。其中最典型的大概就是刘宗周和黄道周了。

刘、黄二人是明末的大名士，刚直不阿，直言敢谏。他们对崇祯皇帝的失误非常清楚，言辞也颇为直率。他们对崇祯朝的弊端说得深刻全面。崇祯皇帝

---

① 文秉：《烈皇小识》卷五。

对他们二人的态度在一定程度上反映了崇祯皇帝的用人态度。

刘宗周在天启年间时被魏忠贤以"矫情厌世"的莫须有罪名罢职家居。崇祯皇帝召他为顺天府尹，即京师的行政长官。关于崇祯皇帝考核各级官员，刘宗周说道：

> 事事纠之不胜纠，人人摘之不胜摘，于是名实紊而法令兹……深文巧诋，绝天下迁改之途。益习为顽钝无耻，矫饰外貌以欺陛下。士节日隳，官邪日著，陛下亦安能一一察之？

这实际上就是说，对臣下责罚过严，就等于没有责罚。责不胜责，罚不胜罚，臣下则不讲气节，矫饰欺蒙。刘宗周接着直接点出了崇祯皇帝本人的责任：

> ……动出诸臣意表，不免有自用之心。臣下救过不及，谗谄者因而间之，猜忌之端从此起……数十年来，以门户杀天下几许正人，犹蔓延不已。陛下欲折君子以平小人之气。用小人以成君子之公，前日之覆辙将复见于天下也。
>
> 陛下求治之心，操之太急，酝酿而为功利；功利不已，转为刑名；刑名不已，流为猜忌；猜忌不已，积为雍蔽。①

刘宗周在这里直指崇祯皇帝有"自用之心"，求治"操之过急"，以重刑驭下，造成许多积弊。在封建时代，一个大臣能够直接指出具有九五之尊的皇帝的过失，这是需要极大勇气的，弄不好就会掉脑袋。这一次还算好，崇祯皇帝未对刘宗周治罪，只是认为他"迂阔"，也承认他出自忠心，但对他的建议并未采纳。

不久，刘宗周又一次上疏，切陈用重刑驭臣下的失误：

> 陛下以重典绳下，逆党有诛，封疆失事有诛。一切诖误，重者杖

---

①《明史》卷二五五《刘宗周传》。

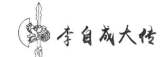

死，轻者谪去，朝署中半染赭衣。而最伤国体者，无如诏狱。

刘宗周这话说得十分激动，也十分大胆。他居然敢说"朝署中半染赭衣"，即半数大臣成了囚犯，皇上还有什么英明可言呢？崇祯皇帝见疏十分恼怒，"指为偃蹇"。刘宗周见自己的意见不被采纳，便称病辞官。崇祯皇帝便顺水推舟，马上准其回乡闲住。崇祯八年（1635），廷推刘宗周入阁。第二年刘宗周入京，马上进一疏，重点也是说崇祯皇帝用法太严：

> 陛下求治太急，用法太严，布令太繁，进退天下士太轻。诸臣畏罪饰非，不肯尽职业。故有人而无人之用，有饷而无饷之用，有将不能治兵，有兵不能杀贼。

崇祯皇帝认为刘宗周太迂腐，便不准其入阁，而仅授职工部左侍郎。刘宗周本来就被推举为阁臣，千里迢迢地由家乡赶来，这时却改为一个侍郎，心里自然十分懊丧。于是，他接着又上了一道《痛愤时艰疏》。他在疏中说，自袁崇焕被下狱处死后，"朝廷始有积轻士大夫之心"。他接着说道：

> 自此耳目参于近侍，腹心寄于干城，治术尚刑名，政体归丛脞，天下事日坏而不可救……人人救过不及，而欺罔之习转甚；事事仰或独断，而谄谀之风日长……敲扑繁而民生瘁，严刑重敛交困而盗贼日起……朝廷勒期平贼，而行间日杀良报功，生灵涂炭矣！

崇祯皇帝见疏"怒甚"，要阁臣严旨票拟，准备对刘宗周严加惩治。内阁呈上票拟，崇祯皇帝以所拟太轻而退回内阁，有时还亲自批上数语。如此反复了数日，鉴于刘宗周的确没有多少罪过可说，难以拟罪很重。这样过了一段日子，崇祯皇帝怒气渐消，便打消了惩治刘宗周的念头，而只是降旨诘责了一通，"谓大臣论事宜体国度时，不当效小臣归过朝廷为名高"。刘宗周知道自己不被信用，不久就上疏求去。崇祯皇帝遂命他闲住养疾。但刘宗周还是时刻关心着朝政，在崇祯十一年（1638）清兵内犯稍安后，他又上疏直言崇祯皇帝驭臣下之失：

> 频年以来，陛下恶私交，而臣下多以告讦进……陛下尚综核，而臣下琐屑吹求以示察。凡若此者，正似信、似忠之类，究其用心，无往不出于身家利禄。陛下不察而用之，则聚天下之小人立于朝，有所不觉矣。

崇祯皇帝见疏又大怒，刘宗周遂被削籍为民。[①]

到崇祯十五年（1642），天下的形势更加危机，崇祯皇帝又想起了刘宗周，认为他清正敢言，才有可用，于是又起他为左都御史。当年冬季清兵入塞，掠至山东。李自成农民军已略定河南，攻入湖广，占领襄阳。面对天下残破的政局，崇祯皇帝忧心如焚，刘宗周刚直的禀性不改，二人遂在廷上展开了一场颇为激烈的辩难。

刘宗周奏道："十五年来，陛下处分未当，致有今日败局。不追祸始，更弦易辙，欲以一切苟且之政，补目前罅漏，非长治之道也。"

崇祯皇帝气得脸都变了颜色，"前不可追，善后安在？"

刘宗周答道："在陛下开诚布公。公天下为好恶，合国人为用舍，进贤才，开言路，次第与天下更始。"

崇祯皇帝反问道："目前烽火逼京师，且国家败坏已极，当如何？"

刘宗周先说了一通择贤才的话，接着说道："论者但论才望，不问操守；未有操守不谨而遇事敢前，军士畏威者……"

崇祯皇帝打断他的话说："济变之日，先才后守。"意思是说，在军情紧急之时，应该首先看才能，第二位的才是操守。

刘宗周毫不退让，继续说道："前人败事，皆由贪纵使然。故以济变言，愈宜先守后才。"

崇祯皇帝反驳道："大将别有才局，非只操守可望成功！"

---

① 《明史》卷二五五《刘宗周传》。

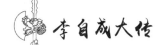

刘宗周接着以督师范志完败事为例，继续抗辩道："他不具论，如范志完操守不谨，大将偏裨无不由贿进，所以三军解。由此观之，操守为主。"

崇祯皇帝很不耐烦，便没好气地说："你的意思朕已知道了。"这才停止了这场争辩，但不久就借故将刘宗周罢斥为民。[1]

从刘宗周的话中可以看出，崇祯皇帝在驾驭臣下方面多有不当。尤其是他"求治太急，用法太严"，带来许多严重的弊病。正是针对这一点，刘宗周建议他"以宽大养人才，以忠厚培国脉"，而不能一味滥罚滥杀。即使对刘宗周这样的清正有识之臣，崇祯皇帝也难以相容，终于将他罢斥为民。

崇祯皇帝对待黄道周的态度也是个典型。在当时，黄道周"以文章风节高天下，严冷方刚，不谐流俗"。崇祯皇帝也明明知道他清正敢言，但厌其太直，故几次起用，又几次罢斥。有一次会推阁臣，黄道周本来在其中，但崇祯皇帝拒不令其入阁。后因言事过于激烈，崇祯皇帝居然将他谪戍广西。

郑三俊也是出名的清正大臣，名望甚高。崇祯十一年（1638），崇祯皇帝听信谗言而将郑三俊逮系狱中。时郑三俊任刑部尚书，也可说是重臣了。总督卢象升首先上疏论救，继而有10余个大臣上疏为郑三俊喊冤，极称郑三俊"公忠廉慎"，但崇祯皇帝一概不许。

崇祯皇帝对名重一时的大臣动不动就罢斥，甚至逮系，对一般的大臣处治得就更滥了。"崇祯五十相"已成为人人皆知的固有词组，也是历史笑谈。它形象而真实地反映了崇祯皇帝轻易处罚大臣的事实。崇祯年间这类事还有很多。例如刑部是掌管刑罚的，但刑部官员并不能按照通常的刑法办事，而只能唯崇祯皇帝的意旨是从。崇祯皇帝要用重刑，刑部官不敢少宽，否则他们自身也将受到严惩。崇祯皇帝在位17年，仅刑部尚书就换了17人。像苏茂相，仅当了半年刑部尚书就罢了官。韩继思因量刑不合崇祯皇帝心意而被除名。乔允升和冯英被遣戍边地。刘之凤和甄淑都被下狱论死，后瘐死狱中。郑三俊两次出任刑部尚书，两次被罢。至于其他的刑部官员，被罢、被遣戍者更不胜枚举。

崇祯年间兵事频仍，武臣被治罪者更是接连不断。清兵不时内犯，攻城略

---

① 《明史》卷二五五《刘宗周传》。

地；李自成、张献忠等农民军几起几落，势力日益壮大，兵锋所及，遍至大半个中国。当某一个城池失守时，当地长官十之八九也就要被杀了。例如陕西华亭知县徐兆麟，他刚赴任7天，城被农民军攻陷，他本人则因此被"论弃市"。他纵使有天大的本领，刚上任7天的县令对军政又能做何整饬呢？对此"人皆冤之"①，但慑于崇祯皇帝的严刑峻法，没人敢为他开脱。

总督掌一省或数省军务，巡抚掌一省或数处军事重镇的军务，都是独当一面的封疆大吏。崇祯皇帝对他们也是严厉有加，毫不宽待。崇祯皇帝在位17年间，仅诛杀总督即达7人，除袁崇焕以外，还有郑崇俭、刘策、杨一鹏、熊文灿、范志完、赵光抃。另外，杨嗣昌因镇压农民军失败而畏罪自杀。卢象升孤军无援，战死沙场，久久得不到抚恤。

崇祯皇帝还诛杀巡抚11人，其中不少人死得十分冤枉。例如山西巡抚耿如杞，当清兵大举内犯时，崇祯皇帝号召天下兵勤王。耿如杞率总兵张鸿功入援京师，结果三天被命令换了三个地方驻防，而粮草却一点未给。士卒饥饿难忍，遂四处劫掠。崇祯皇帝闻知后，立即将耿如杞和张鸿功下狱，不久处死。四川巡抚邵捷春也死得不明不白。这是因为，当杨嗣昌在湖北等地镇压农民军时，为了减轻压力，有意将农民军往四川驱赶。邵捷春抵御不住，便被崇祯皇帝以失事处死。崇祯皇帝对总督、巡抚的惩治尚如此严厉，至于级别较低的军官，因故被逮、被杀的就更不计其数了。

有的官员摸清了崇祯皇帝的脾性，用刑故意从严，以免受到皇上的谴责。例如曾任刑部尚书的甄淑就对下官说，凡是按照刑律该拟杖罪的，就判为徒刑；凡是该拟为徒刑的，就判为遣戍；凡是该拟为遣戍者，就拟为斩首。他以为这样一来就会合乎崇祯皇帝的心意，就"不可驳"了。这很难怪这些官员生性残忍，更主要的是崇祯皇帝专用严刑使然。

崇祯皇帝甚至恢复了朱元璋时所常用的廷杖，将平时颇为体面的大臣当廷用棍棒殴打，轻则遍体鳞伤，重则毙死杖下。行杖时由宦官指挥，锦衣卫官校施行。在这种时候，被杖大臣的命运就完全掌握在这些人的手中。如果宦官两

---

① 《崇祯实录》卷六。

脚尖分开外向，表明不要打死；如两脚尖一合，被杖者就要一命呜呼了。吏部郎中吴昌时两胫骨被当廷打断。朱绅是内阁大学士朱国桢之子，因恩荫得任内阁中书，因弹劾湖州知府朱大受，连上四疏，惹得崇祯皇帝大怒，"奉旨廷杖，遂毙杖下"[①]。

按照崇祯皇帝本来的心意，想通过用重刑使臣下尽心用事，不敢懈怠和欺蒙。但结果却事与愿违。正像前边所述刘宗周等人所奏请的那样，刑愈严而弊愈深，臣下救过不及，唯恐因小过而被诛，只有因循苟且，遇事则百般推脱罪责，宁肯眼睁睁地看着国家大事遭败坏，也不肯主动前去挽救。崇祯皇帝本想用严刑整肃吏治，结果崇祯朝的吏治愈加败坏。由此引起连锁反应，天下的老百姓看不到希望，便纷纷投入到李自成等农民军中。李自成最终推翻明王朝也就在情理之中了。

二、诿过于人，自作英明

崇祯皇帝一方面为政察察，以重刑驭臣下，另一方面是自作英明。本来是自己授意做的事，一旦出了问题，则诿过于人。拿臣下当替罪羊。有恩不肯归下，有过则拿臣下开刀，这是他性格上又一个致命的弱点。

崇祯十一年（1638）二月，刑部尚书郑三俊被逮系狱中。郑三俊是有名的清廉之士，朝臣多知其冤。当侯恂蒙冤被逮后，一些人就散布流言，谓郑三俊与侯恂是东林密友，郑三俊定会"屈法徇私"。这话也传到了崇祯皇帝耳中。当郑三俊将侯恂的狱词奏上时，其中果然有许多为侯恂卸罪之辞。崇祯皇帝顿时大怒，断定郑三俊与侯恂果然是同党，于是立命将郑三俊逮系狱中。总督卢象升等连章为郑三俊诉冤，崇祯皇帝皆不予置理。数日后崇祯皇帝御经筵。按照惯例，大臣讲后都要附一段"时论"，即议论时政得失。一般说来，这时皇帝心情比较好，是虚心纳谏的良机。许多大臣也趁机讲一些平时不敢讲的话。左谕德黄景昉这时极言郑三俊清正，不当下狱。崇祯皇帝说郑三俊"徒清亦不济事"。接着又有不少人为郑三俊呼冤，甚至称将郑三俊下狱有违天和。崇祯

---

① 文秉：《烈皇小识》卷六。

皇帝对此表现得颇不耐烦，但心里已清楚知道，郑三俊实不该下狱。但是，崇祯皇帝却不肯当众宣布将郑三俊释放出。这是因为，如果这时当众将他放出，岂不表明臣下所言正确，而自己是错的了吗？

7天以后，即二月十九日，崇祯皇帝极为少见地面"谕百官数百言"，其中特别提到郑三俊一案，谓"情弊显然，有何可疑？而欺罔委卸，巧为弥缝，屡奏批驳，玩法愈甚"。看来郑三俊下狱是罪有应得了。但接着话锋一转，"但念别无赃贿，姑作回家听拟"。原来，崇祯皇帝先申述一番郑三俊的罪过，正是为了表示自己的英明。对此，明眼人都看得很清楚。而且，崇祯皇帝明明将郑三俊放出，但还是要"听拟"，即听候拟罪处治。这自然也是虚晃一枪。郑三俊现在狱中尚未拟罪，还怎么能等到放出后再去拟罪呢？崇祯皇帝这样做只是为了示意：逮也对，放也对，总之自己是英明的。放出也是自己的主意，而不是因为臣下的纷纷请求。少詹事张四知在崇祯皇帝御经筵时也在场，他看到崇祯皇帝为郑三俊事极为震怒，他却暗自心喜，出来后出语惊人，"谓三俊自此得释矣"。7天以后，崇祯皇帝果然将郑三俊放出。张四知实际上摸透了崇祯皇帝的这个弱点，"圣明本欲受言，只不欲恩归于下耳！"[①]崇祯皇帝身为一个最高统治者，一手握定臣下的生杀予夺之权，但却不肯"恩归于下"，而是自作英明，实际上正是极不英明之处。

崇祯皇帝在"不欲恩归于下"的同时，却经常透过于臣下，将本来由自己决定的事，一旦出了问题，则将罪责加在臣僚身上。本来是自己授意的事，只是因感到有损圣德，便推卸到臣下头上，说是他们一再奏请的结果，自己不得不允其请。老百姓要骂的话，也只能去骂那些一再奏请的臣僚。这在向老百姓加征中表现得最明显。崇祯皇帝除了加征辽饷、剿饷外，又加征练饷，每次加征都不说是自己的主意，而说成是臣下反复奏请的结果。老百姓本来已不堪重负，崇祯朝却又反复加征，更使老百姓求活无门，民怨沸腾，大批穷人流亡外地。他们纷纷加入李自成等农民起义军，成了埋葬明王朝的重要力量。但是，仔细看一下明代的有关记载就会发现，这些义愤填膺的农民骂崇祯皇帝的倒不

---

① 文秉：《烈皇小识》卷五。

多，而大都是骂贪官。岂不知，这些贪官都是崇祯皇帝的鹰犬，崇祯皇帝才是他们的总代表。贪官自然可恶，而主要的责任还在崇祯皇帝身上。他们之所以对崇祯皇帝骂得少，只是因为他们没看清崇祯皇帝的真面目。

崇祯皇帝这样做的结果是，疆事越来越败坏，李自成农民军越来越强，天下越来越乱。崇祯皇帝看到天灾人祸接连不断，自己的江山越来越残破不堪，不是首先自责，而是"命百官修省"，即让这些官员都去检讨自己的责任。对此，工部主事郑尔说上疏说：

> 修省之实，刑狱太盛，赋役太繁，鼓舞未尽伸，言路未尽输，焦劳未尽当。上（崇祯皇帝）责其轻率。①

实际上，郑尔说所言的确击中了要害。即如果要修省的话，那么主要问题在于刑罚太严太滥，对大臣摧折太甚，再就是一再加征，加在老百姓头上的赋税太重。至于不能鼓励臣下效力，言官不能畅所欲言，还都在其次。最令崇祯皇帝不能忍受的是"焦劳未尽当"，这不是公开地在责备崇祯皇帝本人吗？实际上这正是最核心的问题，也是最令崇祯皇帝不能接受的话。不过郑尔说的运气还不错，只是被崇祯皇帝"责其轻率"，而没有受到更严重的惩处。

在这种情况下，臣僚大都遇事因循，不求有功，但求无过。等而下之者则行贿受贿，结党营私，寻找靠山，以便遇事有人代为解脱，一有机会还可以飞黄腾达，爬到更高的位置。崇祯皇帝对臣下的这种状况也很清楚，便设官层层监视，冗官冗员大增。臣下一旦失事，则严加惩处。尤其是在军事上，几乎每陷落一个城池就要将其长官杀掉。将领打了败仗，不深究原因是什么，轻则降职，重则处死。

崇祯十二年（1639）七月，因上年清兵内犯，逼临京师，并攻陷济南等地，崇祯皇帝对所谓"失事诸臣"大加杀戮。其中有不少人是很能干的将领，只因朝廷调度乖方，致使军事上失利。例如山东巡抚颜继祖，原来驻守济南。

---

① 《崇祯实录》卷八。

当清军逼临京师时，命他移驻德州。当时他手下只有三千士卒，兵力很弱。因驻德州，济南自然空虚，难以同时照应两城。颜继祖请命刘泽清等迅速赴援济南，但济南一直未见来援的一兵一卒。崇祯十二年（1639）一月，清兵将济南攻陷，俘获了德王。事后，颜继祖被逮治，自感冤枉，便上疏说："臣兵少力弱，不敢居守德（州）之功，不敢不分济（南）之罪。请以爵禄还朝廷，以骸骨还父母。"崇祯皇帝不允，仍将其"弃市"。[1]朝廷既然命他专守德州，而德州并未失，本是有功之臣，却要承担济南失守之罪。自己请求罢职，以回乡奉养父母，言辞颇为动情。但崇祯皇帝仍将其处死，他心里自然不平。像同时被处死的总兵祖宽，也是一员猛将，多有战功。只因朝廷调度无方，他寡不敌众，打了败仗。崇祯皇帝不分青红皂白，将他们许多人一起处死。他们心里不服，居然在赴刑场时对崇祯皇帝破口大骂，"临刑肆口讪上，极其无状"。[2]这里说得比较含蓄，实际上就是在刑场上骂崇祯皇帝。这种情况在封建时代是极其罕见的，如不是蒙冤太甚，是不会公开辱骂皇帝的。但这件事恰从另一方面证明，崇祯皇帝自己从来不肯认错，有了失误都要归罪于臣下，自己永远是英明正确的。这实际上是他在用人方面极大的失误。

三、用人多疑，举措乖张

崇祯皇帝另一个致命的弱点是用人多疑。这主要有两个方面的原因。一方面，崇祯皇帝自小就生活在党争激烈的时代，他亲眼看到党争的激烈和冷酷。一些臣僚为了倾陷异党，什么见不得人的手段都用得出来。这使他自小就对臣下的忠诚存在着根深蒂固的怀疑。另一方面，崇祯皇帝面对天下多事的局面，急于求治。但明王朝历经近300年，统治肌体已腐败不堪，那种危殆的局面不是一朝一夕所能改变的。崇祯皇帝年轻气盛，总想一下子扭转危局，使明王朝出现中兴景象。而事与愿违，总事事不顺心，甚至危机的局面更日甚一日。李自成等农民军在中原一带攻城略地，辽东的清兵也虎视眈眈。这使他变得更加

---

[1]《明史》卷二四六《颜继祖传》。
[2] 文秉：《烈皇小识》卷六。

急躁，总怀疑臣下不尽心用事，所以一有失误就严加惩治。于是，用人多疑就构成了他性格中重要的另一面。

用人多疑必然造成用人不专，用人不专则难责其成。他不仅频频更换阁臣，而且六部九卿大臣也难见久任者。对边关将领派宦官前往监视，还不放心，就暗中派人前去"视监视"，即层层监视，明监视又加暗监视。对此，臣下心里都很清楚，自己虽在颇为重要的官位上，但不知有多少人对自己进行着暗中监视。今天可以对部下发号施令，明天就可能成为阶下囚。于是，臣僚大都整天提心吊胆，为自己可能遭到厄运担忧，而勇于任事者极少。官员们大都在那里得过且过，斤斤自保，政事的败坏也就可想而知了。崇祯皇帝经常指责"臣皆亡国之臣"，岂不知这种状况正是他自己造成的。

如有谁破例为国杀敌，崇祯皇帝也会怀疑他用心不良，不仅不予奖赏，反而会将其治罪。例如崇祯九年（1636）七月清兵大举内犯，唐王朱聿键自恃勇武知兵，又是皇家宗室人，便自行率兵入援。在明廷危急存亡之秋，朱聿键主动赴疆场杀敌，本是好事，理应受到嘉奖。但是，在清兵退去不久。崇祯皇帝即以未经朝廷明令为由，将唐王朱聿键废为庶人。[1] 实际上，当京师危急时，崇祯皇帝号召天下兵勤王，并不必一一得到命令才能启行。崇祯皇帝之所以要惩治唐王，主要原因是他怀疑唐王有野心。也正是出于这种心理，所以尽管内忧外患接连不断，许多大臣都提出过建议，请明令各地藩王"杀贼"效国，但崇祯皇帝就是坚不允准。对此说得最明确的是户部尚书倪元璐。他曾上疏说，鉴于内忧外患日益严重，应该改变过去那种对藩王的限制。秦、晋二王自明初以来就是强藩，陕西、山西又是山险用武之地，请明谕秦、晋二王，"以剿贼保秦责秦王，以遏贼不入晋责晋王"。如"王能杀贼"，则授以大将军之权；如他们无此才能，则命其将所积蓄饷军，等事平后，每王再加封一子为亲王，"亦足以明报矣"。[2] 但崇祯皇帝始终不允。后来，袭封的秦、晋二王都被李自成农民军所俘虏。

当崇祯八年（1635）李自成、张献忠农民军毁凤阳皇陵后，崇祯皇帝"以

---

① 《崇祯实录》卷九。
② 《明史》二六三《冯师孔传》。

海内多故，思广罗贤才，下诏援《祖训》，郡王子孙文武堪任用者，得考验授职"。即藩王有才能的子弟可经考核后授职，以使其报效国家。礼部右侍郎陈子壮力言不可，谓任用这些宗室子弟，"适开侥幸之门"，破坏藩规，而且这些人会危害地方。当此疏奏上时，崇祯皇帝大怒。当时崇祯皇帝正在饮茶，见疏后将茶杯摔碎在地，立命严惩。陈子壮以离间宗亲和阻碍诏令下达为名，被逮治下狱，继而被罢职为民。[①] 崇祯皇帝虽有起用宗宗的诏令，但并未认真执行。本来此诏令在前，唐王朱聿键率兵入援在后，但朱聿键还是被废为庶人，并被禁锢于凤阳高墙。这只能从崇祯皇帝用人多疑上去寻找深层的原因。

和用人多疑联系在一起的是举措乖张。崇祯皇帝在这方面有许多事可述，有的举措不遵守成宪，有的举措不近人情，有的举措则荒诞得令人可笑。

科道言官掌纠劾，不论所言正确与否，一般都不予治罪，以显示皇帝圣明，纳谏如流。即使真的徇私有罪，也不交厂卫特务去惩治，故崇祯朝以前从未将言官系锦衣卫狱者。但崇祯皇帝似乎不管这一套，当言官熊开元和姜采因言事得罪后，命将二人下锦衣卫狱严惩。刘宗周为此上疏，极言这样做"于国体有伤"，即使二人真的有罪，也应付三法司。崇祯皇帝闻言大怒，认为刘宗周是"偏党"，再次将其罢职为民。[②]

明朝开国之初，明太祖朱元璋对文武官的服色、图案都规定得十分详明，沿用了近300年，崇祯皇帝身处多事之秋，却忽然心血来潮，取出《山海经》，用这本古书上的兽名重新更定服色、图案。《山海经》上的兽名稀奇古怪，不少兽名今已不知指何物。许多大臣反复劝谏，认为这样变更没有必要，白白浪费许多人力和物力。况且大臣们经常在天子身边，环视皆怪异兽类，也不是吉祥之兆。但崇祯皇帝不予理睬，坚执要改，臣下无可奈何。他大概希望借改服色来改变命运。

因财政吃紧，崇祯皇帝命将历朝铜器尽发往宝源局，将这些铜器融掉铸钱。其中不仅有明代历朝铜器，而且有不少明代以前的器物，制造得十分精

---

① 《明史》卷二七八《陈子壮传》；文秉：《烈皇小识》卷四。
② 《明史》卷二五五《刘宗周传》；卷二五八《熊开元传》《姜垛传》。

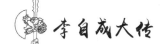

美，实际上就是一些珍贵的文物。崇祯皇帝居然要将这些铜器毁掉铸成铜钱，以充军饷。稍有点文物知识者自然都感到十分可惜。这些器物"制造精巧绝伦。商人不忍旧器毁弃，每称千斤，愿纳铜二千斤"。即商人愿以两千斤铜来换一千斤铜器。这本来是好事，但负责监督此事的官员不答应，认为"古器虽毁之可惜，我何敢私为轻重"？商人说，有的铜器较厚，融化后还有所存留，有的铜器极薄、极轻，"下炉后唯有青烟一缕耳"。监督官员对此也很清楚，但就是不敢答应，"谓圣（崇祯皇帝）性猜疑甚重，若如公（商人）言，必增圣疑，如三代物不便下炉，则有监督内官公同验视，罪不在我。于是古器毁弃殆尽"①。这些官员只是例行公事，明明知道将这些古铜器毁掉可惜，但碍于崇祯皇帝猜疑心重，不敢自作主张，唯恐因此获罪。人们不禁要问，将这些古铜器改铸成铜钱，又能价值几何呢？靠这点铜钱就能改变国家财政状况吗？靠增加这点军饷就能将李自成镇压下去吗？

有些事则显得十分荒诞可笑。崇祯十三年（1640）冬，崇祯皇帝用 11 种茶饭祭祀他的父皇泰昌帝，亦即光宗，诸阁臣都要陪祭。大学士谢升当时正深得崇祯皇帝倚重，却最后一个来到。纠仪官员对他严加纠劾。谢升辩解说，自己出门时，腰带忽然断了，"再续再断"，因此来得晚了。他请求将自己和缝制官服的人一起下法司审问，以辨清罪责。崇祯皇帝不予追究，"虽奉旨免议，而圣意已移矣"。即崇祯皇帝虽未马上对谢升治罪，但也不再倚重他了。不久即将其"削籍为民"②。将谢升罢职的理由虽不是衣带之事，但了解内情的人知道，断衣带之事是谢升被罢职的内在原因，而且是主要原因。

崇祯皇帝为了倡导节俭，命诸臣的袍袖"长不得过一尺。宫中尽撤金银等器，俱用陶器，并谕戒诸臣不得擅用金银"。有的大臣劝谏，谓宫廷非寻常百姓家可比，不仅要会见群臣，而且要接见"万国来朝"的使节，宫中的器物尽是陶器，有失尊严。但崇祯皇帝却不听劝谏，坚执将金银等器物撤出。③

崇祯皇帝鉴于国库空虚，暗示臣下"捐俸助饷"。当一些臣僚上疏请行此

① 文秉：《烈皇小识》卷六。
② 文秉：《烈皇小识》卷七。
③ 文秉：《烈皇小识》卷八。

事时，崇祯皇帝却又摆出关心臣下的样子，装模作样地不答应这样做。经臣下一再请求，才予批准。当臣下联名上奏时，绝大部分臣僚都愿署名，只有刘宗周不联署，"谓养廉不可废"，意思是依靠俸禄生活，此乃养廉之本，如把俸禄捐出，岂不是要臣僚去搜刮百姓吗？实际上，在明末贪墨横行的时代，俸禄只占官员收入很小的一部分。正因如此，所以大部分官员都表示愿意"捐俸助饷"。刘宗周清廉，不愿搜刮百姓，所以反对捐俸。但官员捐俸的事在崇祯朝还是进行了数次，对扭转明廷财政空虚的状况并未产生明显的作用。

崇祯十一年（1638）冬清兵内犯，兵部主事沈迅上疏言兵事。一是请于河间等四县各设兵备一人，二是请崇祯皇帝颁诏，"以天下僧人配尼姑，编入里甲，三丁抽一，可得兵数十万"。崇祯皇帝居然认为沈迅所言可行，并立即将他改任兵科给事中。[①]在那兵马倥偬的年代，命僧尼相婚配，然后从中三丁抽一为兵，根本行不通，徒然给本已乱哄哄的国家增加纷扰。即使强迫这些出家之人为兵，也很难指望他们去打硬仗。对这种荒唐的建议，崇祯皇帝居然认为"可用"，恰恰表明崇祯皇帝本人举措乖张到什么程度！实际上，沈迅的这个建议并未认真执行，也无法认真执行。

对崇祯皇帝的这种弱点，明清之际的人多有评述。有的人评述道："朝廷察于上，自谓英明。贤材席不暇暖，贪墨不足．把持之居要津。"[②]这里的"朝廷"实际上就是指崇祯皇帝。他"自谓英明"，但贤良之才却"席不暇暖"就被除掉，而贪墨之徒却能长期盘踞要津。那么，崇祯皇帝"自谓英明"的真实内容也就不言自明了。实际上，面对李自成等农民军攻城略地，山河破碎，崇祯皇帝无计可施，其举措就愈显乖张。反过来，这些乖张的举措又加剧了时局的混乱。

第四节　日理平台，官贪兵懈

崇祯皇帝身为一个年轻皇帝，精力旺盛，极想有所作为。他的最大愿望就

---

① 《明史》卷二六七《沈迅传》。
② 抱阳生：《甲申朝事小纪》卷五《凌义渠记》。

是使明王朝摆脱困境，实现明王朝的中兴。他勤于政事，日理平台，而政事却日益败坏；他痛恨贪墨，也采取了许多严厉的措施予以惩治，但摆在他眼前的事实却是贪风不止，几乎无官不贪；因战事频繁，他重武轻文，大开武举，但他所看到的却是将贪兵惰，战斗力日益虚弱，而李自成农民军却由弱到强，渐成燎原之势。这自然令他十分痛心。他把责任都推到臣下身上，而对自己所应负的责任却百般推卸。

一、日理平台，勤于政事

在明代的 16 个皇帝当中，论勤于政事，除了明太祖朱元璋以外大概就是崇祯皇帝了。正像朱元璋在他的遗嘱中所说："忧危积日，日勤不怠。"他总是在天蒙蒙亮时就上朝，经常到半夜时还批阅公文。以后的皇帝除了明成祖以外，大都耽于享乐，懒于政事。到崇祯朝则为之一变，崇祯皇帝也是出了名的勤政的皇帝。他除了每天按时上朝理事外，还不时召见大臣，商议有关政务，或将自己的某种想法告诉臣下，有时还显得颇为谦虚，征询臣下的意见。有时白天忙了一天，回宫后还要继续批阅章奏，甚至一直批阅到后半夜。在这一点上，他倒颇像他的先祖朱元璋。朱元璋处于创业时，百废待兴，制礼作乐，政务纷繁，容不得他偷懒。崇祯皇帝处于败亡时，天下多事，内忧外患接连不断，更容不得他偷懒。这种特定的时代背景是造成这两位皇帝都勤于政事的重要原因。

崇祯皇帝即位不久就对阁臣说："朕打算与大小臣工每天一起处理政务，而诸司各有职掌，宣召频繁，恐怕会有所耽搁。只是阁臣呼吸相通，决不可误事。今后除了盛暑严冬以外，朕当不时前去文华殿，参酌处理章奏。"① 从日后的实际情况来看，崇祯皇帝基本上做到了这一点。他除了每天上朝理事外，还不时去文华殿与阁臣议事。有时臣下的章奏在白天未来得及处理，他便回宫后晚上继续批阅。崇祯皇帝写得一手好毛笔字，有时在章奏上批文洋洋洒洒数百言。他还经常注上批阅的时辰，有许多是在子时、丑时批阅的。这表明他经常批阅公文到后半夜。若遇到军情紧急时，更是废寝忘食，经常在半夜里降下圣

————————

① 谈迁：《国榷》卷八十九，崇祯元年八月"甲午"。

旨，及时处理军机要务。为了能及时了解下情，他甚至下令，臣民凡欲紧急奏事者，都可去会极门报名，"即日召对"。在崇祯皇帝以前，嘉靖皇帝和万历皇帝居然十几年不上朝，天启皇帝更是荒于政事，一任魏忠贤危害朝政。崇祯皇帝勤于政事的作风与以前的这些皇帝形成了鲜明对比，令臣下大为感动。在当时和此后一些人的记载中，对崇祯皇帝"日理平台"的勤政作风几乎都众口一词地大加赞誉。这也是后人对这位亡国之君多有同情的重要原因。所谓"平台"，即故宫三大殿之一的保和殿后边的右门处，是崇祯皇帝经常召见大臣之处。这里更靠近后宫，议事更为方便。

　　当时官场行贿事甚多。官员为了升迁，或为了谋一好职，便多方行贿。官员自己不出面，派家人前往。一旦有人告发，就会牵连到许多人。相互纠缠，难以一一理清。崇祯皇帝有时亲自过问这类事，反反复复，极为烦琐，往往为这些琐事费许多精力。对此，有不少大臣劝崇祯皇帝，主要应掌好大政，不必为一些琐事浪费精神。例如福建道御史张三谟就曾上疏说：

> 君德无为，臣道代终。无知无兼，君德所贵。皇上临下以简，御众以宽，宜总其大指以责成功。令阁臣尽心辅导，或有所失，言官不能执争，事关一节，无干清议。惟当就事论事，固不得为轻薄诋毁之言以伤大臣之体。大臣亦不得因小言辄去。务秉虚公以成休容之风。[①]

从崇祯皇帝对待春讲、秋讲的态度上也可看出他的勤政作风。在明代，春讲一般于二月间开讲，秋讲于八月间开讲。其中又分"日讲"和"经筵"。所谓"日讲"，指讲官每天进讲一次。逢日讲时到场的官员比较少，只有讲官六人，分别讲《论语》《中庸》《尚书》《通鉴》等。所谓"经筵"，春、秋只各举行一二次，规模较大，"词林诸臣，无不毕至"，讲完后皇帝还要赐宴款待。日讲时，因为人少，皇帝与讲官共一桌，"真不啻天颜咫尺矣"。平时难得与皇帝一见，此时与皇帝同桌而坐，自属难得。对于官级不高的讲官来说，这是很大的

[①] 谈迁：《国榷》卷八十九，崇祯元年八月"癸巳"。

荣幸。经筵时皇帝和讲官各一桌，进讲者往往是大学士。每开经筵时，崇祯皇帝便去文华殿，阁臣率讲官行五拜三叩头之礼。宦官接着放上讲桌，崇祯皇帝宣"先生们来"，于是开讲。讲完后，崇祯皇帝便宣"先生们吃酒饭"。若遇上斋祭之日，则谓"吃茶饭"。日讲一般只讲原文本义，不结合时政发议论。经筵不同，除讲原文外，讲官还可以结合时政议论得失。有些平时久久不决的问题，讲官在经筵上往往三言两语启发了崇祯皇帝，马上传旨解决了。例如刑部尚书乔允升下狱后，许多大臣上疏，请予放出，崇祯皇帝坚执不许。曾任大学士的文震孟在进讲时借事讽喻，崇祯皇帝受到启发，立命将乔允升放出。以前的几个皇帝经常停废日讲，而崇祯皇帝尽管国事多艰、政务纷繁，却很少停讲。除了崇祯皇帝因急事或身体不适传免外，日讲必须天天举行。如传免的话，便于傍晚传旨："明日暂停讲读一日。"虽有时连停十天半月，也要天天传免，只说停一天，而不说停多少天。每逢立春、端阳、仲秋等节日，崇祯皇帝还赐予讲官酒馔、银两等物。崇祯皇帝临讲之勤，是明中期以后各皇帝中最突出的。

崇祯皇帝因为要批阅的章奏太多，章奏文字过多浪费精力，便一再谕臣下奏事要简明。崇祯元年（1628）二月他曾申谕臣下："各衙门条奏须简明，毋出千字。如词意未尽，再奏。"[1] 有时崇祯皇帝限有关衙门几日内"题复"，即将所发章奏中诸事处理完毕并上报，否则治罪。因为崇祯皇帝在那里勤勤恳恳，臣下自然也不敢懈怠。他希望以自己的行动带动臣下，实现他中兴明王朝的梦想。

崇祯皇帝日夜操劳，有时显得很疲惫。有一天他去慈宁宫拜见刘太妃。刘太妃是明神宗的妃子，论辈分是崇祯皇帝的祖母。崇祯皇帝很尊重她，"礼之如太母"，让她主持慈宁宫事。崇祯皇帝问安后，就坐在便座上。不大会儿他打起了呵欠，随后便倒在床上睡去。刘太妃要左右的人不要惊醒崇祯皇帝，并命人为他盖上被子，让他好好睡一会儿。刘太妃看着这位年轻而早衰的皇帝，脸上流露出怜惜之情。不大会儿，崇祯皇帝醒来，对这位太母说："神祖时海内少事，到孙子时天下多艰，连续两天处理文书章奏，没有合眼。今在太妃前，昏然不能自持，一至于此！"刘太妃闻言颇受感动，"为之泣下"，崇祯皇

---

① 谈迁：《国榷》卷八十九，崇祯元年二月"甲午"。

帝也随之潸然泪下。宫中的人见此情景都颇为感动。

到崇祯末年，崇祯皇帝眼睁睁地看着外地藩王一个接一个被农民军俘获，有的被杀。他的亲叔父朱常洵被李自成农民军俘杀后，居然杂以鹿肉被农民军士兵喝了"福禄（鹿）汤"。这实在使他太难过了。为此他一再废餐，以示哀悼。更可怕的还不止此，清兵在山海关外虎视眈眈，李自成农民军在各地攻城略地，告急文书一封接着一封。为处理这些紧急文书，崇祯皇帝就只好彻夜不眠。崇祯皇帝身为一个刚过 30 岁的人，却过早地露出衰老之相。他曾对着镜子叹息道："年才逾壮，为国事磨耗，早困劣耳！"[①]但可悲的是，他虽然日理平台，勤于政事，甚至造成他过早衰老，但他治国乏术，并未能将国家治理好。他看到的事实是贪墨横行，内忧外患日甚一日。

二、无官无贪，政以贿成

明王朝自 1368 年建立，到崇祯朝已历时近 3 个世纪，统治肌体已彻底腐败。不仅臣下结党营私，明争暗斗，而且官场上贿赂公行，行贿受贿成为家常便饭，且数量越来越大。国家财政亏空，兵饷不足，但发往各地的军饷却经常被克扣，成为将领向上司行贿的资本。此类事不胜枚举，以致当时经常发生士兵因缺饷而哗变的严重事件。崇祯皇帝对官员的贪墨极为痛恨，一旦发现，则予严惩。但是，受到惩罚的只是极少数，有的是因办事不密，有的是因受到株连而露了馅，有的是被政敌精心侦缉而露了马脚，成了牺牲品。尽管崇祯皇帝对贪官的惩治极为严厉，但却贪风不止，且有愈演愈烈之势。除了像刘宗周、黄道周那样有操有守的名士外，基本上可说是无官不贪，罚不胜罚，杀不胜杀。

官员贪墨是中国封建社会的痼疾，历代不绝。明太祖朱元璋出身贫苦农家，深知贪官之害，故即位后以严刑峻法严惩贪官，往往成批成批地杀戮。这使得明初的政治比较清明，官员贪墨之事相对减少。后来随着明王朝政治的腐败，官员贪墨之风随之愈来愈盛。到崇祯朝已几乎到了无官不贪的地步，而且贪墨的手法更为巧妙，名目更为繁多，数量也更大。这也正是造成李自成等大

---

① 王誉昌：《崇祯皇帝词》卷下。

起义的原因。

在明末，京师流传着"饷不出京"的俗语。意思是说，发往各地的军饷实际上大部分成了京官的囊中之物。当各地军事官员赴京请拨军饷时，按理说照额领去即可。但事情远不如此简单，掌管拨饷的官员并不痛痛快快地将军饷拨出，而是借口拖延。这样的理由，只要找总是有的。请饷的官员也了解内情，只好按照惯例将饷额的20%～30%充作回扣，这才能将军饷领去。这些官员领到军饷后，也不痛痛快快地将所领饷银带往边关，而是向有关上司大加行贿，以求得他们的保护，自己日后可以升迁有路。即使在战场上打了败仗，也会有人为自己开脱罪责。有没有靠山比能不能打胜仗更重要。明末军饷一直不足，各地士卒经常因缺饷而哗变，除了其他原因外，各级官员层层克扣是一个很重要的原因。

官员贪墨的另一主要表现是用钱买官。这种用钱买官还不同于所谓"捐纳"，即公开地按照规定向官府交纳一定数目的银两，从而换个官衔。这种"捐纳"始于汉代的"纳粟拜爵"，明代始于成化时。这种"捐"来的官在人们的心目中地位不高。于是，精明的人便用钱开路，通过正常的途径谋求官位，并步步高升。无官职的买官，官小的买大官。买官需花钱，得官后加倍地搜刮百姓，以求得加倍的补偿。这种补偿自然要从贪墨而来。稍有点历史知识的人都知道，明清两代官员的俸禄都很低，如不贪墨，仅靠俸禄生活，也只能维持一般人的生活水平。但人们看到的是，明清时的官员都很阔绰，都有大量的良田美宅。可以断言，这些良田美宅主要不是靠俸禄买来的，而是靠贪墨购置的。

关于官员贪墨买官之事，户科给事中韩一良说得很恳切。他上疏说："陛下平台对，有'文官不爱钱'语。而今何处非用钱之地？何官非爱钱之人？向以钱进，安得不以钱偿？以官言之，则县官为行贿之首，给事（中）为纳贿之尤。今言者俱咎守令不廉，然守令安得廉？俸薪几何？上司督取，过客有书仪，考满、朝觐之费，无虑数千金。此金非从天降，非从地出，而欲守令之廉？得乎？臣两月来，辞却书帕五百金。臣寡交犹然，余可推矣。"[1]这段话对明末贪墨的状况描绘得颇为简练。当时官员贪墨已成了一股无处不在的"风"，

①《明史》卷二五八《韩一良传》。

各级官员都难以摆脱。这正如前疏中所言，"何处非用钱之地？何官非爱钱之人？"既然官位是用钱买来的，"安得不以钱偿？"钱从何来？天不降，地不生，只有搜刮百姓、贪污受贿。小官向大官行贿，大官再向更大的官行贿。

李清在崇祯朝曾任大理寺左丞，对官场贪墨之风颇为清楚。他记载道，有一个监司官想谋得一个边关抚按官，拿5000两银子去行贿。后又担心钱少，"又益二千金，卒得之"。也就是说，他用7000两银子终于买来一个抚按官。一个部郎想谋得浙江海道官，因为掌海道是个肥缺，所以官级虽不算高，但很诱人。朋友告诉他，需花5000两银子。代他办事的人半路上扣下2000两，只以3000两行贿，结果只得了个守令。在当时，谋官所需银两几乎到了明码标价的地步，"得礼曹（礼部官）亦必二千，兵曹（兵部官）亦必千金"。如果要谋得吏部官，则需要花费更多的银两。但花费再多，得官后也会得到加倍补偿，"绝无无翼而飞者"[①]。

当内阁首辅周延儒第一次被罢职后，吴昌时等人为了使周延儒再次入阁，即以大量银两向当道者行贿，其中包括一些颇有实权的内官。这样做的确很有成效，周延儒果然得以第二次入阁。另外，像崇祯朝闹得沸沸扬扬的史范一案基本上是一个贪墨案。

史范在崇祯朝初任御史，与阉党关系颇密切，善结交宦官，与吏部尚书王永光过从甚密。当他巡按淮安、扬州一带时，将库中现存罚赃银10余万两攫为己有。他不久任两淮巡盐官，接任刚死去的张锡命，时库中有银21万余两。史范便趁交接不严时，将这笔银两侵匿下来。他用这笔银两四处行贿，且大肆挥霍，与中书汪机等人昼夜酗饮，召歌伎助酒，"都无官体"。临走时在歌伎处寄存许多银两。史范还用8000两银子向吏部尚书田唯嘉行贿，为友人周汝弼谋求延绥巡抚一职。后来，检讨杨士聪上疏，揭发史范诸贪墨事，说他不仅贪占官银，而且勒索富家。例如他得知于承祖家资百万，便向于承祖勒索白银1万两。史范意犹未尽，于承祖逃到南京，抑郁而死。史范得知自己被弹劾后，急忙派家人以重金四处行贿，并改写籍册，以掩盖罪证。他还急忙携重金入

---

① 李清：《三垣笔记》"附识"上。

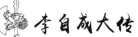

京，向大学士薛国观行贿。崇祯皇帝命淮、杨监督中官杨显名查验。杨显名也受过史范许多贿赂，极力为史范掩盖，但终究还有 6 万两银子的赃款无法掩盖。因此，史范终于被逮治下狱。史范自恃有人为援，回过头来攻击他人，并一再请求尽快审讯。但因当时兵事紧急，狱久未结，史范竟瘐死狱中。[①] 当时京师人议论纷纷，谓史范携往京师的大量银两都落在薛国观手中。后来薛国观被罢职处死，也与史范贿赂有关。

当时人们以为，只要肯行贿，什么事都可以办成。一旦遇到紧急事，便向有关官员大加行贿。这样做有时有用，有时因不得要领于事无补。例如，当周延儒第二次为内阁首辅后，范志完马上被提升为兵部右侍郎，不久又升为兵部左侍郎，总督蓟、辽等处军务。除了范志完是周延儒的门生这层关系外，很多人怀疑范志完向周延儒行了大量贿赂。但范志完的运气却不好。崇祯十五年（1642）冬清兵大举内犯，范志完以怯战误事而被逮。此事连累到兵部尚书张国维和内阁首辅周延儒。崇祯皇帝颇知张国维罪，本想严加惩处，但张国维"捐厚资乞援于内阉，乃得旨闲住"。张国维行贿到了点子上，内廷宦官为他开脱，使他得免一死。德州兵备雷演祚弹劾范志完，说他在山东"纵兵剽掠"，并用大量银两和金鞍马匹数百匹"行贿京师"官员。其中也说到周延儒"招权纳贿"。但周延儒刚入阁不久，崇祯皇帝对他依赖正重，且所指模糊，无确切证据，故周延儒未受惩罚。只有范志完自感罪责重大，"决无生理"。于是，他便命家人向京师官员大行贿赂，"满载辎重，望门投送，而不得要领，终置于法"。[②] 范志完的贿赂因没送到点子上，数量虽多，但还是不免一死。这种贪贿之风正是政治腐败的重要标志，也是造成李自成等农民大起义的重要原因。

三、大开武举，将贪兵懈

崇祯皇帝看到天下崩坏日甚一日，将士不任战，在镇压李自成农民军的过程中胜少败多，便想通过武举选拔将才，以挽救明王朝的危亡。因此，武举制

---

① 《明史》卷二五三《薛国观传》；文秉：《烈皇小识》卷五。
② 《明史》卷二五九《范志完传》；文秉：《烈皇小识》卷八。

度在崇祯年间发展到完善的地步。

自隋唐以来，科举成为中国封建社会最基本的选官制度。科举分文、武二科，但历代多行文科科举，武举举行得甚少，制度也一直不完备。只是到了崇祯朝时，武举制度才算真正完备起来，并取得了和文科科举大体相同的地位。

朱元璋主张乱世用武、治世用文，所以尽管明朝建立不久即开科取士，但武举却在一个相当长的时期内议而未行。到明中期，武举才渐渐受到重视。天顺八年（1464），按照太仆寺少卿李侃的奏请，明王朝始开武举，并初步制定了"武举法"，确定了考试科目。但当时所取的人很少，远不能与文科科举相比。史载："天顺八年，始开武举。然所取不过一二名，至七名而止。"[1] 武举虽然开科，但仅仅是偶一为之，未产生很大影响，也未继续下去。

弘治年间才正式确立了武举制度。起初定为六年一行，后根据兵部尚书刘大夏的建议，改为三年一行，并提高礼仪规格，仿文举例，出榜赐宴。从此以后，每逢举行文举之年，同时也有武举在进行。

武举之所以在明中期才受到重视，原因是多方面的。首先，明中期以后内忧外患频仍，急需军事人才，武举遂应运而生。其次，自明初以来，武职一直实行世袭，时间一久，弊窦丛生，因而需加整饬。再其次，朱元璋之所以不行武举，是因为他不愿"自轻天下无全才"。他曾说："三代之上，士之学者文武兼备，故措之于用，无所不宜。岂谓文武异科备求专习者乎？"[2] 但日后的实际情况表明，文举通过八股取士，弊端日益严重，难得全才。既然文举选拔不出来能统兵御敌的良才，武举自然就被提上了日程。

武举制度在嘉靖、万历时得到进一步发展和完善。有关武举的具体规定更加详备；武举也像文举分南北榜那样，分为边方和腹里，按比例取人，一般是边六腹四。对武举中试者的使用，也规定得更加详明。这充分表明，武举在嘉、万时得到了进一步的发展和完备。但是，直到崇祯朝以前，武举始终未能取得和文举同等的地位。

---

[1] 查继佐：《罪惟录》卷十八"科举志"。
[2] 《明太祖实录》卷一八三。

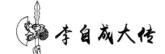

在崇祯朝以前，武举虽然也分出了一甲、二甲、三甲，和文举的三甲相同，但武举的一甲三人却没有状元、榜眼、探花的名号。只是崇祯朝时，武举才设了武状元，才像文举有文状元那样。崇祯四年（1631）行武举会试。这时的明王朝已岌岌可危，李自成等农民起义此起彼伏，内忧外患不断，故崇祯皇帝"锐意重武"，想通过武举选拔一批勇武之人。在这年武举会试时，能运百斤大刀的只有王来聘和徐彦琦二人，但徐彦琦竟落选。这不仅大大违背了崇祯皇帝的初衷，而且使崇祯皇帝怀疑其中有弊，立命将考官和监试御史俱逮下狱。当时，仅兵部官就因此事而被贬逐22人。崇祯皇帝命词臣倪元璐等人复试，从中录取了100人，名额大大超过了前代。这次也像文举那样，"分三甲，传胪赐宴"，并"钦定一甲三人，（王）来聘居首，即授副总兵。武榜有状元，自（王）来聘始也"①。也就是说，自崇祯四年（1631）开始武举才有了武状元。这标志着武举已基本上取得了文举同等的地位。

从此以后，武举按期举行，录取名额也时有增加。例如崇祯七年（1634），武举名额又增加了20人。崇祯十四年（1641），崇祯皇帝下诏开"奇谋异勇科"。这时的明王朝已"昏惨惨似灯将尽"，崇祯皇帝的叔叔福王朱常洵也在洛阳被李自成杀掉，人们不愿充当明王朝的殉葬品，所以诏虽下，但"无应者"。第二年崇祯皇帝又颁诏，求"堪督师大将"。这道诏书也如石沉大海，无人前去应召。这两科实际上等于过去历代文举的"制科"。至此，无论从制度和礼遇上，还是从规制上，武举都取得了文举几乎同等的地位。从当时崇祯皇帝的态度来看，他对武举人才的重视甚至超过了对文举人才的重视。实际上，崇祯皇帝也和明中期以后的其他皇帝一样，对武举采取了一种实用主义的态度，故收效甚微。崇祯皇帝希望通过武举搜罗一些为明王朝卖命的勇士。但明王朝大势已去，他至多只能为明王朝多拉几个殉葬者。这正像《明史》上所说："明至末季，流寇蔓延，国势坐困。虽有奋威御敌之臣，而兵屠饷绌，徒使贼乘其弊，溃陷相属，无救乱亡。"②这里所说的"流寇""贼"，就是指的李自成农民军。

---

① 《明史》卷二六九《王来聘传》。
② 《明史》卷二六九"赞语"。

尽管崇祯皇帝分外重视武事，大开武举，但疆事败坏日甚一日，将贪兵懈的状况没有丝毫改观。

武将贪墨和文官一样严重，而数额往往更大。发兵饷的人要扣饷，将领对到手的那部分兵饷也要扣。层层克扣，到士兵手中已寥寥无几，甚至长期拖着一文饷不发。这自然要引起士卒的不满，所以明末不断发生士兵哗变，甚至杀死军事长官，自己四处剽掠。这种情况在明末几乎成了家常便饭。这实际上预示着明王朝军事系统的解体。

明末的将士甚至像拦路抢劫的盗匪那样进行勒索，其手段无所不用其极。例如，崇祯八年（1635）一月，凤阳皇陵被李自成等农民军掘毁，令崇祯皇帝十分伤心。九月，李自成等农民军退去后，崇祯皇帝命太康伯张国纪前去凤阳祭告祖陵。张国纪是崇祯皇帝的皇嫂张皇后的父亲。张皇后贤惠，深受崇祯皇帝敬重，张国纪也被晋爵为侯。当张国纪一行到单县时，竟被将官吴尚文率领的一部士兵拦截。张国纪说明了来意，并拿出崇祯皇帝的谕旨为证。但吴尚文竟不予理睬，在光天化日之下索要过关银100两。张国纪不从，吴尚文遂唆使部下夺过"钦颁香帛，杀死水手校尉多人。其时拥兵者骄悍如此"[1]！从这件事可以看出，当时拥兵一方的将领是何等无法无天。

官贪兵懈，自然大大削弱了明军的战斗力。明军在敌人面前望风披靡，而在老百姓面前却如虎似狼，大为民害。因此，当官兵与敌人作战时，得不到老百姓的真心支持。老百姓甚至把官兵看得比盗匪还坏，避之唯恐不及。崇祯十一年（1638）冬，清兵大举内犯，内阁首辅刘宇亮自请督察军情。他刚到保定，就听到卢象升已战死，十分害怕。到安平时，侦骑报告，清兵马上就到，刘宇亮等吓得"相顾无人色"。于是，他急忙率领部下到晋州躲避。鉴于明军军纪很差，晋州知州陈弘绪闭门不纳。陈弘绪的做法得到了全体晋州官员的支持。刘宇亮气急败坏，无可奈何，便上疏对陈弘绪大加弹劾。事定后，崇祯皇帝下令将陈弘绪逮治，欲加严惩。晋州士民赴京诉冤，有千余人愿以身代死。这情景使崇祯皇帝有所醒悟，遂将陈弘绪从轻发落，降级调用。他对刘宇亮"不任

---

[1]《明史》卷二五三《刘宇亮传》；文秉：《烈皇小识》卷六。

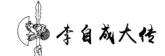

事"也有了认识，感到他这次出师"徒扰民"而已，因而不久即将他罢职。①

刘宇亮督师这件事再清楚不过地表明，当时明廷官兵已懈怠到什么程度。刘宇亮以内阁首辅的身份出京督师，尚闻风丧胆，仓皇逃走，避敌锋唯恐不速。地方守令害怕官军扰害当地，竟避门不纳，足见官兵扰民在当时是一种普遍现象。崇祯皇帝对这种状况也很清楚，故通过各种手段层层监督，希望这种将贪兵懈的现象能有所改变。但事与愿违，增派一官即增一贪墨之人，不仅于事无补，而且层层掣肘，更削弱了明军的战斗力。这种恶性循环的状况一直延缓到明廷灭亡。

明末政治的腐败必然导致军政的败坏。将领贪墨，克扣军饷，士兵逃亡甚至哗变，从而严重削弱了明军的战斗力。明后期军队的数量很大，一般都保持300多万人，但在战场上表现极差，几乎不堪一击。明军不仅在辽东战场上节节失利，而且在与武器十分简陋的李自成农民军对阵时也连吃败仗。

将领克扣士兵军饷在当时是一种十分普遍的现象。这几乎成了将领求生存的必要手段。用来挥霍享乐只占其中很少的一部分，他们主要是用来贿赂上司和有关官员，以求升迁或开脱罪责。克扣军饷的后果是极其严重的。它使得军事系统上下解体，将领和士卒的关系严重恶化。士兵们要么逃亡，要么消极对抗，严重者则发生哗变。这使得明军的战斗力严重削弱。将领们为了自保，便自养家丁，以作为自己的所谓"死士"，即在关键时刻能为自己效死力的士卒。这种现象在明后期十分普遍，吴三桂等著名将领都养有大批这样的"死士"。这些人的待遇和装备都大大优于正式官兵，而养"死士"的钱却基本上都来自克扣的军饷。对明末将领的这种做法，当时的人就指出：如发一万两银子的军饷，官兵得"只有六千，以四千为交际、自给、养家丁之用。沿袭既久，惟使家丁以护遁、冒功，而视彼六千为弃物。弃物多而家丁少，终不能以御敌。不能御敌而请加兵，兵加而旧习不改，同归无用"②。用国家的军饷来养私人的家丁，这是明末军政败坏的衍生物。

---

①《明史》卷二五三《刘宇亮传》；文秉：《烈皇小识》卷六。
②戴笠：《怀陵流寇始终录》"自序"。

　　官兵因缺饷而哗变的事件在明末时有所闻。有的史书上说，崇祯朝"饥军哗逃，报无虚日"。例如崇祯元年（1628）七月，辽东宁远的官兵连续缺饷4个月，饥饿难耐，群情激昂，遂发生哗变，将巡抚毕自肃和总兵朱梅捉住，痛打一顿。毕自肃羞惭自杀。此事到袁崇焕到任后才平息下去。崇祯二年（1629）冬清兵内犯，崇祯皇帝急忙命各地勤王。因军饷不能及时发下，山西勤王兵在京师近处发生哗变，甘肃勤王兵在安定发生哗变。崇祯九年（1636），宁夏兵因缺饷久而哗变，竟杀死了巡抚王揖。像这类大大小小的哗变在崇祯朝还有多起。它不仅大大削弱了明军的战斗力，而且有许多哗变士卒投身到李自成农民起义军当中，成了李自成起义军的骨干。

　　官兵缺饷，再严明的军纪也难以约束这些饥卒，故官兵抢劫百姓的事屡见不鲜，俗语称之为"打粮"。有的史书上说："今官兵所至，动以打粮为名，劫商贾，搜居积，淫妇女，焚室庐。小民畏兵，甚于畏贼。"①这并非夸大之词。当时流行着一句俗语："贼兵如梳，官兵如篦。"过去妇女用的篦子比木梳更细密，这里借以比喻官兵抢劫老百姓更严密。侯恂在致总督洪承畴的信中也说到这种情况："贼来兵去，兵去贼来。贼掠于前，兵掠于后。贼掠如梳，兵掠如剃！"②侯恂这里说"兵掠如剃"，比"如篦"更细密，简直要掠尽无余了。这里的"贼"是指的李自成等农民军。明廷官员和封建士大夫总是骂农民军抢劫百姓，这时不得不承认，官兵抢劫老百姓更甚。这实在耐人寻味。

　　面对这种将贪兵懈的局面，明廷为了提高军队的战斗力、鼓舞士气，便定下赏格。起初定斩首一级赏银3两，后又增至5两。但崇祯皇帝万万没有想到，这样做对提高战斗力并未发生明显的作用，反而苦了无辜的老百姓。这是因为，官兵即使打了败仗，也可以通过"杀良冒功"而得到奖赏。此法一行，真是贻害无穷。有一次，山西官兵追剿农民军至河南。将领要县令为其报功。县令说："无首级何以报？"将领说："易耳！"很快"进千级"，其中居然有"庠士八十余人"③。"庠士"是在学校读书的学士。明军将领居然杀这些无辜百姓去

①《甲申纪事》，冯钦明：《上家郏仙大司马书》。
②戴笠：《怀陵流寇始终录》卷八。
③戴笠：《怀陵流寇始终录》卷五。

冒功领赏，实在令人发指！官军在与李自成农民军交战中节节败退，为了掩败冒功，在中原地区常发生官军追杀老百姓的怪事。有些官兵毫不掩饰其罪恶的目的，公然声称"借脑袋献功"。由此可以看出，崇祯朝军政败坏已到了何等严重的程度。封建士大夫对李自成农民军虽多有贬词，但却没有看到过农民军借老百姓脑袋献功的事。在这一点上李自成农民军要比官兵强多了。

第五节　汲汲邀誉，改奉天主

崇祯皇帝也像其他许多统治者一样，具有双重人格。一方面，他刚愎自用，自作英明，自称"朕非亡国之君，臣皆亡国之臣"。直到他魂归煤山的前两天，即崇祯十七年（1644）三月十七日，他还在御案上写道："文臣个个可杀！密示内侍，随即抹去。"[1] 实际上还是把亡国的责任都推给臣下，自己仍然是英明的。另一方面，他又不时下诏"罪己"，把天下的祸乱和灾异都说成"皆朕之罪也"，并减膳撤乐，自称修省。他为政察察，动辄诛杀大臣，另一方面却又表现出一副关心臣下的样子。他这样做的确迷惑了一些人，连李自成也认为"君非甚暗"，不骂崇祯皇帝而骂大小臣僚。他汲汲邀誉，断送了大明的江山后，后人还不断为他说好话。但效果也仅此而已，而却不能阻挡李自成的大军攻入北京。

一、连下罪己诏，要百官修省

在中国历史上，专制帝王下罪己诏偶有所见。汉武帝四处用兵，弄得天下疲蔽，就曾下诏罪己，遂停止用兵，与民休息。但是，像崇祯皇帝这样接连下罪己诏的皇帝却极为罕见。战场上打了败仗，皇陵被毁，他下诏罪己；天不降雨，数省大旱，他也下诏罪己；李自成农民军已兵临北京城下，他还想通过下罪己诏来激励臣下，以挽救危亡。而这只不过是一厢情愿的梦想。

崇祯八年（1635）年初，各种农民起义军于荥阳聚会，分头出击。李自成、张献忠等攻陷凤阳，掘毁了凤阳皇陵。凤阳是明王朝的"龙兴之地"，被

---

[1] 文秉：《烈皇小识》卷八。

称为中都，有重兵驻防。这不仅被起义军攻陷，而且祖陵也被掘毁了，岂不是坏了朱明王朝的龙脉。这对崇祯皇帝自然是个极大的震动。他闻报后当场就涕泪交流，为表示承担责任，马上"避正殿，撤乐减膳。从初三日始，居武英殿，百官俱宿公署，阁臣俱宿于朝房"[1]。不居正殿，宫中停止奏乐，御膳减少几道菜，以示哀悼。这还不算，他还特地颁了一道罪己诏。他在诏书中沉痛地表示，祖陵受到震惊，老百姓遭受诸多苦难，"责实在朕"。为了表示省愆，除避居武英殿和减膳撤乐以外，"惟以青衣从事"，想借以"用回天心"。但是，崇祯皇帝把造成这种局面的原因最终仍归结为"倚用非人"，即臣下不尽心用事。明眼人都很清楚，这道罪己诏只不过是装装样子而已，并没有任何切实可行的新措施。事实也表明，此后李自成等农民军又得到不断的壮大和发展。

崇祯十三年（1640），各地官员纷纷向朝廷告急，尤其是北部中国情况更加严峻。当时，中国北部的确有些旱灾、蝗灾，倘若政治清明，不至于造成大范围的严重饥荒。而这时的明王朝已彻底腐败，加征不断，逼迫老百姓流离失所，从而大大加重了饥荒的严重程度。各地方官征敛不足额，又不敢说老百姓被逼得四处逃亡，便极力渲染天公不作美，灾荒严重，借以减缓一下催征的压力。各地有关灾荒的报告使崇祯皇帝不能不有所震动，为此特颁了一道谕旨，其中说道：

> ……天心仁爱，警言频仍。非政事之多失，即奸贪之纵肆，或刑狱之失平，抑豪右之侵虐。诸如此类，皆干天和。兹许文武人等直言无隐，悉陈利弊以裨时政。

过了两天，崇祯皇帝又颁一道谕旨：

> 朕于三月三日始深居斋祷，大小臣工痛加修省。[2]

---

① 谷应泰：《明史纪事本末》卷七十二。
② 《崇祯实录》卷十三。

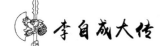

为此，崇祯皇帝还派大臣祭告天地。他也动了善心，京师贫民每人赈济钱200文，还免除了一些省的积欠。在这里，崇祯皇帝自己"深居斋祷"是给臣下看的，要"大小臣工痛加修省"才是他的真意所在。因为在他看来，不论政事多失，还是奸贪等情，主要还是臣下不尽心所至。

崇祯皇帝和百官的"修省"似乎未能使上天回心转意，各地的饥荒日益严重，李自成等农民军到处攻城略地，各地有关灾荒的报告似雪片般飞来。崇祯皇帝自称"皆朕不德所致"，并表示要"戴罪视事，以赎罪戾"。崇祯皇帝身为有九五之尊的封建帝王，居然公开向天下臣民认罪，这怎能不令人感动！但到底应如何来"回转天意"呢？如何才能使老百姓不跟着李自成等去造反呢？显然，只是"于宫中默告上帝"是不够的。当务之急是取消加征，让老百姓都回乡安于农事。但崇祯皇帝对此却不肯松口，加征依旧。天下饥荒已到了饿殍遍野的地步，朝廷仍加征不已，封建王朝的崩溃自然也就指日可待了。

崇祯十七年（1642）二月十三日，李自成农民军攻下山西重镇太原后，挥师直逼京师。崇祯皇帝看到大势不好，遂于这天下了一道更加痛切的罪己诏：

> 朕嗣守鸿绪，十有七年。深念上帝陟降之威，祖宗付托之重，宵旦竞惕，罔敢怠荒。乃者灾害频仍，胡寇并急，生民荼毒，靡有宁居。……朕为民之父母，不得而卵翼之；民为朕子，不得而襁褓之。坐令秦豫丘墟，江楚腥秽，贻羞宗社，致疚黔黎。罪非朕躬，谁任其责？所以使民罹锋镝，蹈水火，瑾量以毙，骸积成丘，皆朕之过也；使民输刍挽粟，居送行赍，加赋多无艺之征，预征有称贷之苦，又朕之过也；使民室如悬磬，田卒污莱，望烟火而无门，号冷风而绝命，又朕之过也；使民日月告凶，旱潦洊至，师旅所处，疫疠为殃。上干天地之和，下丛室家之怨，又朕之过也。……已实不德，人则何尤！……①

① 谈迁：《国榷》卷一百，二月"壬申"条。

这道罪己诏很是痛切，崇祯皇帝对自己的过失说得比较具体。但是，具体措施又在哪里呢？既然没有什么具体措施，那又怎么来改变局面呢？这正如《国榷》的作者谈迁所说："当其时，民莫苦于横征，率空言无指定。朝廷好负人，亟则引咎，缓则反汗。愚夫习而知之，故耳目顽固如初也。倘即减今岁田租之半，躬阅内府、尽出其金币珠玉等……以充禄饷；诛一二搭克之吏，锐意更始，"天下吏民不会"不为感动"。可惜的是，崇祯皇帝并没采取一些这类切切实实的措施。尤其是对加征一事，崇祯皇帝在罪己诏中只是要"多方劝谕，毋失抚字"，实际上还是要征。看来，崇祯皇帝是不上煤山不死心了。

自崇祯中期以后，每有大灾异，崇祯皇帝即去"省愆居"修省。省愆居在文华殿后面，是一所木结构的房子。崇祯皇帝去修省时，"衣青素"，夏天的衣料用纯绢，冬季则用原色纻丝。当时有人为此写诗道："分与六宫惆怅意，年来频幸省愆居。"[①]这种修省的确为崇祯皇帝换来了不少同情，但实际上是做样子给天下的臣民看，而对阻挡李自成进入北京没有任何意义。

二、减膳撤乐，提倡节俭

崇祯皇帝不只是屡下罪己诏，遇到大的变故便"深居修省"，另外还不时有些其他邀誉的举措。后人一说到崇祯皇帝，往往提到他"日理平台"，是个勤政的皇帝。实际上，他之所以经常在平台理事，是因为他不时下诏罪己，表示不敢居正殿，使避居武英殿或省愆居等处，以示自惩。既然不敢居正殿，在平台理事的时间自然就多，于是崇祯皇帝就有了"日理平台"的好形象。有的学者称崇祯皇帝是个汲汲邀誉的专家，这是有根据的。

在崇祯皇帝八年（1635）下的那道罪己诏中，崇祯皇帝就在诏书中明确表示，要"减膳撤乐"，以与天下文武吏士共甘苦。以前，每逢节日或什么庆典，宫中就要演戏，以示欢庆。崇祯皇帝看到天下多事，经常传旨免掉。崇祯皇帝初即位时，宫中演水戏、过锦戏等，"上（崇祯皇帝）每为之欢笑"。自明旨"减膳撤乐"以后，这种戏在宫中就基本没有再演过。另外，像"寒潭香""秋

---

① 王誉昌：《崇祯宫词》卷下。

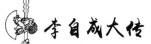

露白"等，都是宫中常用的御酒，这时崇祯皇帝也经常拿来分赐下人。宫中还专门铸造了一些金银豆、金银叶，重约1钱左右，颇精致，用金银不多。崇祯皇帝就经常用这种豆、叶对下人颁赏。这也为他赢得了不少体贴下人的好名声。

在中国历史上，崇祯皇帝算是一个比较节俭的皇帝，他提倡节俭的言行也是真诚的。他有些做法在今天看来有些偏激，甚至乖张。例如他曾下令将宫中各铜器熔掉铸钱，以充禄饷。有些铜器很薄，铸不了多少钱，而本身却是很有价值的古文物。这实际上是对古文物的一次大破坏。这种节俭的措施成效不大、破坏不小，主要的意义也就是做做样子而已。

有些措施则是颇得民心，也是有成效的。例如崇祯皇帝曾下令罢苏、杭织造。他在谕旨中说："封疆多事，征输重繁，朕甚悯焉。不忍以衣被组绣之工，重困此一方民。其俟东西底定之日，方行开造，以称朕敬天恤民至意。"① 很早以来，为宫中织造就成为苏州、杭州人民的沉重负担，也是宦官和其他官员敲诈勒索当地人民的重要渠道。因此，崇祯皇帝罢苏、杭织造无疑是一个善举。

在崇祯皇帝的授意下，礼部重新制定了宫中器用和官吏衣饰之制，"一从节俭"。这也是崇祯皇帝提倡节俭的一个具体措施。可以看出，崇祯皇帝的确是个比较节俭的皇帝。

崇祯皇帝平时的生活也不像过去的一些皇帝那么奢侈。崇祯十三年（1640）七月，崇祯皇帝说："朕念皇考、皇妣，终身蔬菜布衣，以尽孝思。"他居然连肉也不吃了，还要穿粗布衣服，实在令人感动。很多大臣则认为不必如此，少詹事李绍贤就劝道："天子临御万方，不宜淡漠自苦。"崇祯皇帝不允，从此以后便坚持"蔬食布衣"。

遇到大的灾荒或瘟疫，崇祯皇帝便利用各种形式祈祷禳灾。有时大旱，崇祯皇帝便亲自祭告天地，祈求降雨。他有时还让皇后率领一些宫女一起禳灾。"宫女数十人，氅服云璈，与羽流无异"。不论这种禳灾的形式有没有用处，但至少可以显示出崇祯皇帝是关心老百姓的。

自崇祯十年（1637）以后，宫中的游戏娱乐活动一直很少举行，唯独打稻

---

① 谷应泰：《明史纪事本末》卷七十二。

戏不废。所谓打稻戏，是指在秋收时节庆祝丰收的戏。到这一天，钟鼓司的官员扮作农夫村妇，头顶竹笠，拿着镰刀，表演收割的活动。崇祯皇帝亲自到场观看，以示重视农事。在收割、打晒过后，一些地方官即前来收租赋，为此引起诉讼等等情节，颇有农家乐的气氛。对此，有的书上记道，当时"游幸多废，此独举行，重农事也"①。对于崇祯皇帝来说，这是显示自己重视农事的好机会。但是，只是这样做做样子很容易，不用花钱。如要他拿钱去修水利，他就不干了，因为修水利是要花钱的，而修水利才是重农事的切实措施。

有时出现了大的瘟疫，崇祯皇帝不仅自己为民祈祷，还命一些道士禳灾。崇祯十六年（1643）夏，当清兵退去后，北京城里瘟疫横行。不少人早晨得病，晚上即死，有的一家10余口人在一天间同时毙命。在今天看来，很可能是鼠疫病，得病快，病人很快就会因腹泻脱水而休克。当时人们以为是天降瘟疫，整个北京城的人都惶惶不安。崇祯皇帝自己祈祷不奏效，即"令张真人建醮祈安，而终无验"。当时北京几乎成了一座鬼城。有的商店收的银钱，据传说转眼间就变成了废纸，于是各店家纷纷在门口放一盆水，将收到的银钱先放在水盆中，以验真伪。在京城周围，有的地方的农民终夜敲打铜锣等物，说是驱鬼。这种声音有时在皇宫中都能听到。崇祯皇帝下令禁止，但一到夜里有的地方还是敲。气氛凄厉而恐怖。这种气氛再加上李自成将要攻打北京的传言，更令京师的老百姓惶惶不安。

崇祯皇帝不仅自己躬行节俭，而且要诸臣都要仿效。据记载："上（崇祯皇帝）禁诸臣服饰袖长不得过一尺。"有的人对崇祯皇帝的这种做法不以为然，规定臣下的袍袖长度不得过一尺，对节俭没什么意义。尤其是宫中用陶器代替金银器，认为太过分，没有必要。"以玉食万方之主，而降为污尊坏饮之事，是貉道也。何以能久！"②看来，过分和过于琐碎的举措就失去了真诚感人的作用，甚至使人感到，这无非是故意装样子而已。

有一天特别冷，崇祯皇帝便问随侍的一个大臣："你冷不冷？"这大臣搓

---

① 王誉昌：《崇祯宫词》卷下。
② 文秉：《烈皇小识》卷八。

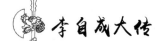

搓手说："冷！"崇祯皇帝马上赐给他一个暖手，要他合于掌中，用袖子笼罩住，"则通体俱暖矣"！这大臣用暖手后，果然暖和了许多，遂向崇祯皇帝连声谢恩。这种暖手是用最透明的雄黄做成，大如饼，重约7两，其大小放于手掌中正合适。[①] 这虽是件小事，却反映了崇祯皇帝性格的另一面，即除了冷酷外，还颇有人情味。这为他赢得了许多好名声。崇祯皇帝希望通过这些举措来为自己树立威望，驱使天下臣民为他卖命，以尽早剿灭李自成等农民军。但他只求虚名，不讲实际，所以这些小恩小惠根本不能挽救日趋崩坏的明王朝。

三、崇信道教，祈求神灵

崇祯皇帝自幼接受儒家教育，读四书五经，所以受儒家思想影响最深。他也像中国封建社会的其他帝王一样，也是以儒家学说作为治国的基本指导思想。但儒学不是宗教，而且它的包容性比较强，所以有不少儒生还信奉其他宗教学说。明朝皇帝大都信奉道教，崇祯皇帝亦然，他希望道家神灵能在战场上帮助他打胜仗，早日把李自成农民军消灭掉，但结果总令他失望。

崇祯皇帝崇信道教可谓渊源久远。明朝开国皇帝朱元璋并不笃信道教，他称帝后虽对佛、道二教都加以限制，但总的看来对佛教较为宽容。这大概与他小时候当过和尚有关。明成祖时情况为之一变，尊道胜过尊佛，并在后宫建玉皇殿，供奉道家神。据史籍载，在明成祖与侄儿建文帝争夺皇位的战争中，明成祖数次得到真武大帝的帮助。当明成祖率领的燕军危急时，真武大帝就率兵甲自天而降。明成祖也披发仗剑相应，从而屡败南军，使明成祖终于夺取了皇位。为此，明成祖还大兴土木，花费巨资修建了道家圣地武当山宫观。此后的历代明朝皇帝也都崇奉道教。明中期以后，几个明朝皇帝崇奉道教几乎到了狂热的程度，其中尤以嘉靖和万历两个皇帝最为典型。他们长期在宫中做斋醮，居然十几年不上朝理政。崇祯皇帝不如他们那么狂热，但起初崇信道教还是很真诚的。

宫中设有斋坛，崇祯皇帝不时去斋坛做斋醮，祈求玉皇大帝降福。遇到大旱时，他也通过斋醮求雨。崇祯十二年（1639）三月，京师遭到一场大风的

---

① 王誉昌：《崇祯宫词》卷下。

袭击，飞沙走石，毁了许多民舍。为了禳灾，他便身穿布袍，连续数日居于斋宫，祈求神灵在冥冥之中给予保佑。户科给事中趁机进言："岂陛下有其文未修其实乎？"意思是不能只是修省，而要做一些利国利民的实事。崇祯皇帝于是下诏，对一些受灾州县的加征或免或减。①

由于战场上连连失利，崇祯皇帝希望能像明成祖那样得到天兵天将的帮助，早日将李自成、张献忠等剿除。为此，他去玉皇宫祈祷，好大一阵玉帝才降批道："天将皆已降生人间，无可应召者。"崇祯皇帝再叩拜问道："天将降生，意欲何为？尚有未降生者否？"又降批道："唯汉寿亭侯受明深恩，不肯下降，余无在者。"崇祯皇帝还想再问一些事，但"批毕寂然，再叩不应矣"②。崇祯皇帝在玉帝庙中问卜之事是否真的如此，今已无法详考。但这件事告诉人们，崇祯皇帝起初是崇奉道教的。

崇祯十一年（1638）正月向玉帝问卜，其得到的批语简直就是一首预言诗："九九气运迁，泾水河边，渭水河边。投秦入楚闹幽燕，兵过数番，冠过数番。抢夺公卿入长安，军苦何堪，民苦何堪！父母妻子相抛闪，家家皇天，人人皇天。大小灌魏失秦川，流寇数载即息，红顶又将发烟。虎兔之间干戈乱，龙蛇之际是荒年。"③此事是否真实，今已难详考。如确实的话，也正反映了李自成等农民大起义给明王朝造成的危机。像"泾水河边，渭水河边""抢夺公卿入长安"就明显指的李自成农民军。

崇祯年间天下多事，宫中也不时闹鬼怪。为此，崇祯皇帝还特地请张真人来宫中驱邪。按照道家的说法，人修炼成仙者，男的称真人，女的称元君。张真人居于江西省贵溪县龙虎山，其名号是"三天大法师正一张真人"。他奉召来京时，还带着道灵左赞法真人、呼风唤雨真人、祛妖除眚真人、宣祥致瑞真人、另有执剑童等人。崇祯皇帝特地为他在宫中建醮一坛，并对张真人说："近来天灾屡见，宫禁多妖，皆由朕之不德所致。虽躬行修省，然必赖卿冥告上帝，为朕敷陈，庶或转祸成祥，化灾为福。"张真人表示："臣愿竭诚醮事，以

① 《明史》卷二七五《左懋第传》。
② 文秉：《烈皇小识》卷六。
③ 计六奇：《明季北略》卷十四《元帝降乩》。

报圣恩。"于是又选僧、道各300人，在坛执事，共设祭七七四十九日，崇祯皇帝每过7天就亲去行香一次。崇祯皇帝将所求事拜书一疏，张真人将疏焚于坛前。张真人神游一番后，似乎不敢直说神灵的话，只胡乱应付道："灾异妖孽，上帝已命北极佑圣真君缄斩收逐矣。国家绵久，万子万孙。"随后就告辞回江西去了。《明季北略》的作者计六奇小时曾听说张真人到过其家乡，说到崇祯皇帝召他进宫除妖事，可见此事确实发生过。至于张真人所说"万孙"，则被附会成万历皇帝之孙，天启帝、崇祯皇帝和南明的福王、桂王都是万历皇帝的孙子，意即到这一代明王朝就要完结了。[①]这类的迷信荒诞之事在古代经常出现，不足为奇。只是崇祯皇帝身为一国之主，也干出这种荒诞之事，令人感到滑稽。这件事不仅反映了崇祯皇帝笃信道教，而且反映了他面对乱局而无奈的心理，即希望道家神灵能帮助他转危为安。

崇祯皇帝最初对道教很虔诚，每到正月初九和十二月二十五日，他都要到玉皇大帝像前行香，他还在玉皇大帝前自称"儿子"。[②]

田妃生的皇五子5岁时病死，田妃为此一病不起，崇祯皇帝也很悲痛，遂用道号加以追谥，号为"孺孝悼灵王元机慈应真君"，还命礼部为已故的几位后妃议道号。礼部臣僚因无先例，且有悖历代典章，故不敢轻议，主张封典仍用王号，不用道号。礼科给事中李昌的话语颇激切："诸后妃，祀奉先殿，传之天下万世。似宜仍前徽称，不可崇邪教以亵圣号。"崇祯皇帝无奈，只好将"真君"二字去掉，改封号为"宣显慈应悼灵王"，仍带有道家色彩。[③]这对皇家来说是很荒唐的事。但它使人们从中看到，崇祯皇帝当时对道教是多么尊崇。

崇祯皇帝既然崇奉道教，对佛教自然会有排斥之心。但宫中信佛的人很多，尤其是宦官和宫女等执贱役的人，他们大都信佛，相信佛家的因果报应学说，希望此生敬佛，来生能结个正果。因此，宫中有许多佛像。这些佛像有的用金、银或铜铸成，有的是泥塑，外涂以金银粉之类。崇祯十二年（1639），杨嗣昌自请督师，要练兵筹饷。崇祯皇帝除了加征练饷外，为示提倡，不仅将

① 计六奇：《明季北略》卷二十三《召张真人建醮》。
② 王誉昌：《崇祯宫词》卷下。
③ 《崇祯实录》卷十三；《明史》卷一二〇《悼灵王慈焕传》。

宫中的一些金银铜器熔掉铸钱，而且下令撤佛，将金银铜佛充作军饷，泥佛也撤至宫外寺院。宫中大大小小的佛像很多，仅乾清宫梁栱之间就有数百尊。方以智在他著的《物理小识》中记载了他目睹的情况："皆裸佛交媾形，凡数百尊……其像皆女坐男身，有三头六臂者，足下皆踏裸男女，男人背而叠之。"这些佛像若不是被搬出宫外，方以智是难得一见的。

四、改奉天主，欲救危亡

当崇祯皇帝即位时，天主教在中国已经有了一定程度的传播，从而为崇祯皇帝改奉天主提供了客观条件。当崇祯皇帝感到道家神灵不能帮助他挽救危亡时，他便希望得到其他神灵的庇佑，从而为他改奉天主提供了主观条件。

天主教是基督教分裂的一支。基督教在中国的传播最早可追溯到唐代，那时称景教，至今在西安仍保存着"大秦景教流行中国碑"。稍有点历史知识的人都知道唐武宗灭佛，但很少有人知道，他也曾灭基督教，禁止基督教在中国的传播，几乎禁绝，只有极少数信徒秘密地在民间活动。宋朝时，教皇曾遣使来中国查看教徒情况。来使看到，教堂尽毁，教徒星散，大体上是绝迹了。元朝时称之为也里可温，它不只是包括景教，还包括其他教派。元朝皇帝还专设崇福司来管理此教。元世祖的母亲和开国名臣耶律楚材都是天主教徒。明太祖朱元璋建立明朝后，禁绝一切所谓"邪教"的流行，连佛道二教的活动也受到许多限制，天主教遂再次被禁绝。明中期以后，随着海禁的松弛和海外贸易的发展，西方传教士随着商人来到了中国。尤其是16世纪欧洲发生宗教改革以后，作为新教的基督教势力日益壮大，作为旧教的天主教便极力寻找新的天地，于是中国便成了天主教布道的重要目标。最初来到中国的是耶稣会士，属天主教中较开明的一派，其来中国最著名的代表人物是利玛窦。万历二十九年（1601），利玛窦身穿儒服进北京，朝觐万历皇帝。在得到万历皇帝的允准后，在北京建立了第一座天主教堂。这无疑是天主教在中国的一个重大进展。在天启年间时，天主教在中国各地的教会有6处，共有教徒约13000人。[1]由此可见，

---

① 张维华：《明清之际中西关系简史》中编第三章。

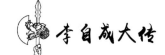

天主教在中国的传播这时有了相当的发展。至于崇祯皇帝这时与天主教是否有
所接触，则不得而知。但他对天主教有所耳闻和了解，则是确信无疑的。

崇祯皇帝继位后，对天主教没有任何排斥之举，故天主教在中国的传教事
业得以继续发展。其详情在官书中很少有记载，但从一些文集中仍可看到其大
概。例如，《破邪集》中载有崇祯朝黄贞《请颜茂猷先生辟天主教书》一文，
其中说道：

> 艾士（天主教士艾儒略）言，会友二十人来中国开教，皆大德一
> 体也。今南北两直隶、浙江、湖广、武昌、山东、山西、陕西、广东、
> 河南、福建福州、兴、泉等处，皆有天主教会堂，独贵州、云南、四
> 川未有耳。

黄贞是个反对天主教在中国传播的人，但他说的这些话没有过分夸张的意思。
人们从中可以看到天主教在崇祯年间传布的大体情况。据《正教奉褒》记载，
到崇祯末年，明朝宗室信奉天主教的共有114人，宦官信奉天主教的有40人。
至于这114人中是否包括崇祯皇帝，则不得而知。但有一个不容争辩的事实是，
崇祯皇帝的身边有了许多信奉天主教的人，他们必然会对崇祯皇帝有所影响。
这是崇祯皇帝改奉天主的一个重要原因。

崇祯皇帝改奉天主，大概受徐光启的影响最深。徐光启是明末名臣，天启
朝即官至礼部侍郎，崇祯朝官至礼部尚书兼东阁大学士，既是科学家，又懂兵
事。崇祯朝兵事紧急，他力请仿制西洋火器，多铸红夷大炮，果有威力。当时
钦天监官员测日食不准，当食不食，徐光启遂推荐传教士龙华民等人入宫，用
西洋历法推算日食、月食，果然十分准确。崇祯皇帝遂命龙华民等帮助制定新
历，由徐光启为监督。这无形中使崇祯皇帝对天主教产生了好感。

从各种有关资料可以看出，徐光启是劝说崇祯皇帝改奉天主的最有力的一个
人物。按照天主教义，天主教信徒只能祭奉天主，不能拜偶像，像佛教等宗教所
敬神像、家中祖先的神位、孔子的塑像等，在天主教士看来都是应予摒弃的偶
像。随着崇祯皇帝信奉天主教程度的加深，宫廷便陆续出现了数次毁撤佛像和道

家神像的事。由于崇祯皇帝起初信奉道教，所以最先遭毁撤的是佛像。天主教徒认为，佛像就是魔鬼，应予撤毁。故许多佛像在天主教殿前被毁掉。徐光启死于天启六年（1626），可见在此以前崇祯皇帝就在某种程度上接触到天主教了。也正因如此，所以才有些佛像数次从宫中移出。崇祯皇帝毁金银铜佛充军饷只不过是个借口。更深层的原因是他的信仰变了，开始接受天主教的学说。

汤若望也是劝崇祯皇帝信奉天主的重要人物。他受徐光启推荐，进入钦天监，帮助明廷制定新历，深受崇祯皇帝信赖。这位西方传教士于崇祯十三年（1640）还曾直接上疏崇祯皇帝，劝崇祯皇帝崇奉天主，"凡遂其教者，心与上升，以享真福。盖天主至公，无善不报……王者用以治国，则俗朴风醇，人心和协；君子奉之修身，则存顺殁宁，永远吉祥"。他向崇祯皇帝详细阐述了天主教的真谛和信奉天主教的好处，尤其是天主可以帮助他治理好国家，使天下太平，着实令崇祯皇帝为之心动。崇祯皇帝"虽未毅然顺从，而于圣教之真正，异端之无根，固已灼有所见"[①]。要使崇祯皇帝受洗礼完全变成天主教徒，那是很困难的。按照天主教义，一个男人只能娶一个妻子。中国皇帝都嫔妃成群，个个如花似玉，要使中国皇帝放弃这种现实的幸福，去追求那虚无缥缈的天国的快乐，他是不愿意接受的。能使崇祯皇帝在思想意识上更接近天主，而对佛、道等宗教逐渐疏远，这就是天主教士的很大胜利了。

佛家神像是偶像，道家神像也是偶像，在天主教士看来，这都应在被毁之列。崇祯皇帝本来信奉道教，所以起初只是撤毁或移出佛家神像，后来，国事日艰，李自成农民军越来越强大，崇祯皇帝感到道家已不能挽救明王朝的危亡，因而也开始撤毁道家神像。宫中有玉皇殿，乃明成祖时所建，此后的明朝皇帝都按时前往祭奠。崇祯皇帝因内心已改奉天主教，所以就下决心将道家的偶像也撤毁掉。因殿中神像巨大，几个人上前都推不倒，只好用粗绳将神像套住，然后由众人一起拉，终于将神像拉倒毁掉。据文献记载，在撤毁玉皇殿神像时还出现了灵异：

---

① 《圣教史略》卷十二。

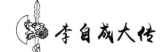

内玉皇殿，永乐时建。有旨撤像，内侍启钥而入。大声陡发，震倒像前供桌，飞尘满室。内侍相顾骇愕，莫敢执奏。像重甚，不可动摇，遂用巨石缒拽之下座。①

至于当时是否出现了这种灵异，自然令人怀疑，但撤毁道家神像这件事则是可信的。它清楚地告诉人们，崇祯皇帝已由信奉道教改为信奉天主教了，他只是未经洗礼而成为道地的天主教徒罢了。

崇祯皇帝因改奉天主，便诏谕臣下，凡是名字中有"天"字者，都要改掉。御史陈良谟就是一例。陈良谟是"崇祯四年进士，授大理推官，初名天工。庄烈帝虔事上帝，诏群臣名'天'者悉改之，乃改良谟"②。由此可以看出，崇祯皇帝的确曾一度对天主教很虔诚。

从有关材料可以看出，崇祯皇帝信仰多变，而且混乱。这与他生活的那个时代混乱有关。他希望神灵能保佑他，结果却总令他失望，所以就总是改变信仰，希望换别的神灵来保佑自己。他既不是道地的道教徒，也不是道地的天主教徒。他只是敬奉一下而已，希望众神都能在冥冥之中保护他的大明江山。他甚至还敬奉过关公，希望关羽再生，帮助他荡平群寇，消灭李自成等农民军。但是，他的这些希望都一个接一个破灭了。无论他采取什么措施，如何改变信仰，都已不能挽救明王朝的危亡。

明末的政治腐败激化了社会矛盾，李自成大起义实际上就是这种政治腐败的产物，并反过来促使统治集团内部的各种矛盾更加激化。当历史的脚步跨入崇祯十七年（1644）的时候，明王朝内部的各种矛盾已暴露无遗，统治肌体已彻底腐烂，真正到了不堪一击的地步。这为李自成的胜利进军提供了条件。李自成于西安建国后，马上兵分两路，给奄奄待毙的明王朝以最后一击。

---

① 王誉昌：《崇祯宫词》卷上。
② 《明史》卷二六六《陈良谟传》。

第十一章　李自成进军北京

　　崇祯十七年（1644）正月初八日，李自成亲率大军从西安出发，向北京进军，以给气息奄奄的明王朝最后一击。这时天下汹汹，"处处皆亡国之象"。崇祯皇帝表面上强装镇静，但内心已六神无主。他狐疑不决，明知京师不保，但也不愿明令迁都，举措连连失误。李自成农民军则以破竹之势向北京推进，迅速抵达北京城下。

第一节　天下汹汹，狐疑不决

自孙传庭战死潼关以后，明王朝已是"昏惨惨似灯将尽"，完全处于苟延残喘状态，无力再对农民军主动反击。在李自成称"新顺王"不久，张献忠也于武昌称"大西王"。当李自成在河南、陕西胜利进军的同时，张献忠在湖广、江西等地也取得了一连串的胜利。辽东的清军也虎视眈眈，时刻都在准备大举入关，所以崇祯皇帝也不敢将驻守山海关的明军调离。极目四望，明王朝已是天下汹汹，山河破碎，真正处于彻底覆灭前的风雨飘摇之中。

一、天下汹汹，"处处皆亡国之象"

自上年夏季以来，除了李自成对明王朝进行了一连串的毁灭性打击以外，张献忠和辽东的清军都对明王朝造成了很大的威胁。这两支力量对明廷的牵制，客观上也有利于李自成的胜利进军。

崇祯十六年（1643）五月，张献忠攻占了湖广重镇武昌，活捉了封在这里的楚王朱华奎。楚王"宫中金银各百万，辇载数百车不尽"[①]。连张献忠见到这么多金银都很吃惊。他用这些金银充作自己的军饷，而把楚王朱华奎扔进江中淹死。张献忠得知李自成在襄阳称"新顺王"，自己也就称"大西王"，改武昌为天授府，作为大西政权的京城。他也建立了自己的一套行政机构，其名称仍沿用明朝旧制，没有像李自成那样将六部改为六政府之类。张献忠也像李自成那样正式开科取士，还任命了一批府、州、县的地方官员。这样，大西政权就成为和李自成的襄阳政权并立的农民军政权。

当时张献忠的力量不如李自成强大。张献忠看到，李自成先后处置了罗汝才、贺一龙和小袁营诸部，他担心下一个就可能轮到自己头上。尤其是武昌距襄阳很近，各自委派官员治理，犬牙交错，势必会发生矛盾和冲突。为了避免两支农民军火拼，张献忠就决定离开武昌，另开辟自己的新天地。于是，张献

---

① 彭孙贻：《平寇志》卷六。

忠于七月亲率大军向湖南的岳州（今岳阳）方向进发，只留下很少的兵力驻守武昌。

八月上旬，张献忠亲率 20 万大军，以雷霆万钧之势攻克岳州，接着挥师南下，逼向长沙。农民军沿途攻城略地，八月下旬将长沙包围。逃到这里的湖广巡抚王聚奎看到形势不妙，又率领自己的部下逃往江夏。明宗室惠王从荆州逃来长沙，和封在长沙的吉王都是庸才，不懂兵事，日夜害怕张献忠赶来。他们见张献忠真的赶来了，便在一部分官军的保护下仓皇逃往衡州，投奔桂王去了。长沙总兵尹先民和副将何一德率部投降了张献忠。只有长沙推官蔡道宪顽强防守。农民军在城下劝降，他即命弓箭手向劝降的人猛射。农民军猛攻三天，终于将长沙攻陷，蔡道宪被俘。张献忠劝他投降，他却骂不绝口。他的几个随从不离左右，其中一个叫林国俊的对张献忠说："如吾主可降，亦去矣，不至今日。"张献忠对他说："尔不降，亦不得生。"林国俊说："如我辈愿生，亦去矣，不至今日。"张献忠遂下令将他们一起杀掉。其中有四个随从奋然说："愿葬我主骸而后就死！"张献忠看他们很讲义气，就答应了他们。这四人将蔡道宪安葬后自刎而死。[①]

张献忠接着追至衡州（今湖南省衡阳市）。封在这里的桂王朱常瀛自知不敌，便将王府宫殿放了一把火，许多宫女也一同被烧死，他本人则和吉王、惠王一起逃往永州（今湖南省永州市）。巡按御史刘熙祚督水师抵御，兵败后不屈被杀。这时，湖广全境已基本被农民军所占领。

张献忠在衡州兵分三路，一路进攻永州，第二路进攻广西全州，第三路进攻江西袁州（今江西省宜春市）、吉安等地。张献忠自己则回到长沙，在那里营建宫殿，开科取士。十一月底，张献忠亲率大军攻占了杨嗣昌的原籍常德。当时，杨嗣昌的儿子杨山松正在家乡办团练，对抗农民军。

张献忠悬赏捉拿杨山松和杨家后人，并掘毁了杨家祖坟，将骨骸焚烧后撒入水中。

崇祯十六年（1643）冬天，张献忠的势力在江西也得到较快的发展。袁州、

---

① 吴伟业：《绥寇纪略》卷十。

吉安、抚州、临江、分宜等府县都曾被农民军攻陷。崇祯十七年（1644）春天，张献忠率领数十万大军溯江西上，进入四川，击败女将秦良玉，攻占了万县。

张献忠的势力蔓延数省，不断给官军以沉重打击，从而有力地配合了李自成在北边的发展。除此之外，辽东的清军也牵制了明廷的大量兵力，使驻守山海关的明军不敢脱身。

崇祯皇帝一度把对付清军的希望寄托在洪承畴身上。他看到，洪承畴在对付李自成农民军方面表现得很出色，就命他为蓟辽总督。结果，他于松山被清军打败，被俘后投降了清军。他手下的悍将曹变蛟、王廷臣等在与李自成周旋时都很骁勇，卓有战功，这时也被清军俘获，不屈被杀。锦州守将祖大寿是吴三桂的舅父，也是个有名的勇将，这时也被迫投降了清军。崇祯十六年（1643）秋天，清军又攻占了山海关外的重镇宁远（今辽宁省兴城市）。至此，明军只能退守山海关，对清军只有消极防守，完全失去了主动进击的力量。

在兵部尚书陈新甲的策划下，崇祯皇帝打算与清议和，并派职方郎中马绍愉秘密地与清谈判。由于保密不严，朝中大臣都知道了此事，议论纷纷，认为这是"屈身取辱之事"。崇祯皇帝对此又气又急，又羞又怒，便一股脑儿把责任都推到陈新甲头上，将他下狱处死，还有其他官员也跟着丢了官。于是，与清议和的大门就被彻底关上了。

在西边和南边，李自成和张献忠的农民军攻城略地，已很难看到一片安静的疆土。在东北，关外的清军正虎视眈眈，随时准备内犯。面对这种山河破碎的危机局面，崇祯皇帝已是身心交瘁，唯有接连下"罪己诏"而已。

正如崇祯皇帝所哀叹的那样，这时的明王朝真是"处处皆亡国之象"。在崇祯十六年、十七年间，有关异乎寻常的灾异的记载可谓史不绝书。例如，在一个雷雨天气里，雷电竟击中了太庙，"庙中神主或横或侧，诸铜器俱为雷所击，融而为灰"。太庙即皇族祖庙，这时竟遭雷击，人人都感到这是一种不祥之兆。

就连宫中多年来玩的一种掉城戏似乎也犯了某种忌讳，被崇祯皇帝禁止。这种游戏通常由宫女们来玩，方法是在地上画出"井"字形的九块方格，中间一格为上城，四边为中城，四角为下城。宫女们依次用银毯往城中抛，落上城者得上赏，落中城者得中赏，落下城者受罚。这本来是宫中的一个很平常的游戏，但因"掉城"二字不吉，李自成到处攻城下邑，辽东的许多城也被清兵所占，二者似乎有某种联系。因此，崇祯皇帝遂严令禁止此游戏。宫中的掉城游戏被禁止了，宫外的城池却丢掉得更快了。

崇祯皇帝每天所听到的几乎都是坏消息，不是这里打了败仗，就是那里闹灾异。这使他不时地感叹："朕非亡国之君，处处皆亡国之象。"就连普通老百姓也大都预感到，明王朝气数将尽。大概也正是出于这种心理，所以人们一遇到什么事，不是往好处想，而总是往坏处猜。一天，崇祯皇帝告诉他的后妃，说夜里做了一个梦，一个长者给了他一张纸片，上面只写一个"有"字。后妃们都说这是吉兆，"大有""富有天下"等等，主要是说崇祯皇帝应该"有"天下，各地打些败仗不足为虑。此事很快传到外廷，一些大臣大都附会，认为是吉兆。但不久就有一个解梦的人说道，"有"字拆开，则"大不成大，明不成明"。而明王朝就称"大明"，这岂不是丢天下的征兆吗？崇祯皇帝听到后，"亦不罪之"[1]。崇祯皇帝是否真的做了这么个梦，人们无法考证。或许是他故意编织了这么个梦，自认为是吉兆，可以起到稳定民心的作用。如果是这样的话，在那种气氛下只能适得其反，因为人们都开始从坏的方面来思考问题了。

崇祯十六年（1643）十二月万寿节，这是崇祯皇帝的最后一个生日。他尽管一肚子不顺心的事，但还是强打精神，排宴昭仁殿庆寿。崇祯皇帝不知出于什么心理，点名要一个姓陈的歌伎"作西施舞"，舞后赐银 5 两。这在平时可能算不上什么事，但在那"处处皆亡国之象"之时，这又被人说成是不吉之兆。因为历史上的吴王夫差就是因沉醉于西施舞而亡国的，使人联想到，崇祯皇帝也将有夫差的厄运。为这事后人还写了一首诗：

> 舞按西施结束成，当筵为寿玉尊擎。
> 莫言长袖娇无力，曾拂苏台一夜倾。[2]

---

① 王誉昌：《崇祯宫词》卷下。
② 王誉昌：《崇祯宫词》卷下。

因为吴国建都苏州，所以这里的"苏台"就是指吴国，隐喻明朝。

崇祯十六年（1643）冬至那天，崇祯皇帝去太庙祭祀列祖列宗。忽然间，"烈风起于殿角，燎火尽灭，不成礼而罢"。崇祯皇帝为此事极为懊恼，隐然感到一种凶兆。回宫后，崇祯皇帝顿足叹息道："朕不自意将为亡国之主！"[①]

在那种天下汹汹的情况下，崇祯皇帝的心理似乎也变得不正常起来。他除了不时发出无可奈何的叹息外，还不时无缘无故地发怒，尤其听不进臣下奏言民间弊端，对沿用已久的一些法令和做法时时变更。他大概希望通过这种变更来改变命运，但实践证明越变越糟。

二、李建泰自请督师

自孙传庭战死潼关以后，崇祯皇帝自感末日已近，整日愁眉不展。放眼全国，已是天下汹汹，山河破碎；环视身边大臣，尽是庸碌之辈，找不到一个可以担当督师重任的人。他经过反复掂量，还是觉得李建泰较为合适。

李建泰是山西曲沃人，曾任国子监祭酒，是个文臣。崇祯十六年（1643）十一月，他以吏部右侍郎入阁，以本官兼东阁大学士。崇祯皇帝希望他能自请担任督师重任，在朝廷上叹息道："朕非亡国之君，事事皆亡国之象。祖宗栉风沐雨之天下，一朝失之，何面目见于地下！朕愿督师，亲决一战，身死沙场无所恨，但死不瞑目耳！"说罢失声痛哭，泪如雨下。大臣们看崇祯皇帝要亲自督师，他们都纷纷表示愿担此任。大学士陈演、蒋德璟虽有表示，崇祯皇帝都未答应。李建泰听说李自成农民军已向山西进军，担心自己富有的家产被劫掠，有意率军前往保护。李建泰便十分诚恳地自告奋勇："臣家曲沃，愿出私财饷军，不烦官帑，请提师以西。"崇祯皇帝十分高兴，立即答应："卿若行，朕仿古推毂礼。"又加李建泰兵部尚书，赐尚方剑，许他便宜行事。

正月二十六日行遣将礼，崇祯皇帝亲御正阳门楼，对李建泰奖劳有加，并亲对李建泰赐宴。崇祯皇帝亲自为他斟酒三杯，而且用的是金卮，酒后即将这

---

① 吴伟业：《绥寇纪略》补遗中。

金卮赐给了李建泰。崇祯皇帝还赐予李建泰洋洋洒洒的一篇手敕。其中说道，自己即位17年来，"未能修德尊贤，化行海宇，以致兵灾连岁，民罹干戈"，使李自成等农民军漫延数省。"朝廷不得已用兵剿除，本为安民。今卿代朕亲征，鼓锐忠勇，表扬节义，奖励贤能，选拔豪杰"，对那些骄横的将领，贪酷的官员，以及"妖言惑众之人，违误军粮之辈"，许李建泰"以尚方从事"，即可用尚方剑就地将这些人斩首。崇祯皇帝明确表示，对军中"一切调度赏罚，俱不中制"，一切由李建泰"临时而决，好谋而成"，该剿则剿，该抚则抚。崇祯皇帝还特地在敕书中对李建泰的品望才能表扬了一通："以卿忠猷壮略，品望凤隆，办此裕如，特此简任。"至于李建泰去抵御李自成是否能"办此裕如"，崇祯皇帝也只是说说而已，连他自己也没有信心。这只是在万不得已之时做一下垂死挣扎而已。但崇祯皇帝毕竟当了十几年皇帝，所以他还要故作镇静，对消灭李自成表现得很有信心："愿卿早荡妖氛，旋师奏捷……各官从优叙录，朕乃亲迎宴赏，共享太平！"[①] 看来，崇祯皇帝对李建泰的期望是很高的了，授予李建泰的权力也够大了，送李建泰出师的礼仪也够隆重了，但在当时那种情况下，这只不是场闹剧而已，很快就像肥皂泡一样破灭了。李建泰顿首谢，辞行出京，崇祯皇帝目送久之。这场面很隆重，也颇为悲壮，但人们心里都很虚。因为李建泰虽有威重的头衔，有尚方剑，但"兵食并绌，所携止五百人"。以这区区五百官军去对抗百万农民军，岂不是拿肉糜投以饿虎吗？李建泰果然出师不利，刚出京师，所乘肩舆忽然折断，身边的人都以为是不祥之兆。[②]

李建泰刚出京就感到气氛不对，又听说他的老家曲沃已破，其家资已尽为农民军所有，他顿感心灰意冷。他有意稽缓时日，每天只行大约30里，其随行的士卒有不少人陆续逃亡。到定兴时，他想入城就食，竟被拒之城外，闭城不纳。李建泰十分恼怒，遂督军将城攻破，"笞其长吏"。这大概是李建泰督师以后打的第一次胜仗，可惜对方也是官军。他到邯郸时，听说李自成农民军主力乘胜攻来，这位督师竟掉头而逃。他途经广宗县时，知县李弘却率众上城防

---

① 抱阳生：《甲申朝事小纪》四编卷一《崇祯御书》。
② 《明史》卷二五三《李建泰传》。

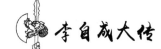

守，严拒入城。李建泰又督师将城攻破，乡绅王佐竟当面斥责他："阁部受命南征逆闯，赐尚方剑、斗牛服，推毂目送，圣眷至渥。今贼从西南来，正宜迎敌一战，灭此朝食，上报国恩。奈何望风披靡，避贼北遁，陷城焚劫耶？"[①] 李建泰又羞又恼，立命将王佐杀死。

李建泰率领着不足千人的饥卒一路北逃，沿途劫掠自饱，躲入保定。他后来投降了李自成，清入关后又投降了清，被清廷处死。这次大张旗鼓的所谓督师，就这样近乎儿戏地告终了。这清楚地告诉人们，面对李自成的强大攻势，崇祯皇帝已没有什么可指望了。

三、狐疑不决，坐以待困

面对李自成农民军节节向京师逼近，崇祯皇帝也产生了将京师迁往南京的念头。为了躲避而南迁，这是很无能的表现，是极不光彩的事。崇祯皇帝为了顾全面子，想在大臣们的力请下顺水推舟，将京师迁往南京。但一些主事大臣老奸巨猾，大都害怕承担责任，不敢持此主张，左中允李明睿看出了崇祯皇帝的心事，上专疏请求南迁。为了堵住反对南迁的大臣之口，保住皇帝的面子，就建议崇祯皇帝以"亲征"为名，先到山东，继至中都凤阳，再到南京固守，然后再徐图"中兴"。李明睿还以明成祖五次亲征漠北为例，力劝崇祯皇帝早做定夺。这很合乎崇祯皇帝的心意，所以他数次秘密召见李明睿，视为心腹。以前，李明睿曾劝崇祯皇帝西迁长安，以就近练习兵马，激励士气，率西北将士彻底剿灭李自成。现听说李自成已在长安建国，他只好劝崇祯皇帝南迁："（李自成）今逼近畿甸，诚危急存亡之秋，可不长虑？却顾唯有南迁，可缓目前之急。"崇祯皇帝用手指了指天说："未知天意如何？"李明睿说："惟命不于常，善则得之，不善则失之。天命几微，人定则胜天，差之毫厘，谬以千里。事势至此，讵可因循不决，致有噬脐之忧。望内断圣心，外度时势，不可一刻迟延！"崇祯皇帝四顾无人，便颇为动情地对他说："朕有此志久矣，无

[①] 乾隆《顺德府志》卷十二《人物下》。

人赞勷，故迟至今。汝意与朕合，朕志决矣。诸臣不从，奈何？尔且密之。"①

崇祯皇帝想通过内阁首辅陈演之口请求南迁，但陈演不仅庸懦无为，而且老奸巨猾，闭口不谈南迁事。二月底，崇祯皇帝还为南迁事做了一些准备。他命科臣左懋第去南京，沿江考察舟师士马情况。他又命天津巡抚冯元飏秘密地准备漕船 300 艘，于直沽口待命。但崇祯皇帝又下不了决心，"恐遗恨于万世，将俟举朝固请而后许"。在廷臣当中，左都御史李邦华和少詹事项煜也主张南迁，但只是主张让太子先去南京监国，崇祯皇帝仍留守北京。二月间，形势已越来越危急，在外督师的李建泰也紧急上疏，谓李自成已逼向京师，请马上南迁，并表示愿保护皇太子南去。尽管南迁的事是在秘密中进行，但还是走漏了风声，致使廷臣议论纷纷，激昂慷慨地反对南迁的呼声占了压倒性优势。这时，李邦华上了一道奏疏，请求命太子赴南京监国。这与崇祯皇帝的本意大不相合，因为这样一来，既显示了自己怯懦，自己也逃不了命。于是他龙颜大怒，将廷臣召来平台，表现出一副反对南迁的样子，声色俱厉地训斥道："祖宗辛苦百战，定鼎于此土。若贼至而去，朕平日何以责乡绅士民之城守者？何以谢先经失事诸臣之得罪者？且朕独去，如宗庙社稷何？如十二陵寝何？如京师百万生灵何？……如事不可知，国君死社稷，义之正也。朕志决矣！"有的大臣说："太子监国，古来尝有，亦是万世之计。"崇祯皇帝道："朕经营天下十几年，尚不能济，哥儿们孩子家，做得甚事？"②实际上，崇祯皇帝连他的儿子也不相信，害怕他演出唐肃宗灵武登基的旧戏来。关于南迁的事就这样被拖了下来。

崇祯皇帝的真实心意也想南迁，却一直未能成行，这除了崇祯皇帝狐疑不决外，还与形势的迅速变化有关。李明睿第一次与崇祯皇帝议南迁事是在崇祯十七年（1644）正月初三日，如果当时立即南迁，大致还来得及。但崇祯皇帝迟疑不决，很快就到了二月间。这时，李自成大军已渡过黄河，进入山西，然后兵分两路，一路由他亲自统率，由北路直扑北京。另一路由刘芳亮统领，向

① 彭孙贻：《平寇志》卷八。
② 吴伟业：《绥寇纪略》补遗中。

东进发，二月中旬即到达河南和山东交界处，很快逼近运河线上的重镇济宁。如崇祯皇帝这时南迁，不论从陆路还是从运河水路，随时都可能遭到刘芳亮一军的拦截。这是崇祯皇帝十分忧心的问题。所以李明睿再次督促他南迁时，他问道："万一劲骑疾追，其谁御之？"就是指这种情况来说的。《鹿樵纪闻》中还载有这样两句诗："君王也道江南好，只是因循计不成。"崇祯皇帝因为"因循"而错过了时机，当李自成的一支农民军已控制了南下通道后，崇祯皇帝南迁一事自然就"计不成"了。

当李自成逼近京师时，天津巡抚冯元飏率海船200艘，兵士千余人，"身抵通（州）郊，候驾旦夕南幸。"崇祯皇帝已口出大言，且这时南迁如同逃跑，也未必安全，所以未予理睬。三月七日，冯元飏派其子冯恺章悄悄入京，想劝崇祯皇帝赶快南迁。这时京师一片惶惶，冯恺章根本就未能见到崇祯皇帝。至此，南迁一事也就不了了之了。

自崇祯十七年（1644）正月李自成向北京进军以来，崇祯皇帝一直处于烦恼和焦躁之中。对他来说，只有吴三桂镇守山海关的一支军队还可以与李自成对抗一番，其余已没有什么救命稻草。眼看着李自成农民军步步向京师逼近，蓟辽总督王永吉和顺天巡抚杨鹗一起上奏，请召吴三桂兵入卫京师。崇祯皇帝把章奏交大学士陈演、魏藻德等议处。二人深知事关重大，倘若清军趁机入关，那也是要命的事。因此，二人"愕视不敢对"，退朝后密议道："上有急，故行其计。即事定，而以弃地杀我辈，且奈何？"他们遂请求召吴三桂的父亲吴襄，命他为中府提督，让崇祯皇帝与他熟计战守之事，以缓上意。

崇祯皇帝问吴襄："卿父子之兵几何？"吴襄这才说了实话："臣罪万死。臣兵按册八万，核其实三万余人。非几（人）粮不足以养一兵，此各边通病，不自关门始也。"崇祯皇帝又问："此三万人皆骁勇敢战乎？"吴襄说："若三万人皆战士，成功何待今日？臣兵不过三千人可用耳。"崇祯皇帝很诧异："三千人何以当数百万？"吴襄说："此三千人非兵也，乃臣襄之子，臣子之兄弟……故臣能得其死力。"明末比较有战斗力的将领大都有这么一批子弟兵，打硬仗就是靠这些人。崇祯皇帝问"需饷几何"，吴襄说需"百万"两白银。这令崇祯皇帝大吃一惊，但经吴襄一细算，崇祯皇帝也不得不信实："卿言是，但内库止有七万金，搜一切金银什物补凑，得二三十万耳。"没有办法，崇祯皇帝令勋戚大臣解囊捐助，但只有太康伯张国纪捐了一万两银子，"余鲜有应者"。朝中大臣对这样做也意见不一，"撤兵之议遂格不行"①。

　　当时，吴三桂驻守在山海关外的宁远。那里是山海关的屏障，如果吴三桂撤出，宁远就会落入清兵之手，山海关就立即暴露在清兵面前。崇祯皇帝既想撤回吴三桂来抵御李自成，又不愿承担放弃关外的责任，而是想让臣下来主动承担。朝中大臣都深知事关重大，以前不知有多少人为辽东战守事丢了脑袋，所以谁也不愿承担这种罪责，以免遭杀身之祸。于是，崇祯皇帝就和大臣们围绕此事斗起法来。正月十九日，崇祯皇帝明令吴三桂入关，要他率五千精兵去对付李自成，并说关外"余兵尚多"，仍然可以抵御清兵。实际上，如吴三桂率五千精兵一撤，剩下的大都是滥竽充数之人，没有战斗力，且人心会立即发生动摇，甚至会蜂拥入关避难。崇祯皇帝也明知这是一着险棋，但急来抱佛脚，撤回吴三桂也实属无奈之举。他示意臣下来主动承担，但臣下都很油滑，几乎一致表示反对。内阁首辅陈演认为，调吴入关虽为剿灭李自成的"胜着"，但山海关的安危直接关系到京师的安危，万一有点差错，"臣等之肉其足食乎？"自己决不敢以封疆大事为儿戏。兵部尚书张缙彦甚至明确地说："（吴）三桂之调不调，视宁远之弃不弃，两言而决耳！"崇祯皇帝此时已很明白，要想把责任推给臣下是不可能了，所以就只好自作主张："虽属下策，诚亦不得已之思。"②但是，陈演等人为了把责任推得干干净净，故意推诿拖延，直到二月底，调吴入关的诏令仍未认真执行。

　　到三月初，李自成农民军已逼近京师，崇祯皇帝紧急加封吴三桂为平西伯，急令入卫京师。到三月十三日吴三桂才率兵入关。这时的明王朝已到了灭亡的最后关头，李自成已逼近北京城下，吴三桂已无能为力。实际上，即使正月间吴三桂入关，以他区区五千兵，也绝对改变不了明王朝灭亡的命运。

　　随着李自成农民军日益向京师逼近，各地的文臣武将纷纷向李自成投降，

①　吴伟业：《绥寇纪略》补遗上。
②　蒋德璟：《悫书》卷十一。

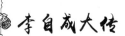

这进一步加深了崇祯皇帝的猜忌心理。于是，他又一改前不久限制宦官的那种做法，重新派宦官赴各地监军。这种做法立即遭到一些大臣的反对。例如，当时任兵部尚书的张缙彦劝崇祯皇帝收回成命，说当此危急之时，缺兵缺饷，各督抚正想推卸责任，派这些宦官去监军，互相掣肘，正为他们推卸责任提供了借口。但崇祯皇帝把这些宦官当成心腹，对这些反对意见一概不听。

这样一来，各将领都要看这些太监的眼色行事，弄不好被这些通天的奴才参上一本，自己就可能丢脑袋。例如，当时负责防守北京的是襄城伯李国桢，他却要处处听命于大太监王承恩、王祖尧，"内侍专城守，百司不敢问"[1]。这些宦官又大都不知兵，所以防守事宜更加败坏。有的将领则对这种做法公开反对。例如蓟镇总兵唐通愤愤地说："以宦官节制，反上我，是我不敌一奴才也。"[2]本来要去京师防守，他却擅自拉起自己的队伍到居庸关去了。对此，崇祯皇帝也只能徒然叹息而已。

第二节　进军北京

崇祯十七年（1644）正月初八日，李自成亲自统率大军由长安出发，向北京进军。渡过黄河以后，他命刘芳亮率左营为偏师，沿黄河北岸东进，攻略晋南和河北等地，兼有堵截明军残余南撤之意。李自成攻占太原后兵分两路，南路经固关、真定、定州、保定等地，从南边包抄北京，李自成率主力经大同、宣府、居庸关等地，从北边对北京夹击。农民军一路进军顺利，除了代州以外，几乎没遇到什么顽强的抵抗，只用了两个多月即攻至北京城下。

一、渡河东征

李自成定鼎长安以后，即马上着手部署进军北京的事宜。他先派侄子李过进入山西，以邀击防守黄河渡口的官军，并切断太原官军的增援之路，为大军

---

① 《明史》卷三〇九《李自成传》。
② 李长祥：《天问阁集》卷上。

渡河东征做准备。在离开西安以前，李自成对后方的防守事宜先做了一番部署。他命权将军田见秀在西安留守，他的妻子高夫人和六政府的一些官员也留在西安，负责经营后方。论战功，田见秀远远赶不上刘宗敏，但在李自成委任的官员中，田见秀却位在刘宗敏之前，这是一件耐人寻味的事。李自成的主要考虑可能是，田见秀较稳重，也较有智谋，为人也较宽厚，而刘宗敏则较为粗暴。李自成命田见秀留守大后方，这是对田见秀的重用，也反映了李自成对他的极大信任。李自成亲自率领刘宗敏、牛金星等文臣武将东征。

李自成率主力顺利渡过黄河，进入山西，正月二十三日即占领了重镇平阳，驻守平阳的明军将领陈尚智投降了李自成。自平阳陷落以后，河津、稷山、荣河相继皆陷，山西的其他府县"多望风送款"。山西巡抚蔡懋德因从平阳败退，致使山西的民心更加瓦解，他因此受到巡按御史的弹劾。蔡懋德解任听勘，由郭景昌接任山西巡抚。但郭景昌得知形势危急，沿途逗留，迟迟不就任。蔡懋德以守土有责，决心死守太原。

二月五日，李自成率大军进至太原城下。蔡懋德命牛勇等出战，结果全军覆没。第二天，李自成亲自督众攻城，驻守东门的三千官军是从阳和调来的，一接战就投降了李自成。二月七日，守大南门的张雄绳城出降，并嘱其同党在其下去后将角楼处的火药库烧掉。夜间正赶上有大风，火药燃起，风助火势，烈焰腾空，守城的士兵遂仓皇逃散。农民军遂乘势攻入城内。蔡懋德见大势已去，便"北面再拜"，将遗表付友人送京师，对下人说："吾学道有年，已勘了此生。今日，吾致命时也。"遂拔剑自刎，被部下将剑夺去。他的部将时盛请他下城巷战，蔡立即上马，和时盛一时击杀农民军数十人。农民军越集越多，他见冲出无望，就对时盛等人说："我当死封疆，诸君自去。"时盛等人簇拥着他到三立祠，蔡懋德自缢而死，时盛也用弓弦自缢在他旁边。山西布政使赵建极被俘，不肯投降，李自成立命将其杀死。赵建极下阶时连呼万岁，李自成一时高兴，命将他拖回。赵建极却瞋目喝道："我呼大明皇帝，宁呼贼耶？"李自成又羞又气，亲自用箭将他射杀。李自成对蔡懋德不肯投降很生气，亲自去验他的尸体，见他确已自缢，又抽出刀来将其头割下。明廷官员有 46 人死于

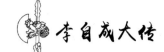

太原之役，都被陈尸城上。封在太原的晋王朱求桂却投降了李自成。[1]

李自成在太原进行了短期休整，接着就兵分两路向北京进军。在出师之前，李自成发布了历史上著名的永昌元年诏书，其中一段写道：

> 君非甚暗，孤立而炀蔽恒多；臣尽行私，比党而公忠绝少。甚至贿通官府，朝廷之威福日移；利入戚绅，间左之脂膏尽竭。……公侯皆食肉纨绔，而恃为腹心；宦官悉啮糠犬豚，而借其耳目。狱囚累累，士无报礼之思；征敛重重，民有偕亡之恨。[2]

李自成的这道诏书实际上就是讨伐明王朝的檄文。它淋漓尽致地揭露了明王朝的腐朽，号召全国士民毫不犹豫地推翻这个腐朽的王朝。耐人寻味的是，李自成在诏书中说崇祯皇帝"君非甚暗"，这大概是崇祯皇帝汲汲邀誉的结果。他今日减膳，明天罪己，日理平台，装出一副颇为爱民和极想有所作为的样子，所以他在一般老百姓心目中的形象并不算坏，甚至一直到亡国以后，许多人仍对他抱有一种同情的态度。对于一个亡国之君来说，能得到这种同情在中国历史上可说是绝无仅有的。李自成迎合了这种舆情，这不但没有削弱这篇诏书的号召力，反而使老百姓更易于接受，效果更好。

李自成在率领大军进发的同时，派出一些先遣人员拿着令牌传谕各地，谓明廷无道，天怒人怨，自己率领的是"仁义之师，不淫妇女，不杀无辜，不掠资财，所过秋毫无犯"。李自成着重申明，农民军兵临城下时，不许抵抗。农民军放第一炮后，城中掌印官要出城迎降；放第二声炮后，城中乡绅要投顺；放第三声炮后，城中市民百姓要跪迎农民军入城。如上城抵抗，农民军破城后将大举屠杀，"寸草不留"。[3]李自成的这种策略对瓦解明廷守军起了很大作用。

在李自成胜利进军的影响下，许多府、州、县不战而下。有的地方官自知不敌，又不愿投降，就带着官印跑掉；有的准备好清册账簿，交给大顺政权委

①《明史》卷二六二《蔡懋德传》。
②计六奇：《明季北略》卷二十《李自成伪檄》。
③计六奇：《明季北略》卷二十三《李自成传牌》。

任的新官，妥善交割后离去；有的地方官被老百姓拘押，交给大顺政权的官员处置。当时的地方官员已人无固志，见到大顺政权来招降的官员就纷纷投降。少数不投降的则以武力解决。"不当差，不纳粮，吃着不尽有闯王"的歌谣四处流传，一般人都预感到大明王朝就要完蛋了，一个改朝换代的时刻就要到来了。

李自成在太原兵分两路，对北京实施南北两面夹击。南路由太原东出固关，取道真定、定州、保定，从南边进攻北京；北路为主力，由李自成亲自带领，经大同、宣府等地，从北边对北京实施包抄。大同、宣府、居庸关等都有明军的重兵防守，李自成沿途攻略这些军事重镇，也是为了从根本上消灭明廷赖以生存的主力。一些军事重镇闻风而下，而在代州李自成却遇到十分顽强的抵抗。

李自成率部由太原向北进军，顺利地攻占了忻州，接着包围了代州（今山西省代县）。驻守代州的是山西总兵官周遇吉，他激励将士，顽强固守。在包围代州以前，李自成命投降过来的副将熊通前去劝降。周遇吉将熊通痛斥一通后，立命将其杀掉，以示固守的决心。周遇吉一方面激励部下，据城固守，一方面用奇兵出城奋击，连连得手，农民军死伤甚重。周遇吉固守数日，外无援兵，城内粮绝，他只好退守代州西边的宁武关。

李自成的部下在关下大呼，要守关的明军投降，否则，"五天不降者屠其城"。周遇吉命部下用大炮轰击，农民军一连被击杀万余人。官军的火药已用完，农民军的攻势却越来越猛。周遇吉在城内设下埋伏，派一小批弱卒引诱农民军入城，突然放下闸来，杀农民军数千人。李自成颇为恼怒，遂用大炮猛烈轰城，城墙被轰塌，官军马上又垒起。这样反复数次，农民军一直未能得手，反而战死了四员骁将。李自成看官军防守得如此顽强，自己的部下损失得又很惨重，颇为害怕，甚至准备后撤。他身边的将领说道："我众百倍于彼，但用十攻一，番进，无不胜矣。"李自成觉得有理，遂将队伍分成前后数队，前队战死，后队跟上，攻击不停，志在必得。官军人少不敌，城终于被攻陷。周遇吉仍亲自督众巷战，马蹶后，徒步格杀。他亲手杀死农民军数十人，最后终于被农民军俘获。他大骂不屈，被农民军悬在高竿上，用乱箭射死。放下来后，

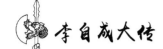

农民军又将他的尸体剁为碎肉，以解心头之恨。他的夫人刘氏也很勇健，率领数十名妇女登城防守，击杀农民军颇众。这时她见大势已去，便在家里放了一把火，"合家尽死"。周遇吉的事例告诉人们，以儒学为主导的中国传统文化的确造就了一批"忠义之士"。明王朝并不是没有人才可用，而是有人不用，用而不当，不知爱养，动辄诛戮，使他们无法施展自己的才能。更主要的是，明王朝当时已腐败到极点，任何有才之士也无法挽救明王朝的危亡。

李自成虽攻占了宁武，但部下伤亡很重。这是他在进军北京的过程中伤亡最惨重的一次战役。他对身边的将领说："宁武虽破，吾将士死伤多。自此达京师，历大同、阳和、宣府、居庸，皆有重兵。倘尽如宁武，吾部下宁有孑遗哉！不如还秦休息，图后举。"正当李自成准备往陕西撤退的时候，镇守大同的明军总兵官姜瓖派人送来降表，这真令李自成大喜过望。不几天，镇守宣府的总兵王承荫也派人送来降表，李自成更加高兴。大同和宣府是日后进军路线上最主要的军事重镇，这两地率先归降，无疑扫清了最主要的障碍。后来，李自成赶到北京城下时还感慨地说："他镇复有一周总兵，吾安得至此！"[1]

应该说，李自成的这种感慨是有道理的，但像周遇吉这样肯为明廷卖命的明军将领太少了，所以使李自成得以神速进军。

三月一日，李自成率大军赶至大同城下。总兵官姜瓖开城门投降，封在这里的代王朱传齐和大同巡抚卫景瑗却要执意固守，他们也不知道姜瓖暗中向李自成送降表之事。姜瓖掌兵事，他既然开城门投降，代王和卫景瑗已没多少兵力可用，只是徒然地抵挡一阵，都很快被农民军俘获。李自成知道卫景瑗是个好官，亲自劝他投降，他却据地而坐，"大呼皇帝而哭"。他回头看到姜瓖，大声骂道："反贼，你和我盟誓抵抗，现在却当了叛贼，神灵在阴间能饶过你吗？"原来，他曾邀姜瓖歃血固守，姜瓖虽不情愿，但又不敢暴露，只得装模作样地和他一起歃血誓守。姜瓖在他面前羞惭满面。李自成又让卫景瑗的母亲来劝降，亦不许。李自成一直不忍心杀他，他却自缢于僧寺。李自成将他的老母和妻子安置在一座空房子中，不许部下冒犯。对代王则是另一种态度，李自

---

①《明史》卷二六八《周遇吉传》。

成知道代王平时虐待下人，且生活糜烂，毫无气节，所以就下令将代王和一门宗室全部杀掉。①

李自成由大同挥师阳和。宣大总督王继谟在阳和驻守。他极力激励部下，准备坚守，无奈人心已经瓦解，这些激励措施被暗中讥笑为不识时务。例如，他曾带领满城文武官员到关帝庙歃血盟誓，他自己激昂慷慨，声泪俱下，但其他人却都无动于衷。这使他感慨万端，极为伤心。这也使他更清楚地感觉到，人心的确已不可收拾，自己已成了孤家寡人。他急忙把这种情况上疏禀告崇祯皇帝，结果却使崇祯皇帝大为生气，命他戴罪治事，马上去解大同之围。这使王继谟哭笑不得，束手无策。当此紧急关头，崇祯皇帝似乎已失去了理智，对民心向背并不十分清楚。

李自成大军刚到阳和，驻守阳和的兵备道于重华即开门纳降。王继谟率领少数亲军带着一万两银子往京师逃去，半路上被另一支官军将银两劫去，充当了投降李自成的见面礼。

三月六日，李自成大军到达宣府。宣府总兵官王承胤已先期纳款，而巡抚朱之冯却要坚守。他在城楼上设下高皇帝朱元璋的神位，和诸将"歃血誓死守"。但人心已散，连充任监视的太监杜勋也劝他投降。朱之冯指着杜勋的鼻子骂道："（杜）勋！你是皇帝最倚信的人，所以特地派你来监军，将封疆托付给你。你来到以后就与敌暗中相通，你还有什么脸面见皇帝呢！"杜勋却摆出一副不以为然的样子，不予回答，"笑而去"。当农民军赶至城下时，杜勋"蟒袍鸣驺，郊迎三十里之外"。朱之冯登城叹息，命左右发炮，"默无应者"。他自己前去燃火放炮，却被人从后边拉住了手。"之冯抚膺叹曰：'不意人心至此！'仰天大哭。"在另一边，总兵王承胤开门迎降，并向城中士民说，农民军"不杀人，且免徭赋"，于是"举城哗然皆喜，结彩焚香以迎"。有人想保护朱之冯出逃，被断然拒绝，"乃南向叩头，草遗表，劝帝收人心，厉士节，自缢而死"②。看来，朱之冯临死时才知道，明王朝已彻底失去了民心。

①《明史》卷二六三《卫景瑗传》。
②《明史》卷二六三《朱之冯传》。

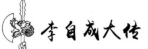

李自成主力接着到达居庸关。驻守在这里的总兵唐通和监视太监杜之秩一起投降。于是，李自成的农民军长驱直入，很快赶到北京城下。

二、南路军包抄京师

当李自成大军于年初渡过黄河后，在山西的南部兵分两路：一路由李自成亲自率领，经太原、大同、宣府等地直捣北京。另一路由刘芳亮率领，由山西出太行，经河南北部入河北，从南边对北京进行包抄，对明王朝的首都形成夹击之势。从这种部署中可以看出，李自成对最终推翻明王朝表现出十足的信心，因为这种部署的意图很明显，即不仅要占领京师，而且要截断崇祯皇帝南逃的退路。

崇祯十七年（1644）正月下旬，刘芳亮率 10 余万大顺军沿黄河北岸向东推进，经阳城越过太行山，进入河南北部，连下数城，很快抵达怀庆（今河南省沁阳市）。知府蔡凤见形势不妙，提前仓皇逃去。巡按御史苏京和副总兵陈德在这里驻守，二人平时就常起冲突。陈德是明军著名将领陈永福之子，自知无力抵御大顺军，遂将苏京和知县丁泰运拘捕起来，向大顺军投降。丁泰运表现得较有骨气，拒不投降，被大顺军立即杀掉。苏京为人严苛，平时常拿杀人来取乐，还有许多人被他不分青红皂白地关进监狱。刘芳亮命陈德为镇将，因鄙祝苏京的为人而对他百般羞辱。大顺军命苏京穿上妇人的衣冠，脸上涂上粉，头上插上花，骑着驴到街上走，使城中士民大为开心。大顺军还命苏京穿上青衣，像奴仆一样服侍左右，苏京仍"奉命唯谨，了无愧色"。等到大顺军离开怀庆后，苏京才逃走。刘芳亮在离开怀庆前，委任了驻守在这里的防御使、府尹和所属的六个县的县令，接着便向东北方向的卫辉进发。在卫辉驻守的是总兵卜从善，他知道大顺军声势浩大，而官军则人无固志，所以在大顺军还未赶到卫辉时，即保护着潞王仓皇逃去。刘芳亮对当地进行安抚后，就又进入山西长治一带。长治在古代称为上党，是历代兵家必争之地，明宗室沈王即分封于此。当刘芳亮到达时，这里的官军已逃散一空，大顺军几乎是兵不血刃就占领了长治和附近的许多州县。沈王被活捉，其藩王府中的金银财宝尽为大顺军所有。刘芳亮委任了驻守在这里的官员和将领后，即率师返回河南，直指彰德（今河南省安阳市）。

彰德也是个军事重镇，赵王即封藩于此。面对大顺军的破竹之势，很多官员一听说大顺军来攻，早早就逃散一空。驻守在这里的参将王荣本是个有气节的将领，但看到这种情况也无可奈何，只好保护着赵王逃走。但是，他还是被追来的大顺军俘获。刘芳亮感到王荣是个有气节、有勇略之人，就劝他投降，他坚持不肯。当时陈永福已投降大顺军，刘芳亮就命陈永福对王荣多方劝说，但王荣始终不降，"大骂不屈"。于是，大顺军就将王荣父子一起杀掉，但允许其家人收葬其尸体。

到此，河南和河北交界处的许多州县望风披靡，争相归降。驻守重镇广平（今邯郸市）的总兵官张汝行派人到大顺军营，向刘芳亮纳款。当刘芳亮率大顺军到达广平时，张汝行率众官员"郊迎三十里"，以示投降的诚意。张汝行还向刘芳亮表示，自己愿为大顺军前锋，并献上攻取保定、通州等地的策略。刘芳亮自然很高兴，对当地进行一番安抚后，就率师向保定一带进发。

当时，刘芳亮率领的这支大顺军不仅声势浩大，而且军威雄壮，"络绎三百里"，旌旗蔽日，"马嘶人喊，海沸山摧"，一路势如破竹，无坚不摧，各地明军争相献降。但是，当刘芳亮率军抵达保定时，却遇到了相当顽强的抵抗。这时，被崇祯皇帝寄予厚望的大学士李建泰也躲进保定城中。他自知不敌，就打算向大顺军投降。但是，保定同知邵宗元和知府何复等人却坚执不降，并和乡绅一起组成了一支2000余人的乡兵，一起守城。刘芳亮将劝降的文书射入城内，谓京师已被攻陷，保定孤城无援，只有投降才能保证一城官民的安全。李建泰得到文书后，未声张，而是召集城中官员一起商议战守事宜。李建泰故作镇定地说："诸君是否知道京师已被攻陷了呢？"有的官员说已听到，只是不知道是否确实。李建泰于是就拿出来刘芳亮的劝降文书，让众官员传阅。邵宗元来得较晚，看到文书后勃然大怒，"吾辈受国厚恩，宜以死报"，怎么能像猪狗一样求活呢？李建泰对众人劝谕一番，认为只有投降才能保全一城百姓，并要邵宗元交出印来："吾欲得君印，印文书，为保定数万户请命，不则必被屠，奈何？"邵宗元不仅不交印，反而当面指斥李建泰，说自己"位不过郡丞，碌碌无足比数，然犹不忍背主以苟活"，而李建泰身为大学士，"受任将相，纵不自

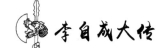

爱惜，独不记出师时，皇帝亲祖正阳门，以武侯、晋公相期耶！顾乃一旦丧心若此乎！"李建泰十分难堪，"瞠目无以对"。他的部下大哗，拔刀要杀邵宗元。邵宗元立即将官印掷在李建泰面前，说道："任所为！"接着抽出剑来要自杀，别人急忙将他抱住，将剑夺去。一个御史将印拿起，又交给邵宗元，遂相继离去。李建泰一个人留在官署中，仰天长叹道："我为保定士民计耳，此一举无噍类矣！"[①]到夜里，李建泰将自己的一个亲信缒下城去，与刘芳亮约降。刘芳亮见劝降无效，便督众猛攻。虽然邵宗元、何复等人拼命死守，但毕竟寡不敌众，尤其是军心不稳，不少将领暗中与大顺军相通。三月二十四日城被大顺军攻破，邵宗元、何复等人被处死，李建泰等人投降了大顺军。

除了刘芳亮率领的这支南路军主力外，还有两支大顺军对攻占河北一带做出了很大的贡献。其中一路是由刘汝魁率领的大顺军，在刘芳亮占领彰德等地后，他奉命向东进发，很快占领了长垣，到达河南和山东交界处。二月下旬，刘汝魁攻破了滑县、开州等地，很多州县望风归降。大顺军就在这些地方建立起自己的地方政权。三月初，刘汝魁率部进入河北南部。

另一路是由任继荣率领的大顺军。当刘芳亮率主力向保定一带进军时，他奉命东出固关，进攻真定（今河北省正定县）。当时，真定是个军事重镇，是明朝巡抚衙门所在地，巡抚徐标当时在这里驻守。大顺军在各地胜利进军的消息不断传来，人心惶惶，许多明军将领不愿白白地为明王朝送死，就暗中与大顺军联系，随时准备投降。例如，参将李茂春奉巡抚徐标之命，率部赴固关抵御大顺军，但他却派自己的亲信去大同与大顺军联系，表示愿意投降。同时，李茂春还将大顺军劝降的檄牌送往真定。徐标表现得颇有气节，见牌大怒，立即将檄牌打碎，杀掉大顺军的来使，以示与大顺军拼杀到底的决心。但出乎徐标意料的是，他的部下并未被他的这种行为所感动，而是一起发动哗变，将徐标杀死，并推举谢加福为副总兵，使用大顺政权的永昌年号，通令附近各州县投降。三月初，任继荣率领大顺军兵不血刃就进入了真定。大顺军在这些州县建立起地方政权，设官置守，自己则率领主力北上保定，以与刘芳亮会师。

① 郑廉：《豫变纪略》卷七。

三、崇祯皇帝空言亲征和京师瘟疫

崇祯皇帝的运气似乎特别不佳，李自成农民军迅速向京师逼近，他又接连下罪己诏和亲征诏，言辞颇为感人。这似乎成了他治理国家的一个特征，也成了他政治生活的一部分。

崇祯十七年（1644）二月十三日，太原被李自成攻占的消息已传到北京，崇祯皇帝感到大事不好，遂下诏"罪己"，号召"草泽豪杰之士"自动起来保卫明廷，言辞颇为痛切，但基本上都是空话。

三月六日，也就是李自成农民军进占宣府的那一天，崇祯皇帝又一次下罪己诏。这篇罪己诏不仅言辞更加痛切，而且的确有实际内容。例如向老百姓加征钱粮，向商民负买，都一律废止，对李自成和他的部下都有了区别对待的政策，应该说比以前有了很大的进步。可惜的是，时间太晚了。李自成的大军已逼近京师，皇帝的号令已难出京城一步，再好的政策又有什么用呢？倘若在几年前有这样的诏书，或许还能真的起点作用，但到了这个时候，它充其量也只能令部分士民感慨一番而已。

三月十八日，李自成的大军已抵达北京城下，崇祯皇帝下诏亲征。这篇诏书较短，可以全文照抄于下：

> 朕以渺躬，上承祖宗之丕业，下临亿兆于万方，十有七年于兹。政不加修，祸乱日至。抑贤人在下位欤？抑不肖者未远欤？至于天怒，积怨民心，赤子化为盗贼。陵寝震惊，亲王屠戮，国家之耻，莫大于此。……朕今亲率六师以往，国家重务，悉委太子。告尔臣民，有能奋发忠勇，或助粮草器械，骡马舟车，悉诣军前听用，以歼丑逆。分茅胙土之赏，决不食言。[1]

这时李自成农民军已开始猛烈攻城，危在旦夕，发这样的亲征诏又有什么意义

---

[1] 谈迁：《国榷》卷一〇〇，三月"丙午"条。

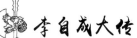

呢？徒令世人取笑而已。实际上，崇祯皇帝是想打着亲征的旗号外逃。但是，京师已被团团包围，外逃的计划也只能落空。

尤其值得一提的是，当时京师正流行一场大瘟疫，经学者研究，实际上就是一场鼠疫。这场鼠疫对当时的政局产生了很大的影响，而这一点正是以前人们所忽视的。

鼠疫又称"黑死病"，是危害人类健康的烈性传染病，蔓延极快，死亡率极高。在6世纪东罗马帝国流行的那场鼠疫中，有学者估计，大约有1亿人死去。在14世纪流行于欧亚大陆的那场鼠疫中，大约有2500万人死去，欧洲约有四分之一到三分之一的人口死于这场瘟疫。"黑死病"这个令人毛骨悚然的名词也就从那时流传开来。到明朝末年，由于连年饥荒和战争，人口大量非正常死亡，鼠疫也趁机传播开来。这场鼠疫最先发生在山西和河北北部，然后由北向南、由西向东进行传播。

根据记载，崇祯十四年（1641）夏天鼠疫就传到了北京一带。刘尚友即崇祯时人，他在《定思小记》中记道："夏秋大疫。人偶生一赘肉隆起，数刻立死，谓之疙瘩瘟。都人患此者十四五。到春间又有呕血者，亦半日死，或一家数人并死。"人患了腺鼠疫以后就出现淋巴结肿大，所以人们就称之为"疙瘩瘟"。

崇祯十六年（1643）至崇祯十七年（1644）间，鼠疫在北京城已造成一种恐怖的气氛，大量的人口死于这种瘟疫。据记载，崇祯十七年二月京师"大疫，人鬼错杂。薄暮人屏不行。贸易者多得纸钱，置水投之，有声则钱，无声则纸。甚至白日成阵，墙上及屋脊行走，揶揄居人。每夜则痛哭咆哮，闻有声而逐有影。"[1]人们大都有迷信心理，对传统文化中的天人感应学说深信不疑，因而就把这种灾异和明王朝的命运联系起来。再加上李自成农民军日益壮大，步步向京师逼近，所以人们大都认为，明王朝的气数已尽，改朝换代的时刻就要到来了。

当时，北京城内患鼠疫的类型也多了起来，"有疙瘩瘟、西瓜瘟、探头瘟等症，死亡不可胜计"。可怕的瘟疫引发起各种可怕的传言。有个传言竟然使

---

① 抱阳生：《甲申朝事小纪》卷六，《灾异》。

京师陷于一片恐慌。其大意是说，一天入夜后，一个老人告诉巡夜军士，半夜时将有一个穿着一身孝服的女子来，哭着由西往东走，切不可放她过去，否则为害不浅，到天明就没事了。这个老人自称是土地神，"来救此一方民命"。半夜时果如所言，一个穿孝妇女哭着由西往东去，说是丈夫死了，急于奔丧。巡夜军士拒不放行，这个妇女只好返回。天近五更时，巡夜军土睡着了，这个妇女就偷偷地跑到东边。她不大会儿折回，用脚将这个军士踢醒，自称是丧门神，要"灾此一方"，并首先要降灾给这个士卒。这个士卒十分害怕，回家告诉给家人，没说完就倒地死去。① 这类的传言越传越广，使京师人都有一种大难将临的恐惧之感。

对于崇祯皇帝来说，李自成向京师步步进逼的事就已使他坐卧不安，这场瘟疫更使他心神不宁。宫中的条件比较好，由御医指导着做一些防备，但还是有不少宫人死去。宫墙外更是一片凄惨景象，有的一家数十口人在同一天死去。老百姓敲打铜盆驱鬼邪的声音响成一片，崇祯皇帝在皇宫中也能清楚听到。为此，他特地命人从外地请来个有名的道士，在宫中为其建醮，让他祈安禳灾。连续搞了几天，总不见效。这个道士留下几句令人摸不着头脑的话就走了。②

对于明末的政局来说，这场瘟疫至少在两个方面产生了重大影响。其一，这场瘟疫极大地动摇了明廷官员的信心。这正如崇祯皇帝亲口所说："处处皆亡国之象！"这必然造成明廷上下解体，人无固志，谁也不愿意继续为明王朝卖命。这自然是加速明王朝灭亡的重要因素。其二，这场瘟疫造成京师人口大量死亡，估计有三分之一至一半的京师人口死于这场瘟疫。这使得明军大量减员，士气低落。再加上京营兵不断调出迎击李自成农民军，所以当时京师的官军数量已很少，大约三个垛口才有一个士兵守卫。因此，当李自成大军到达北京城下时，所面对的几乎是座空城。因此，无论崇祯皇帝亲征也好，采取什么别的措施也好，都根本无法抵挡李自成大军的进攻。

当李自成农民军进入北京后，这种瘟疫在农民军中也一定会有所传播，这

---

① 应喜辰：《青燐屑》，见《明季稗史初编》卷三十四。
② 文秉：《烈皇小识》卷八。

自然就会影响到农民军的士气和战斗力。当李自成在山海关战败后，即马上从北京撤离，躲避瘟疫也应是一个原因。李自成虽在山海关战败，但在北京驻守的农民军数量还很大。按照通常情况，决不至于毫不抵抗就加以放弃。史书上对这个原因虽无记述，但以理度之，这场瘟疫应是李自成毫不吝惜地放弃北京的原因之一。

第十二章 李自成入京及其军政措施

　　李自成进军神速，很快就抵达北京城下。这时，京师的明军已几乎没有任何抵抗能力，崇祯皇帝只好依靠一些宦官来守城。三月十九日崇祯皇帝自缢身死，大顺军占领了京师。大顺军在入京之初纪律甚好，后来则渐渐有所松弛，在对旧官员进行追赃助饷时也有不少过激行为。李自成尚未正式称帝，但他的一些军政措施渐渐完备起来。

第一节 占领北京

三月中旬，李自成的各路大军陆续进逼北京。三月十九日京师陷落，崇祯皇帝悲怆无奈，慌乱中跑到煤山自缢，从而结束了明王朝近 300 年的统治。李自成在北京采取了一系列措施，很快稳定了北京的大局。

一、围攻北京

李自成率领的主力最先赶到京师。当李自成率主力步步向京师逼近的时候，崇祯皇帝急令各地军民火速勤王，但基本上没有应者。这与京师南边大片区域被农民军占领有直接关系。三月十日，驻守昌平的明军因缺饷而发生哗变。崇祯皇帝本来就忧愁万分，又听说身边的守军发生哗变，十分害怕，马上命令京师戒严。他命太监和科道言官分守九门，普通老百姓不得上城。一些大臣想把自己的妻子儿女送往南方，崇祯皇帝下令一概不许，他自己也不派太子赴南京监国。

三月十五日，李自成率主力抵达居庸关。在这里驻守的是总兵官唐通和监视太监杜之秩，他们见大势已去，自知不敌，便主动献关投降。居庸关号称天险，是京师的北边门户，李自成夺关竟兵不血刃，这大概是崇祯皇帝始料不及的。这也清楚地表明，官军的人心已彻底瓦解，已经没有什么人愿意为崇祯皇帝卖命了。

三月十六日，李自成大军到达昌平。在这里驻守的巡抚何谦已提前逃跑，总兵官李守镰还想固守，但部下皆不用命。他无可奈何，遂自刎而死。昌平是明皇陵所在地，自明成祖以后，已有 12 个皇帝葬在这里。农民军将 12 座皇陵的享殿全部焚毁，护陵松柏尽被伐掉。崇祯皇帝后来也葬在这里，合称"十三陵"。如果农民军不砍伐这些松柏，使这些松柏能保留到今天，十三陵的景观一定会更加诱人。

这时的京师已一片惊慌。崇祯皇帝也绝不会不知道此事，但他为了安定人心，却故作镇静。也就在三月十六日这一天，崇祯皇帝在中左门召黄国琦等 33

个考选官，依次召对。崇祯皇帝问的是"安人心、剿寇、生财足用"之计。还没有召对一半，忽然一个太监急匆匆呈上一件密封。崇祯皇帝看了后脸色突变，起身入内，其余未召对的人"立候移时"，后命俱出，也不再召对了。这些人都面面相觑，不知出了什么事，后来才知道，原来是昌平被农民军占领了。"自是宸衷忧悯，间商及文武大臣，余无所对。"① 据有的史书记载，崇祯皇帝这天召对显得心不在焉。他有时斟茶，有时磨墨，有时也笑一笑，但极不自然，明显有失常态。看来，在那种万分危急的情况下，故意装出的镇静是难掩众人耳目的。

三月十七日，李自成的大军赶到北京城下，并开始攻城。李自成对崇祯皇帝的举措和京师的情况一清二楚。他派了许多人侦察京师的虚实，有些人冒充商贾，进入京师贩卖。他们又用银钱收买了一些在各部、院供职的官员，帮他们刺探机密情报。廷议有哪些决定，崇祯皇帝有什么打算，京师有什么动向，"数千里立驰报"。相反，兵部派出的侦察农民军情况的侦骑都被"勾之降，无一还者"，致使崇祯皇帝对李自成的情况并不了然。李自成的"游骑至平则门，京师犹不知也"② 。据记载，有人曾运九座大佛进武当山，要"来京师挂号。其佛高六七尺，下有车轮"。有三座先运至正阳门外，"观者沸市"。后来才知道，"藏炮于佛腹中，欲安置九门，为贼内应"。崇祯皇帝闻知后很生气，立命将送佛之人杀掉。此事表明，有些明廷官员已变成了李自成的内应。

十七日早朝时，大臣们面面相觑，束手无策，有的人还伤心地流下泪来。崇祯皇帝面带戚容，心绪不定，时而伏案写几个字，让某人看一看，接着又抹去，别的人也不知道他写的是什么。中午时分，农民军已占领卢沟桥，接着开始攻打平则、彰义等城门。在城外原有三大营驻守，这时都一起投降了李自成。三大营的大炮反过来向城内轰击，"轰声震地"。负责守城的襄城伯李国桢慌慌张张地来求见皇帝，被宦官喝止。李国桢大声嚷道："此何时也！君臣即求相见，不复多得矣！"宦官问是什么急事，李国桢说："守军不用命，鞭一

---

① 谈迁：《国榷》卷一〇〇，三月"甲辰"条。
② 《明史》卷三〇九《李自成传》。

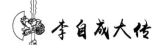

人起，一人复卧如故。"崇祯皇帝命入见，深感形势已万分危急，遂命内宫太监都上城防守。这些宦官立时大哗："诸文武何为？且言官止内操，我甲械俱无，奈何？"好不容易组织起了数千宦官，又拿出库银20万两犒军。这些宦官看有银可捞，遂勉强登城。这时守城的大权都掌握在宦官手中，文武大臣都不敢干预。一个右都御史要登城助守也被宦官阻止。

十八日李自成在彰义门设座，被俘的秦王和晋王在两边席地而坐，大太监杜勋在旁边侍候。杜勋向城上官兵喊道："莫射，我杜勋也，可缒下一人与语。"一个守城官兵答道："以一人为质，请公上。"杜勋很自信地说："我杜勋，无所畏，何质为？"守城太监王承恩遂将杜勋缒上城去，一起去见崇祯皇帝。杜勋盛称李自成兵力强大，官军无法抗拒，劝崇祯皇帝及早逊位。崇祯皇帝大怒，将杜勋痛斥一通。一些人主张将杜勋扣留在城内，杜勋却狡猾地称，他要不回去，秦王和晋王就将被杀掉。崇祯皇帝无奈，只好将杜勋缒下城去。杜勋在临下城时对守城的几位太监说："我辈富贵自在也，可无虑。"[1] 守城将士听说杜勋秘密觐见崇祯皇帝，更加人心惶惶，守无固志。

城上守军大都老弱不堪，而且长期缺饷，人人都满腹怨气。因守城紧急，每人发给100文钱，算作激励。也没人为守城官兵送饭，兵士吃饭还要自己拿钱去买，更使他们人心思变，谁也不愿为这个即将灭亡的明王朝送死。十八日这天，崇祯皇帝下诏亲征，但无将士可用，只不过装装样子而已。

防守京师的京营兵疲弱不堪，已没有什么战斗力。京营的弊端由来已久，许多大臣也很清楚，但积重难返，谁也改变不了这种局面。像李邦华等有责任心的大臣曾试图整饬，但收效甚微。京营"号为天子之私人，乃京师恶子弟"，他们只是在京营挂个名领饷银，根本就没想去打仗。

京军三大营号称10余万，但真正能拉出去打仗的不及半数。内情人都知道，京营历来有"占役""虚冒"等积弊。所谓"占役"，就是指军士被某将领、某官员私人役使，根本不在军营中服务。所谓"虚冒"，即那些京师恶少和有些门路的人，在京营中只挂名领饷，而人并不在营中。更有甚者，已死去

---

① 谈迁：《国榷》卷一〇〇，三月"乙巳"条、"丙午"条。

多年的营军仍在京营中充数，只有名而无人。王章是个比较清廉的官员，他于崇祯十六年（1643）"巡视京营，按籍军十一万有奇"。王章很高兴，认为有"十一万"多京军足可抵御李自成等。但是，"及阅视，半死者。余冒伍，惫甚，矢折刀缺，闻炮声掩耳，马未驰辄堕。"① 也就是说，这11万多京军中，有一半是死去的人，另一半人中也有许多"冒伍"者，即只挂名领饷的那一类。就这么一支京军，又怎么能抵挡李自成的大军呢？

当李自成的大军抵达北京时，羸弱不堪的京营兵大约四万左右。"城堞十五万四千有奇，京兵羸弱者四万人，其数仅当三之一，并净身男子三四千人共守。"② 也就是说，三个堞口才有一个兵士，这个兵士还可能是个老弱不堪的人。实在无奈，就派数千人所谓"净身男子"的宦官上城防守。当时守城兵力的虚弱由此可见一斑。

当时京师内大约有7万宦官。在魏忠贤擅权时，曾组织一支宦官武装，在内廷操练，称"内操"，这些宦官武装就称"内丁"。崇祯皇帝即位后，曾一度罢内操，后来时用时罢。当李自成逼临京师时，崇祯皇帝又把这些宦官当成了救命稻草，好不容易组织起数千宦官登城守御。这些宦官根本不能打仗，但又自恃有后台，对外廷官兵颐指气使，令外廷官兵十分憋气。

当时京营的监军是大太监王承恩。他认为，"守城不如守关"，遂派出一万京营军赴居庸关。结果，"一万人失道，未尝与贼遇"。总督京营的李国桢向崇祯皇帝建议："守不如战！"得到崇祯皇帝允许后，他便督3万京营军驻扎在城外，准备迎击李自成。结果，这3万京军刚与李自成农民军接战就溃不成军，其甲仗火器反而成了农民军攻城的武器。由这种部署可以看出，京营兵基本上都调往城外。那么，留在京师内守城的主要就靠那些宦官了。

由于防守力量薄弱，有的大臣向崇祯皇帝建议："以百官率闾左以乘城，且出私财养兵。"即让京官率领老百姓守城。大学士魏藻德说："营兵尚胆怯，若百姓登城，望贼而走，人心益摇，且奈何？"崇祯皇帝深以为是，此议遂止。

①《明史》卷二百六十六《王章传》。
② 吴伟业：《绥寇纪略》补遗中《虞渊沉》。

于是，那些由宦官组成的所谓"内丁"就成了守城的主力。城头上本来安置了许多门西洋大炮，但这些大炮并没有发挥作用。"城上不知受何人指，西洋炮不置铅丸，以虚击，声殷雷达旦。问之，不杀贼一人。"① 由此可见，这些守城的内丁可能暗中已与李自成农民军相通，他们已不愿为崇祯皇帝卖命。在这种情况下，京师陷落就成了必然的结果。

李自成看崇祯皇帝不肯投降，遂下令大军攻城。三月十八日夜间，太监曹化淳打开彰义门，李自成农民军遂蜂拥而入。

二、崇祯皇帝吊死煤山

打开彰义门意味着外城已破。崇祯皇帝闻讯后十分惊慌，立即召集阁臣商议对策。这些阁臣无计可施，只是操着习以为常的官腔说："陛下之福，自当无虑。如其不利，臣等巷战，誓不负国！"崇祯皇帝知道这些都是废话，便失望地命他们退去。

崇祯皇帝一夜不能入睡。天快要亮时，内城又被李自成攻陷，一个小宦官急匆匆跑来报告，要崇祯皇帝快逃。崇祯皇帝想把他喊回来详细问一下情况，这个小宦官却转身不见了。崇祯皇帝和王承恩一起登上万岁山，看到四处烽火烛天，火光夹杂着人马的嘈杂声，整座京城已一片混乱。崇祯皇帝满怀着惶恐徘徊了一阵子，又回到乾清宫。他用朱书诏谕内阁："命成国公朱纯臣提督内外诸军事，夹辅东宫。"实际上就是要朱纯臣辅佐太子，以准备日后再起。看来，崇祯皇帝这时已彻底绝望了，已开始料理后事。据《甲申朝事小纪·黍离小志》记载，崇祯皇帝当时还在御案上留下了一道遗诏："朕即位十有七年，五经寇乱，日切忧惧。不意任用非人，致有今日。汝今统大兵在外，当协民生，以固国本。慎之，慎之！"从语气看来，崇祯皇帝的这道遗诏似乎是写给某位在外统兵的将领，到底确指何人，今已无法详考。但从他临死前的几道遗诏中可以看出，他希望大臣能够辅佐太子恢复明王朝。他命宦官将诏谕送往内阁，又命下人上酒，连饮数杯，微有醉意。他一边饮酒一边叹气道："苦我民

---

① 吴伟业：《绥寇纪略》补遗中《虞渊沉》。

尔！”他命人把太子和永王、定王召来，见他们身上仍穿着华丽的官服，就急促地大声说：“这是什么时候了！还不快换身旧衣服！”他命人立即为三个皇子各找一身破旧衣服来，为他们换上，并舐犊般为他们系好衣带，声音凄惋地告诫他们：“你们今天还是皇子，明天就是普通老百姓。在乱离之中，要匿形迹，藏姓名，见了老人就称老翁，见了年轻些的就称伯伯或叔叔。万一能够活下来，一定要为父母报仇。千万不要忘了我今日的告诫。”① 崇祯皇帝声音颤抖，话语哀伤，三个皇子和身边的人都不禁流下泪来。他命人将三个皇子送到外戚家，以设法逃匿。

关于崇祯皇帝的太子的行踪，历来传言甚多。实际上，他当时并未逃出京城。因为崇祯皇帝不允许太子提前去南京监国，所以迟迟未让他出京。三月十八日，崇祯皇帝知道大势已去，便招来驸马都尉巩永固，要他带领自己的家丁护送太子南行。巩永固推说不敢私蓄家丁，即使有家丁，也已经没有办法逃出京城。于是，崇祯皇帝想让太子外逃的打算也就不了了之。②

崇祯皇帝对周皇后说：“大事去矣！”两人都流下泪来。一些宫女也在旁边哭泣，他挥手命他们离去，各寻生路。周皇后悲不自胜，回宫自缢而死。崇祯皇帝随后到周皇后宫中，用剑碰了碰周皇后的尸体，转了几圈，知确实已死，遂离去。崇祯皇帝把 15 岁的长平公主召来，悲怆地叹气道：“尔何生我家！”左袖掩面，用右手挥刀砍下公主的左臂，未立即致死，崇祯皇帝的手颤抖而止。昭仁公主年仅 6 岁，他一剑将其砍死。他命袁贵妃自缢，不大会儿她又苏醒过来，崇祯皇帝拔剑砍中她的肩膀。他又连杀嫔妃数人，接着和王承恩对饮数杯。随后，他领着数十个宦官冲向东华门。他自己手拿三眼枪，宦官拿着斧头等兵器，一起外冲。他们首先来到朝阳门，假称王太监奉旨出城。守城的人回答说，等天亮后验明再放行。崇祯皇帝无奈，就和这群宦官一起向城门

---

① 吴伟业：《绥寇纪略》补遗中“虞渊沉”。

②《绥冠纪略》《野史无文》诸书称，崇祯皇帝在城破以前即打发太子和永王、定王出京外逃。《谀闻续笔》则说，崇祯皇帝于三月十六日即派人将太子弟兄三人送出京师，准备南下监国，到涿州被农民军俘获，送回京师。《甲申传信录》谓崇祯皇帝召巩永固不是为了护送太子外逃，而是要他保护自己南迁。此处取《明史纪事本末》和《明季北略》所记。参之诸书，崇祯皇帝不许太子去南京监国，李自成进军神速，太子未逃离京师为可信。

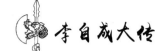

冲去。守城的人以为发生了内变，遂发炮还击。崇祯皇帝身边人少，无力强夺城门，于是便想到，朝阳门乃成国公朱纯臣负责防守，崇祯皇帝便想命朱纯臣代为打开城门。他们一起到成国公朱纯臣家，看门的人不让进，说朱纯臣饮酒未回，崇祯皇帝只好叹息而去。崇祯皇帝一行接着奔向安定门，因大门坚固厚重，一时未能打开。这时天色渐亮，崇祯皇帝只好又回到内宫。他来到前殿，鸣钟召集百官，却没有一个人前来。这实在令崇祯皇帝伤心。这时他已彻底绝望了，遂去万岁山，在一棵槐树上上吊自尽。万岁山就是现在的景山，也称煤山。因此，中国的老百姓大都知道"崇祯皇帝吊死煤山"的故事。

太监王承恩吊死在崇祯皇帝对面。崇祯皇帝光着左脚，右脚穿着一只红鞋，前衣襟上写着他的遗书："朕自登极十七年，逆贼直逼京师。虽朕薄德藐躬，上干天咎，然皆诸臣之误朕也。朕死无面目见祖宗于地下，去朕冠冕，以发覆面，任贼分裂朕尸，勿伤百姓一人。"衣襟上还有一行字："百官俱赴东宫行在。"① 大概他以为刚才的诏谕已交给内阁，实际上阁臣都已逃散，那个宦官把诏谕放在案上就走了。从遗书中可以看出，崇祯皇帝至死仍认为是臣下之过，他本人似乎对亡国不负任何责任。也就在三月十九日这一天，李自成以胜利者的姿态进入北京。

三、李自成在北京

三月十九日中午，李自成在牛金星等人的陪同下，由德胜门进入北京。按照牛金星的建议，李自成在入京前首先向部下申明军纪，将士进京后不得伤人，不得掠人财物和妇女，否则"杀无赦"。李自成还派人传谕北京市民，农民军将秋毫无犯，要他们不要害怕。当李自成率大军入城时，城内居民有的在门口大书"大顺永昌皇帝万岁，万万岁"，有的人在帽子上贴上"顺民"字样，在大街上"往来奔走如故"②，完全没有惊慌失措的样子。各种史籍的记载都表明，李自成初入京时的军纪还是比较好的。

---

① 谷应泰：《明史记事本末》卷七十九。
② 赵士锦：《甲申纪事》。

中午时分，李自成头戴毡笠，身着淡青色戎装，乘一匹乌驳马，由德胜门缓辔进入城内。李自成走到承天门（今天安门）前，顾盼自雄，对身边的人说："吾射中中间，必一统。"遂弯弓搭箭，一箭射去，竟未射中门额正中，而是射在"天"字的下边。李自成颇感愕然，似乎感到一种不吉之兆。牛金星看出了李自成的心意，遂上前解释说："当中分天下。"李自成马上转忧为喜，投弓而笑。① 古人大都有迷信心理，信天命，尤其是在那种使人感到颇为神圣的场合，这一箭未应他"必一统"的誓言，而是像牛金星所说的那样"中分天下"，这可能对李自成的心理产生了微妙的影响。后来他在山海关战败后，马上就从北京往陕西撤退，似乎与应"中分天下"之兆有某种关系。

崇祯皇帝的掌印太监王德化率内官 300 余人投降，献上宫中印玺。明廷内宫有十二监、四司、八局，合称二十四衙门。其中司礼监为第一衙门，掌印太监是司礼监首领。其他二十三衙门也随王德化投降，献上各衙门所掌印信。李自成从二十四衙门中"集选百余人，余皆散去"②。李自成入宫时，在居庸关投降的太监杜之秩率同党为前导，颇为得意。李自成对杜之秩这些宦官颇感厌恶，当场斥责他"背主当斩"。杜之秩却狡黠地说："识天命。"李自成念他投降的份上，未动怒将他杀掉，只是当即将他斥退。

太子朱慈烺和他的两个弟弟定王和永王也被搜出。他们弟兄三人都身"穿民间破衣，帽上亦贴'顺民'二字"③，见了李自成显得惊魂不定。李自成看他们都是小孩子，颇动恻隐之心，劝他们不要害怕，并命人为他们换上新衣服，把他们送到刘宗敏营中看管。大概是出于策略考虑，李自成不仅未加害他们，而且还"封东宫（太子朱慈烺）为宋王，定、永二王亦各改封为王"。袁贵妃和公主都未被崇祯皇帝砍死，血肉模糊，被人用床抬来见李自成。这种景况使李自成叹息不已，马上命人救治，"令扶去本宫，各调理之"④。

① 谈迁：《国榷》卷一〇〇，三月"丁未"条。
② 谷应泰：《明史纪事本末》卷七十九。另《国榷》卷一〇〇谓"选精壮者八百余人，余令散去"，留用的宦官似嫌过多。参诸其他诸书所记，取留用百余人之说。
③ 张正声：《二素纪事》。
④ 杨士聪：《甲申核真略》。

李自成最关心的是要抓到崇祯皇帝，但在宫中反复搜索，终不可得。询问宦官和宫女，他们也不知道崇祯皇帝的下落。大顺政权的尚玺卿黎志升说："此必匿民间，非重赏严诛不可得。今日大事，不可忽也。"李自成心里也很明白，只要崇祯皇帝还活着，他就是一面很神圣的旗帜，随时都会对大顺政权构成威胁，所以无论如何要抓到崇祯皇帝。于是下令，凡献出崇祯皇帝的人"赏万金，封伯爵，匿者夷族"①。两天后，有人在煤山发现了崇祯皇帝的尸体，李自成才了了这块心病。崇祯皇帝的尸体和周皇后的尸体都被放在东华门外的施茶庵，起初用柳木棺收殓，后来李自成接受部下的建议，对崇祯皇帝改用丹漆梓宫，对周皇后改用黝漆梓宫。李自成还下令，允许明旧臣对帝、后进行礼祭。后来，将天寿山田妃圹打开，把崇祯皇帝和周皇后都合葬一处。于是，天寿山的十二陵就变成了后来的"十三陵"。

尽管李自成入京后对部下严令约束，但仍有一些将领过分自得，在对待明廷旧官员一事上也有不少过火行为。对于李自成的大顺政权来说，入京后所采取的政策是否得当，头脑是否能一直保持清醒，是关系到生死存亡的大问题。在李自成身边的诸人中，李岩是个比较有头脑的人物。他入京没几天就向李自成建言四事。其一，要李自成暂时退出内宫，等工政府修葺后，择吉日率百官入大内，再议登基大礼，并先命礼政府定仪制，颁示群臣演习。其二，对明朝旧官应分三类处置：贪墨昭著者，交刑官严加追赃，其家产全部入官；对那些抗命不降者，除追赃外还要另定其罪；对那些清廉的官员，应免刑，听其自愿捐输助饷。其三，各营兵马不宜久留城内，应"退居城外守寨，听候调遣出征"。即使留驻城内的兵士，也"不宜借住民房，恐失民望"。其四，"国不可一日无君，劝李自成早日登基即位。如此一来，外地即可传檄而定，而不必派兵征讨。为了争取民心，李岩建议李自成"以大国封明太子，令其奉祀宗庙，俾世世朝贡，与国同休，则一统之基可成，而干戈之乱可息矣"。李自成对李岩的奏疏"不甚喜"，只在上面批示"知道了"三个字，并未实行。②如果李自

① 谷应泰：《明史纪事本末》卷七十九。
② 计六奇：《明季北略》卷二十三《李岩谏李自成四事》。

成当时认真采纳李岩建议的话，后来的局势发展可能完全是另一种样子。由于各种局限，李自成未采纳李岩的建议，所以给大顺政权留下了严重的隐患。

李自成三月十九日进入北京，于四月三十日从北京西撤，前后在北京待了42 天。在这不到一个半月的时间内，李自成的大顺政权主要做了三件大事：一是采取一系列措施，迅速稳定了京师的社会秩序；二是对旧官僚机构进行清理，并对贪墨大员实行"追赃助饷"，以帮助解决了新政权的财政问题；三是为下一步建立全国性政权采取了一些重大措施。

（一）采取措施，稳定京师社会秩序

能不能使北京的社会秩序很快稳定下来，对全国政局影响甚大。由于北京是明王朝的根本之地，不仅有大批的文武官僚，而且有大批三教九流各式人物。他们或明或暗地对大顺政权进行抵制，要很快把京师的局面真正稳定下来并不那么容易。要做到这一点，最主要的是要严明军纪。李自成命兵政府榜谕全城："大师临城，秋毫无犯。敢掠民财者，即磔之。"有两个农民军士兵"掠绢肆，磔于市。民闻大喜传告，安堵如故"①。这两个士兵因违犯命令，抢劫绢布店，果然被磔杀，其尸体被钉在前门左栅栏上，许多人都亲眼看到了这一幕。他们奔走相告，人心很快安定下来。多种史书都记载了这件事，而作者都是对大顺政权抱敌视态度的封建士大夫。这件事的真实性当不容置疑。与此同时，大顺政权还榜示全城，各店铺都要照常开业，"罢市者斩"。因而京师的社会生活很快恢复了正常。有的史书还记道，当时"都人嫁女于贼营者甚多，甚以为荣"。从这个侧面也可以看出，李自成进入北京后，社会生活秩序基本安定。

李自成还不时召见明朝降官和京郊耆老，"问民间疾苦，有无扰害"②。例如，李自成在入京后第四天即召见明廷的原中允官梁兆阳，梁说："先帝无甚失德，止因刚愎自用，至使君臣之谊否隔不通，以致万民涂炭，灾害并至。……百姓箪食壶浆以迎王师。神武不杀，比降尧舜，汤武不足道也。"李自成和他

① 谈迁：《国榷》卷一〇〇，三月"丁未"条。
② 陈济生：《再生纪略》卷下。

谈得颇投机，遂命他为兵政府侍郎。^①有的京郊耆老被接见后喜形于色，称颂李自成礼贤下士，关心百姓疾苦。这表明，李自成注意到争取官绅、耆老支持的重要性，这对稳定新政权的统治有不可忽视的作用。

（二）对明朝旧官僚机构进行清理，对一些大臣实行"追赃助饷"

李自成占领京师后，有的明廷大臣自知不免，有的出自君臣大义，不愿辱节以事新主，就满怀悲怆地做了明王朝的殉葬品。例如，工部尚书范景文在城破后自缢，被家人救起，赋诗两首后又投井自尽。户部尚书倪元璐听说崇祯皇帝已死，认为"臣死有余责"，遂自缢而死，一门殉节者13人。左都御史李邦华在阁门上题写"堂堂丈夫，圣贤为徒，忠孝大节，矢死靡他"，自缢于文天祥祠中，以示自己崇尚文天祥之忠义。大理寺卿凌义渠闻变后，"以首触柱，流血被面"，并遗书其父道："尽忠即所以尽孝，能死庶不辱父。"遂自缢而死。^②当时京师的明廷大臣自杀的有数十人，在数千旧官僚中毕竟是少数。如何处置这大批剩下的旧官僚，就成为李自成的一个大问题。

李自成进入北京当天，即命吏政府发布了如下命令：

> 吏政府大堂谕：为奉旨选授官职事。照得大顺鼎新，恭承天眷。凡属臣庶，应各倾心。尔前期在京文武官员，限次早一概报名汇察。不愿仕者，听其自便；愿仕者，照前擢用。如违抗不出者，大辟处治。藏匿之家，一并连坐。仰各遵新旨，共扩皇图。赴谒宜先，趋选毋后。须至榜者。^③

大顺政权的这道命令一出，大批热衷仕途的旧官僚纷纷到指定地点报名。有的人虽然心怀观望，但在家人和随从的督促下，为了避祸，也前来报名应点。二十一日这天，大批明廷官员齐集午门："报名各官青衣小帽，于午门外

---

① 彭孙贻：《平寇志》卷九。
② 谷应泰：《明史纪事本末》卷八十。
③ 李天根：《烛火录》卷一。另，《明季北略》卷二十三有同样文字，唯落款为"三月廿四日"。参诸史实，廿四日太靠后，故不取。

匍匐听点。平日老成者，儇巧者，负文名才名者，哓哓利口者，昂昂负气者，至是皆缩首低眉，直立如木偶，任兵卒侮谴，不敢出声。亦有削发成僧，帕首作病，种种丑态，笔不尽绘。"①这些人在承天门外等了一天，一直没有人接见，只是有人将他们原来任职名单收去后烧掉。他们都未吃饭，也不敢擅自离去，个个饥疲交加。这些官员在往日都神气十足，威风八面，这时人人愁眉不展，狼狈不堪。旁边的农民军士兵对他们也毫不客气，"争戏侮，为椎背、脱帽，或举足加颈，相笑乐，百官慑伏不敢动"②。这些官员往日的威风已荡然无存。

二十三日，这些明朝旧官再次在午门外等候。他们见了大顺政权的官员，"咸强笑深揖"。到傍晚时，李自成在牛金星、刘宗敏等人的陪同下来到。"自成戴尖领白毡帽，蓝布上马衣，蹑乌靴，坐于殿左"，由鸿胪官依次唱名，牛金星在殿右槛上执笔圈点。其中，言官卫允文等人已经削发，意即要出家为僧，但这天也来了。李自成说道："各官于城破日能死，便是忠臣。若身体发肤，受之父母，不敢毁伤。削发之人，不忠不孝，留他怎的？"凡是已削发的官员，一概不予任用。第一榜选用92人，送到吏政府，分三等授官。其余的人被押送到刘宗敏营中看管。"各兵驰马驱逐，如羊豕然。行稍迟者，刀背乱下，至有仆地晕倒、踏作肉泥者。"接着又公布第二榜，用左懋泰镇守山海关等处，第三榜授归顺举人王仙芭任山东潍县令，第四榜选五十人，以补各省州牧。③

在明朝旧官员中，被李自成任用的基本上都是四品以下的中下级官员，三品以上的文武大员原则上不予任用，反而还要发往各营追赃助饷，只有很个别的人例外。例如，前督师侯恂在李自成入京的第二天就被从狱中放出，受到任用。四品以下的官员也不是全部任用，他们也要自动捐银助饷，少数劣迹昭著者也要被发往各营追赃。

追赃助饷是李自成实行已久的政策。他对老百姓"三年不征"，军饷就靠劫掠官府和追赃助饷来解决。李自成入京后，仍坚持"三年不征"的政策，他

① 陈济生：《再生纪略》。
② 《明史》卷三〇九《李自成传》。
③ 计六奇：《明季北略》卷二十《廿三辛亥诸臣点名》。

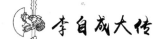

立即没收了明朝宗室、勋戚、宦官的家产，尤其是缴获了大量皇帝的内帑，充实了大顺政权的财政。所谓"内帑"，实际上就是皇帝的私产。以前，崇祯皇帝一再向老百姓"加征"，弄得民怨沸腾，有些大臣就一再劝他拿出些内帑来助饷，崇祯皇帝总是一再哭穷，说内帑早已空虚。实际情况却远非如此。李自成入京后，内帑金银自然都转归了大顺政权："括各库金共三千七百万有奇，……户部外解不及四十万，捐助二十万有奇。而大内旧藏黄金四十余窖。"《甲申核真略》的作者杨士聪感叹道："呜呼！三千七百万！捐其奇零，即可代二年加派。乃今日考成，明日搜掠，使海内骚然，而扃钥如故，策安在也？先帝圣明，岂真见不及此？……吁，其亦可悲也矣！"[1]仅此一点，就足使崇祯皇帝的"圣明"大打折扣。

按照李自成的指示，对明朝旧官区别对待，除了留用一批四品以下的恶迹不明显的官员外，"有罪者，杀；贪鄙多赃者，刑"。三月二十四日，农民军在平则门外一次就杀掉了勋卫武职官员200余人。有些藏匿的官员被抓来，押在刘宗敏或李过的营中。也就是从这天开始，大顺政权要旧官员输银助饷，但响应者很少。二十七日，大顺政权明确规定了助饷标准：凡是在京的明朝旧官，不论任用还是不任用，都需捐银助饷。被任用的官员派的银数少，令其自完；不被任用的官员派的银数多，稍不顺从即动刑追赃。"其输饷之数，中堂十万，部院、京堂、锦衣七万，或五万、三万，科道、吏部五万、三万，翰林三万、二万、一万，部属而下，则各以千计矣。勋戚之家无定数，人财两尽而后已。"[2]

当崇祯皇帝要勋戚大臣捐输助饷时，人人都喊穷，甚至把一些家具拉到大街上去卖，以示自己确无余资。周皇后暗中资助了她父亲周奎1万两银子，周奎又扣下一半，只献出5000两。但在农民军严刑追赃下，这些人就露出了贪

---

[1] 谈迁：《国榷》卷一〇一，四月"壬申"条。按：《国榷》和《甲申核真略》所记一致。《明季北略》卷二十《十六癸酉载金入秦》条记，其数字与上两书一致，唯单位用"锭"，每锭"皆五百两"，这就使数字扩大到500倍。当时计量金银一般不用"锭"，而用"两"。用"锭"就变成了天文数字，内帑金银不可能有如此之多。《甲申纪事》亦谓"银尚存三千余万两，金一百五十万两"，亦可证前两书所记较为可信。即使如此，亦足使人惊叹不已。
[2] 杨士聪：《甲申核真略》。

赃的真面目。例如外戚嘉定伯周奎受夹刑后，先后输银 60 万两，其他绸缎、珍宝不计其数。大学士陈演主动献银 4 万两，得以免刑，后又被家中仆人告密，在他院中又挖出白银数万两。大学士魏藻德曾继陈演之后为内阁首辅，他"输万金，贼以为少，酷刑五日夜，脑裂而死"。接着逮来他的儿子继续追赃，因无油水可榨，便将他的儿子"挥刀斩之"。①

起初，追赃的对象只限于各级官员，后来范围越来越广，渐扩及到一些富绅大贾。例如居京师的徽商汪箕，家资数百万，因受不住严刑追赃而自杀。米万钟是当时著名的书画家，和董其昌齐名，时称"南董北米"，他的家产也被抄掠一空。四月初的一天，李自成到刘宗敏营中，听到撕人心肺的哀号之声，看到许多受刑的人奄奄待毙，便以"天象示警"为由，命刘宗敏将这些人释放。

农民军在北京期间，追赃助饷是其活动的一项重要内容。农民军认为这些官员的家产都是赃物，怀着一种报复的心理用严刑追赃，有的人从中趁机勒索，致使打击面越来越宽。大顺政权虽从中得到了一些饷银，但数字并不是很大。更何况，明皇室内帑金银已全归大顺政权所有，数字巨大，不愁军饷。这种大范围的追赃助饷弄得人心惶惶，社会影响甚坏，致使一些本来想效力新朝的人也转变态度，千方百计地与大顺政权为敌。对李自成来说，这是一个明显的策略上的失误。

（三）为登极称帝和建立全国政权作准备

李自成占领了京师，崇祯皇帝已死，这显然是改朝换代的标志。李自成的部下都有一种心花怒放之感，现在要轮到他们当官发财了。李自成当皇帝，他们跟着当大官，似乎是顺理成章的事。在正式登极称帝这点上，牛金星等人似乎比李自成还热心。入京不久，牛金星和礼政府尚书巩焴等人就上表劝进，李自成则一再推迟。牛金星劝李自成，如不早正大位，"恐事有中变"，李自成遂命筹备登极大典。三月二十五日，礼政府要诸官员和耆老上表劝进，还要按照古礼，一次不行，要反复劝进。为表示气象一新，皇极殿被改为天佑殿，大明

---

① 《明史》卷二五三《魏藻德传》。

门改为大顺门，乾清宫上的"敬天法祖"四字改为"敬天爱民"四字。也不知道是凑巧，还是有人故意安排，从大内中搜出镌有"永昌"年号的铜炉一个，漆盒一只，似乎证明李自成当皇帝天命已定。有几个僧人声称自天竺国来，听说中国有新天子登极，特来祝贺，自然也增加了几分喜气。在牛金星的主持下，编定了《永昌仪注》。缝工日夜赶制皇冠和龙袍，一连几次都不合身，似乎有点不吉利。新铸了宝玺，玺文是"继天立极"，"天"字在上一行，居中；"继、立、极"三个字在下一行，并行排列。礼政府还组织百官在午门外演习礼仪，但登极日期却一推再推。

李自成按照牛金星等人的建议，在西安所定官制的基础上，对官制又做了许多更定。例如，翰林院改为弘文馆，詹事府废而不用，文选司改为文谕院，御史改为直指，给事中改为谏议，主事改为从政，巡抚改为节度使，按察使改为防御使（亦有谓兵备改为防御使者），太仆寺改为验马寺，通政使改为知政使，等等，难以尽述。

按照"五德终始"的古代学说，每一个王朝都代表了"五行"中的一德，改朝换代被称为"改服色，易正朔"，每一德都有相应的颜色。大顺政权也难脱此窠臼，一改明王朝尚赤而为尚蓝，文武官员的服饰都用蓝色衣料。

大顺政权为了吸收新官员，接连举行了数次科举考试。顺天府尹王则尧主持乡试，考题是《天与之》《大雨数千里》《若大旱之望霓也》。牛金星和宋企郊等人主持会试，考题也都很有意思：《天下归仁焉》《莅中国而抚四夷也》《自天祐之，吉，无不利》等。大概因为李自成还没来得及正式登极称帝，没有举行所谓"殿试"。考试都是头天应考，第二天放榜。牛金星和宋企郊等取举人50名。马上赴吏政府授官，刻期赴任。

李自成进入北京后，明王朝在江北的统治顿呈瓦解之势。大顺军队经过的地方，随时委派随营官员或降官就地治理。对新投降过来的大片区域，由吏政府委派官员，这些官员有的是降官，有的是通过科举新录用的文士。当时，除了陕西、山西、河北、河南和湖广北部以外，大顺政权还控制了山东和苏北一带。为了使自己的地方政权得到巩固，李自成还抽调一部分军队赴各地镇守。由于农民军主力要应付各种不测事件，所以派往地方的守军大都是投降过来的明军。例如，董学礼原来是明廷派驻宁夏的一个副将，李自成命他为淮镇制将军，率 1500 人赴江苏宿迁，与南京的南朝小朝廷对峙。董学礼"营于宿迁，南北相持，往来路绝"①。由于他的兵马太少，不久即被迫北撤。

大顺政权也曾在北京开局铸钱，名"永昌通宝"，以作为新政权的流通货币。

李自成在北京的时间很短，事务繁忙，但他一直没放松军事训练，一有空就去观将士骑射。他仍保持着朴素的生活作风，和刘宗敏等人还是你我相称，没有什么君臣名分。虽然部下一再劝他早正大位，但他却一拖再拖，直到临撤出北京时才正式称帝。

四、大变局中的明朝旧臣

对于明朝旧臣来说，李自成农民军占领北京无疑是翻天覆地的大事，直接关系到他们的荣辱贵贱和身家性命。面对这场大变局，许多人投降了李自成的大顺政权；有的人不愿降附新朝，就趁机外逃；有的人受传统忠君思想的影响较深，负节殉难；有的人千方百计要恢复明朝的统治，起兵反抗大顺政权。

李自成进入北京后，由内阁首辅魏藻德和前任首辅陈演带头，京师中的大臣绝大部分都归降了大顺政权。宦官们更无气节可言，在王德化等大太监的率领下，要在大顺政权中再求富贵。当时，举国上下几乎都认为明朝的气数已尽，所以明朝旧臣大都认为，归降李自成是顺应天意的表现，算不上耻辱。有的明朝旧臣对李自成赞誉有加。例如郎中梁兆阳，归降后被李自成委任为兵政府侍郎，在文华殿被李自成召见时说，崇祯皇帝"无甚失德"，只是因为"刚愎自用"，致使君臣隔阂，"万民涂炭，灾害并至"，终至亡国。他称颂李自成道："我皇上救民水火，自秦入晋，历恒、岱，抵燕都，兵不血刃。百姓箪食壶浆以迎王师，真神武不杀，直可比隆尧、舜，汤、武不足道也！臣遭逢圣主，敢不精白一心，以报知遇殊恩！"②李自成听了这话自然很高兴，"留坐赐

---

① 陈济生：《再生纪略》。
② 抱阳生：《甲申朝事小纪》初编卷五《明臣梁兆阳谄贼》。

茶"。梁兆阳出来后也感到很光荣，将此事告诉给其他人。从这件事中可以看出，很多明朝旧臣把归降李自成视为顺理成章的事，不以为耻。他们说崇祯皇帝"无甚失德"，李自成也不予责怪。

这些降臣争相劝进，要李自成早登大位，劝进表即出自宏文馆检讨周钟之手。周钟是复社的主要首领之一，以文才出名，因是江苏金坛人，故时人称之为金坛名士。他在劝进表中有几句话流传甚广。他称颂李自成"比尧舜多武功，较汤武无惭德"，在说到崇祯皇帝时则有"独夫授首等语"。[1] 尽管后人对周钟的这种做法多有非议，但就当时的情况来说，周钟等人的做法的确反映了大多数明朝旧臣的态度。

在这些明朝旧臣中，尤其是三品以上及贪墨的官员，有不少人在追赃助饷时被农民军打死。例如京营总督李国桢，城破后他立即解甲投降，追赃助饷时献银10万两。农民军认为他还有余资，又对他严刑拷打，致使两腿的胫骨都被打断。他实在难以忍受，遂在夜里自缢而死。像他这样的高官有不少人在追赃助饷中毙命。

有的明朝旧臣看风使舵，怀着投机心理归降，一有风吹草动态度就变。例如无锡人王孙蕙，李自成一入京师他就马上归降，并献上颇有文采的"贺表"，其中有两句话流传甚广："燕北既归，宜拱河山而受箓；江南一下，当罗子女以承恩。"军师宋企郊大加称赞，将他推荐给李自成，并称其"贺表"和周钟的"劝进表"为"新朝双璧"。李自成也感到他忠心可嘉，遂授他为长芦盐运使。王孙蕙的妾包氏甚有姿色，为感谢宋企郊的知遇之恩，竟将包氏献给了宋企郊。但是，当他南去就任途中得知，福王已在南京即位，有的人公开反对李自成的大顺政权。他感到前途未卜，"且忧且惧"，就未去赴任，而是躲藏在故籍家中。因为他将其妾包氏送给了农民军首领，所以后来还是露了馅，遭到其岳父的痛斥。[2]

很多明朝旧臣为了在大顺政权中捞个一官半职，就利用各种关系疏通关

---

① 计六奇：《明季北略》卷五十二《周钟》。
② 抱阳生：《甲申朝事小纪》卷二《王孙蕙降贼始末》。

节，希求一用。例如，山西蒲州举人韩霖是李自成的参谋人员，"平时好名，以声气相尚，喜谈兵"。进入京师后，明朝旧臣中"从（韩）林竞降"，很多人就是通过韩霖的关系而得以在大顺政权中任职。韩霖也为此甚感得意，自称"随驾考试官"。李自成的部下王旗鼓也是山西人，平时"重声气"，随李自成入京后，"大自表置"，许多明朝旧臣通过他的关系得以在新朝为官。像杨廷鉴、陈名夏、周钟等人"皆杂沓其门，多所缓解"①。至于一般的官绅，则通过各种关系在大顺政权中寻找靠山。有的人则把女儿嫁给农民军的将领，深以为荣。

对于明朝旧臣的这种表现，大顺政权中的某些人深感厌恶。有一次，李岩和宋献策一起外出散步，到一庙中，见两个僧人供着崇祯皇帝的灵位，"从旁诵经礼忏"。在大街上，"降臣绣衣乘马，呵道而过，竟无惨戚意"。李岩对此颇为感慨，说道："为什么这些官员反而不如和尚重节义？"宋献策说："这些官员原是陋品。"于是二人就由此说到明朝科举取士的弊端。科举考试一级又一级，"可谓严核之至矣"。通过科举得到官位的人认为，"我功名实非容易。二十年灯窗辛苦，才博得一纱帽上头，一事未成焉"，那又怎么肯轻易地为明朝殉节呢？那些身居高位的官员则认为，"我官居极品，亦非容易。二十年仕途小心，始得至此地位。大臣非只一人，我即独死无益"。他们都认为，功名乃自己努力所致，"全无感戴朝廷之意"，所以到国家有大难时"而漠不相关"。另一种是富豪之家，通过贿赂得官，"既费资财，思权子母。未习文章，焉知忠义"②！也就是说，这些人只知道加倍搜刮以获得补偿，根本不知道忠义为何物。因此，也就难怪他们争相投降了。

也有极少数明朝旧臣，在兵荒马乱的时候趁机外逃。也有个别官员不愿在大顺政权中为官。例如一个叫严首升的小官，逃到洞庭湖中隐居。李自成的一个部下召他为官，他就以古代越王允许吴国官员自去为例，极力推辞："升，生于世三十有七年，老于场屋，难得一第，可谓无才；卓锥无地，嗟来辄食，

---

① 抱阳生：《甲申朝事小纪》四编卷二《韩霖》。
② 计六奇：《明季北略》卷二十三《宋献策与李岩议明朝取士之弊》。

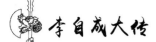

可谓无行；妻妾更番，未有男嗣，可谓薄福。……富与贵，非不欲焉。譬如娟人，慕作男子，非其质也。"在当时大变局中，这种人可称得上有识之士。

在明朝旧臣中，也有少数人崇尚气节，看到自己为之效命的明王朝已亡，自己则负节殉难。例如大学士范景文，在李自成入京当天就自缢，被家人发现后救下。等家人离去后，他"赋诗两首"，就悄悄地跳到一口古井中死去。

户部尚书兼侍讲学士倪元璐是个有名的清廉大臣。李自成入京后，他自感亡国有责，"乃衣冠向阙，北谢天子，南谢父母"，召二友人饮酒话别后，自缢而死。他一家殉节者共有13人。

左都御史李邦华也是个有名的忠义之士。京师破后，他长叹道："主辱臣死，分也。"他在阁门上题道："堂堂丈夫，圣贤为徒。忠孝大节，誓死靡逾。遭国不造，空负良谟。君恩君仇，后贤报诸！"他还为文天祥的两句诗续了两句："人生自古谁无死，留取丹心照汗青。今日骑箕天上去，忠魂千载佑皇明。"书后自缢而死。

左副都御史施邦曜在自缢前题的两句诗是："愧无半策匡时难，但有微躯报主恩。"兵部右侍郎王家彦奉命守德胜门，城陷后他不愿投降，就从城头上跳下，腿被摔折，被人救至一民舍中，后来还是自缢而死。

庶吉士魏学濂在临死前写有《绝命词》，有些词句颇为动人："忠孝千古事，于我只家风。一死轻鸿毛，临难须从容。有血洒微躯，官卑非侍中。……不能张空拳，与彼争雌雄。死且有余罪，何敢言丹忠。……墓木有拱时，清韵入楸松。"右庶子周凤翔在哭悼崇祯皇帝梓官后自缢，死前留下的诗中有两句道："碧血九泉依圣主，白头二老哭忠魂。"①

像上面这样的例子还可以举出一些。这类大臣受中国传统文化影响极深，讲求君臣大义，所以当国破君亡时，他们即杀身取义，保全名节。至于一些外戚殉难，除少数人是出于忠义之心外，大部分人是感到绝望，与其被李自成农民军杀掉，还不如自杀。

有的京外明朝旧臣为复明而自动举兵。例如曾任翰林修撰的刘同升，闻变

---

① 抱阳生：《甲申朝事小纪》卷六《怀宗帝宾天随帝殉难诸臣小纪》。

后"檄告十三郡绅士，举义复仇"。他率领一小支队伍到南昌，遇到杨廷麟，一起为崇祯皇帝发丧后，择日向北进发。当他们听到福王已于南京即位后，就自行停止，队伍也被解散。邓恩铭是成都的仪宾，官阶很低，他甚至倡议组成一支"庠兵"，即学生兵，来挽救明王朝。有的官员讥笑他："这些庠生能打仗吗？"此事也就不了了之。由于福王政权在崇祯皇帝死后不久就建立起来，所以反对李自成的明朝旧官大都归依到福王政权中。

第二节　政权设置和军事编制

在西安建立的大顺政权的基础上，李自成入京后又进一步加以完善，使中央和地方政权的设置更加完备，军事编制也颇有特色。

一、中央政权

李自成待在北京的时间很短。他于三月十九日进入北京，四月三十日退出，控制北京共 42 天。除去讨伐吴三桂的时间，他在北京实际上只停留 20 多天时间。其间诸事纷繁，官制和礼仪的制定主要由牛金星等人负责。据记载，当时制定的《永昌仪注》曾刊刻行世，可见大顺政权的官制和各种仪式已相当完备。《永昌仪注》今已失传，使后人无法识其全貌，但从其他一些史书中仍可窥见其大概。

从李自成建立的大顺政权来看，其机构和职权大体因袭明朝旧制，只是名称有所变动。

李自成设天祐殿，相当于明代的内阁。牛金星为天祐殿大学士，即相当于明代的内阁大学士。有的史书称牛金星为李自成的丞相，也就像称明代的内阁大学士为"相"一样。牛金星实际上就是大顺政权的文官之首。

李自成设六政府，相当于历代的六部。六政府各设大堂、二堂，相当于六部的尚书、侍郎。大堂也称正堂，每政府设一个正堂、两个二堂。因大顺政权的这些新名词用的时间很短，所以有的史书就径直称为尚书、侍郎。

六政府下属司级长官称中郎，有的书也称作从事或从政。再下级的官员，

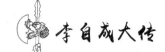

如司务、郎中、员外郎等都沿用旧称。

吏政府由宋企郊任正堂，下设考功司、验封司、稽勋司、文选司和文谕院。其中以文谕院较为特殊，它由吏政府文选司升格而来，但其地位是否相当于六部九卿，今已难详考。从文谕院属吏政府系统来看，其地位似应低于六部九卿。

户政府由杨玉休任正堂。从有关文献中看出，户政府下仅有催饷司一个司，另有总督通州粮仓的官员和员外、从事等。按照常理，户政府下不应只有一个司，当属史籍漏载。

礼政府由巩焴为正堂，下设祠祭司、仪注司、精膳司。按照旧制，礼部应有一个主客司，以掌管少数民族和藩国的朝贡事宜。大概因为当时大顺政权没有此类事务，故暂时未设。

兵政府由喻上猷任正堂，下设职方司和车驾司，而不见原制下的武选司和稽勋司。吏政府的文选司已升为文谕院，兵政府的武选司可能并入文谕院，由一个机构来选拔文武官员，亦未可知。

刑政府正堂由原明朝举人安兴民担任。因为牛金星就是原明朝举人出身，所以他特别重用和自己同样出身的人。从有关记载来看，刑政府只有二堂和各司从事数人，而不见各司之名称。大顺政权刚建立，刑法很不健全，有关刑法之事可能并不尽归刑政府掌管，故设置多缺。

工政府由原明朝户部尚书侯恂任正堂，下属各司皆缺载。侯恂是李自成所任用的最高级别的明朝旧官，他是明清之际著名文士侯方域之父，著名的文学作品《桃花扇》就大体依据侯方域的事写成。

另外，李自成改明代的翰林院为弘文院，改六科给事中为六政府谏议，改十三道御史为直指使、都御使为都直指使，改太仆寺为验马寺、尚宝寺为尚玺寺、通政使为知政使。其余的像大理寺、光禄寺、太常寺、鸿胪寺和国子监等，都一仍明朝之旧。明朝设有詹事府，专掌辅导太子，李自成则未设此机构。

至此，大顺政权的中央机构设置已大体齐备。从有关记载还可以看出，当时在这些中央机构中任职的大部分是明朝降官。当时还处于战争时期，主要权力还在将领手中，这些中央机构很多只具其名，而没做多少具体事。据有的学者统计，在内阁、六政府、寺、院以及科、道任职官员，有名可查者共120人，其中有明朝降官96人，另有7人是从举人、监生中拔擢的。^①也就是说，在李自成中央政府的文职官员中，80％是明朝降官。由此可以看出，李自成已经基本具备了一个领袖人物的胸怀。为了迅速地稳定大局，尽可能地减少敌对势力，最大限度地争取人心，他这样做显然是有利的。

作为一个新建立的政权，各种礼仪也明确制定，只是没有完全实行。在北京短短的几十天的时间里，李自成也有意模仿古代帝王的礼仪行事。

李自成进入北京不久，牛金星等人就反复劝进，要李自成"早正大位"，即尽快登基做皇帝。很多明朝降臣也反复上表，许多京师耆老也随着上书劝进。李自成对迅速登基做皇帝这件事似乎不太热情，经手下人反复劝请，他才答应进行筹备。

于是，以牛金星为首，礼政府和工政府迅速忙碌起来，积极筹备李自成的登基大典。明太祖朱元璋的神主被撤出太庙，移至历代帝王庙，其他明朝皇帝的神主尽被烧毁。可能是牛金星等人的有意安排，一个喇嘛僧这时来到北京，自称从天竺来，知道中国有新天子即位，特来祝贺。这不仅增加了许多喜庆气氛，而且营造了一种李自成就该当皇帝的舆情。但李自成对登基的日期却一次又一次地往后推，最后决定于四月十七日正式即位。于是，礼政府发出告示，要百官于四月十二日在午门演礼，十五日于天祐殿演礼，十五日颁诏，十六日李自成幸太学，十七日即位，安排得颇为紧凑。

如果李自成正式登极称帝的话，一个新王朝就算正式建立起来了。由于大顺军进京后诸事纷繁，辽东的清兵蠢蠢欲动，山海关守将吴三桂也在犹豫观望，所以李自成的注意力仍集中在这些军国大事上，而将即位之事一拖再拖。他头脑比较清醒，仍保持着入城前那种艰苦朴素的生活作风，仍穿蓝布袍，不使用明宫廷中的那些龙凤器物。他有时和牛金星、宋企郊、刘宗敏等亲近大臣在宫中共饮，在用餐的过程中商讨军国大事。在这种场合大家都很随便，不讲

---

① 见柳义南：《李自成纪年附考》附录"大顺职官表"。

君臣名分，不拘礼节。刘宗敏甚至和李自成你我相称，俨然就像情同手足的兄弟。在这种场合大家可以畅所欲言，说的都是心里话，实际上许多大事也就在这种场合决定了。

李自成也开始模仿古代君主，听臣下"进讲"。有一次，李自成召礼部二堂（侍郎）杨观文到内殿进讲，问道："郊天何以不茹荤酒，不近女色，不行刑？亦有说乎？"杨观文回答道："天人一气所感，不茹荤酒，欲其志气清明；不近女色，欲其呼吸灵爽；不行刑，欲养天地之气，以感格上穹。"李自成听了后说："说得有理，以后先生常来讲讲。"这天讲的是《资治通鉴》，讲完后李自成还将杨观文"留坐赐茶"。杨观文走时，李自成还亲自"送至阶下"。[①]由这件事可以看出，李自成对文士还是颇为尊重的。

按照中国古代阴阳五行的学说，每一个王朝都有一种崇尚色。大顺政权的崇尚色为蓝色，所以大顺政权文武官员的官服都为蓝色。明王朝为火德，尚赤；大顺政权自认为水德，水可灭火，尚蓝。为在官服上区别等级，官服上以所绣云朵的多少为别，一品一个云朵，九品九个云朵，云朵越多品级越低。

李自成还颁布了大顺政权的讳法。在西安建国时即颁过讳法，即他的名字和父祖辈的名字都要避讳。李自成进京后，又颁布了新讳法："自、印、务、明、光、安、定、成等字"皆要避讳，另外还有在西安颁布的几个讳字：世、辅、海、守、忠。一旦要使用这些字时，都要改用谐音字。

通过以上的叙述不难看出，李自成建官设制，其做法和以前的封建王朝没什么区别。他所建立的大顺政权仍然是个封建政权。李自成也像古代其他农民起义军领袖一样，也有皇权主义思想。

二、地方政权

李自成在占领襄阳以前主要是流动作战，一些城市和地方旋得旋失，并未设官镇守。李自成最早设地方官是在占领洛阳后。崇祯十四年（1641）正月破洛阳，杀掉福王，李自成在撤离时委任邵时昌为城守，但不久就被明廷巡抚李

---

① 抱阳生：《甲申朝事小纪》卷五《闯贼听讲》。

仙风杀掉。邵时昌是李自成所委任的第一个地方官。

应该看到，李自成任命邵时昌属于临时性质，并没有一整套的建官制度。崇祯十五年（1642）以后，李自成控制了河南的大部分地区，并攻占了襄阳，于是由过去的流动作战转为据地设官分守阶段，在河南所据各州县普遍建立了地方政权。

当李自成于西安建国后，他更加重视地方政权的建设，每占一地则委官治理。这实际上也是为建立全国性的政权做准备。李自成农民军接着分两路进攻北京，每攻下一城，除委任自己的地方官员以外，还派人手持"投顺牌"，依次传递周围村镇。如果这个村镇表示投降，就接过投顺牌，再往下一个村镇传。如果这个村镇不愿归降，拒绝接受投顺牌，李自成农民军就要以武力攻打。当时，这种办法显得特别有效，牌之所至，几乎无不归降，"牌所至，日蹙千里"①。

李自成占领北京后，多用士人分赴各地，以招抚地方。例如，李自成命武愫为淮徐防御使。武愫是陕西人，"癸未进士"，即崇祯朝最后一科的进士。他到任后，"沛人响附"，表明招抚当地的效果很好。武愫也特别注意笼络当地士人，一到任就对当地有名望的士人说："吾辈读书半生，谁无忠孝之思！"他还谦虚地表示："敢曰以官临民，不过同父老子弟相与休息而已。"大概正是因为他有这种态度，所以很快获得当地士人的好感。但当地举人阎尔梅却拒不应召，以示自己忠于明室。阎尔梅还致武愫书信一封，词意慷慨，连武愫也颇受感动，甚至还回书一封。②当时像阎尔梅这样的人士有一定的数量。他们之所以不愿马上归顺大顺政权，主要是因为事起仓促，不相信崇祯皇帝真的已死，对明朝仍抱有幻想。这是造成当时地方上混乱的主要原因。

李自成在命官招抚地方的时候，只要这个地方表示愿意归降大顺政权，则明朝原委任官员仍照旧任职。李自成在招抚地方的诏书中申明："各官照旧供职。"在那种急剧变化的时期，大顺政权不可能马上派出许多兵力去统治地方，

---

① 抱阳生：《甲申朝事小纪》卷六《投顺牌》。
② 抱阳生：《甲申朝事小纪》四编卷六《贻伪防御使武愫书》。

甚至连合适的官员也难以物色到，所以允许旧官仍任旧职是一项正确的策略。正因如此，所以在李自成进京后短短两个月时间内，江北的大片土地几乎是传檄而定。有的明朝旧官即使不愿投降大顺政权，但看到明王朝大势已去，自己或逃去，或自杀，而发布告示，要百姓归顺大顺政权。

李自成选任的地方官来自多种渠道，成分非常复杂。归纳起来，大体有以下几种情况。

其一，大顺政权通过开科取士吸收的人员。李自成在占领襄阳后就曾开科取士，"考取生员，一二等者，送吏政府选官"。当时荆襄一带的生员有不少人前来应试。占领西安后，李自成又立即开科取士，"上等任六政府从事，次任守令，又次任佐贰"。李自成在平阳和北京都曾开科取士，中格者量才授职，许多人就被派去做地方官。一般说来，这些人对大顺政权比较忠心。

其二，在归降大顺政权的士人中选任。由于牛金星就是举人出身，故大顺政权对未能做官的举人情有独钟，"所至获举人，即授以官"。李自成占领北京后，派人四处张贴告示，表示敬重士大夫，"迎之者，先赏银币，嗣即考较，一等做知府，二等做知县。"[①] 其实，此前李自成在河南时，就用了不少举人、秀才出任地方官。

其三，从投降大顺政权的明朝旧官中选任。李自成在反明的过程中曾反复申明，原来明廷的"在任好官，仍管前事"，即照旧录用。对那些政声很差的贪官污吏，则要断然杀掉，以"为民除害"。在河南的地方官，大部分是李自成从归降的明朝旧官中选任的。

李自成所选任的地方官成分很复杂，因兵事倥偬，有的人未经仔细考查，故对大顺政权三心二意。有的人被委任后不诚心任事。有的甚至被委任后不久就挂印而去，有的在表面上归降了大顺政权，但心里却留恋旧朝，或是对大顺政权没有信心，所以不久又投奔南明，有的则在清兵入关后投降了清兵。

在进入北京以前，李自成未设过省一级的地方官，而只设有省级以下的地方官员。这些职官与明廷也有所不同。李自成于战略要地设防御使，相当于明

---

① 李天根：《爝火录》卷二。

廷的兵备道。另外，大顺政权府的长官称尹，州的长官称牧，县的长官称令。其下还设有一些佐贰官，例如府有丞、同知、理刑等，州有判，县有簿，等等。

李自成进入北京以后，开始设立省级的地方长官。当时，李自成委任了9个节度使，其职权相当于明朝的巡抚。这9个节度使是：顺天（北京）节度使，由宋权担任；山西节度使，由韩文铨担任；陕西节度使，由陈之龙担任；四川节度使，由黎玉田担任；河南节度使，由梁启隆担任；延绥节度使，由周士奇担任；甘肃节度使，由周伯达担任；真定节度使，由马重僖担任；徐淮节度使，由吕弼周担任。另外，李自成在西安设有京兆尹，在北京设有顺天府尹，也属于省一级的地方官。在这些官员当中，有的人任职时间很短，有的人虽然挂了个节度使的名号，但是由于各种原因，根本就没有正式就任。有的节度使虽然就任了，但是一听说形势有变，就背叛了大顺政权。例如顺天节度使宋权，原来就是明朝的顺天巡抚，投降李自成后仍任旧职，只是改名为节度使而已。当李自成在山海关战败后，他马上发动叛乱，杀害大顺政权的官兵，后来投降了清廷。当时，由于还处在战乱时期，地方官制建设尚不完备，节度使实际上就是地方上军政合一的最高长官。

节度使下设防御使、府尹、州牧、县令等官职。值得注意的一点是，这些地方官大多数是所谓"山陕秀士"，即山西和陕西一带的举人、监生等人。他们读过一些书，但在明代没混上什么官职，这时才算有了出头之日，在大顺政权中出任地方官。

由于当时正处于政局混乱之时，所以李自成委任的地方官境遇也千差万别。有的到任比较顺利，官民诚心归附；有的迫于形势，表面上归附了大顺政权，内心里却三心二意，甚至仍为旧朝暗中效力；有的暂时归附，一有风吹草动，就马上发动叛乱。尤其是清兵入关以后，这些地方官又纷纷投降了清朝，其中尤以明朝旧官最为普遍。

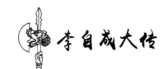

三、军事编制和屯田

李自成建立起比较完备的军事制度是在崇祯十六年（1643）年初。当时，李自成改襄阳为襄京，建立了历史上常说的襄阳政权。与此相适应，李自成也建立起了较完备的军事制度。以后在进入西安和北京时，也基本上沿用了这个制度，只是他的队伍更加庞大，而编制则看不出有明显的变化。

大体说来，担任攻城略地任务的野战部队分为五营，担任所占领地方守卫任务的地方军分为十三卫，共称为五营十三卫。

所谓五营，是指前、后、左、中、右 5 个大营，也就是 5 个野战兵团。总管五营的是权将军田见秀和刘宗敏。论战功，田见秀不及刘宗敏，但位在刘宗敏之前。当李自成率军进攻北京时，也是由田见秀在西安留守。这主要是因为，田见秀较有谋略，"为人宽厚"，比较能得众心。刘宗敏勇冠三军，为人较粗鲁。他为田见秀之副，实际上主要掌管中营亲军，经常在李自成身边，随主力转战。

在权将军之下是制将军，分掌五营。

李自成按照牛金星的建议，对将领"分等威，申职守……创为百官爵号，大加署置"[①]，从而建立起职级分明的将领级别系统。在襄阳时，李自成为奉天倡义大元帅，下设权将军，权将军以下依次是：制将军、果毅将军、威武将军、都尉、掌旅、部总、哨总。当时，共设将军 22 人，这就是史书上所说的"五营二十二将"。

随着李自成占领的地盘越来越大，其流动作战的策略也发生了重大变化，对占领的地区不再随占随丢，而是分官据守，这就有了在襄阳时的"十三卫"之设。这对大顺政权巩固后方起到了关键性作用。随着李自成进军西安和北京，在地方上设置镇守的将领也越来越多。其中，李自成接受了大量明军中的降将和降卒，有一些人随军转战，有一些被安排在地方上镇守。例如陈永福，他曾射瞎过李自成的一只眼，但李自成不念旧恶，竟将他提升为权将军，命他

---

① 吴伟业：《绥寇纪略》卷九。

镇守太原，后在抗击清兵时殉难。

　　当李自成进入北京后，对将领职衔的名称做了一些变动，而实际权力并没有太大的变化。例如，刘宗敏、田见秀、李过、李岩都加上了都督衔，但都属于加衔，实际权力没什么变化。李自成在改革明制的基础上，将总兵改为正总权，副总兵改为副总权，守备改为守旅，把总改为正旗，等等。同时，这些武职职衔也与九品联系在一起，例如权将军就属于一品官。

　　李自成的大顺军有百万之众，军饷供应是一个大问题。在当时那种战争年代，大顺军将士并不发饷银，而是实行供给制。军中所有人员的衣食都由军中供给，个人不许私藏金银，所有战利品都必须上缴归公。因为要打仗，所以李自成最看重骡马，再就是弓箭等兵器，至于布帛财物则属于一般战利品。

　　李自成军饷的来源主要有以下几个渠道。

　　其一，追赃助饷。大顺军每攻下一地，就勒令当地官员献出家产以供军需。这在李自成进入北京后规模最大。

　　其二，收缴官府积蓄。李自成的大顺军每攻下一个城邑，就将城内官仓中的积蓄尽收为大顺军所有，有时也拿出一部分来赈济当地饥民，但绝大部分都充作军饷。例如李自成攻占洛阳时，获仓米数万石，以大致十分之一赈济饥民，其余的则席卷而去。

　　其三，勒令当地豪强富室出资助饷，或出钱，或出粮，否则就以武力相加。这种情况在一些野史笔记中多有记载。

　　其四，实行屯田。在古代，农民起义军通过屯田解决军粮问题多有所见。例如朱元璋的农民军在南京周围搞屯田就卓有成效。当李自成农民军还经常处于流动作战状态时，无法搞屯田。后来，李自成在河南占领了大片土地，并开始设官镇守，随之也就搞起屯田来。当李自成占领襄阳后，这种情况就更多了。据记载："有谓占襄阳地土耕种……将南阳迄南并西北楼寨庄田，俱已占完者。"[①]明朝御史徐一抡在奏本中也说道，李自成在襄阳一带"盖房扎营，委

[①] 李永苏：《枢垣初刻·襄阳再陷疏》。

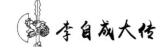

官种田，明有久居之志"①。这显然就是指屯田。

用于屯田的土地主要是明官府和宗藩的官田。明朝的各个藩王在所在地都占有大量的土地。李自成农民军占领当地后，这些土地就被籍没，以充作屯田的土地。

当时主要是军屯，农民军"耕田自给"，也有少量的民屯。在夺取的大片官田和无主荒地上，军队无力耕种，就招募流民，交给他们耕种。这些屯田农民要交出一部分"籽粒以饷军"。从总的情况来看，除了李自成殉难后其余部屯田的规模较大外，大顺政权屯田的规模并不大，通过屯田所获也不是军饷的主要来源。

李自成农民军几起几落，各个时期军队的具体人数难以考定，但从有关史料综合分析，仍可窥见其大概。

当李自成于崇祯十四年（1641）年初进入河南后，其力量得到迅速壮大。当他攻陷洛阳后，"民奔走赴之者百万"②。这里所说的"百万"之众是个笼统的说法，是指投奔李自成的饥民众多。这些饥民不可能都被编入队伍中。更何况前两年接连受挫，李自成的部下"不过千计"，不可能一下子就膨胀为百万大军。当李自成攻打开封时，他和罗汝才合营一处，共有"步兵十万，马兵三万……协从之众近百万"③。由于该书作者当时就在开封城中，所以记载比较可信。从中可以看出，在前线作战的步兵和骑兵共约13万人，所谓"协从之众"，主要指随军家属和随从兵。其他史书对此也有大致相同的记载。

李自成建立襄阳政权后，随着军事编制的完备，其军队人数也就大体可以推算出来了。

李自成的军队由三部分组成：一是精兵，二是随从兵，三是随军家属。李自成的军队共分为五大营，以下是标营，标营以下是队，共分三级。除了中军营辖5个标营外，其余四营各辖两个标营，共13个标营、230队。包括随从兵在内，每队约百人，其中精兵约20人左右，其余为随从兵。由此可以算出，李

---

① 《明末农民起义史料》第413页。
② 吴伟业：《绥寇纪略》卷八。
③ 李光殿：《守汴日志》。

自成的精兵大约五六万人，加上随从兵约 23 万，如再加上家属等，则有百万之众。《甲申传信录》中所说的"共计马步兵六万"，就是指的精兵，而不是李自成军队的全部。

除了五大营野战部队外，李自成对所据地盘分兵驻守，在襄阳时即设有十三卫。各卫统兵人数不等，一般有数千人。

李自成在向北京进军途中，明廷官军纷纷向李自成投降，其数量大约有二三十万人。"闻道官军三十万，齐心为贼作先锋"[①]，这里所说的"三十万"也只是约数而已。当时明军已损亡很多，各镇兵力都不足额，其实际数目已难详考。

当时参加李自成农民军的大都携家带口，所以军中家属人数最多。一般说来，一个精兵约有三四个随从兵，随从兵掌养马、管理兵器和伙食等事，有时情况紧急，他们也直接参战，而家属则都被安置在所谓"老营"。家属随军转战，每遇有重大战事时，就将他们先安置在一个安全的地方，这就是"老营"。许多史书上谓李自成有百万之众，其中就包括家属。

第三节　李自成其他一些军政措施

李自成农民军还曾毁庙、毁坊、毁祠。这在大顺政权建立以前最为常见。李自成对所控制地区的一些地名进行更改，在开科取士选拔官员和鼓动群众上都有自己的特点。

一、毁庙、毁坊、毁祠

所谓毁庙，主要是指文庙，即孔子庙，也称先师庙。在古代，文庙非常普遍，凡是有学官的地方都有文庙。李自成农民军起初对文庙不是采取保护的政策，而是焚毁，把毁庙和反对官府联系在一起。

这类毁庙之事在河南各地出现得最多。清初曾任灵宝知县的江繁撰有《重

---

① 《鹿樵纪闻》卷下。

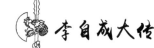

修儒学记》，其中说："至于官庙倾圮，风雨莫避，所在皆然，而灵宝一邑尤甚。"[1] 顺治年间仝廷举撰有《郏县儒学记》，其中说："李自成之乱，焚毁学舍，堂斋门庑，悉为丘墟，仅有一殿。"[2] 类似的记载还可以举出很多。这表明，李自成农民军起初对文庙、学宫等的确未采取保护性政策，而是多有焚毁。随着牛金星、李岩等知识分子的加入，这类事逐渐减少。当农民军战士在焚毁宝丰县的文庙时，斋庑堂室已经被毁，最后要毁大成殿，被牛金星赶来后制止。看来，这类焚毁文庙的事基本上是下级官兵所为，李自成并未发布过毁庙的命令，但他也不严加禁止。

至于李自成本人，他有时对孔子还表示出尊重之意。例如，当他率军打回他的老家米脂县时，他的军队驻扎在城外，呼知县边大绶到城上答话，并给他一些银两，要他整修县中的文庙。后来，大顺军在曲阜还曾发布文告，明令保护孔庙。这显然是李自成争取民心、争取知识分子支持的措施。人们从历史上各类政治人物身上看出，他们的内心世界都十分复杂，充满矛盾。从李自成对待文庙的态度来看，他在这个问题上也充满着矛盾：当他的下级军士通过毁庙来发泄对封建统治者的不满时，他并不严加禁止；当他需要争得知识分子的支持时，他又对文庙采取保护措施。

李自成农民军还焚毁了许多祠宇。在封建社会，许多官员也不知道是否真的为老百姓做了好事，就指使他人为自己修祠堂，以示纪念。于是，一些名宦祠、乡贤祠之类的祠堂到处都是。明清时期，一些人通过科举当了官，所谓取得了功名，也要立碑建祠。这类祠宇实际上成了统治者对老百姓进行思想统治的工具。大概正是出于这种原因，所以李自成农民军对各地祠宇进行焚毁，在建立大顺政权前后一直未停。这种情况也是在河南表现得最为普遍。例如在洛阳，城西各种祠宇多不胜数，有二程祠、朱子祠、范文正公祠等等。李自成农民军对这些祠宇大量焚毁，致使各种祠宇"荡然为墟"。清初到洛阳任知县的武攀龙感到"刺目伤心，勉为修葺"[3]。襄城的所谓三贤祠、上蔡的文昌阁等都

---

① 乾隆《灵宝县志》卷五"艺文上"。
② 康熙《郏县志》卷四。
③ 乾隆：《洛阳县志》卷十五。

被农民军焚毁。

至于毁坊，那就更为常见，李自成就曾经明确地发布过"毁坊之令"。在古代，封建统治者为了表彰所谓忠孝节义，在各地修建了许多牌坊。这些牌坊实际上成了加强封建统治的重要工具。李自成农民军所到之处，对这些牌坊进行大量焚毁。据清初的一些地方志记载，经李自成农民军的焚毁，这些牌坊"十无一存"。在河南扶沟县，清初的官员要重新修葺这些被毁的牌坊，"（天）启、（崇）祯末，流寇起，中原大乱，诸石料散仆于道旁、杂瓦砾中者，迄今五十年"[①]。由此可以看出这些牌坊当时被毁的情况。

二、鼓动群众

在历史上，农民起义军为了宣传自己的政策和主张，壮大自己，瓦解敌人，都很重视宣传鼓动工作。在这方面，李自成比过去的农民军领袖做得更充分，效果也更好。尤其是当牛金星、李岩、宋献策等知识分子加入后，这种宣传鼓动工作就做得更加有声有色。

针对明末社会矛盾和老百姓最为关心的问题，李自成制定了明确的政策，并利用各种手段宣传到老百姓中间去，迅速得到老百姓的支持和拥护。例如，针对明末"三饷"加派弄得民不聊生的社会现实，李自成农民军提出了"三年不征"的口号；针对明末土地高度集中的现实，李自成农民军提出了"均田免粮"的口号；针对城市商贾备受盘剥的现实，李自成农民军提出了"平买平卖"的口号。这些口号都有极强的针对性，有很大的号召力。李自成将自己的一些重要政策变成简明易记的口号，使老百姓易记易懂，也易于流传。

李自成的宣传鼓动形式也多种多样，大体上可以归纳为以下几种。

其一，编成歌谣，让他的童子兵四处传唱。据史书记载，李岩和宋献策等人做了大量的工作。他们编写了一些流传很广的歌谣。例如："吃他娘，穿他娘，开了城门迎闯王，闯王来了不纳粮。""朝求升，暮求合，近来贫汉难存活，早早开门迎闯王，管教大小都欢悦。"还有一些"不当差、不纳粮"的顺

---

① 《扶沟县志》卷一，"建置·坊表"，康熙年间版。

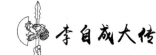

口溜，都很容易流传开来。这比讲一些大道理要有效得多。

针对社会上人们大都有迷信心理这种现实，宋献策利用自己精通阴阳术数的特殊身份，广泛传布"十八子主神器"的谶语。"十八子"合在一起是"李"字，隐喻李自成，即天道循环，明王朝气数已尽，应该由李自成来当皇帝了。这在今天看来似乎荒诞不经，但在当时却能产生很大的宣传效果。

其二，将自己的政策和主张写成文告，四处张贴，从而收到宣传鼓动的效果。

崇祯十六年（1643）正月，李自成在接连攻占承天、德安后，接着向黄州（今湖北省黄冈市）进军，其间发布檄文，指斥明朝当局，申明自己的政策：

> 为剿兵安民事。明朝昏主不仁，宠宦官，重科第，贪税敛，重刑罚，不能救民水火。日鏖师旅，掳掠民财，奸人妻女，吸髓剥肤。本营十世务农良善，急兴仁义之师，拯民涂炭。今定承天、德安，亲临黄州，遣牌知会：士民勿得惊惶，各安生理。各营有擅杀良民者，全队皆斩。尔民有抱胜长鸣，迎我王师，立加重用。其余勿得戎服，玉石难分。此檄。[1]

从这篇檄文中可以看出，李自成对明王朝的腐败现象进行了揭露，这些话都颇能打动人心。李自成又申明了自己的一些政策，起到了瓦解敌人和安定民心的作用。这类檄文对让老百姓正确认识大顺军是很有作用的。

崇祯十六年（1643）十二月十八日，李自成遣先锋部队渡黄河，进入山西，取平阳。这支大顺军将一篇檄文传布到山西各地：

> 倡义提营首总将军，为奉命征讨事。自古帝王兴废，兆于民心。嗟尔明朝，大数已终。严刑重敛，民不堪命。诞我圣主，体仁好生。义旗一举，海宇归心……领大兵五十万，分路进征为前锋。我主亲提

---

[1] 彭孙贻：《平寇志》卷六。

兵百万于后，所过丝毫无犯。为先牌谕文武官等，刻时度势，献城纳印，早图爵禄。如执迷相拒，许尔绅民缚献。不惟倍赏，且保各处生灵。如官兵共抗，兵至城破，玉石不分，悔之何及！①

这篇檄文提出，明朝将亡，"大数已尽"，大顺政权将取而代之。前锋部队号称"五十万"，且李自成随后将率百万大军赶来。这显然有夸大的成分，在两军作战时是常见的事，主要是为了威慑敌人。檄文号召各地官民"献城纳印"，如抗拒则会"玉石俱焚"。这对瓦解敌人起到了很大的作用。大顺军向北京的进军一路很顺利，与这种宣传鼓动有着很大的关系。

李自成农民军每到一地，经常通过张贴告示来宣传自己的方针政策。例如，当李自成攻占洛阳后，马上"出示开仓而赈饥民"②。当李自成的大军进入襄阳一带后，马上四处张贴文告，向老百姓宣传"三年不征，一民不杀"的政策。当李自成于崇祯十六年（1643）冬占领西安后，在发布的告示中申明军纪："杀一人如杀我父，淫一妇如淫我母。"当李自成进入北京后，又陆续发布了许多告示，申明大顺政权的各项政策，要老百姓"照常生理"，商家店铺要照常开业，并严明军纪，"敢有掳掠民财者，凌迟处死"。李自成派往各地的将领也通过这类安民告示来安定民心。这在当时都起到了很好的效果。

其三，李自成还经常派部下扮作商贾、艺人等，到各处宣传大顺军的政策和主张。因为这些人以普通百姓的身份出现，在老百姓中间搞宣传的效果就特别好。对此，明廷官员也感到颇为忧心，他们也留下了许多这方面的记载。例如，明廷官员在崇祯十七年（1644）四月中旬的塘报中说：大顺军"到处先用贼党，扮作客商贾，同口一词，接续传布说，贼不杀人，不爱财，不奸淫，不抢掠，平买平卖，蠲免钱粮，且将豪富之家银钱，分给贫苦百姓。敬重斯文秀才，迎之者，先赏银币，嗣即考校，一等做知府，二等做知县"③。当李自成大军进攻北京以前，李自成就派不少人潜入京师，扮作各种身份的人，广泛宣传

① 谈迁：《国榷》卷九十九，十二月"癸未"条。
② 郑廉：《豫变纪略》卷四。
③ 李天根：《爝火录》卷三。

389

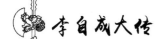

大顺政权的政策，宣传大顺军的强大，对明廷官员起到很大的瓦解作用。

李自成农民军在攻打某一个城市时，往往将文告用箭射入城内，劝城内官兵投降，也收到很好的效果。自崇祯十四年（1641）李自成在河南得到大发展时起，他就特别注重各种形式的宣传鼓动工作。在此后短短两年多的时间内，李自成的大军扩至百万，并迅速攻占了京师，推翻了明王朝，这与他成功的宣传鼓动工作是密不可分的。

三、更改地名

李自成在建立襄阳政权后，对所属府、州、县名多有更改。这也是李自成所推行的重要措施之一。《明史·李自成传》记道："（李）自成在中州，所略城辄焚毁之。及渡汉江，谋以荆襄为根本，改襄阳曰襄京，修襄王宫殿居之。改禹州曰均平府，承天府曰扬武州。他府县多所更易。"其他许多史籍也有相同的记载。这表明，李自成占领襄阳的确是他事业和思想上的重大转折，其战略战术都发生了明显的改变，思想上也明显地表现出取明朝而代之的倾向。更改地名就是他这种思想的一种具体体现，意在新王朝要使用新地名，给天下老百姓一个万象更新的感觉。

李自成在襄阳先称"奉天倡义文武大元帅"，继而又称"新顺王"，并粗略地建立起了大顺政权。作为一个新政权，李自成对所属地方的地名多有更改。例如，他改襄阳为襄京，意味着这里就是大顺政权的京师。另外，他除了改承天府为扬武州、禹州为均平府以外，还改云梦县为固州，德安府为安乐府，宝丰县为宝州，尉氏县为尉州，郾城县为郾县，沈丘县为沈平县[①]，如此等等。

李自成于西安建国后，占领的区域更为广大，对行政区划重新做了调整，"分天下为十二州"，并更改了许多地名。例如，李自成将自己的故籍米脂县改名为天保县，将延安府改名为天保府，将清涧县改名为天波府，将江夏县改名

---

① 关于新改地名"安乐府"，《石匮书后集》卷三十六记道："（李）自成破南阳，改南阳为安乐府。"李自成攻破南阳的时间是崇祯十四年十一月，事在李自成攻占襄阳一年以前。将南阳易名为安乐府不见他书记载。其他各书均谓李占襄阳后由德安府改名而来。顺治《禹州志》中也明确记载："改德安府曰安乐府。"证之诸书，可知《石匮书后集》中所记为误记，故不取。

为瑞符县。同时，李自成将西安改名为长安府，改西安为长安，称为西京。这表明，大顺政权的京师由襄阳移到了西安。这里所列举的只是所更改地名的一部分，而不是全部，实际上所改的地名比这里所列举的要多得多。

在这里，李自成沿袭了历史上历代王朝的传统做法，恰好表明他也有这种传统的帝王思想。从李自成所采用的地名名称上可以看出，这些地名也反映出了李自成的一些政策和思想特点。例如，李自成将禹州改为均平府，这反映了李自成的政治主张。李自成针对明末土地集中的现实，提出了"均田"的口号。这种政策就在新地名中反映了出来。明末一再向农民加征，弄得大批老百姓流离失所，李自成提出"三年不征"的口号，希望使老百姓过安乐的生活。于是，他的新地名中就有"安乐府""长安府"等名称。李自成将承天府改名为扬武州，显然有宣扬大顺军军威的用意。另外，新地名中有"天保府""天保县""瑞符县"等名称，鲜明地反映出李自成的天命观和迷信思想。也就是说，他希望自己能得到上天的保佑，使他的事业顺利成功。另一方面，他也希望通过这类新地名告诉老百姓，自己建立的新政权是得到了上天庇祐的，跟随自己将得到富贵吉祥。在今天看来，这是消极落后的思想。也正因为如此，以前人们大都强调李自成革命性的一面，而对他的这类思想尽量掩饰或根本就不提及。实际上，古代人大都有这类思想，不足为奇。即使历史发展到今天，有这类思想的人也并不鲜见。那么，我们就更不必因此而对李自成求全责备了，也不必在这一点上为他掩饰。有的学者就明确指出，李自成更改地名，"表明他无法摆脱封建帝王思想的束缚，无法冲决神学天命论的约束"①。这种说法是有道理的。

---

① 王兴亚：《李自成起义史事研究》，中州古籍出版社 1984 年版。

第十三章　从山海关到九宫山

　　吴三桂本来已决定归降李自成，但由于大顺政权的策略不当，致使吴三桂在关键时刻又改变态度，决心与大顺政权为敌。李自成亲率大军前去平叛，在山海关的一片石被吴三桂和清军打败。李自成败退京师后，仓促称帝，接着就退出京师，撤往陕西。在吴三桂和清军追击下，李自成接连败退，于清顺治二年（1645）夏天在湖北通山县的九宫山被乡勇杀害，从而结束了他叱咤风云的一生。

第一节　招降吴三桂，功亏一篑

吴三桂长期在山海关镇守，抵御清兵，他的部下是明军中最有战斗力的队伍。李自成为争取吴三桂归降做了一些工作，但在关键问题上处理不当，致使功亏一篑。吴三桂决定联合清兵，共同反抗大顺政权。

一、招降吴三桂

吴三桂长期驻守山海关的重镇宁远，有精兵四万，尤其是他精心挑选的数千亲兵，最为强悍。他这支队伍是明廷抵御清兵的主要力量。以前，明廷大臣数次向崇祯皇帝进言，请求命吴三桂入关，以对付李自成农民军，崇祯皇帝一直犹豫不决。三月，随着李自成农民军迅速向京师逼近，崇祯皇帝深悔未及早调吴三桂入援，于是封吴三桂为平南伯，火速入关。但吴三桂行动迟缓，三月十六日才入关，二十日到达丰润。他得知京师已被李自成占领，遂急忙率军返回山海关，密切注视形势的变化。

当李自成农民军到达居庸关时，明军总兵官唐通献关投降。李自成入京后，一方面派人招降在南方的左良玉，一方面派唐通去招降吴三桂。当时，凡是投降李自成的明军将领都受到任用，即使像陈永福那样的将领，虽曾射瞎了李自成的一只眼，但投降后仍受到重用和信任，这为明军的其他将领树立了榜样。另外，吴三桂的家产，他的父亲吴襄和爱妾陈圆圆等都在京师，这都是招降他的有利条件。于是，李自成命唐通带银4万两犒师，还有吴襄给吴三桂的亲笔信，赴山海关去招降吴三桂。同时，唐通还带着自己原来的部众约8000人前往，以加强山海关防务。

唐通见了吴三桂以后，极力渲染李自成兵力强大，礼贤下士，并允诺封吴三桂父子侯爵。吴襄的亲笔信原为牛金星所拟，由吴襄抄写，文情并茂，颇为感人："……吾君已逝，尔父须臾。呜呼！识时务者亦可以知变计矣。昔徐元直弃汉归魏，不为不忠；（伍）子胥逃楚适吴，不为不孝。……我为尔计，不若反手衔璧，负锧舆榇，及今早降，不失通侯之赏，而犹全孝子之名。……故

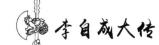

为尔计，至嘱至嘱！"①

吴三桂收下了犒军银两，表示归降大顺政权，并立即带领部众离开山海关、赴京师觐见李自成，将山海关的防务移交给唐通。吴三桂沿途"大张告示：本镇率所部朝见新王，所过秋毫无犯，尔民不必惊恐"②。由此看来，当时吴三桂投降李自成似乎出于真心。如果不出现意外事故，李自成招降吴三桂的计划也就成功了。但是，当吴三桂走到半路时，却发生了令他难堪的意外事故，使招降计划毁于一旦，从而使整个局面为之一变。

二、吴襄和陈圆圆事件

在中国，陈圆圆的知名度颇高，凡是知道吴三桂的人，几乎没有不知道陈圆圆的。每当一个重大的历史转折关头，往往有奇女子在其间发挥作用，就像妲己、貂蝉、杨贵妃那样，因为和某一个重大历史事件相联系，致使这些女子经常为后世人所议论。陈圆圆也是这样一个人物。她原名陈沅，是南京秦淮河一带著名的歌伎，"声甲天下之声，色甲天下之色。"皇亲田畹是崇祯皇帝的宠妃田贵妃的父亲，他在游南京时用重金买下了陈圆圆和另一个歌伎顾寿。回京不久，顾寿病死，陈圆圆益受娇宠。吴三桂身材高大，轻财好色，闻陈圆圆之名，垂涎欲滴。有一次他身着戎装到田畹家赴宴，表面看去有"俨然不可犯之色"，但当陈圆圆出来以丝竹助兴时，"三桂不觉其神移心荡也"。陈圆圆见吴三桂颇有英雄气概，而田畹已是老朽之物，内心自然倾慕吴三桂，所以显得特别的"情艳意娇"。吴三桂日后派人持千金要买去陈圆圆，而田畹在那兵荒马乱的年代也想找个靠山，遂慨然相赠，不收一文。吴三桂大受感动，向田畹表示："吾当保公家，先于保国也。"③后来，因朝廷催促吴三桂出关守御，吴三桂就把陈圆圆留在他父亲吴襄处。

李自成农民军进入北京后，大将刘宗敏占据了田畹的宅院。他原来是个铁匠，这时当上了李自成手下的大将军，仍只是一介武夫，没有什么战略头脑，

① 计六奇：《明季北略》卷二十《吴三桂请清兵始末》。
② 无名氏：《吴三桂纪略》，见《辛巳丛编》本。
③ 抱阳生：《甲申朝事小纪》二编卷九《圆圆传》。

既贪财，又好色。对朝廷旧官员追赃助饷，主要由他督掌。他抄了吴襄的家，索要陈圆圆。吴襄推说已将陈圆圆送往吴三桂处，刘宗敏不信，遂对吴襄大加拷掠。经过搜索，陈圆圆终于为刘宗敏所得。李自成得知此事，马上下令制止，将吴襄放出，并设宴为吴襄压惊。这件风波在表面上平息了下去，但造成的影响已无法挽回。当吴襄被抄家、被拷掠时，他的家人不断从京师逃出，去投靠吴三桂，报告家中情况。

吴三桂到达永平时，碰到从家中逃出来的人，问道："吾家无恙耶？"来人回答道："为闯（王）籍矣！"吴三桂怀着侥幸心理说："吾至，当自还也。"又遇上一个从京师来的人，问道："吾父无恙耶？"这人答道："为闯（王）拘系矣！"吴三桂仍抱着侥幸心理说："吾至，当即释矣。"接着又遇上一个从京师来的人，问道："陈夫人（圆圆）无恙耶？"这人答道："为闯（王）得之矣！"[①]吴三桂勃然大怒，拔剑击案，誓与李自成不共戴天。家产被籍没，其父被拘系，似乎都可以忍受，唯独爱妾被人霸占无法忍受。吴梅村在《圆圆曲》中所说的"冲冠一怒为红颜"，即指此事。

对吴三桂政治态度的变化，人们有许多记述和分析，虽然细节不尽一致，但有一点是可信的：即李自成农民军触犯了吴三桂的家庭，这是导致吴三桂态度变化的根本原因。如果把这种变化完全归结为"冲冠一怒为红颜"，似乎过于简单化，但它是其中一个因素当无可怀疑。封建时代的官僚最关心他的个人利益，既然家产被抄，父亲被拷掠，爱妾被夺占，这足以使他的政治态度发生急剧变化。还有一个因素历来被人所忽视，即这些自己家庭被触犯的消息一定会使吴三桂意识到，李自成招降自己只是一种计谋，不是真心，自己一旦入京，也会像父亲那样被拷掠。为了避免自投罗网，他宁肯铤而走险。

吴三桂立即率部返回山海关，向唐通发起突然袭击。因唐通刚在这里驻防，立足未稳，所以很快被吴三桂击溃，山海关重新被吴三桂夺占。同时，吴三桂还致书他的父亲吴襄说："父既不能为忠臣，儿亦安能为孝子乎！儿与父

---

① 抱阳生：《甲申朝事小纪》二编卷九《圆圆传》。对此事细书诸节记载不一，例如地点，有的谓在永平，有的谓在玉田。关于来报之人，有的谓吴襄家人，有的说是"侦者"，有的说是吴襄的一个仆人，拐了他的一妾私奔，逃跑途中遇到吴三桂，谎称逃难，以家事相告。

诀，请自今日。父不早图，贼虽置父鼎俎之旁，以诱三桂，不顾也。"[1] 这实际上也是与李自成决裂的公开声明。

李自成得知此事后，既为事起突然而吃惊，也为招降之事功亏一篑而后悔，他不得不亲自率军去对付吴三桂。

第二节　山海关之役和北京称帝

吴三桂在清兵的支援下，在山海关附近的一片石将李自成打得大败。李自成急忙退回京师，仓促地正式登极称帝，第二天即退出北京，向陕西撤退。如果说攻占北京是李自成一生事业顶峰的话，那么，山海关之败则标志着他无可挽回地走上了下坡路。

一、山海关之役

四月十三日，李自成亲率大军向山海关方向进发，京师由丞相牛金星和李过留守。李自成在以大军对吴三桂进行征讨的同时，他也没有放弃招降吴三桂的最后一线希望。为此，他除了让吴襄随行以外，还带上太子朱慈烺和太子的两个弟弟，另外还有在西安和太原俘获的秦王和晋王。李自成的用意很明显：带上吴襄，想借以消除吴三桂的误会，用他们的父子之情使吴三桂回心转意；带上太子和明宗室的几个藩王，表明这些人仍受到诸多优待，可以打消吴三桂为故主复仇的口实。这样，你吴三桂为孝子乎？为救你的父亲也应该归降；你吴三桂为忠臣乎？太子仍健在。再加上李自成的几十万大军形成的威慑，李自成觉得招降仍可以成功。但是，尽管李自成用心良苦，做了这么周密的准备，这次招降活动还是失败了。

当时，吴三桂部下大约有5万兵马，关外有血气方刚的清政权，关内是新建的大顺政权，自己处在两大势力的夹缝之中。他不可能两面作战，也没有力量两面作战，既然已经与李自成的大顺政权彻底决裂，那么他势必要倒向清廷

---

[1] 计六奇：《明季北略》卷二十《吴三桂请清兵始末》。

一边。吴三桂派副将杨坤和游击郭云龙向清帝请求救援，其书信中说："流贼逆天犯阙，僭称尊号，罪恶已极，天下共愤。三桂受国厚恩，欲兴师问罪，奈力弗敌。爰泣血求助，乞王速整旅入关，与三桂合兵，直抵都城，扫除虐焰，昭示大义。此千载一时也。"因顺治帝年幼，这时由睿亲王多尔衮任摄政王。多尔衮见书后当即答应进兵，并说，吴三桂若"诚率众来归，当裂土封王"①。

实际上，多尔衮在得知李自成占领北京的消息后，即马上准备整兵入关。大学士范文程建议多尔衮马上"进取中原"，这是天赐良机，正如"秦失其鹿，楚汉逐之"一样。于是，顺治帝赐多尔衮大将军印，带领洪承畴等人"往定中原"。多尔衮认为"成败之判，在此一举"，故以倾国之兵前行，"男丁七十以下，十岁以上，无不从军"②。半路上又接到吴三桂求助的书信，这真是天赐良机，使多尔衮喜出望外，遂火速向山海关挺进。吴三桂得到多尔衮的回书，也壮了胆，决定与李自成大战一场。

为了把自己的举动说成是正义之举，吴三桂还发布了一篇讨伐李自成的檄文。他首先罗列了一些李自成的罪状，将李自成大骂一通："闯贼李自成，以幺魔小丑，纠集草寇，长驱犯阙，荡秽神京，弑我帝后，禁我太子，刑我缙绅，污我子女，掠我财物，戮我士庶。豺豹突于宗社，犬豕踞我朝廷。赤县丘墟，黔黎涂炭。妖氛吐焰，日月无光。"檄文接着号召全国各行各业的人们，都来响应他的号召，齐心协力消灭李自成，"同舟即一家，破巢无完卵。"檄文末尾的语句颇为激昂："凡为臣子，谁无忠义之心？汉德可思，周命未改。忠诚所感，顺能克逆。义旗所向，一以当千！请观今日之域中，仍是朱家之天下！"③从檄文中可以看出，吴三桂把自己打扮成了恢复明朝统治的领袖，而李自成则是乱臣贼子，十恶不赦。可以想见，这篇檄文对明朝的旧官员可能还有点号召力，而对广大老百姓则不会产生什么作用。他主要还是要依靠清兵来对付李自成。

李自成的大军于四月十七日到达永平，二十一日到达山海关，遂立即投入

①《清史列传》卷八十《吴三桂传》。
②吴晗：《朝鲜李朝实录中的中国史料》上编，卷五十八。
③抱阳生：《甲申朝事小纪》卷二《吴三桂讨闯贼李自成檄》。

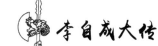

了战斗。山海关号称"天下第一关"，地势险要，军事设施齐全。以前清兵数次内犯，都未经山海关，而是绕道南下。山海关四周分别有四个小城：东罗城、西罗城、南翼城、北翼城。李自成自恃人多势众，对山海关实施三面围攻，唯留南翼城未围。这是因为南翼城紧靠大海，城墙在著名的老龙头处一直延伸到海中，敌人无法从这里逃跑。

李自成和吴三桂两军首先在西罗城展开激战。双方从早晨战至中午，吴三桂的军队明显处于劣势，西罗城差一点被大顺军攻占，幸赖一支炮兵赶到，突然向大顺军展开猛烈炮击，才稳住了阵脚。到二十二日早晨，驻守北翼城的吴军抵挡不住大顺军的猛攻，已向大顺军投降。吴军百计防守，险象丛生，大有全线崩溃之势。在此危急关头，清军突然参战，从而使战局为之一变。

正当李、吴两军激战之时，多尔衮率清军驻扎在欢喜岭，"以觇动静"。多尔衮遣使者到吴三桂营中察看，吴三桂则遣使者催促多尔衮急速进军。多尔衮对吴三桂犹未深信，吴三桂的使者连续三次来请，多尔衮才基本上消除了疑虑，但清兵仍未即行。多尔衮的用意也很清楚，他要等双方精疲力尽时坐收渔人之利。他每时每刻都密切注视着战况的发展。吴三桂"遣使者相望于道，凡往返八次，而全军始至，共十四万骑"。多尔衮这时也感到火候已到，如再不进军，吴军就可能全线崩溃，因而便倾全力投入战斗。

吴军以三根白布条为标记。"三"，意即三桂的军士；用白色，为缟素之意，即为崇祯皇帝致哀。二十二日，正当李、吴二军在一片石激战时，多尔衮率数万铁骑突然杀出，锐不可当。一片石在山海关东北方向，距关约20里，唐通被吴三桂击溃后，即率残部驻扎于此。清兵首先将唐通军击溃，接着以"风发潮涌"之势，所到之处，无不披靡。清兵的突然参战大出李自成意料之外。李自成这时正在高岗上观战，太子朱慈烺也在身边。有人告诉李自成："此非吴兵，必东兵也，宜急避之。"[1]清兵突破大顺军的防线后，吴军的士气大增，也发起反击。刘宗敏虽勇冠三军，顽强督战，这时也无法挽回颓败之势。他本

---

① 计六奇：《明季北略》卷二十《吴三桂请清兵始末》。

人也被流矢击中，受了重伤。李自成见败局已定，遂急命撤军。

山海关之役是明末三大军事力量同时参与的一次大会战，也是决定大顺政权命运的一次决定性战役，在某种意义上它也改变了中国历史的命运：大清政权代替了大顺政权。

李自成几乎在兵不血刃的情况下夺占了京师，许多地方传檄而定，这使他产生了某种骄傲和轻敌思想。他这次东征只带五六万兵马。"声言十万"，只是为了故意张扬声势，以威慑对方。加上唐通的八千士兵和白广恩的两万人马，投入山海关之役的大顺军实际人数不足 10 万。吴三桂部下有 5 万兵马，清兵 14 万，合在一起近 20 万众，大体是大顺军兵马的两倍。由此可以看出，当时双方的兵力对比就极悬殊，李自成失败也就不难理解了。

在这关键时刻的一次关键性战役中，李自成在战略和策略上都有一连串的失误。吴襄被拷掠和陈圆圆被夺占且不说，首先对清兵就缺乏足够的重视。实际情况是，即使吴三桂不投降清兵，清朝贵族也一定要参与这场中原逐鹿的争夺，并在吴三桂降清以前就开始行动了。因此，当清兵突然参战时，大顺军马上陷于一片慌乱。

另外，李自成对山海关的极度重要性认识不足。当时，山海关已成为三大政治军事集团矛盾的焦点，局面随时都可能发生变化。除了一些偶然的因素起作用外，更主要的是各方实力的较量。但李自成是怎么对待的呢？他只派唐通率原部约 8000 人前去山海关接防，后虽派白广恩率 2 万人前往接援，但白广恩驻守永平，未到山海关。即使这 2 万人马到了山海关，力量仍然是很单薄的。李自成派往关上的左懋泰和张若麒，都是李自成入京后的明廷降臣。这不能不使人感到，李自成对山海关的形势太掉以轻心。正因为如此，当吴三桂的政治态度突然变化时，大顺政权在山海关的官兵完全没有应变能力，致使李自成不得不亲自东征。当清兵突然参战时，李自成又惊慌失措，一败而不可收拾。

李自成退至永平时，将吴襄杀于永平城西约 20 里处的范家庄。李自成回京后，将吴三桂家人 30 余口尽杀于"王府二条胡同"。令人感到奇怪的是，陈圆圆却没有被杀。原来，她是一个颇有心计的女子，向李自成表示，自己死不足

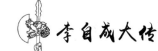

惜，"妾为大王计，宜留妾缓敌，当说彼（吴三桂）不追，以报王之恩遇也"①。陈圆圆竟侥幸活了下来，后来又投入了吴三桂的怀抱。

二、仓促称帝和撤离北京

李自成于四月二十六日回到北京。对李自成来说，这是一个十分关键的时刻，尤其是在北京固守还是撤离，必须当机立断。李自成经过 10 多年的奋斗，艰苦百战，终于夺占了北京，的确来之不易，现在如果主动放弃，实在于心不忍。李自成经过冷静分析，还是决定果断放弃。这种决定应该说是正确的。因为大顺军在山海关之战中损失惨重，士气低落，而清军（包括吴三桂的军队）则大有锐不可当之势，大顺军一时组织不起来强有力的抵抗。再加上北京新占领不久，大顺政权在这里缺少稳固的根基。尤其是由于策略和管理上的失误，在京师的军纪很快涣散下来，一些官员也滋生了腐化享乐思想，致使京师谣言流传，人心浮动，甚至不时发生小的骚动。这就促使李自成下决心放弃北京，以待机再举。

大顺军从进入北京到出师讨伐吴三桂，在北京待了近一个半月的时间。时间虽不算很长，但大顺军的军纪却迅速由好变坏。史书上对这种变化记载很多，例如《明季北略》就记载："贼（大顺军）初入城，不甚杀戮。数日后，大肆杀戮。""贼初入城时，先假张杀戮之禁。如有淫掠民间者，立行凌迟。……四五日后，恣行杀掠。"②尤其是追赃助饷一起，打击面越来越大，甚至一些中等之家都受到牵连。大将刘宗敏新制一种夹棍，"木俱有棱，铁钉相连"。一些官员被施以夹刑，一天即被夹死。"宗敏之门立二柱，磔人无虚日。"③这是促使北京民情骚动的一个重要原因。连李自成后来也感到这事太过分。他有一次在刘宗敏处看到，同时受夹刑的有 300 多人，"哀号半绝"，遂命刘宗敏马上将他们放开。

李自成初入京时，将大批宫女分赐给他的文臣武将，大概也算是一种酬

① 抱阳生：《甲申朝事小纪》二编卷九《圆圆传》。
② 计六奇：《明季北略》卷二十《廿五癸丑拷夹百官》。
③ 计六奇：《明季北略》卷二十《廿四日壬子》。

劳，但大部分下级军官没能得到这种恩遇。随着军纪的渐渐松弛，他们利用控制大街小巷的机会，使奸淫之事越来越多。大顺"兵士充塞巷陌，以搜马搜铜为名，沿门淫掠"。有的小军官一个人拥有三四个妇女，有的年轻貌美的妇女被几个士兵轮奸。有些妇女不堪凌辱，自杀身死。例如："安福胡同，一夜妇女死者三百七十余人。降官妻妾俱不能免，悉怨悔。"① 这一切都严重败坏了大顺政权的声誉，使敌对势力的宣传更容易为市民所接受。

李自成入京后，对有功将领进行大量赏赐，但下级官员和士兵则得不到或很少得到这类赏赐。于是，他们就利用控制京师大街小巷的方便条件，趁军纪松弛之机，对京师居民进行勒索，以饱私囊。因此，当李自成撤离京师时，许多大顺军身上都藏有金银珠宝等贵重之物。史载，大顺军"士卒从北都归，腰皆有黄金珠宝。饮村人酒，掷金与之，或手给珠一握，无所吝。"② 这些换酒喝的黄金和珠宝显然是在京师勒索来的。这也是大顺军在京师军纪涣散的一个佐证。

李自成率兵征讨吴三桂时，牛金星在京师留守。他是文官之首，头脑总该清醒一点吧！其实却不然。他一方面筹备登极大典，另一方面招揽门生，开科选举，坐着轿子"往来拜客，遍请同乡"，昏昏然陶醉在一片胜利的喜悦中，俨然一副太平宰相的气象。在这种情况下，即使有那么一两个像李岩那样头脑比较清醒的人，也扭转不了局面。

李自成在山海关战败的消息传到京师后，人心更加惶恐，各种流言更是真假难辨，有的甚至说李自成马上就要向西安逃跑。为了稳定人心，大顺政权还张贴告示辟谣，却越辟越多。一些已投降的明朝旧官也各寻生路，不少人采用各种方法离京出逃。大顺官兵虽严加巡查，也无法制止。于是下令搜查市民家中兵器。凡弓箭、刀枪、火器都不准私藏，致使一些市民连切菜刀也扔到了大街上。这样一来，京师民心更加惊恐不安。这种局面是促使李自成下决心放弃北京的重要动因。

---

① 计六奇：《明季北略》卷二十《奸淫》。
② 吴伟业：《绥寇纪略》卷九。

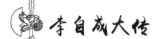

　　李自成在撤离前曾和牛金星商议此事。李认为十个北京不敌一个关中险固，宜退往关中坚守。牛金星提出，北京的宫室壮丽，不能轻易留给他人，应付之一炬，就像楚霸王烧阿房宫那样。即使被后人议论起来，"亦不失楚霸王之英豪"。于是，开始在宫中堆积竹木、桐油、硝黄等物，以备举火之用。这一来，也加剧了京师市民的恐慌。

　　四月二十九日，大顺政权在武英殿正式举行登极典礼。李自成即皇帝位，追尊其七代皆为帝、后，立他的妻子高氏为皇后，由牛金星代行郊天礼。李自成头戴皇冠，身穿龙衣，"列仗受朝"。刘宗敏因为受了伤，被人搀扶着上殿，只有他一个人"平立不拜"，并当众对李自成说："尔故我，等夷也。"但是，其他官员都向李自成这位新皇帝叩拜，刘宗敏无奈，"再拜而退"①。

　　登极典礼草草收场，明天就要大规模撤离了。李自成之所以仓促即位，主要目的是向全国表明，在明王朝被推翻之后，他就是全国的皇帝。不论李自成撤往何处，全国老百姓都应该听从这位新皇帝的号令。也就是说，只有这样李自成才能够名正言顺地号令全国，提高他的号召力。

　　即位典礼一结束，李自成即命令各军政衙署打点行装，准备撤离，同时还吩咐城中市民尽早出城避难。四月三十日黎明时，李自成率众由齐化门西走。也就在这天夜间，大顺军纵火焚烧诸宫殿，对一些坚固的难以烧毁的宫殿建筑则发炮轰击，九门城楼也同时被烧毁。一时烈焰腾空，城中秩序大乱，不仅有一些市民被无辜烧死，甚至一些大顺军的士兵也因未能及时逃离现场而毙命。这些不知花费了多少劳动人民血汗的壮丽建筑，就这样顿时化为灰烬。

　　李自成大军先向南行，趋保定，准备由此入山西，继而退往关中。因为刘宗敏身负重伤，躺在一张长桌上，由战士抬着撤离。谷可成和左光先率军殿后。于是，北京这座空城便为清军垂手而得。

　　五月二日，多尔衮率清军进入北京。原来，京师中人听说吴三桂夺回了太子朱慈烺，回京后就要扶太子即位，所以一些明朝遗老和宦官准备了明朝的卤簿法驾。但是，以胜利者的姿态占领北京的却是辫发的清兵，顿时令他们惊愕

---

① 谷应泰：《明史纪事本末》卷七十八《李自成之乱》。

不已。他们已没有任何反抗的力量，只得拥立新主。清廷马上出告示安民，凡投诚官员一律照旧录用，明令废除明末各项加征，并下令为崇祯皇帝服丧三日，以收揽人心。除了命吏民剃发使人难为情以外，其余的各项政策颇得民心，因而京师的社会秩序很快安定下来。他们紧接着就马不停蹄地向李自成发起追击了。

第三节　李自成败走关中

大顺军放弃京师，一路经山西向关中撤退，对清军的追击几乎没有还手之力，而是一败再败，原来占领的大片区域又迅速丢失。李自成曾想固守潼关，并亲自去潼关督战，但也被清军很快攻破。李自成遂不得不放弃陕西，仓皇退入湖广。在此期间，各地官绅纷纷反叛大顺政权，归降清廷，进而使李自成的处境越来越困难。

一、形势的急剧变化和撤离山西

李自成在山海关战败和放弃京师的消息不胫而走，原来归降李自成的明朝将领纷纷反叛。特别是那些传檄而定的州县，仍由原来的官兵驻守，大顺政权有的根本没派去自己的兵士，有的只派有很少的军队，有的只是派去一个守令。形势一变，这些地方则不复为大顺政权所有。例如，涿州本来已归顺了李自成，这里离京师也比较近，大顺政权在这里的影响应该比较大。但是，当李自成率大军于五月一日撤至涿州的时候，原明朝的军官却杀了大顺政权派去的官员，据城坚守，不许大顺军入城。李自成一时大怒，督众猛攻，结果他本人也中箭受了伤。因担心后边的追兵，李自成不得不放弃攻城，急忙向南撤退。

大顺军于五月三日退至保定，饥疲交加，在这里总算安安稳稳地吃了一顿饱饭，便又马上向真定（今河北省正定县）撤退。负责殿后的大顺军为了延缓清兵追击的速度，就把一些绸缎缠在树上，把从京师掠来的精美器皿等物丢在道路上，故意让清兵争相去取。李自成于五月初五日到真定，因军情紧急，军士没有进城，而是在城外饱餐一顿，便马上起身西行，经井陉去太原。负责殿后的大顺

军在庆都（今河北省望都县）和真定等地与清军打了几仗，因士气不振，连遭失败，谷可成战死，左光先也受了伤。在这种情况下，李自成入京时的那种八面威风已看不到了，而简直成了惊弓之鸟，马不停蹄地向山西和陕西撤退。

李自成于五月中旬到达太原。这时，清军暂时停止了追击，因为他们瞬息之间占领了京师和大片区域，需要对已获得的胜利成果加以巩固。这使李自成获得一个短暂的喘息机会，在太原住了十几天，稍事休整。他留权将军陈永福率一万人马在太原坚守，自己则南下平阳，接着回到西安。

在这短短的两三个月时间内，全国的形势发生了急风暴雨的变化。清军迅速占领了京师和大片区域，俨然成了中国的新统治者，并申明，自己的天下"乃得之于闯贼，非取之于明朝"，甚至还表示要为崇祯皇帝复仇，打出"吊民伐罪"的旗号。这一招颇有效，明朝旧官员和许多士大夫似乎在心理上得到了安慰和满足，因而迅速转变态度，纷纷投到清廷麾下，使清廷很快在京师站稳了脚跟。

南京是明王朝的"陪都"，设有一整套官僚机构。在十几年的风风雨雨中，南京始终未被农民军所攻占。五月初，福王朱由崧在南京称监国，十几天后即正式称帝，年号"弘光"。南京福王政权还控制着中国的半壁河山，如果福王争气，措施得力，策略得当，并不是没有复兴的希望。这个小朝廷实在太腐败，把明廷复兴的最后一线希望也葬送了。福王政权自然也把李自成看成不共戴天的敌人，并遣使赴北京，要和清军联合起来讨伐李自成。但清廷根本不承认弘光政权的合法地位，对这种请求未予理睬。尤其出福王政权预料的是，清兵很快就要南下，以消灭这个割据的小朝廷，实现清廷的一统江山。

李自成的性情似乎也变得暴戾多疑起来。从往日的表现来看，李自成不算是刚愎自用的人，生活作风一直比较俭朴，甚至对一些降将也能推诚任用。但是，当他从北京撤出后，军事上一败再败，原来归降的一些官员又反叛而去，这使他的疑心加重了。以前很少看到他处死自己的部将，这时也变得好杀起来，其中最引人注目的是他对李岩的枉杀。

李自成占领北京以后，大多数人都昏昏然地沉浸在胜利的喜悦之中，李岩是少数几个头脑保持清醒的人物之一。他经常微服私行，访问民间情弊，数次劝李自成申严军令，约束将士，宽恤民力，以收揽民心。他还建议，各路兵马宜退出城外驻扎，以随时听候调遣，在城内维持治安的军士也不宜借住民房。对其他的一些大政方略也都提出过真知灼见。这些建议有的被李自成采纳了，有的只是批上"知道了"三个字，并未认真贯彻。牛金星是文臣之首，地位在李岩之上，但他只是一个舞文弄墨之徒，不具有像历史上的萧何、张良、刘基等人那样的谋略，而是心胸狭小，对李岩一直怀有嫉妒之心。当李自成兵败如山倒之时，李岩的建议越发显出先见之明，他的一贯作风使他在农民军中享有较高的威信。牛金星趁机向李自成进谗道，李岩"雄武有大略，非能久下人者。……十八子之谶，得非岩乎？"因李岩和李自成同姓，老百姓称李岩为"李公子"，许多人甚至知道李岩而不知道李自成，有的则将二人混为一人。牛金星的谗言击中了李自成的痛处，使他疑心大增，似乎李岩要取他而代之，成为那个"主神器"的"十八子"。于是，李自成就下令处死了李岩及其弟弟李牟。①

军师宋献策素与李岩志趣相投，而对牛金星早就心怀不满，于是就在刘宗敏跟前"以辞激之"。刘宗敏是一介武夫，和李自成平时以兄弟相称，武功最著，而牛金星居然和他平起平坐，有时遇有重大典礼，牛金星甚至还排在自己前边，都使他甚为憋气，因而表示要除掉牛金星。将相不和，众心离散，牛金星见大势已去，自己性命难保，后来就自行逃去。他的儿子牛佺还在清初当了个地方官，他在儿子的庇护下得以善终。

随着李自成主力的撤退，河北、山东一带即很快丢失，河南各地也纷纷反叛。李自成一方面固守关中，一方面极力争夺对河南、山西一带的控制权。李自成看到，发动反叛的基本上都是以官绅为首。于是，他下令将山西、河南的缙绅押解到西安，其目的就是调虎离山，使这些较有影响的地方势力离开自己的老巢。这条措施牵扯面甚广，有得有失。从得的方面来看，它确实在一定程度上打击了异己势力。但是，因执行过程中手段严厉，杀人较多，致使人心惶惶，不少人或明或暗地顽固反抗，使大顺政权在各地的统治更不稳固。

---

① 《明史》卷三○九《李自成传》。

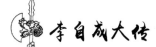

　　七月上旬，李自成为了改变被动的局面，曾组织大顺军分道反击。李自成赶赴平阳，对兵力重新进行了一番部署。他将陈永福提升为权将军，驻守太原。降将唐通在山海关溃败后一路西撤，李自成命他协助李过防守府谷、保德一路。降将马科坐镇川北和汉中一带。李自成命刘宗敏为主帅，出击两河，一路出固关攻打顺德，一路进击宣府、大同。刘宗敏亲率一军由彰德、磁州直攻大名府。权将军田见秀则驻守平阳，以接应各路兵马。李自成还命河南北部的一些县令到平阳听命，以筹集军用粮草。李自民还命牛万才率大顺军一万人东出潼关，以配合刘宗敏进行全面反击。牛万才这路兵马战绩较好，很快经洛阳攻密县，继而迅速东进，前锋传牌直达山东的东昌（今聊城）一带。这时，黄河以南的许多州县又打出了大顺政权的旗帜。

　　出河北一路的大顺军经武安到达临洺关，离顺德仅 70 里。清廷为此颇为震动，认为大名乃京师门户，倘被攻克，河北诸州县将望风披靡，直接威胁京师。出固关的一路大顺军进抵平定州，出晋北的一路一度抵达大同。大顺军的这次反击一时颇有声势，但很快就遭到清兵的有力反击。多尔衮急命固山额真叶臣率大军入晋，使大顺军在山西连连受挫。大顺军的这次反攻虽然在局部战事中也取得了一些胜利，但从全局来看很快就陷于失败。十月一日，年轻的顺治皇帝福临在北京正式登极称帝。十日中旬，清廷命英亲王阿济格为靖远大将军，率领吴三桂、尚可喜等向西进击，要一举将李自成的大顺政权彻底消灭。与此同时，清廷又命豫亲王多铎为定国大将军，想一举除掉在南京的福王政权。这时，清廷在河北、山东等地的统治已稳定下来，河南处于拉锯状态。张献忠盘踞着四川一带，不但不接济李自成，和李自成一起抗击清军，反而还和李自成的大顺军发生了一场正面冲突。张献忠于八月在成都自称大西王，改元"大顺"，并开科取士，十一月又正式称帝，改成都为"西京"。从当时的全局来看，李自成已处于相当不利的境地。

　　李自成的策略是固守关中，尽可能地争夺河南和山西。为此，他一面增兵潼关，一方面派大顺军 2 万余人往攻怀庆（今河南省沁阳市）。这里地处山西和河南的中间，为南北交通要道，李自成认为占领怀庆对日后的发展十分重要。大顺军起初的攻势颇盛，清兵提督金玉和战死，清卫辉总兵祖可法火速赴怀庆防守。怀庆的争夺战引起了清廷极大的注意，豫亲王多铎改变了直攻南京的计划，而首先援救怀庆，并受命首先夹击陕西。这样一来，两支清军都把进攻目标集中到了李自成身上，而南京的福王政权则按兵不动，坐山观虎斗，还自以为得计，实际上错过了乘机发展的机会，为自取灭亡埋下了祸根。对李自成来说，怀庆战役是另一个重要的转折点。他本想控制住这个战略要地，为以后的战略大反攻奠定基础，但最后还是失败了。这不仅使他的这种战略计划遭到破灭，而且把清军主力都吸引到自己这一边，从而减轻了南京小朝廷的压力，使自己处于更加不利的地位。

李自成在经山西往陕西撤退时，对山西的防务做了一系列部署，希望能固守山西，视山西为陕西的屏障。山西最重要的城市是大同和太原，守大同的是原明军降将姜瓖，守太原的是曾射瞎过李自成一只眼的陈永福。另外，李自成委任的山西节度使是韩文铨，委任的山西巡按是李若星，由他们一起防守山西。

当时，吴惟华被清廷委任为山西招抚使，这也是吴惟华主动请缨的结果。他立功心切，利用各种关系与归降李自成的明朝旧官员联系，劝他们反戈一击，归顺清廷，做"识时务"的"俊杰"，不去做大顺政权的殉葬品。吴惟华在山西的招抚活动甚有成效，使许多投降大顺政权的人这时又转过头来投降了清廷。其中，最引人注目的就是大同守将姜瓖。由于姜瓖背叛了大顺政权而降清，使清廷兵不血刃就占领了大同这个军事重镇，大同周围的一些地区也随之落入清廷之手。吴惟华自然十分得意，接着又招抚了大同南边的重镇代州，代州附近的一些州县也随之归降了清廷。于是，太原以北的山西诸州县已基本上为清廷所有，省城太原所面临的压力则越来越大。

陈永福防守太原还是非常尽心的。在李自成与明廷降将的关系中，陈永福可算作一个典型。他射瞎过李自成的一只眼，但李自成不仅不计较，反而能对他推诚任用，将他提升为制将军，其职级仅在权将军田见秀和刘宗敏之下。对于一个降将来说，这种礼遇是极为难得的。也正因为如此，陈永福对李自成也极为忠诚。这也成了一个榜样，原来镇压李自成的许多明军著名将领也投降了李自成。这成为李自成起初能顺利进入京师的一个重要原因。李自成这时命陈

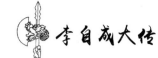

永福防守太原，显然也是对陈永福的极大信任。

为了加强太原的防务，陈永福采取了一系列措施。他处死了在太原的明宗室千余人，并按照李自成的指示，将大批明朝旧官绅押往陕西，以防止他们危害大顺政权。同时，陈永福实行坚壁清野，拆除了太原城外的许多房子，以防清军在攻城时作为掩护。九月中旬，固山额真叶臣率领清军由固关抵达太原城下，双方遂展开了一场激烈的攻防战。由于陈永福防守严密，清军一时无机可乘，并在攻城时死伤颇众。于是，清军就调来所谓"西洋神炮"，集中火力对城西北角进行轰击，使城墙崩陷数十丈，大批清军由这个缺口蜂拥而入。大顺军抵挡不住，陈永福就决定向南边撤退。当陈永福从东门突围后，又遇到清军的埋伏，使大顺军伤亡十分惨重。在突围南撤的过程中，陈永福和节度使韩文铨都战死，巡抚李若星投降了清军。

在晋东南驻守的大顺军将领是平南伯刘忠，驻长治。他也像陈永福那样，在城周围实行坚壁清野的政策。八月间，清将孟乔芳从泽州（今山西省晋城市）北上，进攻长治，刘忠竟不战而逃。于是，晋东南的一些州县便很快落入清军手中。这种形势对陈永福防守太原造成很大的不利，使太原处于孤立的境地。当清军大举进攻太原时，驻长治的清兵也北上增援。这时，刘忠以为长治的清军力量薄弱，便又率兵来取，但一直未能将长治占领。清兵攻占太原后，大举南下，刘忠遂仓促撤退，经泽州进入河南。十一月间，清军攻占了平阳。至此，山西全境几乎全部落入清兵之手。李自成固守山西的计划完全落空。实际上，李自成在平阳进行了一番部署后，留田见秀驻平阳，他本人则回到了西安，意在重点加强陕西的防务。当清兵占领山西和河南等地后，就开始从南北两路向陕西发起进攻。

二、保卫关中

对于李自成来说，关中地区是他的根本重地。也正因为这一点，李自成在平阳做了一番部署后，将反攻的指挥权交给田见秀和刘宗敏，自己则离开前线，回到关中。以前，每逢有重大战役李自成都在前线亲自指挥，他这次离开前线回到关中显然有更深远的考虑，即万一北边不守，则固守关中，以后还可以徐图发展。

当大顺军在北边与清兵周旋的时候，张献忠在西南地区得到较快的发展。由于李自成攻陷了北京，南边的明军大都人无固志，这为张献忠的发展提供了有利条件。五月间，张献忠率领40万众溯江西上，六月攻占了西南重镇重庆，俘获了明宗室瑞王朱常浩，将他和被俘的四川巡抚陈士奇、知府王行俭等一起杀掉。张献忠分兵四出，许多州县望风归降。八月上旬，张献忠攻占省府成都，封藩于此的蜀王和新任巡抚皆自杀。

张献忠这时很清楚，李自成受到清兵的压迫，这时的处境很困难。但他并不对李自成进行支援，而是接着向川北发展，与在这里驻守的大顺军将领马科发生冲突，在绵州将马科击败。马科不得已，只好退回汉中。由于这次冲突，大顺军和大西军就在川陕交界地区时有磨擦，这使李自成的处境更加困难。如果张献忠不入川的话，李自成还可以从关中向四川撤退。现在就不可能了，四川已为张献忠所有，且持敌视态度，李自成的这条后路就被堵死了。李自成此后的军事举措都与此有重大关系。这也迫使李自成要尽最大的可能来保卫关中。

十月间，张献忠在成都建立了大西政权，以成都为西京，国号"大西"，年号"大顺"，他称西王，下属称他为老万岁。大西政权设官建制，铸"大顺通宝"钱，并开科取士，大体就像李自成在西安建制时那样。张献忠性情较为残暴，驭下甚严，他的一个高级官员因收受诸生十钱银子的礼即被处死，故其部下获得金银财物皆不敢私藏，都交府库。他所发布诏敕文告皆用白话，不许部下沿用旧官场那种繁文缛礼。在大西政权辖区内，凡朱姓宗室尽皆杀戮，官绅家产尽皆籍没，富商大贾都要捐资助饷。在这种情况下，南明弘光政权一面积极与清议和，一面全力进攻张献忠。于是，在清兵入关后的中国政治舞台上就形成四支主要势力，矛盾错综复杂。到下半年，南明政权主要对付张献忠，清廷则主要对付李自成。尤其是在怀庆战役后，原来准备进攻南明的一支清军也被吸引了过来，使清兵集中力量进攻大顺政权。

当此紧急时刻，李自成的性情也发生了微妙的变化。他看到，原来归附自己的大片区域迅速落入清廷之手，原来归降自己的许多官员这时纷纷背叛自

己，投降清廷，因而对部下变得多疑起来，性情变得暴躁好杀。他原来对宋企郊非常信任，故命他为吏政府尚书。有人向李自成密言，宋企郊用人有私，其亲朋和乡人多得美差。李自成为此大怒，在往陕西撤退的路上将宋企郊"锁其颈"，像押解囚徒一样押往西安。到西安又将宋企郊释放，仍掌吏政府。处置如此重要的官员显得如此儿戏，这使他的部下都感到惴惴不安。李自成曾问新任兵政府尚书张第元："尔家在河北无恙否？"张第元在仓促之间忘了避讳，回答道："人皆以其为贼官，相屠害。"李自成顿时大怒，认为这是在骂自己为"贼"，立命将张第元杀掉。一个兵政府尚书就因为这么一句话而丢了脑袋。刑政府尚书张始然担心拟刑不合李自成的心意，故极力迎合李自成。有一次偶尔有所匡救，李自成拿着他的章奏显得怒不可遏。张始然十分害怕，夫妇二人竟一起上吊自杀。巩焴是礼政府尚书，李自成命他"更定威仪服式"，因不合李自成的心意，"杖之几毙"。一个礼政府尚书竟差一点没有被当庭打死，这种情况在历史上是极为罕见的。户政府侍郎李天笃因事被论谪戍，李自成事后一想，认为处罚太轻，命"缢杀之，妻子财物皆赏军"。级别低一些的官员更是常因小过而被处死，用刑似乎越重越合李自成的心意，"民有盗人一鸡者论死，惴惴莫敢犯法"[1]。这种情况在李自成进入北京以前很少看到。他似乎是想用严刑峻法来控制部下，以防止部下背叛。实际上这种做法适得其反，不少人因担心自己遭怀疑和惩治而千方百计地逃离。其中，牛金星的逃离就是一个典型代表。

唐通的反叛对李自成的刺激很大。唐通在居庸关主动投降李自成以后，颇受李自成信任，曾受命赴山海关接替吴三桂的防务。李自成在山海关战败后，他随之西撤，驻守河曲、保德沿河一带，以协助李过在那里防守。在清兵步步进逼的情况下，唐通又投降了清廷，突然向李过率领的大顺军发起进攻。他还率军进入李自成的故里米脂一带，屠戮大顺军的家属，甚至还发掘了李自成的祖坟。唐通后来虽然被李过所逐走，但保德一带却落入清兵之手，严重扰乱了大顺军的防务，造成很大危害。这个事件使李自成对一些降将更不放心。

---

① 吴伟业：《绥寇纪略》卷九。

李自成于八月间回到西安，并在西安建成了"祖祢庙"，以奉祀其父祖。八月二十一日是李自成的生日，李自成在这一天仿照古法，身穿山龙衮衣，入庙举行隆重的祭祀。这件事向部下表明，李自成在西安有长远打算，他将固守关中，将这里建成大顺政权的巩固根据地。但是，他的这个计划不久就彻底落空了。

十月中旬，英亲王阿济格率大队清兵向陕西推进，准备由陕北南下，一举摧毁西安的大顺政权。吴三桂、尚可喜是这支清军的前锋，经宣府、大同等地进入陕北，沿途又征调了许多降兵，共约8万余人。由于十月中旬发生了怀庆战役，豫亲王多铎率领的一支清军原准备进攻南明，这时改变了计划，增援怀庆，随后也向陕西杀来。降将孔有德、耿仲明是这支清军的前锋，直扑潼关。于是，西安的大顺政权就面临清兵的南北两路夹击，处于非常不利的境地。

李自成首先得到清兵大举进攻陕北的消息，因而决定集中力量加强陕北的防务。十二月间，李自成亲率大军赴陕北增援。当时，在陕北驻守的是李过、高一功部。李自成到达洛川后又得到情报，说多铎率领的清兵正进逼潼关。这使李自成大为震惊，遂在洛川停了下来，以等候进一步的情报，并决定下一步的应对策略，李自成在洛川停留了10天，情况已经非常明确，潼关的局势最为紧急。于是，李自成就改变了增援陕北的计划，而迅速向潼关进发。从当时的大局来看，这个决定应说是正确的。因为潼关是陕西的门户，只要潼关不失，局面就会改观。能否守住潼关，在当时的确关系到大顺政权的生死存亡。但来回奔波，耽误时日，造成很大的被动。

对这次战役的大致经过，《清实录》记载得较为详确。这年的十二月二十二日，清兵在距潼关20里处立营，以等候红衣大炮。二十九日，潼关战役正式开始。刘宗敏率大顺军出战，结果接战不利，退回关内。当此千家万户都在热热闹闹过春节之际，两大政治势力却在潼关进行着一场生死大决战。刘宗敏撤回关内后，稍事休整，次年正月初四日，由刘芳亮再次率大顺军出战。按照李自成的计划，要尽快将清军击退，以回头援救陕北，所以李自成到潼关后就主动发起进攻。但是，刘芳亮这次出战也像上次刘宗敏那样，遭受了很大挫折，退回关内。李自成见刘芳亮败回，遂"亲率马步军拒战"，志在必得。

但清军早有防备，多铎"随调镶黄、正蓝、正白三旗兵，协力并进"。李自成的步兵首先被击溃，骑兵随后也退回关内。初五、初六这两天，李自成连续督军出击，但皆被击退。初九日，清军的红衣大炮运至关前，开始对潼关口进行轰击。在那种冷兵器时代，这种红衣大炮显得威力特别大。李自成督众"凿重壕，立坚壁"，进行顽强抵抗。从初九日开始连续三天激战，双方死伤都很惨重。正月十二日，清军攻破潼关，李自成率主力仓皇返回西安。[①]马世尧率领七千大顺军伪降于清军，欲图寻机再起，但他写给李自成的书信却被清兵截获，马世尧和他所率领的七千军士全部被杀。

正当潼关战役在激烈进行之际，北路清军在阿济格的率领下也长驱南下。当时，李过和高一功仍顽强地坚守着榆林和延安。清兵发挥野战之长，只留下一些降兵降将继续围攻这两个城池，阿济格亲自统兵南下，迅速向西安推进。这在心理上对李自成造成很大的威胁。一度使李自成进退失据。潼关本来易守难攻，但李自成却接二连三地出关进击，使大顺军受到很大损失。当潼关失守后，李自成已清楚地意识到，丢失关中已成定局。当李自成于十三日返回西安后，立即决定放弃西安，经蓝田、商洛地区向河南和湖北交界地区撤退。从当时的情况来看，这是唯一的退路。这是因为，四川已被张献忠控制，且在上年初冬与大顺军发生过正面冲突，迫使马科率领大顺军北撤，所以南下四川是绝不可能了。另一个选择就是往西北方向的甘肃、宁夏等地撤退。但那里比较荒凉，人烟稀少，筹集粮饷比较困难。另外，湖北和河南交界地区仍大都处于大顺政权的控制之下，群众基础比较好，倘撤往甘肃、宁夏一带，势必割断与大后方的联系。因此，向河南和湖北交界地区撤退是唯一退路。

在放弃西安时，李自成命打开府库，"任军士分持去，仓廪则烧之"。李自成命权将军田见秀殿后，并要他在最后撤离时将无法带走的粮草积蓄全部烧掉，以免为清军所有。但田见秀并未完全照办，而是"只烧东城一楼"。他在这里显示了一下小仁小义，认为"秦人饥，留此米活百姓"[②]，所以只烧一楼以

①《清世祖实录》卷十四。
②吴伟业：《绥寇纪略》卷九。

塞责。当他在商州赶上李自成大队人马的时候，就说已全烧了，李自成在撤退时也看到了城内的火光，所以就信以为真。田见秀的这种所谓"妇人之仁"给大顺军留下了祸害，因为清兵到西安接受了这些粮草，毫无补给困难，马上就可以继续追击了。

李自成这次撤退所率领的只是大顺军主力和中央机构，总兵力约10万。李过和高一功仍率部抗拒清兵。当他们得知李自成已撤离后，感到孤军难支，遂被迫撤退。他们会合在甘肃镇守的党守素部，然后一起经汉中南下四川，继而顺江东下，准备与李自成主力会合。但直到李自成牺牲后，这两大主力才会合在一处。放弃关中是大顺政权的一次战略大溃退，此后的处境也越来越困难了。

三、明朝官绅对大顺政权的反叛

从李自成在西安建国到占领北京，在短短三四个月的时间内，大顺政权控制的区域急剧扩大，华北一带几乎是传檄而定。由于局势变化迅速，大顺政权对这些地区的控制并不巩固，有的州县只有一两个大顺政权委派的官员，没有大顺政权的军士，基本上仍靠归降过来的原明朝官员进行统治。有的地方虽有一些大顺政权派来的军队，但人数也很少。当李自成在山海关战败的消息传开后，许多地方的官绅便纷纷发动反叛，擒杀大顺政权委派的官员，以作为向南明或清廷投降的见面礼。有的反叛了大顺政权，但一时又没找到可靠的新主子，于是就据地自雄，俨然成了割据一方的小军阀。这种反叛给李自成的大顺政权造成很大的危害，连李自成领导集团中的核心成员也有不少人员发生动摇，甚至于私自逃跑。

有的大顺政权委任的地方官还没听到李自成战败的消息，就被明朝旧官绅擒获。例如河南归德府知府桑开第，他因守开封有功，被提升为归德知府。由于局势变化不定，他一直未上任。当李自成从北京撤退后，大顺政权委派在归德的官员还不知道，而桑开第却较早地知道了这事，遂立即"由考城疾驱渡河。是夜，即部分兵吏驰州县，执诸伪官（大顺官员），皆获之。翌日献俘于文庙"，接着就"献俘于南京"。大顺政权委派的归德知府贾士美等10人全被

擒获。[①] 归德周围的许多州县也随之相继丢失。

一般说来，靠近南京的地方大都表示忠于南京福王政权，靠近北京的地方则大都归降了清廷。当时，南京福王政权还曾拟定刑法，对投降大顺政权的明朝官员分六等治罪，像宋企郊这样的降官居然做到大顺政权的吏政府尚书，罪过最大，属立即斩首之列。第二等为"长系秋决"，第三等为"应绞拟赎"，第四等为"应戍拟赎"，第五等为"应徒拟赎"，第六等为"应杖拟赎"。被列入六等治罪的原明廷官员如不叛降以立功赎罪，也就成了被别人擒获借以立功的对象。

随着清兵的迅速推进和李自成的溃退，再加上清廷对归降的原明朝旧官一律任用，所以许多明朝旧官在反叛大顺政权后就投降了清廷。例如原明朝旧将董学礼，他原任宁夏花马池副将，投降李自成后被委以重任，沿运河南下，以招抚各地归降大顺政权。当他得知李自成从北京撤退后，马上投降了清廷，并像以前为李自成招抚明朝官员那样，这时又积极招抚大顺政权的官员归降清廷。他致信大顺政权的宁夏节度使陈之龙，劝这位明朝旧官向清投降。陈之龙在形势不很明朗之时隐而未发，但当清军进入陕西后，他立即就率领大小官员投降了清军。在他的带动下，原来颇为坚定的牛成虎也背叛了李自成，转而投降了清廷。当清兵进入陕西后，原明朝降将降官出现了一股降清的高潮。例如白广恩、马科、郑嘉栋等原明将领，在投降李自成后都曾受到重用，这时却都先后投降了清廷。这股投降风潮不仅严重削弱了大顺政权的力量，而且严重动摇了人们对大顺政权的信心。

当时，投降李自成的原明军将领几乎全部反叛，随后投降清廷。各地的明朝旧官绅反叛大顺政权的十分普遍，令大顺政权防不胜防。例如在河北涿州，原明大学士冯铨和知州张锦等人在四月三十日发动反叛，杀掉大顺政权委任的官员。这正是李自成撤离北京的同一天。涿州在北京附近，这里的反叛对大顺政权的危害就显得特别大。冯铨降清后受到重用，官至弘文馆大学士。在山东德州，明御史卢世潅和明大学士谢升的弟弟谢陛等发动反叛，杀掉大顺政权的

---

① 郑廉：《豫变纪略》卷七。

防御使阎杰等官员，推举一个明宗室为盟主，号称济王，传檄山东和河北的附近州县，带动这些州县纷纷反叛。在曹州（今山东省菏泽市），明参将张成福等发动反叛，杀掉大顺政权委任的官员，拥立明户部尚书郭允厚暂掌州事，后来都投降了清廷。在山东日照，明朝旧官绅发动反叛，杀掉大顺政权委任的日照县令王良翰，推举原明廷知县孟佳士掌县事。像这类明朝旧官绅反叛的事例多不胜举，使李自成入京后传檄而定的那些州县很快又脱离了大顺政权。

在这种情况下，李自成的核心成员也不稳起来。当李自成从西安撤退后，他的吏政府尚书宋企郊趁机逃跑，而宋企郊也是一个明朝降官。牛金星是李自成手下的第一文臣，但这时也趁机逃跑，后在他儿子牛佺的庇护下得以善终。这种情况自然会使李自成变得多疑，他既要对敌作战，又要防备自己部下的反叛，从而严重削弱了大顺军的战斗力。这是李自成在撤离北京后迅速走向失败的一个重要原因。

第四节　败走湖北和李自成之死

李自成放弃西安后，经湖北和河南交界地区向东南方向撤退。清军紧追不舍，大顺军一直未能组织起有力的抵抗。大顺政权的重要根据地襄阳也很快丢失，武昌也是得而复失。由李过和高一功率领的北路军经汉中和川东进入湖北。顺治二年（1645）夏天，李自成于湖北通山县九宫山被地主武装杀害，从而结束了他风云激荡的一生。

一、退走湖北

李自成从西安撤退时，留贺珍代替马科守卫汉中。马科在上一年于川北被张献忠的大西军击败，退回到汉中据守。李自成做这种部署的用意很清楚，就是要贺珍接应李过和高一功率领的北路军，为北路军南下保留一条安全通道。另外，马科乃明军降将，面对许多明军降将纷纷降清的局面，李自成对马科不能不有所提防，所以就命贺珍代替他镇守汉中。李自成于正月十三日撤离西安，张献忠的大西军于正月十六日就发兵来争夺汉中。于是，大顺军和大西军

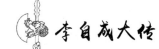

便在汉中又发生了一次冲突。大西军虽然在人数上占有优势，但由于"轻敌驰前"，中了贺珍设下的埋伏，大西军战败而逃，主帅艾能奇被擒获，其残部退回成都。这样，北路大顺军的南撤就有了一条安全通道。有的史籍记载，面对清兵压境的情况，李自成曾打算和张献忠联合，以共抗清军。从这次冲突中可以看出，这种联合已不可能。这也正是这两大支农民军相继被清军灭掉的重要原因。

李自成于正月十三日从西安撤退，"出东门，至蓝田，由商州龙驹寨走武关，以入襄阳"①。也就是说，李自成首先向东南方向撤退，但他并没有从武关直奔襄阳，而是先进入河南，经淅川、内乡到邓州，由邓州再南下襄阳。当李自成到内乡时，曾在此歇马，一是为了做短时的休整，二是为了等候北路大顺军的消息。由于军情紧急，清兵尾随而至，原来由阿济格率领的北路清军也迅速杀来，不允许李自成在内乡久停，所以李自成就撤往邓州，由邓州再撤至襄阳。

李自成在襄阳也没有久留。他二月底到达，三月初即离去，转入承天、荆州、德安一带。大顺政权在这一带的基础较好，许多州县仍处在大顺政权的控制之下。李自成沿途收编在这一带驻防的大顺军，兵力得到一定的补充。据清军统帅阿济格的奏报，李自成除了从西安带来的军士和家属外，"并湖广襄阳、承天、荆州、德安四府所属各州县原设守御贼兵，共计二十万"②。李自成将这些守御地方的大顺军收编一处，为的是壮大力量，一起南撤，以躲避清兵的追击。由阿济格率领的北路清军进军十分迅速。进攻陕西本来是他的任务，由于他在内蒙古一带征集马匹，耽误了一些时日，反而让负责进攻南京的多铎首先进入了西安。清廷摄政王多尔衮为此事曾严词训斥阿济格。同时，阿济格为了将功赎过，从进入陕北后就迅速南下，甚至分兵围攻榆林和延安，自己亲率主力南下追击李自成。而多铎率领的那支清军则回头仍去进攻南明。在阿济格率领的这支清军的追击下，李自成几乎没有喘息的机会。他感到襄阳这一带无法

---

① 吴伟业：《绥寇纪略》卷九。
② 《清世祖实录》卷十八。

坚守，所以就将这里的守御兵收编一处，一起南下。当时，守德安的大顺军将领是白旺，"兵甚强，且有纪律，能得其下心……一军完且整。兼各寨俱服，而德安城坚，（白）旺谋守之，不肯去。（李）自成固强之，始行"①。由这件事可以看出，李自成已决定放弃湖北北部的大片地区，以集中力量向南方发展。同时这也使人们意识到，李自成这时的自信心已受到严重的损伤。在撤退过程中，他与阿济格率领的清军激战数次，希望能扭转局面，但都以失败告终，损失惨重。

三月初李自成大军逼近承天时，镇守武昌的左良玉曾向南京的福王政权告急。这件事表明，当时左良玉尚没有与福王政权闹翻之意。三月初九日，李自成的大顺军到达潜江，声称要夺取武昌，从而引起了左良玉的极大恐慌。在多年的角逐中，左良玉几乎是逢李必败，所以从心里特别害怕李自成，而对张献忠就显得特别有办法，几乎是逢张必胜。因此，张献忠一直视左良玉为劲敌，尽可能避免与他发生正面冲突。这也就成了左良玉的一项重要资本。当时，左良玉的这支军队是南明政权中最庞大的一支队伍，还有着相当强的战斗力。但是，当他一听说李自成要来夺取武昌时，心里十分害怕。为了避免与李自成发生冲突，他就以"清君侧"和救太子为名，率兵顺江东下，直扑南京。

原来，南京福王政权把持在马士英和阮大铖手里。他们本来就属于阉党集团，这时甚至要为被崇祯皇帝定为"逆案"中人员翻案，千方百计地打击东林党和复社中的人士。而左良玉则和东林党人过从较密，所以对马、阮等人甚为不满。监军御史黄澍实际上就是个东林党人，他极力劝左良玉讨伐马、阮。当时左良玉身体多病，故一时未敢贸然行事。当李自成的大顺军要逼向武昌时，左良玉才决心举兵东下，其借口是要救太子，清除朝廷中的奸臣。

当时在南京发生了所谓"伪太子案"。有个年轻人从北京到杭州，又到金华，称自己是逃出来的崇祯皇帝的太子。此事如果属实的话，他就是明朝皇统的正式继承人，南明政权就应该拥立他为皇帝。这时在南京继位的是福王朱由崧，年号弘光，史称南明福王政权。福王闻知此事后很震惊，立即派人将这个

---

① 吴伟业：《绥寇纪略》卷九"附纪"。

年轻人召至南京，投入监狱，说他伪冒太子，对他进行刑讯逼供，想将他害死。南明朝野上下为此事而议论纷纷。多数大臣认为是假冒，少数大臣不明确表态，一些内侍则认为是真，但慑于福王的威权，"莫敢相剖"。当时南京的市民多称是真太子。这件事与当时朝廷中的朋党之争又混在一起，因而就变得更加复杂化，许多遭马士英、阮大铖排斥的在外武将都声称太子为真。南明朝廷为此事十分伤脑筋，一时未敢将这个年轻人贸然处死。这为左良玉起兵提供了一个借口，以"奉太子密旨"诛权奸马士英为名，于三月下旬举兵，顺江东下。一个月后，李自成的大顺军兵不血刃就进入武昌。当时阴雨连绵，道路泥泞，大顺军中有大量随军家属，给行军造成很大的困难。李自成本想在武昌进行一段时间的休整，他甚至对附近州县还委任了大顺政权的官员。但是，由于清兵进军迅速，李自成只在武昌停留了两天，于四月二十四日顺江东下，向九江进发。

二、李自成遇难九宫山

武昌位置险要，是个军事重镇。李自成刚进入武昌时，曾想在这里固守，故命田见秀等率军迎击追来的清兵，但很快就败下阵来。面对势如破竹的清军，李自成感到无法在武昌固守，为摆脱清军，就决定马上撤离。至于大顺军到底应撤往何地，就当时的形势而言只有两种可能，一是顺江东进，二是南下。据《绥寇纪略》等书记载，李自成当时曾说："西北虽不定，东南讵再失之！"①可见李自成的确有在东南求得新发展的念头。那么，应如何实现这个目标呢？也就是说，是从水路顺江东进呢？还是直接从陆路南下湖北、湖南与江西交界地区呢？鉴于左良玉一军已撤至九江东，而且对李自成的大顺军有一种畏惧心理，并且李自成在武昌已控制了许多船只，所以李自成就决定首先顺江东进，直逼九江。一直对李自成穷追不舍的清军统帅阿济格在奏报中说道："流贼李自成……共计二十万，声言欲取南京，水陆并进。我兵亦分水陆二路蹑其

---

① 吴伟业：《绥寇纪略》卷九。

后，追及于……武昌、富池口、桑家口、九江等。"① 由阿济格的这道奏报可以看出，李自成的大顺军的确从武昌先东进九江。

当李自成撤退到富池口时，被清兵追上，在两军交战中损失颇为惨重。据记载，李自成在武昌战败后，清军将领哈宁噶"乘胜蹑击，至富池口，侦知贼营，旋简精锐，直逼自成庐账。自成势蹙，投其妾三人于江，潜越富池口而遁"②。富池口邻近江西，为沿江要地。从有关材料中可以看出，李自成在这次战役中几乎没做出有效的抵抗，即仓促撤往九江西。清兵马不停蹄地尾随而至，李自成遂放弃九江西，掉头向西南方向撤退。大顺军自从武昌撤退以来，虽曾对清军组织过几次反击，但都以失败告终，连大将刘宗敏和军师宋献策也被清军俘获后杀掉。李自成从九江西掉头向西南方向撤退，应该说还是有他的策略考虑的。

九江地处湖北、江西和安徽三省交界处，也是个著名的军事重镇。左良玉到达九江后不久，就因忧惧、烦闷，旧病突发，"呕血数升"而死。其子左梦庚代领其众，驻军九江东，并很快占领了江西和安徽交界处的不少州县。李自成的大顺军到达九江西后，未敢停留，即掉头南下，向江西和湖北交界地区运动。从当时的情势来看，李自成的大顺军正处于相当危险的境地。后有尾追而至的清兵，前有左梦庚的一支明军，其力量不容忽视，李自成很难一举将其攻破。如果不能迫使左军投降自己的话，即使将左军攻破，自己也要遭受很大损失，对摆脱清兵的追击没有任何用处。另外，李自成迅速撤离九江，就可以使清兵和左兵迎头碰上，引起清兵和左兵的冲突。这样一来，就可以为李自成提供一个喘息的机会，趁机在南方求得新的发展。从策略上来说，李自成这样行动还是有道理的。但是，当清兵赶到后，左梦庚不仅未对清兵进行任何抵抗，反而"偕（黄）澍以众降于九江"③。于是，李自成这个计划又一次遭到破产。这就使李自成处在一个更加困难的境地。

顺治二年（1645）夏天，中国政治舞台上几个大的军事集团都集中在长江

① 《清世祖实录》卷十八。
② 张玉书：《张文贞公集·纪灭闯献二贼事》。
③ 《明史》卷二七三《左良玉传》。

中下游角逐，而主动权则操在清廷手中。多铎率领的清军已于四月二十五日占领了扬州，史可法殉难，南明的福王政权危在旦夕。因此，李自成这时已处于腹背受敌的境地。他掉头向西南方向的通山县进发，以试图打破这种被动局面。由于李自成连遭挫败，数万艘船只尽为清军所夺，部下也散亡大半。

李自成退到通山县东南的九宫山一带。这时正值盛夏，酷热难耐，再加上疾病流行，大顺军的士气更加低落。最大的困难莫过于军饷了，大批人马集中在这一小片山区，"打粮"十分困难，"打粮"的士兵还不断遭到乡勇的袭击。有些人受不了饥饿之苦，就找机会投降了清军。

阿济格率领的清军尾随而至，对大顺军展开了大规模围攻。这在清初一些将领的传记中有不少记载。例如，在阿积赖的传记中就记道，他"随英亲王阿济格……追击（李）自成于武昌，屡破贼垒。闻（李）自成窜入九宫山，复搜剿之，翦其党甚众"①。达素也是一个随阿济格追剿李自成的重要将领，他率众，"直前冲杀，（李）自成奔九宫山，复同尚书觉罗巴哈纳追至山顶败之，获马一百三十匹"②。关于李自成退往通山县九宫山一事，在有关的地方志和其他一些文献中也可以找到记载。李自成的部下士气不振，几乎已没有什么战斗力，每战皆败。李自成的两个族叔被清军俘获了，李自成养子张鼐的妻子也成了俘虏。跟随自己征战多年的大将也散亡大半，这不能不对李自成的信心造成伤害。

清顺治二年（大顺政权永昌二年）五月初的一天，李自成率少数随从过九宫山岭，遇到一群乡勇，他和随从被冲散。李自成独自来到小月山的牛脊岭，被乡勇程九伯等人打死。当时他们还不知道这个被打死的人是谁，后来才惊奇地发现，这人原来就是赫赫有名的闯王李自成。史籍上对李自成在九宫山遇害经过有详细记述：

> 自成亲随十八骑，由通山县过九宫山岭，即江西界，山民闻有贼

---

① 《满州名臣传》卷十《阿积赖传》。
② 《八旗通志》初集卷一百四十四《达素传》。

至，群登山击石，将十八骑打散。自成独行至小月山牛脊岭。会大雨，自成拉马登岭。山民程九伯者，下与自成手搏，遂辗转泥淖中。自成坐九伯臀下，抽刀欲杀之。刀血渍，又经泥水，不可出。九伯呼救甚急，其甥金姓，以铲杀自成，不知其为闯贼也。武昌已系大清总督，自成之亲随十八骑有至武昌出首者。行查至县，（程）九伯不敢出认。县官亲入山，谕以所杀者乃流贼李自成，奖其有功。九伯始往见总督，委九伯以德安府经历。①

不论这里记述的细节是否那样确凿，但李自成被当地乡勇杀害则是可信的。一直对李自成紧追不舍的清军统帅阿济格在奏报中也说："我兵……蹑其后，追及之……贼兵入九公（宫）山……有降卒及被擒贼兵俱言，（李）自成……携随身步卒仅二十人，为村民所困，不能脱，遂自缢死。"② 这里对李自成死的细节所记不尽一致，但李自成死于九宫山则是一致的。此疏署奏时间为闰六月初四日，故李自成当死于此前不久，大致应在五月间。

南明湖广总督何腾蛟的奏疏是李自成死于九宫山的另一有力证据。他在上给南明唐王的奏疏中说："闯（李自成）死确有实据。"唐王要他再"据实回奏"，以便"照格叙赏"。何腾蛟于是又上疏道：

> 闯势实强，闯伙实众，何以死于九宫山团练之手？诚有其故……天意亡闯，以二十八骑登九宫山，为窥伺计。不意伏兵四起，截杀于乱刃之下。相随伪参将张双喜，系闯逆义男，仅得驰马先逸。而闯逆之刘伴当飞骑追呼曰："李万岁爷被乡兵杀死马下！"二十八骑无一存者。一时贼党闻之，满营聚哭。及臣抚刘体仁、郝摇旗于湘阴，抚袁

---

① 费密：《荒书》。关于李自成遇害的时间和地点，诸说纷纭。就时间来看，有顺治二年四月、五月、六月、八月、九月和顺治三年诸说。就地点来看，除了通山说外，另有通城说，辰州说，新昌说，亦有谓去五台山当和尚得以善终者。最近几年，有些人著文称，李自成逃到了湖南石门县夹山寺当了和尚，即所谓"奉天玉和尚"，圆寂于康熙十三年（1674）。但所说多据传闻和推测，缺少直接有力的证据，故不取。
② 《清世祖实录》卷十八。

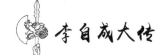

宗第、蔺养臣于长沙，抚王进才、牛有勇于新墙，无不众口同辞。营
内有臣晋豫旧治之子矜氓隶，亦无不众口同辞也。①

　　当时，像郝摇旗等李自成旧将都在何腾蛟营中，故何腾蛟所言当属可信，所以
他才敢在奏疏最后说："回奏委无一毫欺饰！"因此可以断定，李自成的确死
于通山县九宫山乡勇之手。

　　关于李自成死于通山县九宫山一事，在清初的一些地方志中也有记载。例
如在康熙年间修撰的《湖广通志》中就记载："程九伯，通山人，顺治二年五
月，闯贼李自成为王师所蹙，败溃至邑，（程）九伯聚众杀之于小源口。献功
辕门，罗总督旌其功，委任德安府经历。"②九宫山就在小源口，说李自成死于
小源口与说他死于九宫山是一回事。在康熙《武昌府志》中也有大体类似的记
载："通山僻在万山……当闯寇李自成溃败入楚，掠食山谷，乃一蹂躏，而卒
死于九宫山樵夫之手。"③康熙四年（1665）《通山县志》中明确记载："程九伯，
六都人。顺治二年五月，闯贼万余人至县，蹂躏烧杀为害，民无宁处。九伯聚
众，围杀贼首于小源口。"④地方志都由官方所修，且这些地方志的修成时间距
李自成兵败甚近，故李自成兵败后于通山县九宫山遇害为可信。当时清廷官方
也是相信这一点的。

　　笔者于1999年秋季曾亲去通山考察，看到藏于通山县东台寺中的"摩阿
逸多"青石板碑，制于道光甲辰年（1844），碑上即有"崇祯之末，毒遭闯踞"
的碑文。东台寺铁钟制于乾隆二十年（1755），其铭文中记道："崇祯十七年，
闯贼踞庵，僧溃无遗。"这里的"崇祯十七年"当为下一年（即顺治二年）之
误。这些实物材料表明，李自成在顺治二年夏天兵败之后的确退往通山一带，
后遇害于九宫山西北麓的小月山牛迹岭。有的材料记为"小源口"，而小源口
距牛迹岭只十余里。从小月山再走十余里就到了江西界。

① 文秉：《烈皇小识》卷八《附逆闯伏诛疏》。
②《湖广通志》卷三十七，康熙年间版。
③《武昌府志》卷三，康熙年间版。
④《通山县志》卷五，"人物"，康熙四年版，现藏北京国家图书馆。

此事在通山县的一些家谱中也可以找到记载。在李自成殉难地的小源口一带有四五个村落，程、金、龚氏当时都是这里的村民。从三姓的家谱中都可以看出，当时三姓的青壮年都参加了乡勇组织。《程氏宗谱》除记有程九伯的事迹外，程可开也是当时参与击杀李自成的一位："可开……勇力过人，武艺超群，与兄华楚（其兄名可选，字华楚）同（程）三卿共擒李闯。未得报功。"《金氏宗谱》中记道："顺治二年乙酉五月，王师（清兵）南下，闯贼窜扰吾通（山），被锄于六里乡民……（金）一柏，字华生，追剿李自成于牛迹岭下。"联系到其他一些公私文献的记载，尽管对李自成殉难的细节记载有所不同，但说李自成于顺治二年五月死于通山县九宫山则是可信的。至此，李自成戎马倥偬的一生宣告结束，中国历史上硝烟弥漫的一章基本画上了句号。

三、北路大顺军的南撤和会师

李自成从西安撤退的时候，李过和高一功率领的北路大顺军仍在与清军对抗。高一功是李过的母舅，二人密切合作，以延安、榆林为中心，数次挫败清兵的进攻。在清兵攻破潼关后，李自成曾有过撤往陕北的打算，一是陕北有李过和高一功率领的这支大顺军，可以会合一处，共抗清兵，二是李自成的原籍就在陕北，那里的群众基础较好。但是，这时却发生了降将唐通的叛乱，并攻占了米脂等地。这使李自成感到，陕北也并不安定。尤其是当他听说阿济格所率领的清兵已从北边长驱南下时，就果断决定向湖北和河南交界地区撤退。由于形势紧急，李自成来不及与李过等会合，就仓促从西安撤离，只留贺珍留守汉中，以便接应北路大顺军。在李过得知李自成已撤离，自感孤军难支，也就开始从延安等地往南撤退。这在《怀陵流寇始终录·甲申剩事》中也可看出来："英王攻延安……贼守二十日……闻闯贼去，兵溃。"从各方面的情况来看，李过等并不是真正的"兵溃"，而是主动放弃了延安等地，开始向南撤离，以便与李自成所率领的主力会师一处。

由于当时西安已被清兵占领，北路大顺军显然已不能走蓝田、武关这条路线，而只能从陕西西部南下，经宝鸡等地到汉中，时间在顺治二年（1645）三月间。当时贺珍还率领着一些大顺军在这一带活动，故李过等进入这个地区应

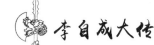

当比较顺利。当李过沿川陕边境向湖北撤退时，贺珍因奉有李自成之命，所以仍留在汉中一带，没有随李过一起撤离。贺珍在汉中继续留守，实际上对清军也起到牵制作用。据有关史籍记载，贺珍后来还曾攻打过西安。

李过的目的是要和李自成的主力会合。这支北路大顺军经西乡进入东南方向的太平（今四川省万源市），再经达县到夔州（今重庆市奉节县），继而进入湖北的当阳和荆门地区，时间在顺治二年四月间。这里虽然已非常接近李自成进入地区，但由于李自成已东进武昌、九江等地，忽而又南下到鄂东南的通山一带，所以两支大顺军直到李自成殉难时始终未能会合。

据有关史料记载，李过率领的这支大顺军还曾南下攻打荆州。七月二十日，李过和高一功等九部开始对荆州进行围攻，"攻打半月"，一直未能攻下，只好撤围，退往荆州南边的松滋县一带。正是在这里，李过这支大顺军才得以与李自成的余部会师，时间在八九月间。

在李自成于通山殉难后，田见秀就是这支大顺军余部的最高首领。当时，这支大顺军分两部分进行活动：一部分由郝摇旗（尧奇）、刘体仁等人率领，南下湖南，与南明督臣何腾蛟合作，以共抗清兵。另一部分则由田见秀率领，由藩圻、岳州（今湖南省岳阳市）西至荆南一带，在松滋县的草坪与李过会合，并将李自成遗留下来的玉玺交给了李过。这在《怀陵流寇始终录·甲申剩事》中有记载："闯贼（李自成）死后，田见秀以其兵走岳州……屯于荆州（松滋）草坪。李过亦至，贼中素尊事之，立为主。（田）见秀得闯贼所遗明玺以献……合得骑兵三万，步兵六七万。"由这段记载可以看出，两支大顺军终于得以会师。尽管田见秀在大顺政权中的官级比李过高，但由于李过是李自成的侄儿，是李自成最亲近的人，人们就把李过视为李自成的当然继承人，所以田见秀就把李自成遗留下来的玉玺交给了李过。此后，李过就成了会合后的大顺军的最高首领，骑兵和步兵共约10万人，仍是一支不小的力量。

四、李自成的思想和生活

李自成出生于普通农家，家境贫寒，自幼就经受了各种艰苦生活的磨难，这对他的性格和作风产生了极为深远的影响。从各种官私文献中可以看出，李自成一直保持着俭朴的生活作风，不好声色。在那群雄并起的时代，有的农民军首领在攻破一个城邑后，往往挑选几个年轻漂亮的女子供自己享用，就像著名的农民军首领罗汝才那样。李自成则从来不这样做，他甚至还嘲笑罗汝才为"酒色之徒也"，认为这是胸无大志的表现。封建史学家也说他"性淡泊，食无兼味，一妻一妾皆老妪，不蓄婢仆"。能做到这一点是很不容易的。

在明末众多的农民军领袖当中，李自成是意志最为顽强的一个，也较有胸怀。当熊文灿对农民军广加招抚的时候，各支农民军纷纷受抚，连张献忠、罗汝才等也接受了明廷的招抚。李自成是当时唯一一个未受抚的农民军领袖。他当时的处境非常困难，在潼关南原战败后，几乎全军覆没，身边只有所谓"十八骑"，到处东躲西藏，身边最亲近的一些人也离他而去。但是，李自成却顽强地坚持了下来，拒不向明廷投降，后终于走出低谷，使自己的力量再次得以壮大，并终于攻占了北京。另外，他毕竟读过几年书，较有谋略，较有胸怀。对投降自己的明军将领，全不计往日恩怨，一律推诚任用。例如，像白广恩、左光先、马科等，都是镇压农民军的著名明军将领，都投降了李自成。连射瞎过李自成一只眼的陈永福，李自成也能接受他的投降，并委以重任。对一个农民军领袖来说，有这种胸怀是十分难能可贵的，这也正是李自成能迅速攻占北京的一个重要原因。

李自成小时候读过几年书，所接受的都是传统的儒家思想教育。在中国封建时代，儒学是占统治地位的思想，人们不可避免地要受到这种思想的熏陶，李自成也不能例外。他领导的农民军虽然反对封建统治者，但并未将矛头指向占统治地位的儒家思想。当李自成于崇祯九年（1636）回到故乡米脂时，曾告诉在城上答话的知县边大绶，说米脂是自己的故乡，要他不要虐待百姓。他不仅未对米脂进行攻打，反而给边大绶留下一些银子，要他修缮米脂的文庙。后来当李自成在河南得到大发展时，牛金星、李岩、宋献策等知识分子相继归附，李自成还要他们为自己进讲四书五经等儒家经典。自建立襄阳政权以后，在襄阳、西安和北京都曾开科取士，其试题大都出自儒家经典，只是在形式上将八股文改为散文，考试儒家经义与以前则是大体一致的。只要不是顽固对抗自己的，李自成则不杀儒生和举人。这大概也和牛金星出身举人有关。这都充

分表明，李自成接受了以儒学为主导的传统思想，并不反孔。以前，有的人为了故意拔高李自成的形象，显示他与传统思想决裂，便借口李自成曾杀过几个顽固对抗自己的儒生，就说李自成有反孔的思想，那显然是故意歪曲。

李自成也有迷信思想，也信天命。这在历史上是一种普遍现象，是许许多多杰出人物都无法摆脱的问题。古代科学技术不够发达，人们对许多自然现象无法解释，无法把握自己的命运，于是就把一切都归于天命，产生出各种各样的迷信思想。尽管李自成是一个非常杰出的农民起义军领袖，但他也不能摆脱这种历史的局限。李自成不时占卜。例如，他连遭失败后，在鱼腹诸山中东躲西藏，一时颇感绝望。于是和刘宗敏一起到一个庙中占卜，结果"三卜三吉"，二人信心大增，刘宗敏等人甚至"杀妻子以从"[1]。当宋献策归附后，经占卜，他上给李自成的谶语是"十八子主神器"，即李自成将要当皇帝，所以李自成十分高兴。当李自成攻下襄阳后，先称"奉天倡义大元帅"，继而称"新顺王"。当李自成在西安建国时，国号"大顺"。当李自成在北京正式登极称帝时，他命牛金星代行郊天礼，其意显然是希望得到上天的祐护。"奉天"就是遵奉天命之意。"大顺"就是顺应天命之意。这就像朱元璋将集庆（今南京）改名为应天府一样，以显示自己顺应天命。当李自成进入北京后，曾用箭射承天门（今天安门）的门额，射中即认为能得天下。结果未射正中，而射在"天"字的下边，使李自成颇感愕然。幸赖牛金星打圆场，认为射在天字下边"当中分天下"。这才使李自成转忧为喜，实际上这件事还是给李自成的心理投下了阴影。当时许多人劝他立即登极称帝，他却一拖再拖，直到撤出北京的前一天才正式登极。这可能就与此有微妙的关系。由这些事例可以清楚地看出，李自成的确有信天命的迷信思想。

李自成像封建时代其他农民起义军领袖一样，也有皇权主义思想，即帝王思想。新中国成立以后，关于农民起义领袖有没有皇权思想的问题曾讨论得很热烈。后来，学术界几乎达成了共识，即封建时代的农民起义领袖都有皇权主义思想。也就是说，他们要么拥护好皇帝、反对坏皇帝，要么就自己称王称

---

[1]《明史》卷三〇九《李自成传》。

帝。中国封建社会是小农经济社会，小农经济分散、软弱，没有力量自己保护自己，所以就需要一个权威，帝王就是这样一个最高的权威。皇权主义既有消极的一面，也有积极的一面。从消极的方面看，它是中国封建君主专制得以长期延续的精神因素，对农民起义军有腐蚀和瓦解作用。农民起义军首领往往你也称王，我也称王，造成内讧，因而削弱了自己的力量。这也是封建社会农民起义大都归于失败的重要原因。即使旧王朝被推翻了，新王朝立个新皇帝，农民的境遇并没有本质的变化。从积极的方面看，这种思想也可以成为农民反对封建统治者的思想武器，他们可以拥立自己的领袖称王称帝，提高自己领袖的权威，以反对旧的皇权。李自成称李闯王，很早就表现出了这种皇权主义思想。宋献策在为他占卜时说："十八子主神器！"他就特别高兴，就因为这个谶语正迎合了他的帝王思想。李自成在襄阳建立政权后称新顺王，后来在北京还正式登极做了皇帝，都清楚地表明，李自成的的确确有皇权主义思想。这是毋庸置疑的。

在长期的军事生涯中，李自成逐渐形成了自己的一套战略战术，一种颇有特色的军事思想。在一个重大的军事行动之前，李自成能虚心听取谋士们的意见。例如，他被困于车厢峡的危难之际，就按谋士的建议，用珍宝贿赂明军统帅陈奇瑜，使陈奇瑜中了他的诈降之计，遂得以脱身。建立襄阳政权后，他既未南下江南，也没有直取北京，而是先往陕西，在西安建国后再两路伐明。这个战略就是广泛听取谋士们的意见后决定的。为了保守机密，李自成对谋士们的意见往往只是听，而不当场表态，"每有谋画，集众谋士议之。闯贼（李自成）每不言可否，阴用其长，人多不测"①。

李自成特别重视情报的作用。李自成要在一地长期安营时，"必有塘马于数百里外巡绰"，以侦探官兵动静，这种哨兵称为"逻山"。大营周围每隔一段距离都派有哨兵，有的哨兵就站在屋上或山头上四处观望，"若见动静……顷刻至百里外"。如要攻城，则预先派侦探扮作商人或农夫等，先入城侦察清楚，并兼作舆论宣传。

① 彭孙贻：《平寇志》卷六。

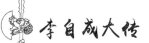

　　在敌强我弱时，李自成主要采用流动作战，避实击虚，时分时合。这很合乎《孙子兵法》上所说的"兵之形避实而击虚"。在流动作战中，李自成逐渐由弱到强、由小到大，当自己的力量已足够强大时，李自成就不再以流动作战为主，而是开始进行攻坚战。对攻下的城市也不再像以前那样随占随丢，而是设官治理，留兵据守。李自成攻占洛阳以后，这种变化就表现得特别明显。另外，李自成还创立了一些行之有效的战术，例如在对敌进行大兵团作战时使用"三堵墙"，在攻城时使用"穴城法"，都颇有特色。

　　李自成出生在一个小农家庭，对官府和富户剥削农民有切肤之痛，他提出的"均田免粮""三年不征"等口号，表明他有着平均主义思想。

第五节　李自成余部的抗清斗争

　　在李自成死后，大顺军呈现出群龙无首的局面。面对当时复杂的局面，大顺军下一步应如何行动，大顺军众首领也显得举棋不定。当时，除了张献忠的大西军占据四川外，清兵已占领了北部中国的大部分地区，兵锋正锐，随时准备南下，表现出统一全中国的强烈愿望。南明政权虽拥有南部的半壁江山，但先后建立起来的几个南明小朝廷都腐败不堪，内部党争不断，互相倾轧，甚至还要推翻崇祯皇帝定的阉党逆案，致使在大敌当前之际，内部各朋党间势如水火，全不以大局为重。福王政权只存在一年就被清兵灭掉，继而建立的唐王政权和鲁王政权互争正统，争得不可开交，也只是维持了大约一年即被清兵灭掉。主要活动在西南地区的桂王政权维持的时间最长，但桂王只是以擅于逃跑为能事，东躲西藏，毫无作为。相比之下，清廷则表现出血气方刚的景象，清兵显得最有战斗力。

　　在李自成死去的大体同一时间，清兵灭掉了建立在南京的福王政权。这时，清朝统治者急于南下，想迅速占领南方大片富庶的地区，因而就对李自成余部千方百计进行招抚。当时，李自成余部的处境极为困难，主帅李自成新死，群龙无首，北有清兵的压迫，南有南明军队的堵截，也没有新的根据地，军队的补给也一天比一天困难。于是，李自成余部就于七月初接受了清兵的招抚。在《明清史料甲编》第二本中录有"总督八省军门佟"的"恭报"残件，其中就记载着李自成余部各首领报给清廷的所统军数。七月初九日，刘体纯"报马步官兵三万"，刘芳亮"报马步兵一万"，张鼐、郝摇旗（尧奇）"报马步官兵四万"。八月十四月，田见秀"报马步兵七千"，吴汝义"报马步兵二万"；八月十七日，袁宗第"报马步兵三千"。由此可以看出，李自成余部并不是一开始就联明抗清的，而是经历了一个过程。同时，由各首领所报的统军数目可以看出，当时李自成余部的确处于群龙无首的状态，没有一个可代替李自成的公认的统帅。这些首领都是跟随李自成撤退的人，而李过、高一功所率领的那一支并未受清招抚。这也表明，当时整个大顺军余部的思想比较混乱。

郝摇旗、刘体纯等人接受清的招抚只是一种策略，即所谓"阳顺阴叛，坐食软困"。他们并未帮助清兵打什么仗，并暂时避开了清兵的进攻，得以从容地重回荆襄地区，使荆襄地区成为自己的根据地。史实表明，郝摇旗、刘体纯等很快就走上了联明抗清的道路。

南明政权对农民军也经历了一个转变过程，即由"借虏平寇"转为"借寇平虏"。这里的"虏"指的是清，"寇"指的是李自成农民军余部。南京福王政权刚建立，就遣左懋第、陈洪范等率北使团赴北京，想和清廷划地而治，共同消灭李自成农民军。清廷对北使团所奉送的金银、绢帛照收，而对其要求则一口回绝，根本不承认南明政权的合法地位。随着李自成之死和南京福王政权的覆灭，在南明将领中"借寇平虏"的呼声渐渐高涨起来，并逐渐占了上风。尤其是何腾蛟、堵胤锡等有远见的将领，力主与农民军联合，共抗清兵。农民军这时也认识到，清廷是最危险的敌人。清兵于顺治二年（1645）五月灭掉南京福王政权，六月即下令全国人民剃发，以示尊奉清的统治。这更加激发了南方各地人民的反清情绪。在这种大背景下，李自成余部便走上了联明抗清的道路。

湖广总督何腾蛟和参政堵胤锡认识到，只有和农民军联合，才能抵挡清兵的南下。于是，何腾蛟在得知农民军有联合的愿望后，就派人到郝摇旗营中联系。郝摇旗等表示，不必明廷供给军饷，情愿归何腾蛟指挥，使双方的联合得以顺利实现。为了表明自己的忠心，郝摇旗改名为郝永忠。他和刘体纯等将领

所率领的 10 余万农民军尽归何腾蛟指挥，驻扎在湖南一带，负起在这里抗御清兵的重任。李过和高一功所率领的大顺军数量较大，共十八营 30 余万人，驻扎在湖北，这时也尽归明将堵胤锡管辖，并改名为忠贞营。何腾蛟和堵胤锡对这支大顺军略加改编，仍由大顺军将领统率，驻扎在湖北荆襄一带，总号"十三镇"。这也就是后人所常说的"荆襄十三家"。为了表明决心，李过（即李锦）改名为李赤心，高一功改名为高必正。后来、他们又和四川东部的一些农民军建立起紧密的联系，发展成为夔东十三家，也称为"川东十三家"。

南明军和李自成余部联合后，力量顿时大增，随后就开始向北进攻，直达汉水，并在藤溪大败清军。这时清兵正大举进攻浙、闽一带，在福建的唐王处境危急。何腾蛟派郝永忠（郝摇旗）等人到龙泉迎唐王来湖广，但唐王长时间犹豫不决，耽误了许多宝贵时间。随着浙、闽一带形势的日益恶化，唐王这才决心西来湖广。不幸的是，唐王在汀州被清兵俘获，随后被押回福州处死，宣告了唐王政权的覆灭。唐王政权也只维持了一年时间。随后在广东肇庆建立了桂王政权，年号永历，所以也称为永历政权。从顺治三年（1646）建立起，这个政权维持了 16 年。

桂王政权建立不久，原来降清的李成栋和金声桓反正，和明军一起向清兵发起反击。何腾蛟率领着荆襄十三家军大举进攻长沙，几乎收复了湖南全境，声势一时大振。尽管大顺军余部一度成为抗清主力，支撑了桂王政权的危局，但南明小朝廷对这支农民军并不十分放心。大顺军余部一部分在湖北，一部分在湖南，已使其力量受到分散。同时，明廷还把一些官员分别安插在荆襄十三家之内，称为十三镇。何腾蛟和堵胤锡又往往意见不合，不能很好地配合，因而屡屡影响到军事行动的开展。尤其令这些农民军难以忍受的是，他们经常受到官军将领的歧视和排挤。例如郝永忠就因为受到明军将领焦琏的歧视，双方发生了冲突，一怒之下，郝永忠率领部下由桂林返回了荆襄地区。

顺治五年（1648）是桂王政权形势较好的一年，湖南几乎全部被收复。但不久明军内部就发生了分裂，清军乘虚而入，大片区域又被清兵夺去。顺治六年（1649），何腾蛟被清兵俘获，于湘潭殉难。同年，堵胤锡也于浔州病死。何、堵二人的死去是南明的重大损失，使李自成余部失去了可以信赖的人。在南明将领陈邦傅的挑拨下，致使李过和高一功率领的大顺军与孙可望率领的大西军发生内战，严重削弱了抗清力量。在忠贞营由浔州向庆远撤退时，李过病死军中。不久，高一功等又遭到孙可望的袭击，高一功和党守素皆战死。这支大顺军的余部就由李来亨率领，由贵州辗转返回巴东，与郝永忠、刘体纯等会师一处，继续坚持抗清斗争。

李来亨、郝永忠等与当地农民军联合，一起组成所谓夔东十三家，据守在四川和湖北的交界地区。这时，他们虽然奉明宗室韩王的名号，但仍和桂王政权保持着联系。后来，李定国率领的大西军成为桂王政权的中坚，双方遥相配合，屡屡重创清军。

夔东十三家在当地且耕且战，屯田垦荒，发展生产，整军练武，使这一带成为抗清的重要据点。他们还曾主动出击，袭击陕西、河南一带的清军，给清军以重创。顺治十六年（1659），清兵大举南下，桂王政权十分危机。桂王派内阁大学士文安之来做夔东十三家的监军，并督领李来亨等由水路围攻重庆，以牵制清兵。农民军英勇作战，清兵遭到重大损失，致使全蜀为之震动。康熙二年（1663），清兵分三路对夔东十三家大举围攻。这时，桂王政权已覆灭，桂王本人也于上年被杀。因此，李来亨、郝永忠等几乎是孤军作战，已不可能得到南明政权的支持。他们顽强抵抗，使清军在一年多的时间内没有进展。可惜的是，夔东十三家内部这时却发生了分裂，原不属于李自成余部的农民军投降了清廷，回过头来进攻李来亨等。这使李来亨等马上处于很困难的境地。清兵很快就进入川东。郝永忠被清兵俘获，不屈而死。刘体纯与清军英勇苦战，终因寡不敌众，兵败自杀。最后只剩下李来亨这一支农民军。他英勇不屈，在茅麓山中的九莲坪顽强据守，与清军反复激战多次。后来，清军用降人带路，从后山用绳索爬到山顶，突然向李来亨的山寨发起进攻。李来亨感到大势已去，就将80岁的老母送到安全的地方，然后合家自焚而死。至此，李自成余部的抗清斗争以失败告终。

第六节　结语

（一）在明末众多的农民军首领当中，李自成是比较出色的一个。他在中国历史舞台上纵横驰骋了十几年，众至百余万，几经失败，几经再起，并终于推翻了延祚近300年的明王朝，这不是一个普通的凡夫俗子所能做到的。他必有不同于一般人的才能在。李自成读过几年书，粗通文墨；练过几年武，有一个强健的体魄。他不好声色，生活俭朴，能与部下同甘共苦，即使对降人也能推诚任用，甚至对射瞎他一只眼的陈永福也不计旧怨，初步具备了一个首领人物的气度。这使他从一个普通驿卒登上大顺皇帝的宝座。相比之下，其他那些农民军首领，包括张献忠在内，都不具有李自成的这些素质。

（二）在明末那种特定的历史条件下，李自成等人揭竿而起，向腐朽的明王朝发起挑战，具有无可非议的正当性。按照人们所常说的所谓"周期律"，明王朝自然也逃不脱这个"怪圈"，即一个封建王朝建立后，经过若干年的发展，就走向腐败和衰亡，最终被一个新王朝所取代。在古代，由于法制不健全，人民群众被排除在权力之外，每个王朝都经历了这个过程。明王朝延续了近300年，统治肌体已彻底腐朽，党争激烈，宦官专权，已到了无官不贪的地步，对老百姓却一再加征，弄得民不聊生，哀鸿遍地。作为一个政权，明王朝已完全失去了推动社会发展的功能，而成了历史前进的包袱，甚至是阻力。为了整个国家、整个民族的根本利益，而不是为了朱家王朝的利益，应该排除这种阻力。即使李自成不进入北京，张自成、王自成也会进入北京。因此，明朝的灭亡主要不是李自成所致，而是明王朝自身的腐败所致。对此，《明史》上有极为精辟的论述："明之亡，亡于流贼，而其致亡之本，不在于流贼也。"[1] 因此，过去的士大夫对李自成等一概斥为"贼"为"寇"，则有失公正。

（三）与一概将李自成斥为"贼"的倾向相反，前些年又出现了另一种倾向，即把李自成的形象塑造得十分高大，完全成了一个救民于水火的十全十美

---

[1]《明史》卷三〇九《流贼传》。

的英雄，似乎什么缺点也没有。其实，李自成也像每一个历史人物一样，有他不可否认的局限性，尤其是对古建筑的破坏性极大，令人十分痛惜。例如，他焚烧凤阳皇陵还不算，还伐掉了30余万株长了200余年的松柏树，这显然是对环境的一大破坏，而对他的事业则没有丝毫帮助。这类的事还有很多，例如毁承天皇陵，焚烧了不知多少各地藩王的宫室，昌平十三陵（当时是十二陵）的享殿和松柏也被烧、被毁。在撤离京师时，不仅九门的城楼被烧，而且故宫的宫殿也被一火焚之。从历史文物的价值来看，这种破坏性实在是太大了。对这种破坏行为歌颂不对，隐瞒也不对，而应如实地描述和揭露。

（四）作为中国古代一场大规模的农民起义，李自成身上不带有任何宗教色彩。这既是这场农民大起义的一个特点，也是一个优点，是一个进步的标志。在中国封建社会，农民发动起义大都利用某种宗教来组织和发动群众。东汉末年爆发著名的黄巾军大起义，就是利用太平道教来组织和发动群众的。东晋时爆发孙恩、卢循大起义，利用的是天师道教，也就是起初所称的五斗米道教。北宋末年的方腊大起义利用的是明教，南宋末年的钟相、杨么大起义利用的是巫教。明教是由摩尼教发展而来的秘密宗教组织，后又混合了佛教、弥勒教等内容，在元、明、清三代称之为白莲教。元、明、清时期爆发的许多次农民大起义都用白莲教来组织和发动群众。例如元朝末年爆发的红巾军大起义，明朝永乐年间的唐赛儿起义，明末的徐鸿儒大起义，清朝嘉庆年间的川楚农民大起义，都是利用的白莲教。在明末那种背景下，李自成大起义却没有利用宗教，而是利用一些切合民心的口号和纲领来组织和发动群众，显然具有一定的进步性。

（五）李自成推翻了一个旧王朝，却未能像刘邦、朱元璋那样建立起一个新王朝，而是很快陷于失败，其原因到底是什么呢？

第一，流寇主义严重。在初期自己力量相对弱小的时候，通过流动作战来壮大自己，在策略上是可取的。但是，当自己的力量壮大到一定的程度后，甚至已处于明显的优势时，流寇主义就有了极大的危害性。李自成似乎只关心军事上的胜利，而很少考虑加强地方政权建设，结果是攻下一个城市又一个城市，接着就一个又一个地丢弃，到头来还是没有一个巩固的据点。在西安建国

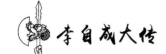

后，李自成曾想把关中作为自己的根据地，但流寇主义仍未彻底克服，没有采取有力的措施加强地方政权建设，而只是近乎儿戏地派那么一两个人充任长官。因此，当李自成在前方一旦打了败仗就惊慌失措、进退失据。相比之下，刘邦夺天下有关中为根据地，朱元璋有应天府（今南京）为根据地，都极稳固，进可以攻，退可以守。李自成则不然，山海关之役战败后即仓皇撤退，原控制地区到处反叛，致使无存身之地，而只能一逃再逃，直至败亡。

第二，在攻占北京后的关键时刻，李自成的策略却接连失误。这主要表现在三个方面。

首先是追赃助饷，打击面越来越大。当时，由于大量内帑已归大顺政权所有，军饷并不成问题。如果要追赃助饷的话，也应只追少数几个民愤极大者，借以收揽民心，而对大多数官员则应该首先包容下来，当大局稳定后再慢慢甄别和发落。李自成却不然，对四品以上的官员则一概严刑追比，后又扩大到一些四品以下的官员和一些中等商人，弄得民怨沸腾，人心惶惶，严重危害了大顺政权在京师的统治。

其次，在争取吴三桂的问题上一错再错。拷掠吴三桂的父亲吴襄，抄没其家产，刘宗敏逼索和霸占吴三桂的爱妾陈圆圆，致使招降吴三桂的计划功亏一篑，使这支精锐的部队在关键时刻倒向清军，铸下了无可换回的历史性大错。另外，李自成命唐通率他的原部 8000 人去山海关驻防，也过于轻率，对吴三桂的态度变化估计不足，对清的野心也估计不足。

最后，李自成在京师未能始终如一地严肃军纪，致使大顺政权很快失去了民心。大顺军刚入京时纪律尚好，不久即滋长起享乐情绪，军纪也松弛下来。"初，贼略不犯民。散居民家，唯收兵器、火药，取饮食，渐至淫掠棰砍。"有人向刘宗敏反映这种情况，担心失掉民心，刘宗敏却说："此时只忧兵变，民何足言！"[1] 好一个"民何足言"！大顺政权的第二号人物即持这种态度，军纪只能越来越坏。当李自成从山海关败回北京后，他的兵力在数量上本来比清军（包括吴军）仍占有优势，但因"城中人心未定"，所以就仓促西退，迅速走向

---

① 戴笠：《怀陵流寇始终录》卷十八。

失败。

第三，李自成对明朝降将的处置过于草率。他对明朝降将的态度可算得上宽宏大度，不论他们往日如何顽固地与自己为敌，也不论他们往日曾对自己造成多么大的危害，只要他们率众来归，则一律妥加安置，优待有加。不仅准许他们仍旧率领其旧部，有的还准许他们在原地驻防。从官级上来看，这些降将至少仍保留原来的官级，不少人还得到提升，有的甚至被提升到很高的级别。例如陈永福和马科都一度被提拔为权将军，和李自成军中的第一员大将刘宗敏同级。像董学礼、牛成虎等都被提升为制将军，左光先被提升为果毅将军，好几个降将还被加封伯爵。李自成这样做对诱使明将投降起了好作用。但是，在他们还没有明显立功表现时就予以提官加爵，使他们感到这一切都似乎来得太容易。尤其是这些降将的旧部照旧不动，李自成不对其进行重新改编，使他们很容易重新走上反叛的道路。当清兵入关后，除了陈永福这样少数几个降将外，大部分降将又纷纷降清。他们在良心上似乎不受任何责备，心里十分坦然。这成为大顺军很快陷于困境的一个很重要的原因。像大同守将姜瓖，投降大顺政权后仍驻守大同，清入关后又马上降清，使大顺军后撤严重受阻。唐通则表现得更恶劣，叛李降清后疯狂地进攻李自成的故里米脂一带，给大顺政权的后方基地造成极大的危害，使李自成固守陕西的计划很快陷于破产。鉴于这些明朝降将纷纷降清，李自成就不得不对大量的降兵降将时时提防，造成后方不稳，因而就导致了兵败如山倒的局面。

第四，大顺政权始终未赢得知识分子的广泛支持。李自成一个很重要的指导思想是重武轻文。他读书很少，算不上知识分子，他对知识分子的作用也缺少足够的重视。刘宗敏是个典型的武夫，但大顺政权中所有的文士都要听从刘宗敏的节制。牛金星是大顺政权中的文官之首，但也仅仅是个举人出身，在当时的知识分子阶层中根本没有什么影响力，因而就很难吸引大量有影响的知识分子投奔大顺政权。与此相反，从《豫变纪略》等有关记载中可以看出，大顺军每攻下一城后，往往有许多知识分子至死不降，甚至对李自成等大肆嘲骂。当守城将官准备投降时，往往有知识分子出身的人激烈反对。李自成只知道依靠武力夺天下，但对知识分子在其中的作用没有足够的认识。这些知识分子似

乎手无缚鸡之力，但他们的影响力却是巨大的。这种影响力似乎看不见、摸不着，但对一个政权的巩固可以起到十分重大的作用，这种作用有时可能是关键性的。像汉初的张良，明初的刘基、宋濂等人，都是名重一时的知识分子，而李自成身边就缺少这样的人才。这是大顺政权很快陷于崩溃的一个很重要的原因。

第五，李自成身边未能形成一个巩固的高水准的领导集团，这是导致李自成最终失败的一个极为重要的因素。汉高祖刘邦身边有萧何、张良、韩信等人，明太祖朱元璋身边有刘基、李善长、徐达等人，这些人都是十分杰出的，而李自成身边却没有集中起来这样一批人才。牛金星是文官之首，舞文弄墨尚可，但却没有统筹全局的谋略，而是小胜即骄、心胸狭小，且嫉贤害能，故史籍上说他只有"井窥之智也"。刘宗敏是李自成手下的第一员大将，但他只有匹夫之勇，没有战略头脑，而且贪财好色，史籍上称他只有"狂犬之猛也"。[1]李自成重武轻文，所有文官都要受刘宗敏节制，而刘宗敏就那么个素质，自然就很难保证策略的正确性。

另外，李自成和其他的农民军首领都起事草泽，时分时合，各不相下，也难以形成一个巩固的领导核心。李自成先是杀掉了罗汝才、贺一龙等首领，罗、贺的部下有不少人成了李自成的死敌。后来，比较有谋略的李岩也遭谗被杀。入京后刘宗敏仍和李自成称兄道弟，李自成称帝时他也不想下拜。他和牛金星也有不少积怨。这就严重削弱了大顺政权的战斗力。当李自成在清军的追击下一败再败时，许多文武大员或逃或降，连牛金星这样的人物也逃跑了。由此可以看出，这是导致李自成最终失败的一个重要原因。

（六）李自成提出了"均田免粮""三年不征"的口号，这是中国封建社会造反农民的最典型的平均主义纲领。以前，造反的农民军打家劫舍，曾提出过"等贵贱，均贫富"的口号，但从未以"均田"相号召，而田地是封建社会财产的最主要标志。李自成提出"均田"，可谓集大成者。

从根本上来说，这种口号是封建社会小农经济的产物。小农经济具有不独

---

① 谷应泰：《明史纪事本末》卷七十八。

立性、不稳定性和落后性，这就注定了中国封建社会的农民战争不能突破封建生产方式的束缚，而只能对封建生产方式进行某些调整和改良，最终还是要被封建生产方式所吞没。中国封建社会的历次农民起义最后都归于失败，都可以在这里找到最根本的原因。李自成提出的"均田"等口号既是兴奋剂，也是腐蚀剂。对于饱受盘剥、身无立锥之地的农民来说，这类口号实在太诱人了，它吸引着大批兴高采烈的贫苦农民投身到造反队伍中来。这对李自成初期势力的发展起了很大的促进作用。但是，当社会生产力还没有高度发达时，用强力去推行这类平均主义政策，就只能恢复过时的、原始的生产和生活方式，具有极大的局限性，是一种复古主义的表现。

这种平均主义政策带有空想的特点，而空想毕竟是空想，在任何情况下都不可能成为现实，人为地强制性地去推行它，就具有极大的破坏性。对李自成的农民军政权来说，未能及早地抛弃这种过时的平均主义政策，是一个致命的失误。这种政策越到后来其危害性就越大，这也是导致李自成最终失败的一个重要原因。

附　录

关于李自成结局问题的争论

　　"文化大革命"结束后，关于李自成结局问题的争论十分引人瞩目。这不仅在明史学界是个热点问题，而且在整个史学界也引起了普遍关注。尽管对李自成殉难的地点、时间和方式说法很多、记载歧异，但争论的焦点集中在李自成是死于通山还是去夹山寺当了和尚，即李自成是于顺治二年（1645）夏天兵败后在通山县九宫山遇害了呢，还是禅隐湖南石门县夹山寺得以善终了呢？这也就是通常所说的"通山说"和"夹山说"。按照后一种说法，清初夹山寺的奉天玉和尚就是李自成，死于康熙十三年（1674）二月。

　　20世纪40年代，郭沫若写了颇有影响的《甲申三百年祭》。他根据《明史·李自成传》的记载，说李自成于顺治二年"牺牲于湖北通城九宫山"。后来，郭沫若还为通城县所修的闯王陵题写了"李自成之墓"五个大字。1955年，王如江根据自己的一些调查材料向《历史教学》编辑部投文，对李自成死于通城九宫山一说提出质疑，认为李自成的死难地点不是通城县九宫山，而是通山县九宫山。《历史教学》请《晚明民变》的作者李文治作答。经过考证，李文治"断定李自成殉难的地点是通山县九宫山，不是通城县九宫山"。随后有数位学者陆续撰文，从多方面进行补充和论证，肯定了李文治的结论。郭沫若对这个考证结果表示赞同，并在《历史研究》1956年第6期上发表书面意见，认为李自成死于通山九宫山的考证"确实有据，是可以信赖的。我为通城县李自成墓所作的题词，及在《甲申三百年祭》中说李自成'牺牲于通城县九宫山'都是根据旧有的传说，应予以注销并改正"。于是，在通山县又修建了闯王陵，郭沫若题写的"李自成之墓"也就由通城县移至通山县。此后，各种教材也都说李自成死于通山县九宫山，史学界在一个相当长的时期内也都认可了这个结论。至此，李自成殉难地点的问题基本上得到了解决。

进入 20 世纪 80 年代以后，这个问题再起波澜，一些文章对"通山说"提出质疑。尤其是湖南石门的文物工作者，陆续搜集到一些文物，并发掘了奉天玉和尚墓，推断奉天玉和尚就是李自成。1989 年湖南大学出版社出版了《李自成禅隐夹山考实》一书，就是对这一观点的集中论述。其期间又不断有些学术会议和考察活动，有关这一问题的争论日益激烈。

1996 年 7 月，按照上级领导指示，中国社会科学院成立了李自成结局研究课题组，意在对这一问题做出最终结论。课题组经过对有关文献和文物资料的搜集和研究，并经过一些实地考察，完成了研究报告——《李自成结局问题的由来和发展》，仍肯定了"通山说"。1997 年 5 月底，在北京市密云县（今密云区）召开了李自成结局问题学术讨论会，课题组邀请了持"通山说"和持"夹山说"的两派代表与会。这篇研究报告是会议讨论的中心内容。但两派代表仍各持己见，意见未能统一。

1998 年 10 月，辽宁人民出版社出版了《李自成结局研究》一书。书中的核心文章即由王戎笙执笔的《李自成结局问题的由来和发展》。书中其他一些文章也都从不同角度肯定了"通山说"。

1999 年 7 月，三秦出版社出版了刘重日主编的《李自成终归何处》一书。书中所有文章都反对"通山说"，有的明确肯定"夹山说"，有的则主张两说并存。

除了上述论著外，在报刊和其他一些论文集中，都有不少文章参与讨论这个问题。文章的数量之多大有令人目不暇接之势。人们可以清楚地感受到，这场争论的牵扯面是何等之广，争论的程度是何等激烈。那么，应该如何认识这场争论呢？

首先，这是一场学术争论，争论激烈是学术繁荣的标志，是件好事。在"文革"结束以前那万马齐喑的时代，是不可能有这种学术争论的。在这场争论中，除少数文章略带些感情色彩外，绝大多数文章都是在平心静气地讨论学术问题。有的文章虽然观点对立，但其作者在平时却是好朋友。这也是保证这

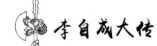

场讨论能健康进行的重要前提条件。

其次，出现这场争论不是偶然的，甚至可以说是学术繁荣时期的必然现象。这一则是因为李自成是历史上的一个重要人物，他的结局如何对明清之际的历史影响甚大。这必然要引起人们的极大关注，所以300多年来人们不断地谈及这个问题。二则是记载歧异。自明中期以后，私人著述大量出现，尤其是明清之际，私人著述之多几乎达到汗牛充栋的地步。因此，李自成起义中几乎每一个重要问题都有许多不同的记载。例如有没有李岩其人，是否举行过"荥阳大会"，是否发生过车厢峡之困和南原大战，李自成是否提出过"均田免粮"的口号等。至于李自成死于何地、死于何年，其说法就不下于十几种。再加上文人好异，处在那样一个混乱的时代，不少记载得之于传闻，就越发使得一些重要史实变得扑朔迷离。因此，出现这场关于李自成结局问题的争论也就势所难免了。

为了证明奉天玉和尚就是李自成，湖南省石门县的文物工作者做了大量工作。他们虽然条件有限，但努力搜集文献，发掘整理文物，其精神十分可嘉。但至今为止，仍缺少直接有力的材料来证明"夹山说"。这也正是本书仍采用通山说这种成说的重要原因。除了烦琐的史料考证外，笔者采用"通山说"还有以下几点考虑。

其一，在明末众多的农民起义军首领当中，李自成是比较坚强的一个，从某些方面看可称为最坚强的一个。他几经挫折，几次再起，从来没有向明廷投降过。其他农民军首领，包括张献忠在内，都向明廷投降过，或称之为受抚。当熊文灿对农民军大举招抚时，几乎所有的农民军首领都被招抚了，只有李自成除外。李自成于潼关南原大败后，身边只剩十几人，但仍然在山区坚持斗争，后来终于又壮大起来。因此，说李自成抛开自己的几十万大军，自己跑到夹山寺去当和尚，这不符合李自成的性格。

其二，从当时全国的局势来看，李自成没有必要去当和尚。从各种材料来看，他在九江西战败后，身边至少还有十几万兵马。另外，李过和高一功所率领的北路军基本上保持完好，约有二三十万兵马，且正向李自成这边靠近。在当时，大顺军仍然是一支很大的力量。清兵入关后虽连连得手，但南明仍控制着江南的半壁河山，四川还有张献忠的大西政权。在那种混乱的局面中，到底鹿死谁手尚难预料。李自成依靠自己的大军仍然可以有所作为，而没有必要在那时出家去当和尚。

其三，从李自成在九江西战败后的几个月的情况来看，李自成余部呈现出一种群龙无首的状况，政策混乱，完全是一副失去最高统帅的景象。当时，清廷和南明争相招抚李自成余部。李自成余部先是接受清廷的招抚，后又改变态度，转而接受南明将领何腾蛟等人的招抚。李过和高一功则未接受清廷的招抚，后来和郝摇旗等都归附了南明，这才走上联明抗清的道路。如果李自成出于策略考虑而离开他的大军，必定会留下一套策略和行动计划，其余部当时不会出现那种混乱的局面。由此可以看出，顺治二年（1645）夏天李自成确实是死去了。不论各种记载的细节如何不同，李自成当时已死去当属事实，而不会离开自己的大军去当和尚。

其四，如果说李自成在顺治二年（1645）兵败后未死去，而是到石门夹山寺当了和尚（奉天玉和尚）的话，那就是死于康熙十三年（1674），即多活了29年。有人说这是李自成故意躲在幕后指挥，但各种材料上都没有李自成在幕后指挥的蛛丝马迹。实际上李自成无法进行幕后指挥。当时通讯联络不便，而军中的情况瞬息万变，如果在遥远的地方进行幕后指挥，实在难以想象。倘若李自成真的在夹山寺进行幕后指挥的话，在那么长的时间内总应该有点痕迹。但至今却找不到这类痕迹。这从一个侧面表明，李自成确实在顺治二年（1645）兵败后死去了。

其五，从追击李自成的清军的动向来看，清军统帅阿济格于顺治二年（1645）七月即奉命返京，其部下将领大都被调往四川，随肃亲王豪格去追剿张献忠。例如清初有名的大臣鳌拜，原来就是阿济格手下的一员大将，顺治三年（1646）转而随豪格入川，在追剿张献忠的战斗中立了大功。其他一些将领，如在富池口重创过李自成的哈宁阿，追击李自成至九宫山的噶达浑，都从阿济格麾下转而随豪格去征讨张献忠。如果清廷不确认李自成已死，清军的主攻方向是不会如此改变的。

其六，中国历史上有一种耐人寻味的文化现象，即某一个重要人物明明已

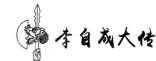

经死去，却被一些人说成"亡命为僧"。例如，唐代的徐敬业在起兵反对武则天时兵败被杀，被说成到衡山当了和尚。唐末农民起义军领袖黄巢明明在失败后于泰山虎狼谷自杀，却被说成到洛阳当了和尚，即所谓"雪窦禅师"，甚至还留下了"铁衣著尽著僧衣"的诗句，其说法流传甚广。北宋时四川农民起义军领袖李顺，曾攻克成都，称"大蜀王"，后被官军杀害，但有人就说他逃出去当了和尚，30多年后才被官府捕获杀掉。类似的传说还有不少。传播这类说法的主要是其同党或同情者。他们不愿意相信自己的首领那样死去，借这类传说以自慰，或者是借此鼓动群众，继续开展活动。联系到这种现象，说李自成出家当了和尚也就不足为怪了。而李自成在攻打开封时曾被射瞎过一只眼，即所谓"眇一目"，容易被人辨认出来。如说他就是奉天玉和尚，29年间居然没人能认出他来，这是令人难以相信的。

结合明清鼎革之际前前后后的历史大局进行综合考察，而不去过多地纠缠个别细节记载的歧异，就更有可能得出合乎历史事实的结论。正是基于以上考虑，笔者在本书中仍采用"通山说"。如果以后发现了确凿的材料，证明李自成不是死于通山，而是另一种结局，笔者将乐于服从真理，改变自己的观点，并修改此书中的说法。

李自成结局问题的由来和发展

（课题组研究报告）

王戎笙

李自成兵败以后结局如何？这是一个早有定论而近几十年来又展开了新的争论的问题。参加争论的主要是两派：一派认为李自成兵败后在湖北通山遇害，我们简称之为通山"遇害说"；另一派认为李自成率领大军顺利转移至湖南，后来禅隐石门夹山寺，秘密指挥联明抗清20年，简称之为夹山"禅隐说"。这一争论引发了对清初20年历史的重新解释，涉及的问题相当广泛。我们课题组不是要研究李自成结局讨论中涉及的一切问题，主要想弄清李自成是兵败被害，还是"禅隐"夹山寺，清初的历史有没有必要按李自成幕后指挥"联明抗清"20年的观点加以改写。

一　清初有大量的文献记载李自成已死于兵败之后

记载李自成死于兵败之后的材料不胜枚举，没有必要也没有可能一一罗

443

列。要想弄清李自成兵败后的结局，最好的方法是选用最能说明问题的材料。客观标准是：当时人记当时事，当地人记当地事，当事人述亲历事。为了避免在讨论中节外生枝，我们把选用史料的年限，定在清初30年内。当然，这绝不是说30年以后的材料都是不可信的，更不是说30年之内的材料全都是可信的。

清初30年，指的是从顺治二年至康熙十四年（1645—1675）。我们选取这30年，有两条理由：第一，截取这30年间成书的资料，一般地说，比晚出的资料较为可信。顺治二年的年轻人，到康熙十四年不过五六十岁，李自成的结局问题对他们来说属于当代史。他们留下来的见闻，属当时人记当时事。第二，就李自成兵败后的结局而言，无论是通山兵败遇害，或是在夹山寺寿终圆寂，两种结局都在这30年之内，以这个时段选取材料最为公平。在清初30年内形成的资料，不论来源于清廷、南明或大顺军，不论官修、私撰，也不论杂史、笔记、方志、谱牒，不论是中国人说的还是外国人说的，只要涉及李自成兵败后结局的，不论是死、是活、是遁入空门或不知所终，我们都把它们搜集在一起加以研究。

在清初30年间，记载李自成结局的原始材料有几十件，简述如下。

清靖远大将军和硕英亲王阿济格等率领清兵追击李自成，顺治二年（1645）闰六月有一疏报，内称：

> 流贼李自成，亲率西安府马步贼兵十三万，并湖广襄阳、承天、德安四府所属各州县，原设守御贼兵七万，共计二十二万。声言欲取南京，水陆并进，我兵亦分水陆两路蹑其后，追及邓州、承天、德安、武昌、富池口、桑家口、九江等七处，降者抚之，拒者诛之，穷追至贼老营，大败贼兵八次。贼兵尽力穷，窜入九宫山，随于山中遍索自成不得，又四处搜缉，有降卒及被擒贼兵，俱言自成窜走时，携随身步卒仅二十人，为村民所困，不能脱，遂自缢死。因遣素识李自成者往认其尸，尸朽莫辨，或存或亡，俟就彼再行查访。俘自成两叔伪赵侯、伪襄南侯，并自成妻妾二口，获金印一颗，又获伪侯刘宗闵并一

妻二媳、自成养子伪义侯姜耏妻，伪齐侯顾炎妻，伪总兵左光先并一妻三子，及术士伪军师宋矮子，又获太原府故明晋王二妃。其自成两叔及伪汝侯刘宗闵，俱斩于军。自成又有妻妾三口，因我兵追急，投扬子江死。计我兵追蹑自成，及分翼出师败贼，凡十有三战，获驼三十一，马六千四百五十，船三千一百八艘。

……奏入，得旨：逆贼李自成，罪恶贯盈，神人共怒。朕奉行天讨，定乱救民。览王奏报，知督兵追剿，直至九江，破贼众二十余万，所获马、驼、船艘，各数千计，贼寇荡平，臣民抒愤。……朕甚喜悦。①

这是清政府关于李自成死于顺治二年（1645）的最早记载，也是清军前线最高指挥官的战报。按常理说，这是最可信的史料。但因摄政王多尔衮对阿济格奏报李自成已死，开始是相信的，并"告祭天地太庙，宣谕中外"。可是在得到"自成逃循，现在江西"的情报之后，对阿济格的奏报采取怀疑态度，谴责阿济格"诳报"李自成已死，并给予严厉处分。将阿济格降为郡王，罚银 5000 两。持夹山"禅隐说"的朋友便以此为理由，全盘否定了阿济格奏报的可信性。事实上，到顺治三年（1646）五月二日，多尔衮又根据新的情报，在一份由他亲自审批的文件中，相信李自成已死，对阿济格给予高度评价，并平反，恢复了阿济格的亲王爵位。与所谓"诳报"案有牵连的谭泰、鳌拜也都平反。追击李自成至九宫山的清军将领也都论功行赏，调往四川在豪格指挥下对张献忠作战。阿济格奏报中关于李自成已死的情报，来源于农民军中被俘或投降的将士的口供，是可信的史料之一。请参看附录的考证文章《阿济格奏疏考实》。

奉命率领清军南下的豫亲王多铎，也有塘报说"李自成已受天刑，刘宗敏、宋矮子等尽行歼殄"。这个信息来自清军另一路大军的统帅，应无图功谎报之嫌。

差不多在同时，南明总督湖广川贵广东广西五省军务兵部尚书何腾蛟，也

---

① 《清世祖实录》卷十八，顺治二年闰六月甲申。

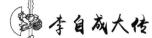

有关于李自成在九宫山被杀于乱刃之下的奏报。这是南明小朝廷关于李自成兵败被害的最详细的记载。南明与清政府是两个敌对的政权，它们之间应无互通信息的可能。由于没有首级报验，当时唐王亦"疑自成死未实"。夹山"禅隐说"的朋友以此为理由，全盘否定了这份奏报的可信性，甚至有人"考证"何腾蛟的奏疏系后人的伪作。其实，何腾蛟关于李自成兵败被杀的情报，来源于原农民军将领刘体仁、郝摇旗、袁宗第、蔺养臣、王进才、牛有勇"众口同辞"，而且还有目击李自成"被乡兵杀死下马"的刘伴当。我们经过考证认为，何腾蛟的奏疏也是最可信的史料之一，绝对不是后人的伪作，请参阅《何腾蛟〈逆闯伏诛疏〉真伪考辨》一文。至于清政府和南明小朝廷何以都不能找到李自成首级检验？我们也做了考证，参见《阿济格奏疏考实》一文中的《何以清廷和南明都不能找到李自成首级报验》。

何腾蛟在悼念亡友章旷的诔文中有"天骄内肆，闯贼伏诛"语，说明他对李自成已死是深信不疑的。

把何腾蛟的《逆闯伏诛疏》附录在自己的著作中的文秉，在所撰《烈皇小识》卷八中记载："（李自成）同二十八骑趋通山，登九宫山。乡兵遇之，乱刃交加，遂剚逆成于马下。"这是李自成兵败被杀于通山九宫山的最早记载。

《思文大纪》卷四说：李自成为清兵所迫，"遁入九宫山，余党十万，悉为伏兵所诛。自成自刎"。这是南明小朝廷关于李自成败死九宫山的较早记载之一。

顺治二年（1645）七月二十五日，清荆州总兵郑四维在揭帖中，把李自成的侄子李过的部队称为"余贼一只虎"[1]。称李过的部队为"余贼"，其含意自然是表明李自成已经死了。如果李自成还活着，不会称李过的部队为"余贼"，这是最明显不过的道理。这时，暂代湖广总督的佟岱也积极对李过等部展开了招降活动。[2]顺治二年十一月三十日，清荆州总兵郑四维在揭帖中用更明硬的

①《顺治二年七月二十五日荆州副总兵郑四维揭为贼众攻打荆城请速救援》，载《明清档案》第 3 册，A3—40（2—1）页，台湾联经出版事业有限公司 1986 年出版。
②详见《顺治二年十一月（日不详）之二十一梅勒章京屯代揭报江宁楚汉等地情形》，载《明清档案》第 3 册，A3—162（9—1 至 9—9 页）页，台湾联经出版事业有限公司 1986 年出版。

语言认定李自成已死，并指摘佟岱对李自成余部的招降政策。揭帖中说："皇上止知闯逆已除，不知余孽全在。佟军门止知余孽就抚，不知真抚者何人。"① 郑四维原为明朝总兵，以后投降李自成的大顺军，不久又投降清军，像这样一个反复倒戈的人物，如果没有十分把握确知皇上（或摄政王多尔衮）认可了"闯逆已除"，他怎么敢于用这种语气说："皇上止知闯逆已除，不知……"郑四维的揭帖于顺治三年（1646）正月初八日到达北京。几个月前，正是摄政王多尔衮痛斥并惩罚阿济格"诳报"李自成已死的时候，此时的郑四维竟敢说"皇上止知闯逆已除"，而多尔衮却接受了这种说法，没有斥之为欺诳或大胆放肆。这件档案难道还不足以证明李自成已死吗？

顺治二年（1645）十一月三十日有两道皇帝敕令。一道说："当此寇难初平。"② 一道说："当此兵寇初宁。"③ 此时此地说"寇难初平"，说"兵寇初宁"，可以认为是李自成已死的另一种表达方式。

顺治三年（1646）五月，清摄政王多尔衮亲自审批的一份文件中用更明确的语言指出："加以英王谋勇兼济，立剪渠魁，李自成授首于兴国（引者按：当时通山县隶兴国州）八功山，无噍类矣。"这些保留至今的珍贵档案说明，多尔衮对李自成之死的怀疑，时间是短暂的，至迟到顺治三年五月，清政府从中央到地方很快都相信李自成确实已经死了。

康熙八年（1669）成书的费密所著《荒书》，是当时对李自成之死记载最为详细的私家著述。其中说："（顺治五年）大清追李自成至湖广，自成尚有贼

① 《顺治二年十一月三十日之四湖广荆州总兵官郑四维揭报闯党阴叛请发兵速剿》，载《明清档案》第 3 册，A3—141（2—2）页，台湾联经出版事业有限公司 1986 年出版。
② 皇帝敕令江西按察司佥事王继祖："兹命尔分巡南昌道，专饬南瑞二府，并辖武宁、奉新、靖安、新昌、瑞昌等州县；驻扎饶州，兼制湖广兴国通城、崇阳、浏阳、成宁、平等州县。当此寇难初平，整顿维新之日，首在绥辑军民，勤宣德意，约束衙门官吏胥役，使之恪恪遵法纪，不敢作弊生事，扰害官民。"（《顺治二年十一月三十日之二皇帝敕命王继祖分巡南昌道》，载《明清档案》第 3 册，A3—139（2—1）页，台湾联经出版事业有限公司 1986 年出版。）
③ 皇帝敕令湖广布政司右参议兼按察司佥事李钟秀："兹命尔整饬上江兵备，提督武昌、沔阳、常德、长沙、兼制江西宁州，驻扎岳州府。当此兵寇初宁，绥辑维新之日，首在约束衙门听事等官及吏胥各役使之一遵法纪，不敢作弊生事，扰害地方。"（《顺治二年十一月三十日之一皇帝敕令李钟秀整饬上江兵备道》，载《明清档案》第 3 册，A3—138（2—1）页，台湾联经出版事业有限公司 1986 年出版。）

兵三万人，令他贼统之，由兴国州游屯至江西。自成亲随十八骑，由通山县过九宫山，岭即江西界。山民闻有贼至，群登山击石，将十八骑打败。自成独行至小月山牛脊岭。会大雨，自成拉马登岭。山民程九伯者，下与自成手搏，遂辗转泥淖中。自成坐九伯臀下，抽刀欲杀之，刀血渍，又经泥水，不可出。九伯呼救甚急，其甥金姓以铲杀自成。不知其为闯贼也。武昌已系大清总督，自成之亲随十八骑有至武昌出首者，行查到县，九伯不敢出认，县官亲入山，谕以所杀者流贼李自成，奖其有功，九伯始往见总督，委九伯以德安府经历。"费密把李自成之死系于顺治五年（1648），显然不正确，很可能是错简，但目前尚难肯定，存疑待考。

李自成死时，蒙正发是崇阳一带抗清乡勇的首领，而崇阳与通山又是邻县。蒙正发在《三湘从事录》跋文中指出："闯逆穷蹙，死于九宫山村民之手。"

钱澄之的《所知录》说："是时，闯贼李自成败奔至湖广之通城，有九宫山，为村民锄梃击毙，献其首于楚督何腾蛟以闻。"往下有几行小字对锄击的细节有所描绘："自成败出潼关，追至九宫山下，饥困，亲率十余骑上山觇形势，与金住僧，命饮饭，僧疑为逃将，有重赏，窃下山语村民。竞持锄梃上山，乱击之，皆毙。解其衣，中有金龙衣者，箭镞集于其目，乃知为自成。枭其首报腾蛟，遂据实奏闻，略无夸张报功之语，举朝叹服之。"

《明史纪事本末》（我们沿用通行本的名称）也记载李自成死于兵败之后，但其细节错误不少。这些错误的细节，又为后来一些著作所沿袭。其中说：自成南奔辰州，留屯黔阳。自成营于罗公山，食尽，自将轻骑抄掠。"自成以数十骑突至村落中求食，村民皆筑堡自守，合围伐鼓共击之。自成麾左右格斗，皆陷于淖。众击之，人马俱毙，村民不知为自成也。"

曾参加过抗清斗争的查继佐，在他的《罪惟录》（成书于康熙十一年）中，三处提到李自成之死。一处说："自成为平西三桂所败，走死楚中。"一处说："李贼死辰州九公山。"另一处说：李自成在通城九宫山（一名罗公山），被赛庙居民，奋荷锸，猝破其首。查继佐的《国寿录》，从内容看，成书可能早于《罪惟录》，或许是《罪惟录》的未定稿。在《国寿录》附录《逆闯始末》中，记载李自成"拟出师入蜀，清追至，乃逸楚，见杀九宫山"。

　　始撰于顺治初年定稿于康熙十年（1671）的《明季北略》说，李自成病死于黔阳罗公山。死因、死地均错，清代学者已经撰文予以纠正。

　　吴伟业的《绥寇纪略》是详细记载明末农民起义的史籍之一，在《通城击》中说：李自成至通城九宫山，一名罗公山，赛会山民取所荷锸碎其首。吴伟业把李自成的死地九宫山误记为通城九宫山，后为许多史籍所沿袭。尤其是钦定《明史》采用其说，贻患无穷。我们将以较多的篇幅讨论这一问题。

　　张岱的《石匮书后集》记载："李自成营于罗公山，食尽，自成以数十骑突村落中求食，村民皆筑堡固守，合围伐鼓共击之。自成麾左右格斗，皆陷于淖。众击之，人马俱毙，村民不知为自成也。截其首献腾蛟；验之，左颅伤簇，始知为自成。"同书另一处则记为，李自成败窜新昌，"期径道新昌走长沙，泰来将兵御截。李自成奔八宫山。九日登高，乡民群以梃击杀自成，实泰来功也。"这是李自成死于新昌说的缘起。其中一些错误，如被杀的地点（罗公山或新昌），献首级何腾蛟等等，清代学者都已考证澄清。

　　明遗民彭孙贻所作《流寇志》，成书于康熙十年（1671），叙事用词是站在明朝的立场上，通行的《平寇志》刊本被人改为清人的立场。但关于李自成之死，内容基本相同。其中说：顺治三年（丙戌），李自成死于黔阳罗公山。

　　拜鹃山人《见闻实录》（清抄本）记："（顺治三年，1646）何腾蛟伏兵邀之，贼大败，杀伤几尽。自成与众相失。以数十骑突走村中求食。村民筑堡自守，见零骑人，合围共击之。自成驰射，挥左右格斗。时积雨，骑陷淖不得驰。村民锄梃奋击，人马俱毙，不知为闯贼也。"内容与《平寇志》相同，谢国桢先生认为"恐即《平寇志》之传抄本"。

　　明遗民瞿共美撰《粤游见闻》（清刻本，北京图书馆藏善本）记道："自成破京后，清兵追逼，遁至黄州，弃众先奔，为乡兵所杀。"

　　戴笠撰写的《怀陵流寇始终录·甲申剩事》中说："顺治二年乙酉，……闯贼欲东下发兵，庚辰至蒲圻，……通城有九宫山，又名罗公山，上有真武庙。闯贼自以二十骑殿，过山下，止从骑，独身登山，见像下拜，若为物所击，久不能起，村民方赛神，疑为盗，击以锤，首碎。……督师尚书何腾蛟达疏于福建，则曰：'臣料贼见左兵东下，势必窥楚。'"此段下紧接着有两行小字说："闯

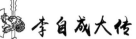

之死在乙酉，即此语为断。有纪闯死在丙戌者，非也。""乙酉"是顺治二年（1645），"丙戌"是顺治三年（1646）。此书对李自成死地记为通城九宫山。但对李自成死于何年，认定是死在顺治二年，明确否定死在顺治三年。这是对李自成死于何年，最早作出考辨的著作。

顺治四年（1647）曾在湖南衡山南岳一带发动群众起兵抗清的著名学者王夫之，在他所著的《永历实录》中有两处记载李自成之死。在卷七中写道："李自成渡江，入无人之境，由蒲圻走死九宫山。"在卷十三中又写道："五月，自成至九宫山，食绝，自率轻骑野掠，为土人所杀。"

李自成兵败后的结局也引起在华的外国传教士的关注。意大利传教士卫匡国在所著《鞑靼战纪》中说："没有人知道李自成的结局，有人认为他在战争中被吴三桂军所杀，战斗结束后他再也没有出现，不知是死是活。他的军队不是被打败就是被歼灭。"眉题为"李自成下落不明"。卫匡国虽然不能断定李自成"是死是活"，但他记载了可供研究李自成兵败后结局的两个重要情节：第一，"战斗结束后他再也没有出现"；第二，"他的军队不是被打败就是被歼灭"。另一位德籍传教士汤若望，既受明末崇祯皇帝的信任，也受清初顺治皇帝的尊重，他留下的记载就说得很具体。他说李自成"在湖北他于一六四五年，显然未经人所识出，而被农民击毙"。值得注意的是，在清初宫廷中很有影响的汤若望，没有采用清廷关于李自成"自缢死"的说法，而是说"被农民击毙"。汤若望是在华传教士中很有影响的人物，他的信息来自遍布各地的传教士，形成一个独立的信息网络。他留下了许多有关清初重要史实的记载，为国内史籍做了很有价值的补充。关于这个问题，请参看台湾大学教授、著名清史学家陈捷先教授所撰《〈汤若望传〉中之清初史料》，载《清史杂笔》第2辑。《朝鲜李朝实录》乙酉闰六月条下，记有清朝中央派往朝鲜的使臣郑命寿同朝鲜国王的一段对话。郑说："荷天之佑，已克南京，流贼又为八王所逐，李自成变服而逃矣。"郑命寿说这番话的时候，正是多尔衮怀疑李自成未死的时候，派出的使臣，自然要按照多尔衮的基调发表言论。就像一些地方官员在多尔衮相信李自成已死告祭天地太庙时所上的贺表一样，均属官场上的应酬文字，无特殊史料价值。在《朝鲜李朝实录》中，还有另一记载："李自成败走陕西，入据险阻。"虽记载在顺治二年十一月条下，但此事不一定发生在顺治二年十一月。因为从大顺军的战斗历程看，"败走陕西，入据险阻"，当是山海关之战以后，潼关之战以前发生的事。顺治二年十一月，李自成及大顺军各部均无"败走陕西，入据险阻"这样的战斗历程。

清初30年间，记载李自成之死的资料很多，但细节上很不一致。有村民所困自缢、神殛、乱刃所杀、棒击。死的地点有九宫山、八功山、罗公山。死的时间有顺治二年四月底、五月、秋九月，顺治三年、顺治五年。凶手有村民、伏兵、程九伯和李自成自己等。清初30年间的各种文献记载，尽管说法不一，但共同的说法是李自成兵败后死了，只有个别材料说"李自成下落不明"，没有一条材料说李自成还活着，更没有一条材料说李自成当和尚去了。连一百年后根据传闻推测李自成到石门夹山寺当了和尚的何璘也不得不承认："说各不一，其以为死于村民手一也。"又说："虽死于缢与死于锄中，说各不一，其以为果死亦一也。"

不管清初官私记载如何歧异，李自成死亡的月日、县属、凶器、凶手和遇难的细节如何不同，但最重要的一点是，李自成兵败后遇害，各书记载是相同的。清政府和南明小朝廷两个敌对的政权，虽一度对李自成已死的奏报有所怀疑，但最重要的一点是，一年以后终于还是相信李自成已经死了。

从以上列举的清初30年间有关李自成结局的材料可见，绝大多数材料都记载李自成死于兵败之后，一条材料说生死不明，但没有一条材料说李自成还活着。这种记载歧异的现象正好告诉我们：清政府并没有就李自成死于何地、死于何年做统一舆论的工作，都是读书人根据自己的见闻记录下来的，当然也有并非亲眼所见、亲耳所闻，而是从书本到书本，在书斋里沿袭前人的说法。这种情况，细心考辨一下，是不难弄清楚的。

正是因为当时人记当时事，有的还是当事人述亲历事，源出多头，所以在具体细节上颇多歧异。

梁启超曾经说过："同一史迹，而史料矛盾，当何所适从耶？论原则，自当以最先最近者为最可信。先者以时代言，谓距史迹发生时愈近者，其所制成传留之史料愈可信也。近者以地方言，亦以人的关系言，谓距史迹发生地愈

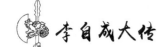

近，且其记述之人与本史迹关系愈深者，则其所言愈可信也。"又说："凡有当时、当地、当局之人所留下之史料，吾侪应认为第一等史料。"①这种鉴别史料的方法，是历代史学家长期治史经验的积累，也是治史的一般常识。不能像夹山"禅隐说"的先生们那样，把记载歧异的材料一概斥为不可信。

从清政府的战略部署来看，也可以说明李自成已经死了。清军入关以后，面对三大军事集团，清军统帅部为了避免分散使用兵力，做出了集中兵力打击李自成的战略部署。清军兵分三路：一路由阿济格率领，战略任务是追歼李自成领导的起义军；一路由多铎率领，战略任务是消灭南明的武装力量；一路由豪格率领，战略任务是歼击张献忠领导的起义军。最初曾集中阿济格和多铎两路大军，以钳形攻势夹击李自成起义军。潼关一战，李自成大败，清军统帅部已把李自成起义军看作强弩之末，乃移多铎之师，按原定目标南下，消灭南明武装。阿济格则尾随李自成紧追不舍，李自成于顺治二年（1645）正月中旬从西安南撤，几乎是马不停蹄，不到3个月便逃到了武昌，沿途没有组织一次有效的抵抗。清军已开始将追击李自成的部队逐渐减少，部分将领外调。到了顺治三年（1646），清军统帅部将追击李自成的兵力大部分调往四川战场，在豪格指挥下对张献忠作战。如果没有获得可靠情报确证李自成已死，清政府是绝不会也不敢轻易改变战略部署的。

除了清政府的战略部署变化可以说明李自成已死之外，还有一点是研究李自成结局时应该思考的一个问题，也是夹山"禅隐说"回避不了的问题。如果说李自成没有死，或者说李自成下落不明，为什么清政府对李自成的下落从此就不闻不问了呢？李自成余部数十万，分散在南方各省，难道清政府就不怕李自成东山再起？从清初所有的文献来看，清政府从中央到地方，都没有采取任何措施搜捕李自成，也没有采取任何措施查寻李自成的下落，这是为什么？多尔衮及其谋臣们，断不至于连这一点也没有想到。

大顺军没有留下任何文字资料说明他们的领袖是死是活，但许多著名将领留下他们的口述历史，说他们的领袖已经死于兵败之后，这从阿济格和何腾蛟

---

① 梁启超：《中国历史研究法》，东方出版社 1996 年版，第 92 页。

两个互相对立的势力向各自中央的奏报中，都可以看到这方面的内容。

尤其是大顺军余部那种毫无章法的军事政治行动，明白无误地表明他们失去了统一指挥的领袖。顺治二年（1645）五月以后，归明的、降清的、降清又归明的、在归明与降清之间犹豫徘徊的，群龙无首的混乱状态历历在目。在湖广地区处于对峙状态的清朝总督佟岱和南明的总督何腾蛟，都积极对大顺军余部展开招降活动，也都向各自的朝廷报告过招降的巨大收获。这些情况说明，大顺军余部也确认自己的领袖已经不在人世了。关于这方面的问题，另有专题论文，请参看《从大顺军余部动向探索李自成结局》。

至迟在顺治三年（1646）夏秋以后，当时中国政治舞台上的三大势力——清朝统治者、南明小朝廷、大顺军余部都确凿无疑地认为李自成已经死了。要知道，李自成是死是活，与清初这三大政治势力的命运密切相关。他们中的任何一方，对李自成的下落，是死是活，谁也不敢掉以轻心，做出轻率的判断。因为一旦判断失误，就可能留给李自成东山再起的机会。

以上所述清初30年的资料，包括清军统帅部的战略部署，大顺军余部毫无章法的军事政治行动，都说明李自成已死于战败之后。这么多史料都说李自成已死于兵败之后，使坚持"禅隐说"的先生们陷入困境。他们想出种种方法，力图摆脱困境。归纳起来有以下四种说法：

第一种说法。以记载歧异为由，对全部资料予以否定，这是最不成为理由的理由，也是夹山"禅隐说"者最乐于采用的，也是需要重点讨论的一个问题。这个问题留待后面讨论。

第二种说法。把源出多头的一切有关李自成兵败遇害的记载，硬说成是来源于阿济格和何腾蛟的奏报，然后以不实之词，把阿济格和何腾蛟的奏报简单地说成是图功谎报之词。关于这种说法，我们另有专题论文讨论，请参看《阿济格奏疏考实》《何腾蛟〈逆闯伏诛疏〉真伪考辨》。

第三种说法。把一切有关李自成兵败走死的记载，都说成是清政府和南明的政治上的需要，究竟出于什么样的政治需要呢？说得最明确的是穆长青先生。他在《评"九宫山说"》一文中说："实际上不过是招抚政敌的政治宣传辞令。"又说："至于清廷和南明为什么后来未追究到底，而乐于接受关于李自成

已死的虚报，那是因为他们从不同角度分析认识到，承认李自成已死并加以宣扬对他们自己的统治地位的巩固、加强和发展是有利的，对于他们收拢天下人心是有利的，何况李自成毕竟是从政治舞台上消失了。"[1] 所谓"他们从不同角度分析认识到"云云，纯属揣测之词，毫无事实根据。"承认李自成已死并加以宣扬对他们自己的统治地位的巩固、加强和发展是有利的，对于他们收拢天下人心有是利的……"这种说法忘记了一件最重要的事实，大顺军余部这时尚有十几万人或几十万人正在各地浴血奋战，李过、高一功等人还手握重兵。如果要说政治需要的话，当时最大的政治需要就是迅速查明李自成的下落。不但要查明藏匿何处，还必须搜捕归案。李自成不死，无论对清政府，或对南明小朝廷，都是天大的隐患。想当年，李自成兵败，仅剩十八骑潜伏在深山密林中，"谍者或报其死，益宽之。朝廷皆谓贼扑灭殆尽"。可是出敌不意，突然东山再起，很快形成燎原之势，把明朝闹得天翻地覆，打进北京，迫使崇祯皇帝上吊。这种传奇式的经历，使清政府和南明小朝廷谁也不敢掉以轻心。多尔衮及其谋臣们如果没有获得可靠情报，确实证明李自成已死，绝不敢轻易宣扬李自成已经死了。那样做就等于向前线官兵、向各级地方政府宣布放弃对李自成的搜捕。更不可能改变战略部署，把追剿李自成的大多数将领调往其他战场。稍有不慎，这将导致严重后果，有可能重演一场李自成东山再起的历史故事。精明过人的多尔衮，绝不会如此轻率从事，出此下策。

南明小朝廷也不会忘记都御史郭维经那句话："且万一自成未死，而他日更出没于他所，臣又不知皇上之何以收反汗也。"事情刚刚过去不到一年，言犹在耳，如果没有确实情报，南明小朝廷怎么可以轻易相信李自成已死呢？在它周围有数以万计的大顺军余部，假如李自成还活着，南明的军事实力不足以驾驭李自成领导下的大顺军各部，绝对不会，也绝对不敢忘记"万一自成未死"这种令人胆颤心惊的可怕后果。

那么，是不是想用"李自成授首"来瓦解由大顺军余部组成的抗清武装

---

① 穆长青：《评"九宫山说"》，载《李自成禅隐夹山考实》（以下简称《夹山考实》），湖南大学出版社出版，第 177 页。

呢？更不可能。因为李自成已死的消息本来就是大顺军的将领和士兵"众口同辞"地讲出来的，其中包括高级将领如郝摇旗、刘体仁、袁宗第、蔺养成、王进才、牛有勇和普通士卒，而且"满营聚哭"过，此后，李过称李自成为"先帝"。在此情况下，清政府和南明小朝廷宣布李自成已死，还能对大顺军余部起瓦解作用吗？

　　第四种说法。李自成已死的消息是由李自成本人及其大顺军的将领和士兵传出来的，"是事先约定，是一种政治策略"。韩长耕、向祥海先生在《李自成死地、终年问题考》一文中说："李自成既未走死九宫山，为什么忽然之间传出这种谣言？是谁在制造谣言？种种迹象表明，嗣后的这种种事实也证明，这个重大政治流言的制造者，不是清人，不是明人，总而言之，不是大顺军的敌人，恰恰就是李自成及其决策首脑部门。"① 另一位专业史学工作者穆长青先生说："五月在武昌召开秘密军政会议之后，鉴于清兵已构成主要威胁和致命威胁，乃遣刘宗敏、刘体纯、郝摇旗等率十余万人趋奔九宫山一带大肆宣传李自成已死的消息。"② 一个众望所归的领袖，在连遭挫败之后，全军上下正需要他的权威稳定军心、增强凝聚力的时候，却宣布他已经死了，这算什么政治策略？这种策略到底是想欺骗敌人，还是想涣散自己？

　　下面我们专门讨论最流行的第一种说法，即以记载歧异为由，对全部资料予以否定的说法。我们先看看清代学者是怎样对待记载歧异的问题的。

二　清代学者对李自成死地、终年到清末已基本考证清楚

　　以记载歧异为由，把所有记载李自成已死的史料全部予以否定，这是最省力的也是最无效的历史研究方法。只要研究过历史的人都知道，历史上许多著名人物之死，各书记载往往有细节上的歧异。比如，与李自成同时代而且齐名的张献忠，他死的时间、死的地点、怎样死的，各种史籍的记载很不相同。没有哪位史学家以记载歧异为由，否定有关张献忠之死的各种史料。经过考异，

① 见《夹山考实》第43页。"……制造种谣言"，原文如此。
② 见《夹山考实》第139页。

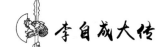

去粗取精，去伪存真，史学界早已得出符合历史实际的结论。夹山"禅隐说"的先生们，却采取异乎寻常的一种"历史研究法"。其中一种具有代表性的观点，如陈俊武等几位同志所说的："为什么这么多不同说法在三百年来始终统一不起来？""所谓'一真既出，众假皆销'。既然众假长期不销，就说明可能其中一个真的也没有。"① 照他们看来，一切都统一了才算是真的。其实恰恰相反。记载歧异，正好说明并非同出一源，也正好说明清政府和南明政府并没有定什么基调。如果相反，众多记载出现惊人的雷同，那倒是应该怀疑一下，是否出自同一祖本，互相传抄，这样的记载，歧异虽然是少了，但可信的内容却不多。

研究明清史的人都知道，在明清史料中，特别是在清初史料中，记载分歧、各执一说者比比皆是。涉及的人物、时间、地点、情节互相矛盾者比比皆是。但史学工作者所要做的，不是见到有分歧的记载，特别是那些在关键问题上一致而在细节上有分歧的记载，便轻易地认为这些记载概不可信，而应该是细心地对史料进行研究、分析。前辈史学家积累了鉴别史料的丰富经验，如何辨伪、如何考异，给我们研究李自成的结局提供了很好的入门的钥匙。记载歧异是历史上常见的现象，史学家的任务是考辨其真伪，是去粗取精、去伪存真。最早就李自成死于何年进行考辨的是戴笠、吴殳合著的《怀陵流寇始终录》。在述及李自成之死时，有一夹注云："闯之死在乙酉（引者按：顺治二年，即1645年），即此语为断，有纪闯死丙戌（引者按：顺治三年，即1646年）者非也。"此后进行考辨的是乾隆年间的历史学家赵翼，他认为虽然传闻异词，但是李自成兵败死于九宫山是没有疑问的。他指出："此数事亦微有不同，其余皆符合。"②

如果把《明史》的刊行作为一个标志，在此之前划为第一阶段，包括毛奇龄、王鸿绪、张玉书等人在内，清代学者关于李自成之死的研究成果，主要有如下几点：

① 陈俊武等：《九宫山闯王陵观后质疑》，载《求索》1981年第3期，第120页。
② 赵翼：《檐曝杂记》卷八。

（一）肯定李自成已死于战败之后；

（二）死于顺治二年（1645），排除了死于其他年份的记载；

（三）死地为九宫山，扬弃了九宫山亦名罗公山的说法；

（四）扬弃了"入庙见帝像伏谒，若有物击之者，不能起"一类荒诞的记载；

（五）扬弃了李自成在真定中箭扛过固关而死的说法；

（六）扬弃了大顺军将领缚解李自成降清的说法；

（七）扬弃了诸书关于李自成欲合张献忠的记载，如《明季北略》所说李自成自河南至湖广欲合张献忠的记载，以及《明史纪事本末》中李自成南奔辰州将合张献忠的记载，等等；

（八）扬弃了《明史纪事本末》《明季北略》《石匮书后集》等书关于李自成进驻黔阳营于罗公山并遇害于此的种种记载；

（九）扬弃了诸书所记李过以帝礼葬之罗公山下的记载；

（十）扬弃了村民割李自成首级献何腾蛟一类的说法；

（十一）扬弃了诸书中所有关于何腾蛟组织乡勇堵截李自成的记载。

《明史》刊行于乾隆四年（1739），距李自成之死约90年。其间，众多学者包括《明史》纂修诸公，在李自成的结局问题上做了不少考证，扬弃了许多错误的说法。因此我们把《明史》的刊行，作为这些考证工作的第一阶段。

由于钦定《明史》沿袭了吴伟业的许多错误说法，而且自相矛盾，虽然扬弃了一些明显的不实之词，但仍保留了吴伟业的许多史实错误，如李自成居武昌50日、李自成死于秋九月、李自成和李过在一支部队里，"为村民所困，不能脱，遂缢死"等等，给后人留下许多困惑。尤其是说"自成走延宁、蒲圻，至通城，审于九宫山"，这个本来不正确的说法，由于载入了"正史"，李自成死于通城九宫山便成了一种标准的说法。关于李自成死于通山九宫山这个正确记载，反倒认为是误说。

《明史》关于李自成之死的记载，存在几个重大错误，时间错为秋九月，地点错为通城，又由于当时明清双方均未得到李自成首级报验。因此，《明史》虽属钦定，并未起到一锤定音的作用。因正史记载错误便有人怀疑李自成没有

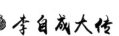

死于兵败之后，由这一怀疑又进一步猜想李自成可能遁入空门。《明史》刊行之后，李自成遁入空门的说法，先后趁隙而出。最早冒出来的，是何璘根据当地传闻之词创作的夹山"禅隐说"。这是李自成遁入空门的各种说法中，最早出现也是最有影响的一种。此外，至少还有四种：

（一）在湘黔交界处某禅院为僧；

（二）在湖南益阳白鹿寺为僧；

（三）兵败后逃至山西五台山为僧；

（四）李自成圆寂于贵州正宁，潜隐以终。

由于《明史》的某些失误，使李自成结局问题出现了两种新的情况：一、死于通城九宫山的说法，被定为标准说法；二、闯王兵败为僧的说法趁隙而出。

从《明史》的刊行到徐鼒的《小腆纪年附考》于咸丰十一年（1861）成书，共122年。这100多年，可以视为清代学者研究李自成结局问题的第二阶段。

咸丰十一年（1861），徐鼒的《小腆纪年附考》问世。该书自崇祯十七年至康熙二十二年（1644—1683），记南明福王、鲁监国、唐王、桂王和郑成功事迹。此书取材，博涉南明野史62家，并旁搜各省府县志及诗文集有关资料。凡有记事错出互异，随条考证，以证传闻讹谬。因此我们认为，这部书在李自成结局研究上，可作为划分阶段的标志。

《小腆纪年附考》在"清世祖顺治二年（1645）五月"项下，写明"我大清兵追闯贼，大破之，闯贼走死"。在写到李自成率部沿江南下时，又说："连为王师所蹙，自成益疑惧。一夕，拔营起，谋踞湖南，命其四十八部先发，而自以二十骑殿，趋通山之九宫山，乡兵遇之，乱刃交加死。"徐鼒在考证中说："自成之死，传者异词。"随后罗列了各种说法，包括病死说、割首以献说、村人锄死说、夹山为僧说等等，然后加按语对这些说法做出评价："鼒按，为僧事固无足据，而辨罗成、九宫之误，则确然无疑。至谷应泰谓割首级献何腾蛟，尤属妄诞。"徐鼒对官修《明史》中的错误也提出了尖锐的批评。经过详细考证，徐鼒认为："按腾蛟亲得之闯贼部将口述，众口同词，自可凭信。今据定为通山之九宫山。"关于李自成死的时间,徐鼒考证的结论是:"自成之死在四五月间也,无疑。今故附书于五月末。"

徐鼒在考证中批驳了何璘的"夹山为僧说",认为毫无根据(原文是"固无足据"),但对何璘考辨罗公山在黔阳,九宫山在通山而不在通城,认为是正确的。徐鼒转引江昱所述何璘的考辨:"闯贼之死,野史载通城罗公山,《明史》载通城九宫山,其以为死于村民手,一也。今按罗公山,实在黔阳,称通城误。《明史》九宫,盖又在通山县,因通城而误。"①

在第二阶段这 100 年间,清代许多学者对李自成结局问题的考证,又前进了一大步,澄清或初步澄清了如下一些问题:

(一)何璘提出了夹山"禅隐"说之后,很快就受到一批学者的怀疑和批评,如袁枚、昭梿、徐鼒等等,指出李自成兵败后遁入空门的说法,没有充分根据;

(二)罗公山在湖南黔阳,九宫山在湖北通山,说九宫山在通城县是错误的;

(三)《明史纪事本末》等书说割李自成首级献何腾蛟,纯属妄诞之论;

(四)何腾蛟所记,亲得之闯贼部将口述,众口同词,自可凭信;

(五)李自成死的时间,初步考证为顺治二年(1645)四五月间;

(六)尽管《明史》记李自成死于通城九宫山,并以正史形式被认为是正统的、标准的说法,但许多知名学者如蒋良骐在《东华录》中、徐鼒在《小腆纪年附考》中,都明确指出应是通山九宫山而不是通城九宫山。

徐鼒《小腆纪年附考》之后,继续对李自成之死进行考证的,有夏燮和傅燮鼎,可以视作清代学者研究李自成结局的第三个阶段。这个阶段对李自成之死的考证,也可以说是对清代学者 200 年间研究的总结。

夏燮(1800—1875),清代著名史学家,所著《明通鉴》,初刻于同治十二年(1873),是继《资治通鉴》《续资治通鉴》之后的明代编年史。对可疑的或记载歧异的史事,作【考异】于正文之下,不仅纠正了《明史》中的许多错

---

① 江昱转述何璘的考辨,见《广虞初新志》,与《澧州志林》所载文字略有不同。

误，也保存了一些可贵的资料。在该书附编卷二下中写道：（清顺治二年）"是夏，闯贼李自成兵败，走死通山。"关于李自成的死地和终年，夏燮在【考异】中写道："闯贼之死无月日，《明史流贼传》以为九月，疑据野史腾蛟奏闽之月份。而《华东录》《圣武记》载豫王奏（引者按：豫字当为英字之误），自成之死在闰六月，则其事必在六月以前。《绥寇纪略》以为四月事者，亦传闻之语，然断非九月，则可证也。通城、通山皆在武昌府之西南，《明史》言'至通城，窜九宫山'，不言至通城之九宫山，而诸王传则直云'走死通山'，尤得之。盖九宫山，实隶通山，为通城之交界，非《明史》之误。故《东华录》亦注云，'山在武昌府通山县南九十里'是也。"根据夏燮的考证，肯定李自成绝不是《明史》所说死于九月，必在六月以前，但也不早于四月，当然是在五月的面大了。至于李自成死地，考证在通山九宫山，完全排除了死于其他各地的说法。

为什么会出现李自成死于通山九宫山和死于通城九宫山两种记载呢？光绪年间撰修《九宫山志》的傅燮鼎作了考证。他援引何腾蛟的《逆闯伏诛疏》、蒙正发的《三湘从事录》《国史贰臣尚可喜传》和魏源的《圣武纪》均记为九宫山，不注所属何县。徐鼒《小腆纪年附考》明确记为"以二十骑趋通山之九宫山，遇乡兵，乱刃交加死"。傅燮鼎指出："今合众说观之，九宫当以通山为确。"他在引了各种不同的说法之后分析说："已上书法，记九宫山者，当时之书；注通山者，后出之书。注通山所以正通城之讹也。"是谁把通山误成通城的呢？傅燮鼎指出是清初吴伟业。吴伟业最早在《绥寇纪略》中记李自成死于通城九宫山，以后诸书沿袭其说。继徐鼒之后，傅燮鼎对"割首级献何腾蛟"的说法也考证其为虚妄。

傅燮鼎对李自成变服为僧说，包括历史上的徐敬业、骆宾王、黄巢、建文、隆武等人变服为僧说，均进行了有力的驳斥，斥为"等诸妄言妄听可已"。

可以这样说，李自成之死各书记载歧异的问题，经过清代众多学者的考证，不断地淘汰传闻失实之词，到清末已基本上考证清楚了。所得结论是：李自成于顺治二年（1645）五月死于湖北通山九宫山乡勇之手。那种无视清代学者的研究成果，以各书记载歧异为由，否认李自成死于兵败之后，进而推论李自成遁入空门的研究方法，是不可取的。

十　应该得出什么样的结论

第一，李自成是死于通山九宫山或"禅隐"石门夹山寺，已经讨论了许多年，争论双方占有的资料是否丰富和可信，治学态度是否严谨，论证的方法是否科学，都已充分地展现在读者面前。因此，就讨论中的两大问题，即李自成是死于通山九宫山还是"禅隐"石门夹山寺，提出课题组的结论意见，条件已经成熟，而且争论的双方都有就此问题做出结论的要求。

第二，实事求是，是无产阶级世界观的基础，是马克思主义的精髓。李自成结局问题之所以长期纠缠不清，主要障碍是学风问题，是缺乏实事求是的精神。有人为了自圆其说，竟肆意删改史料，无中生有，或以有为无。这是违反史德的表现，是史学研究中弄虚作假的行为，为职业道德所不容。这方面的问题，以夹山"禅隐说"者最为严重，通山"遇害说"者也应引为鉴戒。详细例证，请参看《端正学风是解决李自成结局问题的关键》一文。强调端正学风，对于我们每一个史学工作者，对整个史学界的史德建设，都有重要意义。它的意义之重要，远远超出了李自成结局研究本身。

第三，李自成领导的农民起义军先后在山海关、潼关大败之后，于顺治二年（1645）正月撤出西安，向湖广转进。从内乡、邓州、承天，直到武昌，被清军八旗劲旅穷追猛打，屡战屡败。复从武昌沿长江水陆两路兼程溃逃，在富池口及九江上游被清军追及，又遭到毁灭性的打击，损失惨重，舰船全部丧失。四月间，李过率领的另一支由陕西撤退下来的部队，向东南方向转进时受阻于荆州当阳一带，与李自成分成两路撤离陕西后迄未会师。四月下旬九江西之战败后，李自成亲自率领大约万余人的一支小部队，为清军八旗劲旅紧追不舍，一直追到九宫山区。围追李自成的清军将领，有传记可查的至少有9人，从其职衔推算，大约1万余人。李自成率少数亲随突围，遭到当地乡勇伏击，于清顺治二年（1645）五月上旬遇害于湖广兴国州通山县九宫山北麓，即今湖北省通山县九宫山北麓。

第四，石门夹山灵泉寺，是始建于唐咸通十一年（807）的一座古刹。在

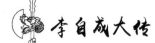

清初，确有一个奉天玉和尚，为振兴灵泉寺尽心尽力。但奉天玉"墓"没有根据有关文物保护法规按原状保存下来，已经没有作为文物保护的价值，也失去了作为史料研究的价值。奉天玉和尚不是李自成，野拂不是李过。

第五，今后是否可以两说并存？我们认为，学术问题只能按照百家争鸣的方针去解决。我们并不想用自己的结论强加于人。我们相信今后还会有人继续坚持夹山"禅隐说"，甚至还会有人坚持通城"殉难说"或其他说法。但是，不管持任何一种观点，必须遵守史学研究的规范，最起码的要求是不可随心所欲地删改史料。文物，特别是征集的文物，必须有权威部门的文物鉴定专家鉴定其真伪和时代。奉天玉"墓"及其随葬品至今没有写出《发掘报告》或《发掘简报》。发表在《文物天地》1982 年第 5、第 6 期及 1983 年第 1 期的由石门县李自成归宿问题调查组撰写的《有关奉天大和尚的文物》，只是有关奉天玉和尚文物的一份极其粗糙的报道。内容混乱，前后矛盾，碑文释读错字甚多，无法作为史料应用。凡涉及文物保护问题的，必须以国家颁布的有关文物法规特别是《中华人民共和国文物保护法》为判断是非的准绳。李自成"禅隐"夹山寺的观点缺乏可信史料，推论太多，想象太玄。学风严谨的学者，很少赞成李自成"禅隐"夹山寺这一说法，其根本原因就在于此。两说并存是不可能长期维持的。

第六，湖北省通山县九宫山的李自成墓，作为李自成死难的纪念地，1988 年经国务院核定公布为全国重点文物保护单位，是完全正确的。这是自清代中叶以来，几百年间众多学者辛勤考证的结果。它的重要地位和科学价值，已经经过法定程序予以确认。近十年来新发现的文物资料和新的研究，都不足以动摇国务院的这个正确决定。

后 记

明清之际有关李自成的公私文献十分繁多，对同一人物、同一事件的记载多有歧异，有的甚至完全相反，几乎对每一个重大事件都可以找到不同的记载，因而使得一些史实面目模糊不清。例如关于李自成的结局问题，至今还是史学界争论的热点。为此，我曾亲自赴湖北通山和湖南石门进行实地考察。书中对一些关键事件做了一些辨析，有的则取通常较为公允之说。对某些疑点，则有待发掘出更多的史料后进一步考辨。

我以前写过一本小册子《李自成》，作为"历史争议人物系列"之一种，1994 年由台湾文津出版社出版。由于篇幅所限，李自成的许多事迹都只好从略。山东人民出版社的于宏明先生要我写一本较为完整的《李自成大传》，帮助广大读者对李自成的功过是非有个准确的认识，以纠正许多人从看小说中形成的偏见。经过两年的努力，写成后于 2000 年，由山东人民出版社出版。经过修订，今得辽宁人民出版社再版，多得赵维宁先生的鼓励和帮助。赵先生亲自谋划和设计，辛劳备至，谨在此向赵先生及出版社有关人员致以诚挚的谢意。

晁中辰　于山东大学历史系文化学院

2020 年 10 月 28 日

© 晁中辰　2021

图书在版编目（CIP）数据

李自成大传 / 晁中辰著 . —沈阳：辽宁人民出版
社，2021.3
ISBN 978-7-205-09104-0

Ⅰ . ①李… Ⅱ . ①晁… Ⅲ . ①李自成（1606-1645）
—传记 Ⅳ . ① K827=48

中国版本图书馆 CIP 数据核字（2021）第 023219 号

出版发行：辽宁人民出版社
　　　　　地址：沈阳市和平区十一纬路 25 号　邮编：110003
　　　　　电话：024-23284321（邮　购）　024-23284324（发行部）
　　　　　传真：024-23284191（发行部）　024-23284304（办公室）
　　　　　http：//www.lnpph.com.cn
印　　刷：北京长宁印刷有限公司天津分公司
幅面尺寸：170mm×240mm
印　　张：29.5
字　　数：430 千字
出版时间：2021 年 3 月第 1 版
印刷时间：2021 年 3 月第 1 次印刷
责任编辑：赵维宁
封面设计：乐　翁
版式设计：一诺设计
责任校对：刘再升
书　　号：ISBN 978-7-205-09104-0
定　　价：79.80 元